数实融合

金融科技创新实践

杨　涛　马洪杰◎主编

人民日报出版社

北京

图书在版编目（CIP）数据

数实融合：金融科技创新实践 / 杨涛，马洪杰主编
. — 北京：人民日报出版社，2023.6
ISBN 978-7-5115-7775-7

Ⅰ.①数… Ⅱ.①杨… ②马… Ⅲ.①金融－科学技
术－技术革新－研究 Ⅳ.① F830

中国国家版本馆 CIP 数据核字（2023）第 067623 号

书　　名：数实融合：金融科技创新实践
　　　　　SHUSHIRONGHE: JINRONG KEJI CHUANGXIN SHIJIAN
主　　编：杨　涛　马洪杰

出 版 人：刘华新
责任编辑：蒋菊平　徐　澜
版式设计：九章文化

出版发行：人民日报出版社
社　　址：北京金台西路 2 号
邮政编码：100733
发行热线：(010) 65369509　65369527　65369846　65369512
邮购热线：(010) 65369530　65363527
编辑热线：(010) 65369528
网　　址：www.peopledailypress.com
经　　销：新华书店
印　　刷：大厂回族自治县彩虹印刷有限公司
法律顾问：北京科宇律师事务所　010-83622312

开　　本：710mm×1000mm　1/16
字　　数：504 千字
印　　张：32
版次印次：2023 年 7 月第 1 版　　2023 年 7 月第 1 次印刷

书　　号：ISBN 978-7-5115-7775-7
定　　价：78.00 元

编写委员会

2022 年金融科技创新案例提交单位：

中国工商银行股份有限公司

中国邮政储蓄银行股份有限公司

中国民生银行股份有限公司

上海农村商业银行股份有限公司

中国农业银行股份有限公司

平安银行股份有限公司

恒丰银行股份有限公司

中国建设银行股份有限公司　建信金融科技有限责任公司

中国银行股份有限公司

上海浦东发展银行股份有限公司

重庆银行股份有限公司

富滇银行股份有限公司

招银理财有限责任公司

中国人民财产保险股份有限公司

中信建投证券股份有限公司

中航信托股份有限公司

中央国债登记结算有限责任公司

中银金融科技有限公司

深圳壹账通智能科技有限公司

财富引擎（北京）科技有限公司

上海腾梭科技有限公司

神州数码信息服务股份有限公司

简单汇信息科技（广州）有限公司

苏州新建元和融科技有限公司

华炫鼎盛（北京）科技有限公司

华夏银行股份有限公司　龙盈智达（北京）科技有限公司

中诚信指数服务（北京）有限公司　深圳市洞见智慧科技有限公司

恩核（北京）信息技术有限公司

北京江融信科技有限公司

澳门云市集数字化科技有限公司

"数实融合"背景下
金融科技创新更需夯实基础

杨涛 国家金融与发展实验室副主任

党的二十大报告指出，加快发展数字经济，促进数字经济和实体经济深度融合，打造具有国际竞争力的数字产业集群。"数实融合"已成为促进经济高质量发展的重要"抓手"，与之相应，现代金融体系既要满足经济转型升级的需求，又要改善自身的稳健性和运行效率，因此围绕"数实融合"来推动金融供给侧结构性改革也是题中应有之义。同时，当前受到经济波动、监管约束、市场需求等方面的影响，金融科技也逐渐"挤出泡沫"，走上更加持续、健康的发展轨道。

一、理解金融支持"数实融合"的重点

关于实体经济的探讨由来已久，在学界并未形成一致性的定义，但通常指真实的商品生产与流通。在实践中，2008 年爆发危机之时美联储频繁使用这一概念，被业界认为是指除去房地产、金融，甚至能源之外的经济部门。无论如何，实体经济更多是指国民经济相对核心、稳定、缺乏变化的部分。同时，数字经济的概念同样缺乏清晰共识，其衡量通常有国民经济核算法、增加值测算法、竞争力指标体系和数字经济卫星账户。我国统计局则以数字产业化和产业数字化来描述。与实体经济相比，数字经济更多体现出动态变化、非传统性等特点，当然严格意义上说，二者并没有泾渭分明的界线。

　　为更好地促进数字经济与实体经济的深度融合，关键在于有效地测度二者融合的现状、厘清背后的动力机制、把握未来的发展路径、优化相关保障要素、改善政府对策措施。对此我们认为，可以从如下三方面来认识"数实融合"及相应的金融支持重点。

　　首先，可从宏观、中观、微观视角来看。一则，宏观层面是通过推动经济数字化转型，进一步提升全要素生产率，改善劳动力和资本要素的质量，推动劳动生产率提升和经济增长方式转变，相应的金融活动则应致力于激发内生增长动力，既服务经济结构优化，又着力改善经济部门的金融"有效需求"，使得货币金融循环更顺畅。二则，中观层面是促进三次产业结构优化与效率提升，并且重构众多行业的上中下游运营方式，对此推动产业链金融创新则是重中之重，使得资金流、信息流、商品流、物流等一体融合。三则，微观层面则是推动市场主体的数字化创新与变革，改善企业生产函数，全面增加可持续发展能力。对此，则需要更加精准、功能多元化、生态共赢的金融资源匹配。

　　其次，可从数字产业化、产业数字化、数字基础设施来看。一则，数字产业化是数字经济的"高精尖"部分，尤其是前沿技术的战略新兴产业，迫切需要中长期资本的有效支持，也需要金融风险管理模式的创新。二则，产业数字化是传统产业经过数字技术改造，增加了新价值、形成了新业态，更是"数实融合"的核心地带，需要金融创新的有效支持。例如，由于相关业态在数字化冲击下，变得分散化、智能化、轻资产化，传统的金融工具遇到挑战，为适应产业数字化演变的需要，金融数字化产品"呼之欲出"。三则，数字"新基建"需要投融资模式的创新，从而适应项目形式更多样、范围更广泛、规模更分散、技术含量更高的特点。同时，还需完善金融"新基建"来助力"数实融合"，包括数字化的支付清算设施、征信系统、金融信息基础设施等。

　　最后，从投入产出的视角来看，"数实融合"本质上是更好地运用劳动力、数据、技术、平台等供给侧要素，更好服务需求侧的居民与企业部门。一则，在"人口红利"弱化与劳动力供给受约束的情况下，更多需要依靠数字化来改善劳动力质量；数据作为重要的新兴要素，需真正进入生产、分配、交换、消费的再生产过程中；基础性技术、前沿重大技术、应用技术都需成为承载"数实融合"的重要工具；平台经济则是推动"数实融合"、为产业集群助力的核心模式。对此，金融在促进就业、支持劳动力素质与技能提升，保障数据要素的市场化改革，推动科技金融服务创新，合规健康地融入平台经济模式中等方面，都大有可为。二则，"数实融合"的结果是否成功，关键在于能否促进居民收入增长、消费稳健发展、企业生产效率提升、产业规模化发展、国际市场竞争力不断增强等，对此，消费金融、产业金融的创新迭代，金融"走出去"以助力企业国际化等，都是金融发展的重要着眼点。

二、金融科技创新更需夯实"生态"

应该说，适应"数实融合"背景下的金融科技发展，应该更多从生态学的视角来考虑创新"土壤"的优化。其核心思想就是通过合理的激励相容机制安排，促使不同层次的金融科技参与主体合作共赢、协同创新，通过数字化手段和工具，改善金融产品和服务，提升金融服务实体的效率、降低成本。

应该说，健康的金融科技生态体系应该有几个特点。一是开放，即拥有立体化、多层次的平台经济与平台金融服务模式；二是多元，即金融产品与服务从单一，转向综合性解决方案、一揽子支持模式；三是智能，即金融服务更加便捷、高效、无处不在，金融发挥越来越重要的作用；四是融合，即金融与数字产业化、产业数字化的数字经济融合更加密切，科技、产业、金融的三元动力更加突出；五是共赢，即各方参与者在资源合理配置、效益合理分配的前提下，构建共享共赢的产融生态体系；六是持续，即在坚持商业金融可持续的原则基础上，实现政策目标、科技伦理、社会责任的同步落地；七是理性，即打造健康的金融文化与观念，避免使得金融活动无底线、过于泛滥，充分认识金融并非"万能"。

具体而言，完善金融科技生态需关注如下环节。第一，在基础层，要重点推动数字化金融"新基建"的完善。例如，我国的移动支付虽然发展迅速，但与一国数字化变革的内在需求相比，整个支付清算体系还需不断提升质量、效率和规范性；为了更好地服务于金融科技场景的对接与落地，还需要征信科技的进一步探索和应用，更好地解决金融服务中的信息不对称或信息"茧房"矛盾。

第二，在技术层，重点关注大数据、人工智能、移动互联、物联网、云计算、区块链、安全技术等前沿技术的应用突破。例如，在各类技术中，数据资源的内部管理治理与外部流通交易是横亘在数据要素市场化进程中的关卡，而基于多模态的机器学习和跨模态的融合应用成为学术界和工业界发展人工智能的共识，以容器和微服务为基础的云原生技术已成为云计算发展主要方向，区块链的挑战则在于如何跟具体的业务场景结合、真正为社会创造价值。

第三，在业务层，无论是持牌金融机构的金融科技创新，还是新兴技术企业服务持牌金融机构，普遍存在着技术和业务"两张皮"的问题。实践中通常是根据业务需求匹配相应的技术，但业务需求需符合现有商业模式，因此很可能阻碍技术创新。因此如何突破技术与业务的矛盾是未来讨论金融科技落地场景的重中之重。此外，金融科技创新的推动，也离不开专业的会计、审计、评估、评级、反洗钱等中介服务支撑，这些方面仍然有较大缺失。

第四，在客户层，则需要以数字化来全面提升金融科技创新的需求动力，重点是通过推动宏观经济与微观主体的数字化变革，从源头上优化金融科技创新的内生动力，提高企业和居民的金融科技接受能力和水平，增加有效需求。

第五，在监管层，同样存在诸多挑战。例如，需要处理好常规监管和非常规监管的关系。常规监管通过日常性的工作实现包容、稳定、合规等多重目标，最大的挑战是监管部门之间的协调难题。非常规监管则面对如公平竞争与反垄断、重大风险事件、新业态与模式影响等，例如新兴金融领域，Defi（Decentralized Finance，去中心化金融）近年来在国际上产生重大影响，其特点包括依托智能合约就可以建立借贷关系，没有将主体、资金提供者和借贷方连在一起，其中自然存在许多新型风险。

第六，在金融科技生态的环境要素方面，可以实施的政策措施有很多。例如，金融科技的创新与发展，不仅需要特定的政策支持，更需要政策的持续性与稳定性，来促使市场创新主体的预期稳定，更好地推动创新与发展，在此方面，相关政策透明度、协调性、确定性都还需改进。再如，金融科技发展离不开人才的支持，需要全面推动金融科技人才的标准、教育、培训体系建设，使之成为更加规范、高效的核心生产要素，服务于经济金融变革，这些都需要政策的有力支持和引导。

　　总之，虽然遇到了种种挑战与波折，但金融与科技的融合已是大势所趋，并且在我国呈现出更加有价值的创新案例。为了更好地向政府部门与监管者、研究者、从业者提供丰富的前沿研究素材与资料，我们每年坚持推出金融科技的案例研究，在坚持"数字驱动、智慧为民、绿色低碳、公平普惠"的原则下，充分展示金融科技支持"数实融合"的成果，助推数字中国建设与助力新发展格局。事实上，本书所体现的诸多前沿案例，也都在不同层面为金融科技生态的完善作出应有的贡献。

　　当然，受制于种种因素的制约，现有案例成果还有诸多不足，我们在不断努力坚持完善案例的同时，也以此"抛砖引玉"，并希望促进各界更深入的交流与沟通。

序2

数字化的力量，助力金融科技创新发展

郭为　神州信息董事长

在我看来，我们都是非常幸运的一代人，能够有幸亲历从工业到数字，两个伟大时代的交替。再引申一步，不论是作为个体还是企业组织，如果再能为推动时代发展做出一点点的贡献，那就没有辜负时代赋予我们的这份幸运。

在今年和国家金融与发展实验室合作的全球金融科技创新案例征集中，我们看到一些重要的变化。报送案例单位构成更加多元化，其中各类型金融机构，包括银行、证券、保险和银行金融科技子公司已经成为案例构成的主体。这充分说明，在我们长期不懈地努力下，众多的技术创新、模式创新和产品创新，已经被广泛地转化到最终的金融服务场景中。报送案例的内容从关注技术应用过渡到看重应用结果，尤其是通过对"数据"这一关键要素的应用。我们很多金融科技创新，正在实实在在通过数字供应链、数字风控和数字普惠等手段，解决老百姓、中小企业主等广大普惠金融群体的金融获取难题。

以上变化说明，伴随数字时代的发展，我们的金融科技创新正在由浅向深，逐渐触及和改变传统的金融服务，以及实现颠覆性的金融服务创新。例如，在邮储银行的数字供应链金融案例中，基于供应链数据，结合数据模型帮助银行快速了解和判断一家企业的经营情况，并通过 SaaS 形式提供服务，在提升风控能力的同时，极大降低了信贷资金成本，最终让中小企业可以获取便捷的金融服务。为什么会产生如此本质性的改变，我认为"数据"是关键因素，或者更具象一些表述，是对数据资产的积累和应用，让我们进入了多维的数字原生世界，为我们打开了创新的天花板。

数据要素，时代的分水岭

数字文明时代，数据作为一种新型的生产要素，也就成了数字化和信息化的一道分水岭。数字化是一种颠覆的力量、再造的力量。在前两届的优秀案例中，我们看到很多，例如，分布式核心系统建设、金融云平台建设、国产分布式数据库应用等案例，这些案例都代表了典型的信息化建设成果。通过对金融关键基础核心设施的建设，加快金融服务的运转效率。但是在今年的案例中，例如像重庆银行数据资产管理和应用，以及很多普惠金融、乡村振兴等优秀案例脱颖而出，一定程度上已经反映出数据要素对金融服务的改变。

数字时代，基于对数据认知的加深，尤其是党的十九届四中全会提出数据作为新型生产要素后，全社会对数据要素重要性的认知得到了极大提升，进而拉开了数字化转型的大幕。为了实现对数据要素价值的挖掘和释放，包括金融机构在内的企业都在积极推动数字化转型，以实现对数据资产的积累和应用，构建自身的第二增长曲线。

对金融机构而言，如何围绕数据资产开辟新的服务领域？一是可以打破传统围绕实体资产金融服务模式的局限性，通过数据解决传统的风控难题；二是基于数据可复制、流通、重构等禀赋，可以极大降低金融服务成本，让金融服务进一步向中小企业等群体延伸。

数据资产，数字化的核心

面对时代的发展，包括金融机构在内，我们的企业如何才能利用好数据资产，实现自身核心能力的构建，助推自身规模的倍速增长。我认为主要有两点：一是加快推动自身的数字化转型；二是打破传统思维，通过数字化的新思维，结合数字技术加大对数据资产的应用。

首先，数字时代企业数字化转型应重点关注四个核心方向，即资产数字化、产业数联、智能化和无边界化。第一，资产数字化是转型的核心。资产数字化是企业一切数字化、智能化的必要步骤和前提条件。第二，产业数联催动是价值网络的进一步蝶变，帮助企业整合内外部资源，快速应对前端业务变化、响应市场需求，高效进行产业链协同，极大地提升企业发展速度。第三，智能化是对决策的赋能，为企业经营提供决策支撑，实现经营决策精度和决策效率的大幅提升，进而使人的天然禀赋实现最大化。第四，无边界化是展示企业天赋的平台，伴随价值网络的发展，企业的边界将逐渐模糊，同时基于企业天然禀赋的拓展，在形成数字化的基础设施后，实现向平台型企业发展。

其次，为了实现对数据资产的积累和应用，金融机构应该深入实体经济的产业数据场景，通过"数字新思维 + 技术新范式"融合，拓展对数据资产的管理服务，才能真正实现十倍、百倍的增长。第一，数字新思维，既要从战略、管理和执行三个层面明确基于数据资产的数字化转型目标和要求。从战略上明确数字化的转型目标就是要不断增加自身的数据资产的管理规模。从管理上基于数据资产形成业务增长的自动化飞轮。从执行上为业务创新提供稳健安全和弹性的数字化支撑能力体系。第二，技术新范式。通过"数云融合"的新技术范式能力体系，将金融科技创新推向更多的应用场景。例如，为客户构建旅程化的金融服务，满足客户在不同时期的不同需求。一方面实现客户数据的持续积累；另一方面通过对数据要素的利用，实现对客户数据资产的管理和运营。

如果说数据要素是数字时代的标志，那么数据资产就是金融数字化发展的核心。以银行为代表的金融机构，作为中国各行业中，科技水平和能力的头部行业，更应该走在金融科技创新的前列，充分抓住时代变革的机遇，将数据资产的积累和运营融入各类场景化服务之中。在数字经济的大趋势中，一方面实现自身资产规模的快速增长；另一方面，解决一些传统的金融供给难题，推动金融服务的高质量发展。同样，对金融科技企业来说，如何帮助银行等金融机构，基于数据资产推动数据的业务化，将成为未来创新的重点。尤其在 AIGC 取得瞩目创新的今天，借助科技手段实现服务内容的敏捷创新已经成为可能，很可能由 AIGC 引起的技术奇点即将到来，作为科技企业更应该抓住时代机遇，更好的助力金融机构推动数字化转型和业务创新。

金融的本质是服务实体经济，在数字化转型的浪潮中，伴随产业数字化和数字产业化，金融对数据资产的管理将颠覆传统的风控体系和信用体系，构造出更宏大的基于数据资产的金融管理系统。最后，让我们共同努力，早日实现中国式现代化。

第三届"金融科技创新案例（2022）"征集综述

当前，我国经济社会发展进入了全新的历史阶段，经过多年的金融供给侧结构性改革，数字化、新技术与金融业务、金融功能、金融要素的融合越来越深入。在市场环境复杂且多变的背景下，技术创新如何赋能金融机构数字化转型、如何有效服务实体经济复苏，成为后疫情时期各方最为关注的议题，金融科技的发展始终围绕着"充分发挥金融与实体经济的连接器作用"不断创新与迭代。在此背景下，金融科技创新案例库的建设工作先后经历了新冠疫情的爆发、后疫情经济复苏和疫情结束整个周期。历经两年的有效发掘与研究，案例库已初具规模，累计50篇优秀案例从海量申报中遴选入库。

本书是"第三届 NIFD-DCITS 全球金融科技创新案例征集"遴选的30篇优秀案例。本届案例征集、遴选活动由国家金融与发展实验室携手神州信息共同打造，金融科技50人论坛具体推动和落实，真实地反映了国内外最前沿的金融科技创新实践，呈现出金融机构、科技企业持续的探索与成果。本书既为监管部门、金融部门和实体部门提供重要的参考素材，还为国内外院校的教学、科研提供鲜活资料，充分展示了中国特色与国际接轨的金融数字化进程。

一、全球金融科技创新案例库基本情况

首届全球金融科技创新案例库共收到来自金融机构、科技企业等全球多家单位累计申报102篇案例。评审委员会专家从金融科技创新与应用、金融科技行业主体两个类型入手，遴选出22篇优秀案例，涵盖了人工智能、大数据、互联技术、分布式等新一代信息技术在数字银行、供应链金融平台、分布式交

易平台等多个场景的创新应用，为金融科技底层关键技术与金融业务的深度融合创新树立了标杆。

第二届金融科技创新案例库共征集到 150 篇来自银行业、证券业、保险业、金融科技企业、科研机构等全球多家单位申报的案例。其中，有 139 篇国内案例和 11 篇国际案例，国际案例占比 7.3%，案例收集数量较于首届创新案例收集篇数增加了 34%。评审专家基于技术创新、场景创新、产业创新三个层面，最终遴选出 30 篇优秀案例入库，涵盖了助力乡村振兴、提升惠民服务、延伸金融服务、小微金融服务、金融服务风控以及面向数字化金融业务的 IT 基础设施重构项目场景，实践案例成果表明，科技创新在推动金融业数字化转型中起到至关重要的作用。

本届金融科技创新案例库共征集到 130 篇来自各方机构和单位申报的创新实践，其中 129 篇来自中国内地，1 篇来自澳门特别行政区。评审专家秉持公平、严谨、科学的评议态度，基于金融科技创新的必要性、先进性、安全性、应用性和合规性等多个维度，对本届案例进行筛选，遴选出 30 篇优秀案例入库。在本届案例评审指标设计中，特别新增金融安全和科技伦理评审指标，以期通过这类指标筛选出符合监管层要求的金融科技创新实践。最终，本届入围案例聚焦于数字技术创新、科技服务乡村振兴、技术创新赋能绿色金融、金融安全与科技伦理等领域，相较于前两届案例征集活动，本届案例征集成果更全面地反映出我国金融科技从"立柱架梁"到"积厚成势"的新阶段。

二、历届全球金融科技创新案例库分析与比较

（一）第一届全球金融科技创新案例库相关分析

在首届案例库中，评审组将首届入选案例的申报单位分为传统持牌金融机构和金融科技公司两类。在金融科技创新实践中，传统持牌金融机构具有场景优势，而金融科技公司具有技术优势，且双方之间具有较强的优势互补机制。特别是，基于金融科技驱动，金融机构在场景应用、技术赋能和生态重构等创新下，应用场景成为金融科技创新实践能否落地生效的关键。在首届案例库入

选的 22 篇案例中，金融科技创新主要应用在核心业务系统和客户营销环节（9篇）、操作系统和数据中台领域（3 篇）、后台支付系统领域（2 篇）和金融机构全流程管理（8 篇）等领域中（见图 1）。整体来看，首届金融科技创新案例，申报单位侧重于前台核心业务系统的赋能，力图通过技术改善营销效率和质量，提升客户体验水平。

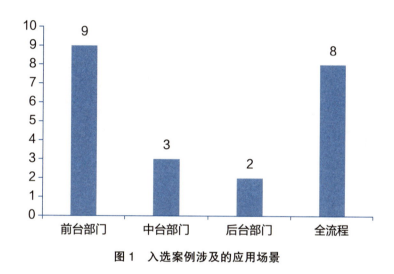

图 1　入选案例涉及的应用场景

（二）第二届全球金融科技创新案例库相关分析

第二届金融科技创新案例库中，团队将征集到的 150 篇创新案例进行划分，一是按照金融服务场景类型划分（见图 2），主要有金融科技助力乡村振兴、提升惠民服务、延伸金融服务、小微金融服务、金融服务风控以及面向数字化金融业务的 IT 基础设施重构项目场景；二是按照金融业务类型划分（见图 3），主要有银行业、监管、场景金融证券、保险、消费者保护等指标。按照金融业务类型划分中，最多的是科技创新赋能商业银行共 71 篇；其次是证券 43 篇；关于场景金融、互联网金融的应用所占比重也比较大；最少的是科技企业服务的一些政务服务，我们将其归类为其他。

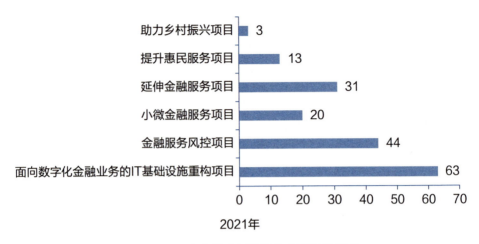

图2　2021年入选案例涉及的应用场景类型

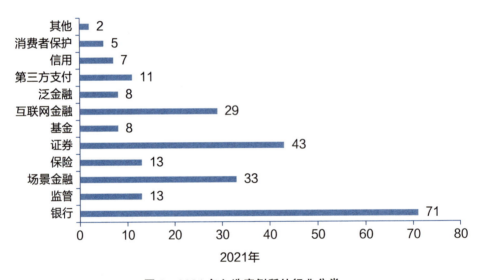

图3　2021年入选案例所处行业分类

（三）第三届全球金融科技创新案例库相关分析

第三届金融科技创新案例征选工作主要有初审、复审与专家评审三个环节。首先，在初审环节，案例库初审统筹小组对130篇创新案例依据以下标准进行第一轮筛选：一是核实案例本身的真实性；二是核实申报单位是否存在违规风险；三是核实申报案例中创新实践是否落地并具有应用效果。基于此，初审小组共筛选出 62 篇推荐进入复审环节，如图 4 所示。初选入围的 62 家申报单位中，科技企业（22 家）占比 1/3，其次是农商行（9 家），超过了股份制银行（5 家）和国有大型银行（5 家），由此可见，农商行的科技创新能力在逐步提升，数字化转型程度更为凸显，新技术加持下的金融场景弥补了大型商业银行难以覆盖的长尾群体。在复审环节，初审统筹小组对 62 篇案例申报单位进行二次风控筛查，并确认符合标准要求的申报单位。最后，进入评审委员会专家评审环节，以专家打分的形式，基于金融科技创新的意义和作用、技术创新性和前瞻性、规范性、金融科技伦理、创新实践可执行、先进可控与成果可考核性、合规性以及研发团队与结构等八项指标，从 62 篇案例中选出 30 篇评分靠前的创新案例，并集结入库，各篇案例所属行业见图 5。

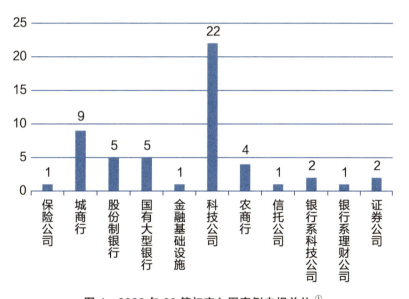

图 4　2022 年 62 篇初审入围案例申报单位①

---

① 入围初审的 62 篇案例，有部分申报单位重复，即同一申报单位入选多篇创新实践。

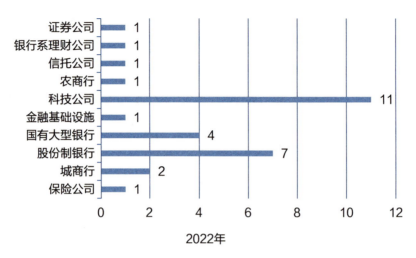

图 5　2022 年 30 篇入库案例所处行业分类

（四）第二届与第三届全球金融科技创新案例库分析比较

结合 2021 年（150 篇）与 2022 年（130 篇）两届金融科技创新案例库征集的创新实践来看，申报单位主要来自金融机构、第三方持牌机构、科技企业、金融基础设施等。自 2021 年，人民银行发布《金融科技发展规划（2022-2025 年）》，金融数字化转型成为关键的着眼点，金融科技创新被赋予更为重要的职责。由图 6 所示，一是，在两届案例库中，面向数字化金融业务的 IT 基础设施重构项目约占案例征集总数的 1/2。这说明，在数字技术不断迭代的背景下，金融行业数字化转型进程仍需一段时间，且在此过程中，"夺取"内外部竞争力也成为各家金融机构战略发展中的重中之重。

二是，金融服务风控项目也是金融科技创新坚守的"阵地"，两届案例库申报数量都仅次于面向数字化金融业务的 IT 基础设施重构项目。在新发展理念下，守正创新已作为现阶段科技革命的基本要求。持续加强金融安全和科技伦理方面的要求，是金融科技创新发展中各主体持续且重点关注的课题。其中，"中银智能风控项目""腾梭科技全行级智能风控中台解决方案"等实践金融风控领域极具代表性。

三是，本届案例库延伸金融服务的项目申报数量略低于第二届案例库，但从本届案例库征集的案例成果来看，延伸金融服务项目更多聚焦于绿色金融相关领域，绿色金融的创新发展代表着我国经济结构优化转型和颠覆式创新的发展方向。作为我国重要的金融基础设施，中债登申报的"绿色债券环境效益信息披露指标体系与绿债数据库项目"旨在破解绿债环境效益信息披露瓶颈，构建以环境效益为导向的绿色金融生态，更高效的助力我国绿色转型发展。

四是，本届案例库中金融科技助力乡村振兴项目数量远超于第二届入库案例数，这也显现了我国乡村金融需求已被逐步打开，科技创新赋能农村金融的成果逐步显现。"神州信息金融科技创新全面助推乡村振兴案例""数智化农业保险服务平台'耘智保'"从实践层面表明，金融科技创新在助力农村金融机构转型升级、消除农村信息数据壁垒、逐步缓解农村金融供需矛盾、构建农村金融征信生态圈等方面起到重要作用。

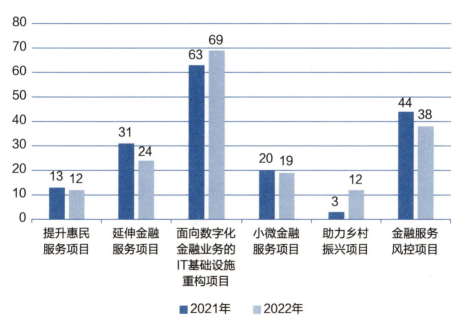

图 6   2022 年入选案例涉及的应用场景类型

三、总结与展望

伴随疫情的结束，历时一年多的第三届金融科技创新案例库征集活动也即将画上句号。金融科技创新案例库建设工作需要不断从征集渠道、申报审核、案例质量把控等多方面完善和提升，与往届相比，本届金融科技创新案例集有了更多的创新和亮点。

首先，银行业在金融业中科技创新能力最优、数字化转型成效最好。从案例呈现出创新成果看，银行业与证券业和保险业相比而言，社会需求数量与覆盖范围都具有先天优势，特别是金融服务的渠道方面，银行业的发展战略和平台布局都更为全面，且具有兼容性，更加注重服务形式的多元化和便捷性。证券业创新实践更多聚焦于以业务功能为主的数字化转型，注重于服务效率。保险业数字化创新则聚焦于客户流量转化业务流量，业务内容本身没有实质性的技术创新，注重于保险服务自身的质量。三类金融行业数字化发展的战略重心有所差异，因此，希望通过更多实践案例的比较，进一步探索证券业和保险业数字化转型的机遇和挑战。

其次，入库的金融科技企业中有6家属于高新技术企业，其中包含了"华炫鼎盛（北京）科技有限公司""北京江融信科技有限公司"2家北京市"专精特新"企业。各申报主体所呈现的创新实践聚焦于服务金融领域的数字技术创新，如融资平台搭建、智能系统开发、金融数据治理等。这表明金融数字化离不开金融科技企业的助力，而案例库建设的重点工作更侧重于挖掘优质的、服务金融领域的"高精特新"。

再次，2022年中国社会科学院金融研究所发布的《中国金融科技燃指数报告》中提到，2021年粤港澳大湾区燃指数排名首位（7.29），体现了粤港澳大湾区金融科技发展的超前布局与创新优势。本届案例库中收录了来自粤港澳大湾区的创新实践——"澳门云市集"，由案例可以看出，粤港澳大湾区相比其他区域在金融科技产业全场景布局、贸易对外开放以及政策支持等方面，更具有比较优势，下一步，可继续深挖和呈现大湾区内更优质的创新实践。

从次，本届案例库征集恰逢金融业数字化转型的关键时期，从实践案例中，我们可以看到，以大数据、人工智能、物联网、云计算为代表的关键技术不断迭代和创新，除此之外，生物识别技术、量子计算、5G、NFT、ChatGPT等新技术应用在数字金融场景中不断涌现，"量子计算在银行业务领域的应用研究与实践"、"基于隐私计算的债券估值体系建设项目"等案例都代表着新技术的发展趋势。

　　最后，本届案例库收集过程中汇集了多家支持单位和合作伙伴的参与和帮助。案例库的建设与成果发布离不开合作伙伴的鼎力相助，有来自中国人民大学国家发展与战略研究院、中国人民大学国际货币研究所、中国社科院产业金融研究基地、北京立言金融与发展研究院、浙江大学金融科技研究院、中关村互联网金融研究院、上海金融与发展实验室、中小银行互联网金融（深圳）联盟、深圳市金融科技协会、广州市数字金融协会、成都市科技金融协会、厦门鹭江金融科技研究院、海南华宜财经研究院、开放银行论坛、北京市朝阳区金融办、北京市海淀区金融办、北京基金业协会等单位的助力，在此对各支持单位和合作伙伴表示由衷的感谢。

　　长期来看，金融科技创新案例库的建设工作任重而道远。未来，我们会更加关注新时期金融科技赋能实体经济的优质案例，不断从实践层面更加直观地掌握金融科技领域发展的最新动态，将理论与实践深度结合，开展一系列金融科技创新案例分析工作，以充分发挥金融科技创新案例库的学术价值与社会价值，为今后我国金融科技创新实践提供更为优质的展示和交流平台。

目录

第一部分

商业银行的创新实践

Innovation Practice of Commercial Banks

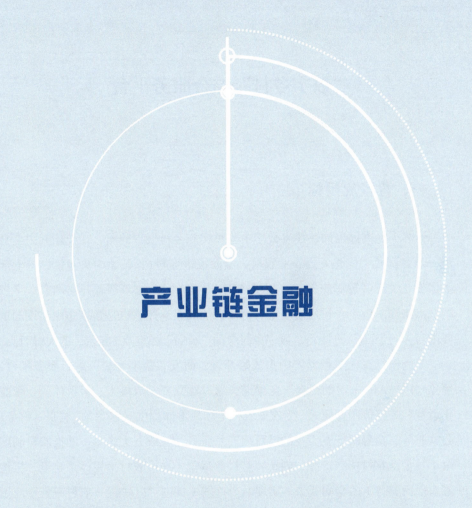

产业链金融

Industry Chain Finance

中国工商银行

"数字乡村" 综合服务平台

一、背景及目标

党的十九大提出加快建设数字中国和实施乡村振兴战略，十九届五中全会进一步强调要"优先发展农业农村，全面推进乡村振兴"。中央网信办等七部委印发《关于开展国家数字乡村试点工作的通知》，统筹部署开展国家数字乡村试点工作。数字乡村建设既是乡村振兴的战略选择，也是数字中国建设的重要内容，"十四五"时期将是数字乡村全面"布局"和重点"破局"的关键节点。

工商银行深入贯彻落实中央战略部署，研发"数字乡村"综合服务平台，覆盖"PC+APP+自助终端"全渠道，通过建立"一点接入、极致体验、智能化运营"的整体服务模式，为农业农村全场景群体提供涵盖党务、村务、财务、公共服务、金融服务五大类的近百项产品服务，完成五大场景（助推农村制度改革、盘活农村资产资源、创新智慧村务运营、助推农村信用体系建设、打造惠农便民服务）的全面覆盖，实现两个首创（首创"区块链＋农村三资"应用方案、首创"六级穿透"服务模式）、三个第一（第一家银行"数字＋乡村"云部署服务平台、第一家上线银农直联服务、第一家发行智慧三农公务卡）的服务成效，实现银行金融服务与 G 端政府部门监管需求、B 端村集体与涉农企业生产经营需求、C 端农户生活需求的有机结合。

二、方案描述

平台通过建立"一点接入、极致体验、智能运营"的整体服务模式，打造业内一流的"智慧＋生态"标杆产品，助力农业农村数字化转型，为乡村振兴插上"数字化翅膀"，为乡村发展点燃"信息化引擎"。平台协助农业农村局、农委等主管部门做好农村集体三资监管、惠农补贴流向管理、农村产权撮合交易等政务服务工作；协助村集体经济组织实现财务规范管理，村务阳光透明、党务模式创新，商务合规有序、金融服务贴心便利；为涉农产业链企业提供政策灵活、流程便利、受众广泛的普惠融资支持和支付结算服务；为乡村个人客群提供足不出户的金融服务，打造触手可及的"村口银行"，协助做好农民个人信用体系建设，解决"融资难、融资贵、融资慢"的历史难题。同时基于已建立开放、共享、协同的标准化可信数据源，存证重要资产（有形或无形），输出产权融资、普惠金融等银行优质金融服务，强化行业合作，不断完善农村金融服务生态。

（一）业务方案

作为工商银行服务国家乡村振兴战略的统一载体，"数字乡村"综合服务平台功能主要包括助推农村集体产权制度改革、盘活农村沉睡资产资源、创新智慧村务运营、建立"兴农善治乡风积分体系"、打造新型惠农金融服务体系，持续推动乡村经济社会数字化转型，为乡村振兴战略提供强大的数字动力和活力源泉，从而实现开放无界、万物互联。

1. 助推农村集体产权制度改革

通过"AI＋大数据"技术，辅助清产核资工作摸清农村集体家底、界定成员资格、明晰集体和个人产权归属，建立"产（权）有其主，主有其权，权有其责"的农村集体产权关系。平台通过搭建农村集体三资数据可视化系统和全链路的数据采集平台，助力构建归属清晰、权责明确、保护严格、流转顺畅的农村集体产权制度，协助政府部门搭建阳光透明、触手可及的闭环管理体系。

2. 盘活农村沉睡资产资源

平台促进农村集体资产的上市流转和资本化进程，唤醒长期"沉睡"的资产资源。同时，实现对资金、资产、资源的有效财务管理，防止集体资产流失，保障集体资产的完整性，加强稳定资产所有权、放活经营权，促进集体资产的保值增值，从而发展壮大集体经济。平台直击农地流转和要素配置痛点问题，依托"一触即达"的信息撮合优势精准匹配交易对象，提供农村产权交易和农产网络销售渠道，以数据驱动乡村高质量发展，激活主体、激活要素、激活市场，实现农业增效、农民增收。

3. 创新智慧村务运营体系

聚焦村集体和村民之间管理和服务场景，将村务运营紧密连接在统一、开放、共建的信息化平台，以数字经济理念、技术和模式助推实现乡村有效治理，乡村公共服务便捷高效，在村民事项决议、村务党务财务的"三务公开"、村民意见征集反馈、社保医保代缴服务、"一户一码"等多个领域实现突破创新，打开"驾驶舱"即可了解本村的经济和社会基本情况，如人口、计生、环境、村民事务办理等，构建"一村一特色"的"智慧乡村大脑"。

4. 谱写乡村善治数字化篇章

建立"兴农善治乡风积分体系"，提供线上电子化积分管理和积分闭环流通的能力。积分管理人员可以便捷管理村民信息、积分信息、资金信息；支持 B 端商户积分与资金便捷对账；支持 C 端村民使用积分在移动端渠道线上便捷购物，查询个人积分发放、使用情况。"兴农善治乡风积分体系"一方面激发了村民参与乡村治理的积极性，提升了乡村治理的水平。另一方面可为政府和银行提供更加全面丰富的农户群体信用大数据，为后续精准投放农民普惠涉农贷款、合理确定授信额度、动态掌握农户资质信用变化、科学把控贷后风险提供有效的数据支撑。

5. 打造新型惠农金融服务体系

平台积极探索"商融结合、以商促融"的农业场景金融服务新模式。一方面，从管理手段上最大限度地维护集体经济组织和成员的财产权益；农民对集体资产的占有权、收益权、处分权能够更好地实现，从体制上保护农民的利益，增加农民的收入。另一方面，为涉农企业和上游农户提供产业信息化升级、物联网技术应用、在线无抵押免担保普惠融资服务。平台结合工银"兴农通"APP 移动服务渠道，协助政府部门做好农民个人的信用体系建设，助力乡村善治，扩大惠农半径，打通金融支农"最后一公里"，为农民提供足不出户的金融服务。

6. 构建可持续金融服务模式，发挥金融科技优势，顺应国家数字乡村发展趋势

一是建设乡村服务数字新基建，整合归集行内外多源涉农大数据，赋能营销

拓展与经营管理，夯实"数智"服务基础。二是拓展"金融+"场景生态服务，加强与农业农村部、乡村振兴局、供销社、工商联、农业担保、保险公司等各级机构和各类优质平台的共享协作，以联盟合作推动生态共建，联动各方触客平台，推动涉农业务场景创新、服务点共建、人才培养合作等，激活乡村市场效能。

（二）技术方案

平台充分融合应用 5G、区块链、大数据、云计算、生物识别、客户画像等先进技术，致力于打造品种最丰富、功能最齐全、技术最先进、服务最优质、影响最广泛的数字乡村服务品牌。技术架构层面，平台依托工商银行分布式体系、云技术、大数据服务、API 开放平台、区块链技术平台、生物识别等底层基础技术框架，部署在工商银行数据中心金融生态云（图1）。产品服务方面，为客户提供三资管理、银农直连、产权交易、资金安全监管、乡村积分、村务服务、产业集群管理等服务。数据服务方面，为客户提供村民、党务、产业、合同、农民工、帮扶、农田等类目的数据服务。服务渠道方面，一是自建"数字乡村"总行服务平台门户，通过门户提供一站式综合服务，二是依托工银"兴农通"APP，为农村客户刚需的金融产品和服务搭建起数字化、轻量化输送通道，与农村普惠金融服务点等线下新触点形成有机互补，三是依托当地政府门户、公众号、小程序提供服务。四是依托政府数字大屏提供服务。

（三）建设与实施

为推进项目建设，项目组采用特快车快速火车交付模式。按照研发测试 4 周 + 投演 2 周的研发周期实现系统的快速上线，成熟稳定的研发节奏能够快速响应业务需求，实现业务价值点的快速投产。采用 DOD 标准模型，按角色梳理各阶段的完成标准及输出物，并将 DOD 分为底线和可选两类，在团队内达成一致意见后实施，清晰的阶段入口出口标准有助于项目研发工作的顺利推进。通过质量管控手段，提升研发质量。在设计阶段开展程序设计工作，从程序设计质量、程序设计范围、文档覆盖内容、程序复用度四个方面做好程序设计把控、设计质量提升；在编码阶段对测试驱动开发相关的要求严格落实日常 UTDD 工作、做好开发质量提升工作。为提升研发效率，团队在前端组

渠道服务

| "数字乡村"综合服务平台门户 | "兴农通" APP | 当地政务微信公众号和小程序 | 当地政务门户 | 数字大屏 |

产品服务

三资管理：财务管理、浦产核资、产权改革、股权管理、土地确权、合同管理

银农直连：单笔支付、代发工资、明细查询、预警监控、村务卡、村务报销；批量支付、惠农补贴、余额查询、对账单、惠农缴费、用款申请

产权交易：项目发布、竞拍保证金、明细查询、资金监管、产权流转、区块链存证；参与竞拍、资金收单、余额查询、资金划转、账务核对、政府监管

资金安全监管：产权交易资金、农业托管资金、涉农补贴资金、乡村旅游资金、三资账户资金、代发工资

乡村积分：积分维护、积分消费、积分审批、星级评比、积分兑换、奖励金；积分查询、积分发放、积分扣减、对账单、积分结算、积分商城

村务服务：村民信息、党务公开、办事指南、投票服务、党建专区、投票服务；村务公开、财务公开、乡村动态、报名统计、村委信箱、疫情防控

产业集群管理：项目进度管理、产业资金监控、产量产能管理、种子种苗管理、禽畜管理、农民收入统计

数据服务

三资数据、产业数据、村民数据、合同数据、党务数据、产权数据、村务数据、产业数据、财务数据、农民工数据、积分数据、帮扶数据、补贴数据、农田数据

云设施

SaaS金融生态云　PaaS应用平台云　IaaS基础设施云　大数据服务云

基础技术平台

| 工银讯联 数字多媒体 | 工银磐石 分布式体系 | 工银天服 生物识别 | 工银云 云计算 | 工银聚物 物联网 | 工银魔方 大数据服务 | 工银天工 JAVA开发平台 | 工银梧桐 API开放平台 | 工银玺链 区块链技术平台 | 工银图灵 机器学习 |

图 1 "数字乡村" 综合服务平台业务架构图

件库等方面持续发力。提炼兴农通前端组件库，提升前端研发效能，提炼村详情、展示审批结果、展示投票结果页、展示村委成员、公务处理—明细详情等区块。提升组件复用度，同时依托简搭平台研发前端资产管理功能，提升研发效能，并且提取的通用组件库后续可供其他产品线直接使用。

三、技术创新点

平台坚持广泛应用数字技术，赋能乡村振兴数字化水平不断提升。将数字化转型与乡村振兴建设有机统一，积极推进金融科技赋能乡村振兴示范工程，以大数据、区块链等新技术为驱动，以数字金融产品和平台为载体，以场景金融服务为手段，打造全方位、多层次、广覆盖的涉农服务新业态，全力探索乡村振兴金融服务数字化转型新路径。

（一）"银农链、产权链"树立农村三资领域创新引领新标杆

同业首创"区块链＋农村三资"的解决方案，引入区块链技术，破解农村三资管理难题。充分利用区块链的去中心化、信息不可篡改、公开透明、可信任等技术优势，将农村三资数据、农村产权交易中流转信息进行上链存证，实现对农村三资数据的"层层穿透、可视监管"。通过区块链技术平台，联合各地监管部门、农业农村局、广大村集体、各家金融机构，构建农业农村金融服务生态圈。在多方信息共享，机构多方协作的情况下实现农村农业领域资金流、资产流、资源流的透明流转及可追溯。区块链技术在产权真实性、身份验证等领域发挥了重要作用，有助于加强多方信息的透明度与可追溯性，建立互信机制，破解农村资产信息不对称、资金管理信息分散等三资管理的难题，提升用户体验，降低交易成本，提高农村三资管理的质量和效率。

（二）构建开放共享数字生态，布局数字乡村生态协同共建

"数字乡村"综合服务平台以开放 API、PaaS、分布式技术为支撑，搭建数字乡村开放式系统架构，通过连接政府、企业、农户、农商行等主体，构建开放共享、多方协同共建的一站式综合服务平台，提升联合对客服务能力。对

外支持快速引入浪潮、新中大等涉农服务软件供应商的服务和金融同业如农商行的金融服务；对内支持打通物业云、党建云、工银 e 缴费等行内常用民生服务类产品。"数字乡村"综合服务平台自身也可以作为整体服务嵌入其他服务乡村振兴的数字化产品，可进一步增强生态体系的扩展性和灵活度。目前已为"工银兴农通"APP 提供了村务管理服务，不仅提升了工银"兴农通"APP 的客户服务能力的同时也强化了"数字乡村"综合服务平台服务 C 端客户的能力。提升了用户在不同 SaaS 软件之间跳转的用户体验，还提升了整个生态的联合对客服务能力。以多方协同、共建的一站式"金融 + 非金融"服务平台，达到连接政府、企业、农户构建农业农村生态的目标。在充分满足农村客户经营管理等弱金融属性需求的基础上，"数字乡村"综合服务平台发挥金融服务优势，统一加载、贯通、输出各类金融产品，将优质金融服务与农村信息化服务深度融合、一站式输出。

（三）基于行业独家的伞状账户体系，满足多层级的产权交易流程监管要求

平台创新推出安心账户体系的全场景 API 服务，农村产权交易中心（以下简称"中心"）在中国工商银行开立安心顶点账户，广大村集体、专业合作社、涉农企业、农民（以下简称"卖方"）发布交易标的物，经中心审核确认后完成标的物的正式上架，并确定竞价式（分成保证金和尾款两部分）或协议式竞价（一次性付款）方式。对于竞价式标的物，买受人经实地考察后，经平台完成招投标操作后，中标者由中心完成买卖双方的相关转让手续后，通过平台将资金划拨至卖方指定的银行账户；未中标者通过平台将保证金原路退回买受人的原支付账户，同时最多支持五个层级的资金账户体系，可满足省、市、区（县）多层级的监管服务要求。

（四）借助"数字人"技术，打造村务工作新模式

利用自然语言处理、语音识别、语音图文转化等技术，为村民提供乡村"数字人"专属服务，支持文本内容转语音播报、智能交互解决村民诉求。乡村"数字人"具备 7×24 小时的高质量、高速度工作处理能力，可以代替人工应答客

户的大量重复性问题，在具备用户自助服务便捷性的同时，还能指导用户办理业务，向用户提供"一对一"专属服务，在提升村级事务管理智慧化水平的同时，还可有效解决村委日常工作繁重的痛点，将乡村基层宝贵人力资源解放出来投入更高价值工作中。

（五）自主可控的金融云服务技术安全体系

利用云计算、区块链等新技术手段，基于开放平台集群系统与大型主机有机结合的基础架构，构建起面向未来业务发展的全新技术体系框架。两地三中心的生产安全灾备体系，支持业务的不间断运行。全面实现上海外高桥与嘉定园区双中心并行运行，核心主机控制在 70 秒内完成同城双中心切换运行。当发生地域性灾难事件，同城双中心同时发生灾难不可用时，全行业务在 2 小时内切换到北京的异地灾备中心运行。平台部署在工行金融生态云上，拥有国有银行强大科技力量支撑，提供"金库"级别的安全体系，具有等保四级安全认证（民用领域最高等级）。与市场上三方公司产品部署在公有云上相比，客户数据更加安全可靠。

（六）打造卫星遥感影像智能分析系统，赋能涉农金融服务

基于影像融合、图像增强、镶嵌匀色等图像预处理算法，研发同业领先的卫星遥感影像智能识别算法，实现地物分类、建筑物提取、渔排提取、变化检测、作物分类、长势监测、产量预测、灾害预警等八大卫星遥感模块，助力乡村农业生产经营的数字化、现代化、智能化，系统实现对作物的长势、产量、灾害分析等多维度动态监测，提升卫星遥感影像识别服务水平。

（七）平台采用"软件即服务"的建设模式

实现对客的 IT 零投入。相关客群基于互联网通过"PC 机 / 手机 + 账号密码 + 动态验证码"即可使用平台服务，无须配备专业 IT 人员，无须投入软硬件设备，真正实现县域政府和村集体的零投入。

四、应用与成效

服务范围上，截至目前，平台已与1027家区县级农业农村部门达成信息化合作，其中60余个区县实现"全覆盖"；服务范围覆盖全国31个省份、317个地市。平台创新开拓"农村集体三资监管""农村产权交易""乡风积分管理""农业社会化服务""乡村旅游资金监管"等应用场景。

数据资产使用方面运用"数字乡村"综合服务平台上的数据，探索适合农业产业特点和农村社会特征的风险识别评价体系，助力乡村信用体系建设，有效盘活家乡资产，突破地域空间限制、打通资金筹集渠道，为江西、山西、内蒙古等多地涉农贷款产品的发放提供有效的增信数据和渠道支持。

社会影响力方面，依托平台建设，工商银行与农业农村部、国家乡村振兴局、中国村社发展促进会等政府部门建立密切合作关系。平台先后荣获中国信息通信研究院"2020可信区块链峰会高价值案例"、农业农村部"2021数字农业农村新技术新产品新模式优秀案例"、人民银行《金融电子化》杂志的"2021科技赋能金融业务发展突出贡献奖"、工信部"信息消费乡村振兴专项创新奖"、2022年"科创中国"中国数字普惠金融创新成果和人民网"第十八届人民匠心服务奖"，荣登《人民日报》首期"金融创新助力乡村振兴"专版。这些外部奖项充分体现了工商银行践行金融服务乡村振兴事业的使命与担当。新技术应用上，"数字乡村"综合服务平台致力于为各级农业农村部门、纪检监察部门、单位组织及广大农村集体经济组织提供优质服务，以区块链为基础设施，发挥工商银行金融优势，进一步打通农村的业务链、应用链、价值链，积极响应习近平总书记"要构建产业生态"的号召，推动区块链技术和农村产业的创新发展。

五、未来发展

未来，工商银行将继续坚持以客户为中心的服务理念，将数字乡村综合服务平台打造成为业务丰富、功能齐全、技术先进、操作便捷、服务优质的"乡村振兴综合服务中心"，提供高质量的数字化服务，推动乡村治理工作再上新台阶，助力国家乡村振兴战略落地实施。

（一）拓宽服务半径

按照国家推进农村土地制度改革、加强基层治理和乡村善治等工作要求，将"数字乡村"综合服务平台应用场景拓宽至农村产权流转交易、农业托管服务、农村综合治理、补助资金监管、宅基地审批管理、乡村积分治理等多个方面。

（二）加强合作联盟

加强与农业农村部和乡村振兴部门、供销社、工商联、科研院所、高等院校等重要头部机构的合作，推进市场资源和客户资源共享，壮大平台的综合服务实力。

（三）助力农村信用体系建设

以社会信用体系、人民银行征信系统及管理制度为遵循，协助政府建立农村经济主体经营信息数据库、信用信息数据库及信用评价模型，让广袤乡村农民、农村集体经济组织、新型农业经营主体享受到银行金融资源支持。

（四）做好精准施策，丰富场景建设

以"数字乡村"综合服务平台为核心抓手，依托财政支付、乡村医疗教育、农村产权流转交易、农业托管服务、宅基地审批管理、乡村积分治理等场景，发挥平台和产品优势，以全流程、生态化的整体服务实现县域客群覆盖率的有效提升。

中国邮政储蓄银行

数字化产业链金融服务的应用与实践

一、背景及目标

（一）项目研究的背景

1. 外部政策因素

近年来，新冠疫情、地缘冲突、气候变化和"滞胀"风险对经济发展造成严重威胁。传统产业链因国际形势、疫情管控政策、区域物流停滞等原因衔接不畅，给产业链体系下的小微企业成长发展造成重大影响。

2022 年 1 月，中国人民银行印发《金融科技发展规划（2022—2025 年）》，要求金融科技的应用要坚持"数字驱动、智慧为民、绿色低碳、公平普惠"的发展原则，力争通过科技手段提升产业链韧性，为开展"高效、便捷"的普惠金融，提供更广泛的实施路径。

2022 年 4 月，中国人民银行、国家外汇管理局印发《关于做好疫情防控和经济社会发展金融服务的通知》（银发〔2022〕92 号），提出加强金融服务、加大支持实体经济力度的政策举措，要求"要强化产业链供应链核心企业金融支持"，"引导金融机构加大对企业科技开发和技术改造的支持力度"。金融科技企业基于产业链场景深入探索创新，以数字技术应用为驱动，通过数字化技术及金融服务，对核心企业上下游"确权和确信"，推动产业链和资金链即金融供需两端精准对接，释放龙头企业"链主"价值，助力金融快速响应产业链核心及配套企业融资需求，精准解决中小微企业在生产经营中的资金难题，助力实体经济高质量发展，为疫情期间金融纾困提供新方案。

2. 企业发展因素

随着国家数字化进程逐步加快，产业链发展越来越重视数字化建设，部分大型企业服务模式和生产理念发生转变，逐渐认识到数字化赋能对于企业自身生产、平台营销建设、区域化市场开拓以及管理监督等方面的重要性、便捷性，核心企业产业链正在加速数字化和重构。在通过科技手段提高了自身企业产能后，部分行业企业在生产运行中积累了较大规模的数字资产。

通过参与产业链金融，核心企业自身获得更为稳定的上下游，可进一步优化产业链结构，从而获得更高红利。在人工智能时代，产业链重要节点的核心企业的合作，可推进工业互联网的发展，将助力产业互联网及相关产业经济的升级。

3. 金融发展内在因素

随着产业供销关系的不断深化发展，传统产业链金融难以对产业链体系下的小微企业实现有效金融扶持。传统产业链金融依托核心企业与供应商两类主体间的供求关系变化而产生的金融需求，由银行围绕上下游购销场景，以核心企业主体信用为核心，给予授信支持。这种基于核心企业与上下游企业购销关系的金融模式一经推出，因其在营销获客、风险防控、作业成本方面具有较大优势，得到商业银行的普遍认同。但随着此种模式的扩展与应用，受制于信息对称性、线下作业效率低、风险防控等诸多问题，传统产业链金融难以形成规模化、持续化发展，亟待通过科技赋能重新释放活力。

（二）发展目标

中国邮政储蓄银行（以下简称"邮储银行"）作为国有大型零售商业银行，深入践行普惠金融使命。在数字中国发展进程中，不断开拓创新，借助大数据、云计算、人工智能等新一代技术，推动普惠金融实现场景获客、移动展业、自动审批、智能风控，创新服务模式，提升客户体验，打造数字化运营模式，提高作业效率，降低业务运营成本，推动实现普惠金融的商业可持续发展。基于链主企业与下游供销商购销数据，构建起了数字化产业链金融服务体系。

二、金融科技方案描述

数字化产业链金融时代，"去核心企业担保"已成为产业链金融发展的主流模式。近年来，邮储银行大力开展数字化创新工作，通过数字化金融赋能，分析核心企业（链主企业）积累的上下游购销金额、购销周期、物流状态等信息，在产业链金融体系内形成具体的风险控制模型，筛选出符合银行授信政策、行业风险偏好的企业，结合司法、征信、工商、税务等具体信息，为企业客户进行精准"画像"，实现授信的有效落地。通过不断强化行业科技"权重"，邮储银行使产业链金融在产融结合的基础上焕发出更强的原动力，为中小微企业寻找更为普惠的解决之道。

（一）业务产品方案

数字化产业链金融项目，以行内普惠型小微企业信贷产品为基础，结合链主企业核心场景，以数据信用为核心，基于上下游小微企业与核心企业的实际交易情况，为核心企业上下游小微企业设计定制化融资方案，结合市场淡旺季生产周期，精准匹配企业周期性购销商品、资金周转等流动性资金需求。

（二）风险控制方案

本项目充分发挥邮储银行自身资源禀赋，结合前沿金融科技风控技术，充分统筹风险控制、渠道运营与管理、科技创新等各方面的协同应用，体现出了独创性的优势。

1. 建设风控模型

风控模型建立的前提是深入了解核心企业经营管理、经营周期、上下游管理方式等实际情况。邮储银行严格控制产业链金融中核心企业准入环节，从行业特征、企业基本面、企业品质、经营情况和运营情况等多个角度切入，深入了解并掌握核心企业管理模式，为核心企业及上下游产业链相关企业定制各类风控模型。

（1）建立"白名单"准入模型。一方面，结合核心企业购销基础数据，在产业链场景内制定标准，开展客户分层管理。另一方面，按照底层数据、历史衍变数据，分层构建符合行业发展实际情况的"白名单"客户筛选机制。通过"白名单"筛选机制，实现源头风险控制。

（2）迭代授信模型。基于邮储银行普惠型小微企业贷款产品的模型，结合取得的购销金额、购销周期等企业实际经营数据，迭代升级优化模型，不断提高客户申贷获得率、贷款需求满足率。

（3）明确贷款用途。结合核心企业交易场景，在链主企业购销平台上实现贷款受托支付管理，定向应用，防范资金用途风险。

（4）创新贷后监测模型。通过分析核心企业上下游购销周期、购销金额，结合贷款期限、还款方式，配置贷后管理监测预警模型。应用预警信号，及时监测客户经营持续性、稳定性，保证风险控制在合理区间。

2. 系统建设方案

邮储银行高度重视数字金融发展，以数字化转型为主线，深化科技金融战略实施，助力全行高质量发展。近三年，邮储银行不断强化科技助推能力建设，助力实体经济发展。通过"数字化商业模式创新"与"智能化传统银行重塑"双轨并行开展数字化转型工作，在普惠金融、产业金融、运营管理和风险防控方面均取得了成效。在产业端发力产业链金融，依托"场景＋科技＋金融"的整体构架，协同 SaaS 服务商为政企提供综合行业解决方案。应用区块链、智能合约、数字人民币等基础技术，不断夯实数字底座。在此基础上，配套金融服务运营、大数据风控、产业链金融流程、企业数字账户等平台功能，打造金融产品超市，在核心企业 APP、官方网站等界面上向外展示入口，不断服务核心企业上下游客户。

3. 区域运营方案

邮储银行是全国网点最多的大型零售商业银行。在营销运营及管理方面，邮储银行充分发挥点多面广的资源禀赋，结合链主企业全国市场区域布局，综合邮储银行各省、市分行业务经办能力、风险控制能力。在业务经办初期，选定重点区域开展试点，不断总结经验，在总部层、省总、二级分销等多层面，与场景内的核心企业、上下游单位密切沟通，联合开展阶段性营销活动。在数字化营销的基础上，不断调整产品营销策略，协助核心品牌企业进一步开拓市场。

三、数字技术对产业链金融带来的改变

一直以来，小微企业信贷的"融资难、融资贵、融资慢"问题是社会普遍关注的重点难点。邮储银行应用数字化产业链金融以第一性原理为思考，发挥数据平台、数据洞察、保密计算等优势，切实化解小微企业融资难题。

（一）以区块链技术解决信息不对称性问题，融资不再难

小微企业普遍具有分散、规模小、账务不清、轻资产等特点，也正是因为这些特点，商业银行在小微信贷中易形成"信息不对称问题"，这种信息不对称而形成的信贷风险是"融资难"问题的本质原因。

区块链是一种将数据区块有序连接，并以密码学方式保证其不可篡改、不可伪造的分布式账本（数据库）技术。通俗地说，区块链技术可以在无须第三方背书情况下实现系统中所有数据信息的公开透明、不可篡改、不可伪造、可追溯。作为一种底层协议或技术方案，区块链可以有效地解决信任问题，实现价值的自由传递。

运用区块链技术，使得数据应用更加真实地反映出小微企业经营发展的实际情况，消除了商业银行的"后顾之忧"，有助于缓解"融资难"问题。

（二）以大数据风控模型降低成本，融资不再贵

在额度测算方面，对小微企业的授信判断，往往基于企业所在区域、所属行业、收入能力、经营能力、资产情况等相关因素，叠加司法、工商、税务、征信等信息，对企业进行综合判断，结合企业的资金需求，确定最终的授信额度、贷款周期、还款方式等具体情况。数字化产业链金融的背后，是对上述指标的深入洞察，通过形成产业链业态，结合产业上下游关系进一步明确行业范围、判断经营能力。在对客利率方面，通过数字化工具的应用有效降低了运营成本。在风险防控方面，通过提高金融机构风控精准度，降低风控成本。从整体上降低金融对客成本，解决"融资贵"问题。

（三）以金融科技构建桥梁，融资不再慢

通过金融科技赋能传统产业链金融，基于产业链场景本身特点、行业特点、生产经营过程数据，运用 IT、区块链技术对接、大数据风控等技术，可深入了解中小微客户实际需求，使金融服务渗透至各项场景环节。邮储银行借助金融科技实现快速业务线上化部署及应用，在智能获客、服务效率提升、精准定价等方面表现出显著优越。企业通过网上银行、手机银行实现线上操作，突破传统模式中时间和空间局限，极大提升作业效率，解决"融资慢"问题。

四、应用与成效

（一）项目应用

截至目前，邮储银行同神州数码等 40 余家核心企业开展合作对接。以与神州数码集团合作的项目为例，本项目在实际应用中，具体开展以下几个方面工作。

一是邮储银行与神州数码进行系统对接，神州信息公司为神州数码提供科技支持，通过融合"产业 + 科技 + 金融"三方优势，围绕神州数码上下游购销场景，为神州数码下游小微企业提供信贷服务。

二是在神州数码商城平台布放邮储银行信贷产品，增加场景入口模块，提高营销触达效率。

三是在核心企业商城平台布放信贷营销二维码，客户可通过扫描二维码注册销售平台客户，享受贷款优惠便利。

四是建设客户筛选模型，通过合作年限、购销关系紧密程度等指标维度，筛选出优质"白名单"客户。

五是通过"白名单"预测额度，了解整体授信情况，联合开展营销活动。

六是客户通过邮储银行 APP/ 企业手机银行 APP 进行正式贷款申请。获得授信后，可应用额度内资金在神州数码商城购买产品。

七是贷款支用成功后，通知神州数码，完成订单支付。

通过数字产业链金融业务，在核心企业上下游购销场景内，为小微企业提

供"灵活、便捷、快速"的银行信贷产品，为核心企业注入金融活水，形成数据资产，实现金融供需两端的精准对接。

（二）项目成效

1. 合作关系更为紧密

疫情之下，市场主体特别是中小微企业、部分行业和群体受到较为严重的冲击，对金融信贷支持的需求更为迫切。邮储银行数字产业链产品以金融科技为出发点，在传统产业链金融服务基础上，通过数字化服务，为传统产业链注入了新的活力。对链主企业而言，可更好地巩固自身上下游合作关系，维护自身市场发展地位。

2. 金融风险有效防范

数字产业链业务依托科技手段，一是在数据对接、模型建设等具体环节，运用区块链技术、隐秘计算等方式，确保数据不可篡改、保证计算的真实性；二是通过核心企业"白名单"机制，进行客户的有效筛分，从源头把控风险；三是在贷款支用环节，结合产业链上下游购销关系，确保贷款支用"有的放矢"，保证资金用途的合理性、合规性。

3. 小微企业自身获益

通过数字化产业链金融，可有效节省银行运营成本，省去诸多人工走访、校验、现场调查等线下环节，客户可通过手机、网银等方式直接在线获得授信。邮储银行以普惠金融的视角，真正为企业让利。以实际行动，助力实体经济健康发展。

五、项目展望

（一）推动服务下沉，破解普惠金融难题

作为经济的"毛细血管"，小微企业在国民经济发展中扮演着重要角色，是扩大就业、改善民生、促进创业创新的重要力量。在当前国际局势复杂、疫情反复交织的背景下，持续推进普惠金融，服务实体经济发展具有更加深刻、

更为重要的意义。

数字化产业链金融通过对行业整体的风险把控，围绕核心企业上下游，形成物流、资金流、信息流的发展闭环，结合行业发展周期，有效捕捉小微企业资金需求额度、用款时间，通过建立风险模型实行风险防控前置机制，为众多小微企业客户提供更有效率、有温度的金融服务。

在技术方面，未来区块链分布式记账的方式将与云原生进行融合，微服务等支撑技术逐步向基础设施下沉，使核心系统的建设更加关注业务本身，底层的技术支撑及运维由底层的云原生基础设施去处理，实现更加精细化的分工，进一步推进金融行业的数字化转型。

（二）融通产业发展，助力数字经济发展

数字化产业链金融，将以行业产业发展为依托，对有利于国计民生的重点产业，有针对性地开展金融服务工作。通过注入金融之水，有效盘活核心企业上下游经营发展，缩短赊销、应收账款周期，融通产业之间的快速发展。

数字经济发展成为推动经济发展的新动能，已形成广泛共识。目前，借助金融科技的手段，商业银行基于区域性平台、龙头企业、金融科技公司等主体，布局多产业、多业态的数字化金融服务场景，多家大中型银行，以及部分城商行、互联网银行已布局开放银行业务，并将其作为数字银行的关键实现路径。但从整体看，产业之间互联互通成效低、数据安全问题执行标准不一、系统之间不兼容等问题多有存在，难以形成一个完善开放的生态体系。

数字化产业链金融将结合各类参与方的商业模式，从单一产业链构建起丰富、开放、共赢的产业生态体系。通过整合金融资源、产业资源、供需关系，不断完善合作机制，开发多样的服务方式，成为联结 B 端、C 端的桥梁纽带，保障产业生态的良性运转。

（三）防范金融风险，强化金融风控能力

国家及监管部门高度重视金融安全稳定，提出要增强金融风险技防能力，正确处理安全与发展的关系，坚决守住不发生系统性金融风险的底线。

在传统的数字链金融存在购销关系虚构、交易造假等产业链内部问题，

也存在着银行大干快上，缺乏对行业分析研判，或舍本逐末，仅关注末端小微企业而忽视对核心企业风险把控等问题，风险逐渐滋生，一旦形成不良难以挽回。

　　数字化产业链金融将数字科技应用于金融风险防范。运用科技手段将有效提升交易场景的真实性、数据安全性。提高跨市场、跨业态、跨区域金融风险的识别、预警和处置能力，有利于全面加强网络安全风险管控和金融信息保护。

中国民生银行

易链"数"融——供应链金融数据增信模式

一、背景及目标

（一）项目背景

"以数字化转型推动银行业高质量发展，不断提高金融服务实体经济的能力和水平"是贯彻落实国家"十四五"规划的重要举措。2022 年，银保监会下发《关于银行业保险业数字化转型的指导意见》（银保监办发〔2022〕2 号）鼓励加强数字化建设，加强内外部资源整合，积极发展产业数字金融，加快建设与数字化转型相匹配的风险控制体系。推进企业客户业务线上化，加强开放银行接口和统一数字门户建设，提供投资融资、支付结算、现金管理等综合化金融服务。

民生银行积极实施数字化金融战略，围绕重大项目构建敏捷化响应机制，加快数据化探索与新业务模式孵化。目前核心企业强增信供应链市场竞争充分、空间有限，核心企业"去"信用捆绑的需求及趋势明显，民生银行"易链'数'融，普惠民生"项目应运而生。

（二）项目目标

以交易数据为核心实现信用传导的设计理念，本项目通过开放银行与核心企业建立直连通道，打破信息孤岛，搭建场景化科技架构、智能化风控决策与数字化业务流程，以数据增信替代传统依赖核心企业信用担保模式，实现对链属中小微客户一体化的金融服务。

针对上游供应商订单融资和下游经销商采购融资场景，结合供应链场景交易结构特性，主要有三点目标：第一，数字化流程方面，建立符合供应链特征的端到端精准营销、模型化审批、自动化放款、项目整体化贷后等供应链场景数字化作业流程；第二，智能化风控方面，建立以交易场景及数据为基础的多维数据模型，全链条构建数据信用的智能风控决策体系；第三，场景化科技方面，搭建场景化风险协同 4D 模型，以"鸿雁"平台为抓手，立足场景，构建智能风控，实现效能提升。进一步提升业务竞争力，有效解决供应链中小微企业融资瓶颈，助力实体经济发展。

二、方案描述

（一）业务方案

1. 业务服务对象

民生银行供应链数据增信创新融资模式，基于开放银行、生态共建的服务理念，通过数据分析、模型建设、科技赋能，将金融产品与企业运营深度绑定，实现对核心企业的金融赋能、对链条客户的无感金融、对业务人员的可视化管理的开放式、数字化生态金融服务方案，有效解决中小微长尾企业因自身信用不足、难以获得融资的困境。面向上游供应商订单融资和下游经销商采购融资场景，本项目业务服务对象准则如下。

（1）行业选择

目前，供应链业务链条客户开发是基于核心企业对上下游客户的统筹管理及真实交易需求，行业覆盖食品粮油、酒水饮料、家用电器、3C 数码、文化办公、黄金饰品等大消费领域。

（2）核心企业要求

对于上下游融资客户对应的核心企业，原则上主体企业针对不同的业务场景，需要满足相应的评级准入条件，且核心企业具备相对健全的经销商管理体系。

战略客户：总、分行战略客户（含集团及子公司）。

经销商管理：核心企业具备相对健全的经销商管理体系，如：明确的准入和退出机制、任务量考核机制、经销商评价体系、激励和惩罚措施、经销权管理要求等。在此基础上,本项目建立了多个供应链经销商专属自动化评级模型、供应链场景评价模型。该模型根据核心企业提供的相对完备、可靠的交易数据替代财务数据或定性打分考量,重新组合交易子模型、征信子模型、工商子模型、账户行为子模型、企业主评分等模块获得评级结果。

（3）交易数据及系统要求

历史交易数据:含采购额、任务数、合作年限等历史交易数据,原则按照季度更新数据。

核心企业对经销商评价数据:根据核心企业自身管理实际,提供其对经销商历史合作表现的评级／评分。

贷中、贷后数据:经销商订单数据、核心企业收款数据、核心企业发货信息、经销商收货信息、经销商采购数据、经销商销售数据等。

通过数据分析,本项目的供应链场景评价体系按季度于后台自动更新数据,该结果嵌入原有加分模型,作用于所有经销商评级模型的评级结果。

2. 用户规模

（1）产品客群以小微客户为主,客户用信意愿强烈

客群分布:采购 e 数据增信客群主要集中在小型和微型企业。

用信意愿:其中两项重点项目客户用信意愿强烈;处于销售淡季的客户,经我行营销客户先行储备额度。

投放节奏:分项目投放中,部分项目分月投放较为平稳,出货高峰符合客户所在行业融资诉求特征。

（2）采购 e 上量,订单 e 破冰

数据增信采购 e 与订单 e 两款产品:自 2022 年 1 月上线以来,授信申请和放款申请上量明显,累计审批金额、累计放款金额与累计贷款余额均超预期。

（3）经销商规模

经销商区域:试点项目下的授信经销商已遍及全国 26 个省份,将逐步惠及全国经销商网络,沉淀产品和营销体系。

3. 应用模式

（1）授信申请——贷前

第一,经销商在第三方金融平台向民生银行发起授信申请,第三方金融

平台进行内部审批后，通过 API 接口向民生银行推送合格经销商数据，包括但不限于经销商基本信息、第三方金融平台对经销商的评价信息、第三方金融平台与经销商的贸易信息、近期年份的交易数据、部分过往月度的采购金额等。

第二，第三方金融平台推送客户名单及数据后，跳转至民生银行申贷平台，经销商登录民生银行系统，选择授信申请发起的渠道（网银或手机银行）。

第三，经销商通过选定的授信申请渠道向民生银行发起授信申请。其中，网银渠道为经销商通过符合 CFCA 规范的金融机构颁发的 Ukey，登录后，在线录入申请信息，提交授信申请的相关资料并进行线上授权；手机渠道为经销商法人（实际控制人）登录民生银行手机 APP，在线录入申请信息，提交授信申请的相关资料并在线授权，经销商可选择先授信后开户，也可同时申请授信和开户。

第四，结合第三方金融平台推送的经销商交易数据以及民生银行获取的其他内外部数据，民生银行通过非现场组合尽调、自动评级、模型审批进行线上化授信审批，实现 2 小时内出正式授信额度（15 分钟内出预授信额度—如需），并将授信结果通过接口反馈至第三方金融平台。

第五，经销商得到明确批复后，可选择民生银行就近网点，进行开户资料交付，完成账户开立。

（2）授信支用——贷中

第一，经销商登录我行网银（涉及法人协议签署）及手机银行（涉及个人协议签署），在线签署授信相关协议。

第二，经销商向第三方金融平台发起采购后，第三方金融平台向民生银行推送采购订单（融资订单）。

第三，经销商登录我行网银在订单项下发起融资申请。

第四，我行结合订单信息、经销商工商、征信等内外部数据信息进行规则化校验，实现自动放款并受托支付至第三方金融平台指定账户（10 分钟内），并将放款信息通过接口反馈至第三方金融平台。

（3）还款及贷后管理——贷后

第一，我行通过第三方金融平台供应链平台持续推送已融资客户的融资订单、采购金额、发货情况、经销商销售数据等，以及经销商内外部数据信息，在线监测货物交割流程并对风险进行预警。

第二，贷款到期前，经销商可在线部分或全部提前还款，民生银行将提前还款情况通过接口反馈给第三方金融平台。

第三，贷款到期日，民生银行进行自动扣划，单笔融资结清，民生银行将提前还款情况通过接口反馈给第三方金融平台。

第四，贷款发生逾期，我行依照合同向经销商追偿并进行罚息。

（4）与核心企业共建生态服务系统

与核心企业共建服务上下游供应商／经销商的集采、分销、电商等数字化平台，并嵌入我行招标通、订单收银台、购销通、回款通交易资金监管等场景结算产品。通过获取客户真实的日常交易数据，并利用场景结算产品在控回款、控账户、控回票等方面的优势，赋能我行对核心企业上下游资金的闭环管理。

获取数据通过结算产品获取核心企业与上下游的交易数据，做好数据采集、为进行数据治理和数据分析提供素材，更好地筛选数据增信融资客户。

交易闭环：对融资客户的账户、回款、回票、资金使用有效管控，为数据增信融资提供有效的贷后风控手段，确保资金闭环，把控第一还款来源。

嵌入场景：将场景结算服务嵌入核心企业日常招采、销售等经营场景，保证数据真实性，为数据增信融资提供有效的贷前调查及贷后风险监测预警数据支持。

4. 项目特点

该产品是基于核心企业与经销商长期稳定的合作关系，借助交易数据、外部数据、行内数据等多维数据建立的供应链风险决策模型体系，通过端到端数字化作业流程，为经核心企业推荐的下游经销商提供的信用融资产品。该产品为业内首创的供应链场景中小微企业数据融资产品。

（1）信用融资

围绕供应链场景下，纯信用融资业务模式。核心企业无须提供差额回购／退款等增信措施；经销商无须提供抵押担保。

（2）模型审批

依托民生银行供应链自动化评级模型、准入校验模型、供应链打分卡模型、额度测算模型等实现链条客户500万元以下（含）授信自动审批与额度计算。区别于传统对公模型，与以财务报表为主、专家意见为辅的评价体系相比，更为省时省力。此外，自动化模型会按季度进行更新，确保模型结果真实有效。

（3）线上操作

民生银行内、外部业务处理的过程，从客户经理触客、客户授信申请、客户尽调、审批、签约到融资放款、还款实现全流程线上化操作。针对数据增信模式涉及实控人个人担保，均需线下进行个人征信授权及签署个人担保合同的痛点，提升客户体验。

（4）随借随还

融资期限匹配客户经营周转，灵活高效支持客户季节性用款，并可根据客户资金流动性需要，满足客户随时还款需求。

（二）技术方案

1. 技术框架

（1）系统应用架构

以"伴我行营销平台 + 企业综合服务平台 + 非零风控系统 + 对公数据支持平台"四大平台为支撑，以数据赋能为核心驱动力，支持营销、风险、产品业务模式快速创新，构建全场景的生态金融服务平台。

方案组合化：以客户全流程业务交易视角，从企业需求痛点出发，提供定制化、组合化、跨条线的一体化产品解决方案。

产品标准化：以场景化协同中心为基础，灵活组装中台服务，快速适配产品化、场景化应用，提供涵盖营销、产品、风险领域的标准化产品服务。

业务组件化：以中台化建设思路，按业务领域划分，沉淀公共服务，拆分为不同的业务中心，提供公司金融的"厚中台"服务。

对公场景数据：整合客户、交易、资产、融资／结算等维护数据，基于大数据平台能力，贯穿中台、产品和方案各层面，赋能企业金融服务。

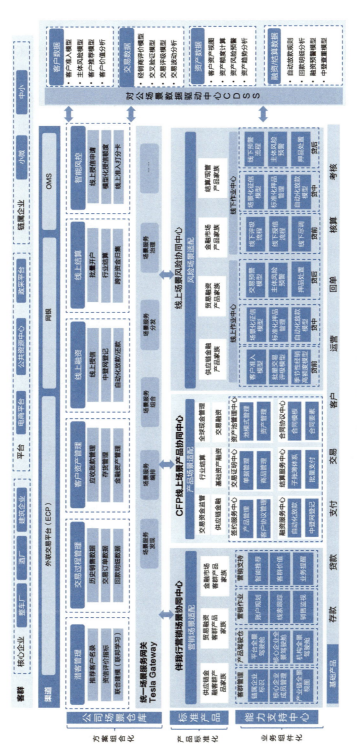

图 1　系统应用架构

（2）系统技术架构

基础软件云平台 IPaaS 根据民生银行自身需求，兼容各种底层环境，打造总行数据中心各类基础软件、硬件的云化管理和云化服务，实现了自动化、自助化提供算力和各类软件服务的能力，包括数据库、中间件、缓存、大数据、存储等标准化服务。同时通过容器平台提供了云原生的基础平台能力，为云原生的业务场景提供了有力支撑。

应用云平台 APaaS 是民生银行全面云原生化的下一代金融级应用基础服务平台。APaaS 建立在 IPaaS 巨人肩膀之上，以应用为中心，以标准化应用模型以及能力全面整合和服务化为核心，为开发人员提供一站式、端到端、场景化、引导式的研发体验，借助模板和配置，实现标准化的工程初始化、组件集成、服务集成、代码仓库、流水线、微服务治理、中间件、部署架构、日志和监控等。

后端微服务框架 Tesla 是民生银行自主研发的金融级云原生后端开发平台，基于模块化架构引入多种互联网组件，以分布式、微服务架构为基础，为全行应用系统提供统一的底层应用开发平台和运行支撑体系以及最佳实践方法论。

前端微服务框架 Apollo 是民生银行自主研发的、高度适配银行业务的企业级前端应用开发平台。针对银行大型前端应用交付遇到的如缺乏前端企业级统一的技术框架和研发规范、缺乏高效及高质量的交付能力、缺乏持续提升前端用户体验的能力等常见痛点，提供技术平台和解决方案的支撑。

（3）系统数据架构

在数据仓库存储加工平台、实时数据分析平台、机器学习平台、知识图谱平台等大数据平台基础上，汇总行内基础数据、行内系统数据、外部公共数据、企业内部数据等多维度数据，以领域驱动设计的思想进行数据整合加工，梳理了客户、交易、融资、产品场景等领域数据，为客户营销、贷前调查、贷中管理、贷后检测、模型决策等提供数据服务，全面赋能营销、产品和风控场景，支持金融场景的数字化转型。

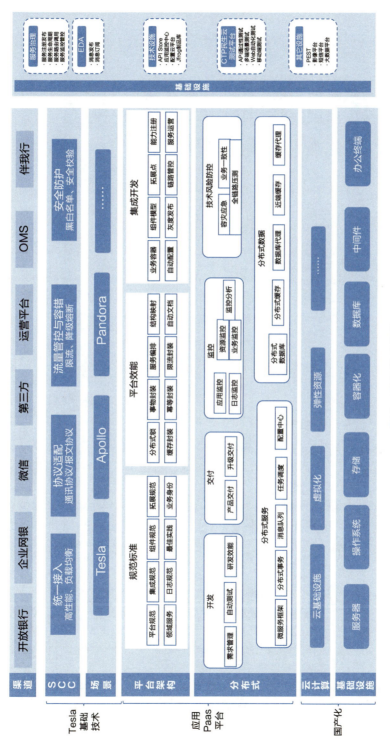

图 2　系统技术架构

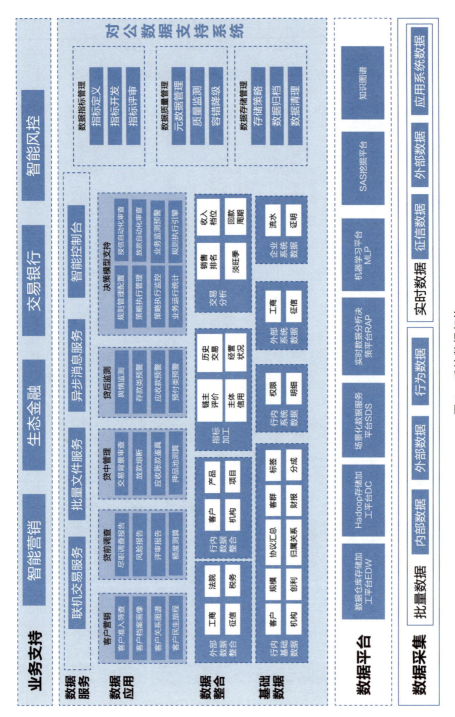

图 3　系统数据架构

（4）系统安全架构

以贯彻落实法律法规及合规性要求为导向，参考业界最佳实践，建设云原生安全技术支撑平台。从安全基础设施、计算环境安全、应用安全、开发过程安全和数据安全方面提供云原生安全解决方案和技术手段。将安全策略和管理要求嵌入云原生建设的全生命周期，形成安全与数字化转型的全面覆盖和深度融合。

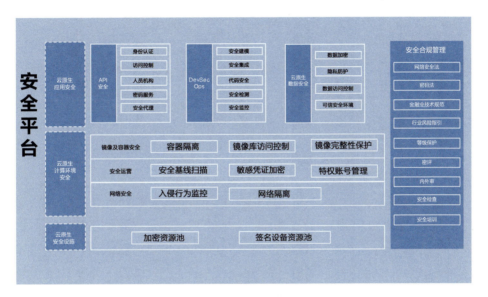

图4　系统安全架构

（5）系统业务架构

以客群经营为抓手、以数据为核心、场景化风控中台为架构基石，场景化生态平台快速对接企业端金融场景，方案组合化能力快速形成不同行业的差异化、定制化、个性化行业解决方案，赋能公司业务数字化转型，践行"数字金融"战略。

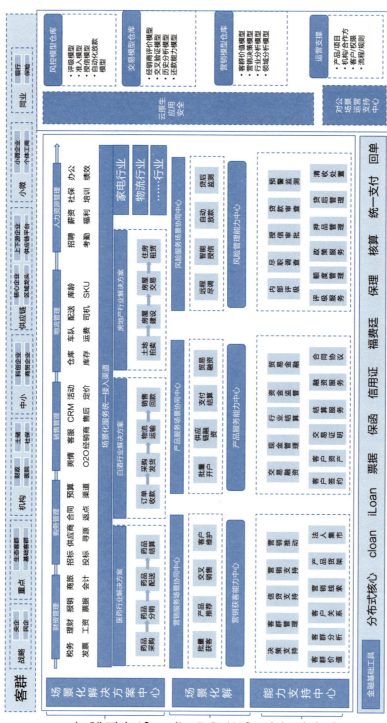

图 5 系统业务架构

2. 关键技术特点

（1）云原生架构

供应链数据增信项目依托民生银行云原生技术架构搭建，具有独立自主知识产权，应用接入层 Web 前端，是由民生银行前端框架 Apollo 框架开发，移动端集成了 OA 公众号和 H5 访问，第三方表示是 Cloud ToolKit 和开放接口的方式使用平台提供的服务；应用服务层涵盖网关，业务微服务，通用组件服务、云配置、大禹治理。基础服务对应的是 IPaaS 层，该层沉淀了平台的基础服务层，通过把基础服务沉淀到下一层，开发人员聚焦业务研发；基础设施是平台的基础，该层基于开源的 Kubernetes 为基础，运行在民生银行私有云之上，平台借助 Kubernetes 强大的容器编排能力，保障服务的平稳运行。

（2）"鸿雁平台"—场景化智能风控服务平台

在核心企业弱增信大背景下，数据增信项目重新梳理并设计了匹配供应链核心企业弱增信背景下的评级和授信体系，新上线场景化智能风控服务平台—"鸿雁"平台，建立起了围绕基本准入校验、外部信息校验、打分卡模型、智能额度测算等多维度的 AI 授信决策引擎，运用大数据、机器学习等核心技术实现智能授信决策机制，将人工线下批复授信的"专家经验"模式转换为"秒级授信"的数字授信新模式。

（3）"伴我行"——智能化数字营销平台

我行自主研发的伴我行 3.0 平台，通过整合客户数据、场景数据、外部数据、行内数据，形成了包含客户洞察、策略创建、策略审批、线索生成、线索分配、策略评估的完整场景化营销数据闭环解决方案。支持业务人员定制营销作业规则，通过锁定目标客户，进行精准化、定制化、自动化的营销活动，最终达到营销成果的转化。从客户生产经营活动场景出发，以触发事件为核心，构建包含资金面、财务面、关系面、价值面、基本面等维度的营销策略体系，深度挖掘客户精准营销线索，支持营销线索产生、推送、跟踪、统计、反馈的完整闭环管理。

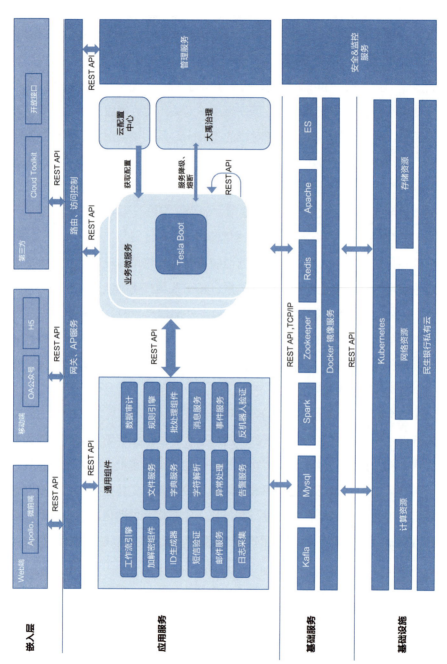

图 6　云原生技术平台逻辑架构示意图

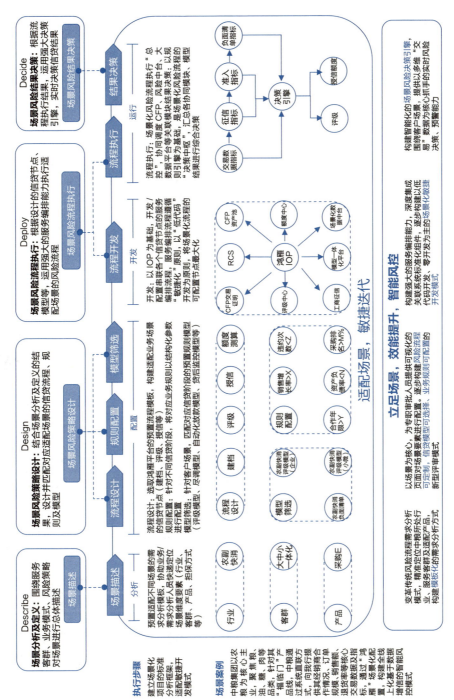

图 7 "鸿雁"平台设计理念图

（4）"场景化数据服务中台"——数据赋能

场景化数据服务中台基于客户画像数据及行内外基础数据融合与连通，独创性地提出全新的系统建设。

数据采集方面，支持客户行为数据实时处理、交易信息智能清洗分类，通过实时采集、主动抽取、批量同步相结合的方式构建全渠道数据感知和客户画像，打破系统间数据孤岛，满足各类业务场景。

数据分析方面，提供自助式数据分析套件、客户标签画像，可实现数字化归因分析、漏斗分析、客户洞察、行为追踪、策略画布等功能。

数据模型方面，基于民生银行自研的 TCCR 决策引擎平台，项目实现了多达上百种决策模型与子模型，具有模型便捷发布以及生产模型 A/B 实验等特点。

（5）新技术赋能数字化授信全流程

项目针对客户和客户经理数字化授信旅程进行全面提升，主要包括以下几个方面。

基于 OCR 技术，对客户提交的各类影像档案材料进行识别，辅助客户填单；对中登网登记证明文件合同影像件进行智能识别，辅助人工进行中登网登记查重工作，释放生产力。

基于远程音视频技术实现远程尽调，在合规的前提下，减少客户经理上门，方便营销拓展异地客户；通过 AI 中台提供的语音识别技术，动态解析尽调语音内容，方便客户经理形成尽调报告；通过智能尽调模板引擎，可针对尽调信息、客户行内外数据进行动态拼接、快速形成个性化的尽调报告。

基于人脸识别技术和云签技术，解决实控人移动端征信授权、担保合同签署中的身份认证问题，提高实控人申请授信流程的体验。依托 CFCA 技术支持，构建电子身份互认模式，拓展获客渠道，极大提升我行的客户转化率。

基于联邦学习技术和区块链技术，实现基于各方基础数据保密前提下的联合建模，通过区块链的不可篡改的天然特性，实现模型结果的互认互通。

基于 AIOT 物联网技术，实现数字化、智能化贷后，建立持续监测的可视化贷后监控体系。

（三）建设与实施

1. 项目建设

通过数据增信项目建设，围绕"生态银行"＋"智慧银行"的战略目标，构建起借助多维数据、智能风控、数字化流程综合应用的新一代架构体系，实现 T+0 完成链上客户的授信申请、授信审批、客户尽调、额度启用、贷中放款，打造了业内首创供应链场景下数据信用融资产品。

（1）建立场景化智能风控服务平台体系

以"鸿雁平台"为基石，数据增信项目建立了基于批量授信项下单户自动审批模型，分为准入校验环节、打分卡环节和额度测算等三个环节。

第一，供应链批量授信由传统的文字评审意见转化为结构化评审意见，项目创建了上百个批量准入指标，针对不同行业，可动态配置不同的准入参数模板，评审人员只需要勾选和填写批量项目涉及的准入参数，方便授信审批流程自动化进行准入判断，实现了批量授信意见的结构化和标准化。

第二，数据增信项目建立了基于弱增信背景下的打分卡模型，基于有报表场景和无报表场景，打分卡纵向分成 5 个维度和 3 个辅助调整项，根据授信申请人的行内评级、核心企业评价进行相关调整，最终形成经调整后打分卡分数。

第三，额度测算方面，针对不同行业及核心企业，支持不同的额度测算模型。原则上，模型基于链条客户与核心企业交易额，行业周转次数，打分卡分数，流贷测算额度，申请额度，推荐额度，集中度限制，自动核定合理的授信额度。

（2）深度嵌入第三方生态

数据增信项目打造共享 API 服务模式，实现生态链条企业无感深度嵌入服务。与核心企业 ERP、CRM 系统实现信息实时共享与交互，构建合作共赢的客户评价与准入体系，一方面通过保持经销商、供应商操作习惯降低了客户转化成本，另一方面再次呼应精准的靶向营销策略，极大提升客户体验。在客户身份认证环节，我行率先与 CFCA 等 CA 机构合作，构建电子身份互认模式，使非我行客户通过对接 CFCA 体系实现数字身份的互认，拓展了获客渠道，打开了市场的空间，极大提升了我行的客户转化率。

（3）建立全线上化、便捷化的客户授信旅程

传统的民生银行对公授信业务采用客户经理线下收集客户资料，风控系统录入，评审人工审批的流程，审批流程漫长。数据增信项目创建了全线上化的客户授信旅程：建立开放银行 API、网上银行等多元化渠道，提升触客范围；借助数字证书实现产品协议全线上签署，免除协议面签成本，提升客户体验；支持客户从 PC 端发起授信申请、上传授信申请资料；支持实控人及其配偶在手机端进行征信授权、担保合同签署等操作，提高授信申请效率；线上股东会功能支持股东线上对个性化的股东会决议进行线上签章，使授信额度启用环节更加方便快捷；针对企业法人为实控人，实际控制企业的场景，项目实现了移动端授信申请的流程，使客户体验得到大幅提升。

（4）贷中自动放款

数据增信项目建设实现了贷中授信额度启用自动化校验、协议线上签署、系统规则引擎实现自动放款。通过试点项目行业特征，利用行内自研智能风控"鸿雁"平台，构建了客户准入、负面筛查、评级、打分卡、额度测算等近 30 个决策模型，通过强大的数据分析能力，实时数据计算及数据决策引擎，实现授信额度的秒级审批，融资申请秒级放款，同步完成受托支付，并自动实现与人行中证登系统的应收账款质押登记等债权转移登记，使整个融资体验便捷高效。

（5）建立供应链批量化贷后体系

针对供应链金融业务金融小、频率高、地域分散等特征，坚持数据决策模型化的批量化风控策略，利用海量数据，反哺风控价值提升。围绕行内数据、交易数据、工商、舆情等多维数据，我行场景化风控系统将针对核心企业按季自动生成核心企业及项目维度贷后任务，以及贷后检查报告；针对客户主体情况、实控人情况、质押物情况、核心企业交易情况，场景化风控系统自动设置具体的监测指标，并根据不同行业、产品、客群在标准监测指标基础上，为单个项目设置个性化监测指标和预警分级处理机制。同时，通过线上数据监测分析、远程视频等技术实现智能化贷后监测及风险预警，反哺贷前审批。

2. 项目实施

根据市场需求迫切程度，分阶段实施，第一阶段推出供应链弱增信场景下的融资产品；第二阶段实现弱增信场景数字化作业流程，推进供应链大中小微

一体化开发；第三阶段拓展综合金融服务场景化。

（1）项目第一阶段

2021年11月至2022年2月，根据供应链场景交易结构特性，具体细分为上游订单场景供应商数据增信融资与下游分销场景经销商数据增信融资。其间深完成供应链下游分销场景经销商数据增信融资业务需求分析，形成上游订单融资业务需求，完成业务功能和技术架构的设计方案并实施科技开发。2022年1月，我行成功推出基于客户交易等多维数据的供应链信用融资产品，"数据增信采购e产品"，并实现民生银行首个公司业务智能授信决策模型突破，针对500万元以下长尾客户，实现线上自动化审批业务落地。

（2）项目第二阶段

2022年3月至2022年5月，完成基于客户旅程的全流程数字化管理体系搭建，从客户触达渠道、授信申请、客户尽调、融资等全流程各节点进行全面升级。上线上游订单融资业务功能。采取大中小微一体化营销模式，在全国范围内推进产品应用。结合客户需求，持续迭代优化产品各项功能。

（3）项目第三阶段

2022年6月至今，结合数据增信融资产品推广效果，深入客户需求，围绕供应链交易场景，研发结算、增值等综合化场景解决方案。

三、技术或业务创新点

（一）业务创新亮点

1. 首创核心企业信用数据代替担保模式，助力中小微企业解决贷款难

数据增信融资模式基于数据信用的全新风控理念，打破传统基于核心企业"主体信用"和交易商品"物的信用"，围绕核心企业与链条客户交易数据、外部数据、民生银行内部数据等多维度大数据进行综合分析与利用，产生"数据信用"，替代核心企业担保责任捆绑。一方面解放核心企业担保责任，规避其担保债务过高导致的财务指标失衡、自身授信额度不足等问题，另一方面解决核心企业担保下，中小微企业融资难的问题，从传统核心企业担保下30%中

小微企业获得贷款，提升至50%—70%可获得贷款。

2.针对中小微普惠客户，定制"企业＋企业主"的主动适应性大数据风控模型

为实现将核心企业"强担保"变为核心企业"强数据"的模式，民生银行的核心任务及要点是深入产业生态并搭建智能数字风控体系，包括建立核心企业数据治理、供应链自动评级模型、准入模型、供应链打分卡额度测算模型、交易验证模型、自动放款模型、监测预警模型等全流程智能风控体系。

3.全流程线上化中小微企业融资服务

数据增信融资模式以客户流程为视角，从链条客户触达渠道、授信申请、开户、客户尽调、授信审批、融资申请、放款、还款全流程各节点进行全面升级，通过端到端流程重构，打造全流程智能化自动化流程，极大提升民生银行作业效率与客户极致体验。以下游经销商融资为例，客户自授信申请到融资放款，由银行通常的1—2个月可缩短至最快2小时。

（二）技术创新亮点

1.实现弱信用链上客户数据增信创新解决方案

核心企业去信用捆绑趋势明显，众多同业都在探索基于核心企业数据共享，来实现链上客户融资的数据增信模式。首先，数据增信项目实现了我行在供应链弱增信场景产品全流程线上化、自动化、智能化水平全面提升，大大增强了我行产品的市场竞争力，属于业内首创供应链场景中小微企业数据信用融资产品，开辟供应链业务新赛道，助力基础客群快速增长。其次，项目创建了贷前模型审批、贷中自动放款、贷后批量监测的全流程智能风控体系，降低作业成本，提高风控效果。最后，对我行生态金融建设而言，生态共建平台和数字化基础系统的搭建、全新的流程设计、智能化专家审批模型的建立等创新突破都具备很高的复用性，目前已提炼出15项标准化梳理流程模块，可供全行复用，赋能全行数字化转型。

2.建立了场景化智能风控服务平台体系

通过建立"鸿雁"平台，我行实现了围绕基本准入校验、外部信息校验、打分卡模型、智能额度测算等多维度的AI授信决策引擎，运用大数据、机器

学习等核心技术实现智能授信决策机制，将人工线下批复授信的"专家经验"模式转换为"秒级授信"的数字授信新模式。

3. 建立持续监测的可视化贷后监控体系

本项目通过实现批量化贷后、差异化贷后监控流程。借助行内指南针平台生成个性化预警信号，利用"驾驶舱"等技术手段，建立了持续监测的可视化贷后监控体系。

4. 建立了敏捷协同开发机制

开发团队利用敏捷开发机制，实现跨项目组的协同办公机制。同时民生银行生态金融部成立了数据增信敏捷项目小组，建立了敏捷项目组、专家委员会、数字化领导小组的三层决策机制，实现在业务模式、风险流程、科技开发多个层面的敏捷机制，为后续其他敏捷项目的开展奠定了基础，积累了经验。

四、应用与成效

（一）经济效益

1. 从普惠金融角度，创新数据增信融资模式，解决中小微企业贷款难，助力实体经济发展

打破传统基于核心企业"主体信用"和交易商品"物的信用"，围绕核心企业与链条客户交易数据、外部数据、民生银行内部数据等多维度大数据的分析和综合利用，产生"数据信用"，替代核心企业担保责任捆绑。一方面解放核心企业担保责任，规避其担保债务过高、财务指标失衡、自身授信额度不足等问题；另一方面解决核心企业担保下，中小微企业融资难的问题，从传统核心企业担保下30%中小微企业获得贷款，提升至50%—70%可获得贷款。

2. 从业务效率角度，全新数字化流程极大降低内外部客户作业成本，全面优化客户体验

数据增信融资模式，搭建了符合供应链特征的弱增信场景数字化作业流程，实现T+0完成链上客户的授信申请、授信审批、客户尽调、额度启用、贷中放款；以下游经销商预付融资为例，业务办理时间上，从客户触达、客户

授信及开户申请、我行开展客户尽调、到客户授信额度审批、融资放款全流程，由银行通常的 1—2 个月，可缩短到最快 2 小时放款。从民生银行内部人工业务处理岗位流程实现全流程可视化追踪。

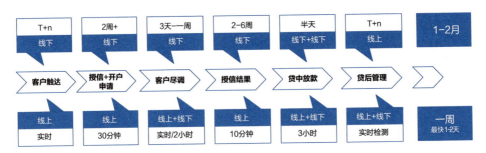

图 8　全新可视化数字化流程

（二）社会效益

1. 积极响应国家政策，借助供应链金融助力实体经济发展

近年来，国务院、人民银行、银保监会、国资委等国家部委相继出台 20 余项政策文件，大力支持金融机构通过供应链金融解决中小微企业融资难题，促进实体经济发展。供应链金融市场具有近 20 万亿元的市场规模，核心企业促进供应链业务发展的意愿强烈，但受制于上市公司对外担保等限制，不愿意提供增信措施，去信用捆绑趋势明显。商业银行将以市场需求为导向，逐步突破传统业务流程、系统架构、风控流程等对业务发展的束缚，实现敏捷化以满足客户需求，助力实体经济转型升级。

2. 精准滴灌普惠客户，有效解决中小微企业融资难问题

民生银行数据增信融资服务方案，分别围绕供应链下游分销及上游采购场景，采取金融产品与链条企业运营深度绑定，核心企业用数据代替担保，对中小微企业提供无感金融、专注式贷款金额 500 万元以内普惠客户的开放、数字化生态金融服务方案，解决产业链条中小微企业贷款难、贷款繁的问题。

3. 科技赋能，疫情期间提供足不出户的便捷金融服务

核心企业强增信供应链市场竞争充分、空间有限，核心企业更愿意仅通过数据共享的方式支持上下游客户融资，去信用捆绑的需求及趋势凸显，核心企业越来越排斥强增信模式，希望能够实现交易数据化、数据资产化，减轻供应

链优化和管理的压力。民生数据增信融资服务方案，以产业生态共建为目标，以科技赋能坚持利用大数据增信、核心企业去担保、全流程线上化，实现对核心企业的金融赋能，为客户提供方便快捷贴心的服务。

五、未来发展

（一）产品持续创新

上游应收账款数据增信融资。针对核心企业无法确权、仅提供交易消费者数据，面向供应商的应收账款数据增信融资业务，相较确权后融资市场需求旺盛。依托与核心企业及 ERP 厂商平台的合作，批量拓展核心客户，提高核心企业对接意愿和效率；批量新增腰部核心企业客户，夯实基础客群开发。

个体工商户长尾客群拓展。根据个体工商户特点进行业务流程优化，打通供应链、对公风控和零售风控，实现供应链场景大中小微全客群覆盖。满足核心企业下游长尾个体工商户的融资需求，实现企业贷款（大额）＋个人经营贷（小额）的组合营销，进一步提升客户覆盖范围和定价能力。

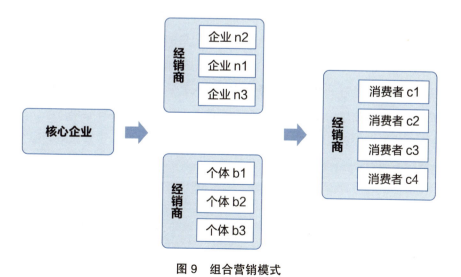

图 9　组合营销模式

（二）智能风控赋能线下业务

打造覆盖大中小微的参数化核心企业融资方案，实现同一核心企业供应链参数化、标准化授信批复，可覆盖大中小微全客群一体化开发。

数字化流程赋能线下，实现线上线下一致客户体验，数字流程赋能，实现全部链上客户线上统一入口、授信申请线上化、先授信后开户、组合式尽调、模型／辅助审批和线上放款等，实现客户线上线下一致的便捷操作和高效体验。

全流程风险管理智能化、提高审批效率，将授信决策模型赋能线下授信审批，借助智能风控的准入、打分、额度测算等模型，实现 3000 万元以下系统辅助人工审批；借助贷中自动化放款，贷后批量化、系统化预警监测系，实现全流程风险管控和风险画像、反哺授信审批。

（三）数字化营销和一体化开发

搭建新型数字化营销体系。建设线上代替线下、系统代替人工、集中代替分散的新型数字化营销体系，创建标准化、数字化、智能化的营销流程。从线索获取、潜客评价、营销策略配置、线索分发、客户触达营销、客户回访等方面建立数字化的闭环营销流程。打造统一易用、数据智能、方便协同的营销工具，进度跟踪"有抓手"，建立总分行一体化高度协同的新型数字营销机制。

结算与融资相结合的综合金融服务。核心企业综合开发。借助数据增信融资产品，提升核心企业销售规模，促进我行结算账户体系嵌入，实现资金与交易的深度绑定。通过一体化服务经销商，引入外部合作伙伴，为经销商提供进销存管理、回款收单、资金对账、资金增值等业财管理及结算收单产品，实现金融产品的无感嵌入。在经销商授权下便捷获得交易数据，丰富风险画像，提升结算资金留存。

图 10　一体化服务经销商

从项目规模角度，试点项目推进顺利，复制应用推广业务前景广阔。目前，民生银行针对下游经销商的"采购 e"数据增信融资产品已在在家电、白酒、3C 等行业场景试点应用，服务十几家核心企业。产业场景进行试点应用，实现秒级审批、自动放款。该产品正在全国推广，随着产品逐步开放，预计 2023 年将服务推广超 2 万户中小微企业。

民生银行供应链金融数据增信模式已在多个领域、多维度初步实现了业务的创新与模式突破，优化了传统业务开展流程，提升了运营作业效率，拓宽了业务开展渠道；初步实现了科技赋能业务场景，助力全链条业务发展的目标。

上海农村商业银行

基于大数据及遥感技术的中小银行农业产业链融资平台

一、引言

近年来，国家层面对银行业金融机构不断提升服务能力、强化金融科技赋能、全面推进乡村振兴提出了明确的工作要求。为落实党中央、国务院"三农"工作要求，补齐农村地区金融短板，结合上海农村商业银行构建基于农业产业链的金融生态场景，推动特色农业产业和一二三产融合发展思路，我行启动了"基于大数据及遥感技术的中小银行农业产业链融资平台"项目建设。

本项目跨多个部门，涉及前中后台近40个系统，投入近1040万元，历时8个月于2021年4月正式投产，打造完成了一个开放、共享、智慧、普惠的数字化平台。本项目搭建了全在线的农业产业链融资体系，助推我行涉农信贷业务实现了数字化全流程的"4个一"，即"一次扫码申请、一分钟完成进件、一分钟自动审批、一分钟线上提款"，为农户提供便捷、高效、优质的金融服务。在涉农信贷体系中结合大数据、人工智能、云计算等技术，自主研发涉农在线风控模型，有效解决农业信贷风控难题，创新探索卫星遥感、物联网等技术在农业产业链方面的应用，对中小银行在探索农业产业链金融服务模式、技术壁垒攻坚和涉农信贷智慧风控等方面具有里程碑意义。

本项目上线以来，建立起了"政府、平台、自营"三种对接模式，特别是在上海疫情防控形势严峻背景下推出"无接触、线上化"金融产品提供高效服务；结合"鑫宿融民宿场景"，首笔贷款落地崇明，我行成为全国首家在农业农村部新农直报系统上实现秒批秒贷的金融机构。本项目实现了对我行"三农"金融服务的有效赋能，截至2022年第二季度末，依托本项目已累计投放"三农"信贷资金 6.05 亿元，在贷规模 5.38 亿元，有贷客户 1121 户。其中，项目在上海疫情期间推出的战"疫"直通车专项金融服务已使约 600 户本市各类涉农经营主体获益，投放金额超 1.5 亿元，并已为农业产业链上超 600 户农户累计提供产业链金融资金近 4.3 亿元，且无不良发生，服务区域覆盖多个对口交流合作地区，实现了以数字化转型为抓手服务乡村振兴。

未来，本项目将进一步履行服务"三农"、振兴乡村的使命，计划将用 3 年左右时间，形成支持农业产业链 100 亿元以上授信规模，服务或带动 5 万户农户以上，赋能更多农业金融场景。同时，我行将积极在中小银行业间推广本项目成熟经验，共同提高金融服务水平。

二、项目方案

（一）组织架构

由上海农村商业银行普惠金融部负责需求的汇总收集、整理和分析工作，金融科技部负责项目实施工作，本项目采用分阶段实施和推广方式。

（二）项目概述

1. 业务流程

（1）贷前阶段

客户通过扫描客户经理二维码访问微信小程序进行个人信息、涉农信息、企业信息输入，进行生物认证、征信及第三方数据授权，提交贷款申请至后台系统普惠在线业务平台。客户经理在普惠在线业务平台查看客户画像报告，全面了解客户信息，进行初步审核，推送贷款申请至决策型人工智能平台进行准入初筛及授信审批。

决策型人工智能平台基于信贷数据、大数据平台金融资产画像、央行征信数据、融安 E 信、同盾、市大数据中心、新农直报涉农数据共七大类数据，使用现有准入模型、授信模型，进行客户准入及授信审批。授信审批通过，客户经理协助客户在手机银行完成授信合同签订。

（2）贷中阶段

客户完成授信合同签订后在手机银行查看授信合同信息并进行提款申请，普惠在线业务平台接收到提款申请，调用决策型人工智能平台进行支用模型审核，审核通过后进行放款。在支用还款阶段，行业首创基于农户专用账户体系及受托支付的资金闭环管理模式，农户收到预授信额度后，可通过我行电子渠道完成贷款合同签订（电子签章）及贷款支用，贷款资金受托支付至核心企业指定账户，用于采购相关农资产品，对产业链中的异地农户构建了还款专用账户，支持绑定客户他行 I 类户，方便农户进行跨行还款。

（3）贷后阶段

普惠客户画像模块整合行内信贷数据、个人征信、企业征信、税务数据、工商司法等数据，通过数据分析、指标计算、模型分析（准入模型、反欺诈模型、额度模型、智能评级模型、贷后预警模型）等大数据处理手段建立全方位的客户画像。

决策型人工智能平台整合信用风险预警信息、天气预警信息、卫星遥感提供的农业地块及其农作物种植数据等生成贷后预警信息。普惠在线业务处理模块通过贷后预警信息生成相应的贷后管理任务。

客户经理在普惠在线业务平台查看贷款预警信息，处理贷后管理任务；查看客户合同信息、放款信息、还款情况，实时监控贷款情况，督促客户及时还款；查看客户画像实时了解客户最新信息，及时预警。

2. 应用架构

客户从微信小程序发起贷款申请，决策型人工智能平台和普惠客户画像系统通过来自外部数据管理平台的行外数据以及云平台上数据支持系统群提供的行内数据输出准入结果、额度和客户画像。该笔业务通过后客户可以在手机银行进行后续的签约、提款、还款操作。遥感数据分析模块提供客户地块大屏展示并处理来自地块的卫星遥感数据，协同决策型人工智能平台为贷后管理提供支持。普惠在线业务平台作为业务后台由客户经理使用，可同步客户信息、合同信息等给个人信贷系统，对接行内其他报表、账务等系统。

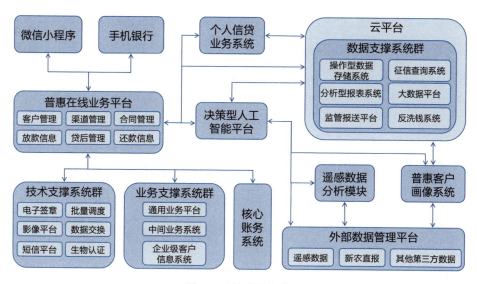

图 1 系统应用架构

3. 技术架构

在展现层中包括移动端、浏览器端使用的技术。服务层一是在 Java 技术栈上构建的内管平台，二是提供地理信息服务的地理信息系统。数据存储层使用了多种存储技术，包括对象存储、缓存、大数据存储等。基础支持层由行内现有系统统一提供。此外还包括运维、监控、版本管理、发布等技术。

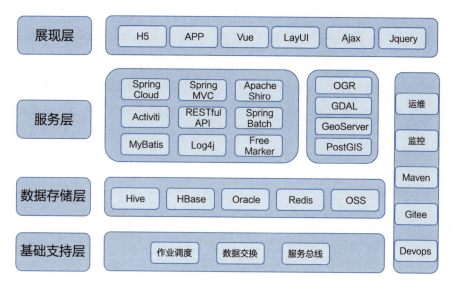

图 2 系统技术架构

4. 数据架构

行内数据来源有核心账务、个人信贷系统等，行外数据有新农直报、遥感采集数据等。数据汇总到数据层，数据接口层中提供数据共享、数据分析以及开放给行内其他系统的 API 等。数据将会被应用到各种模型、客户画像输出、报表生成中。

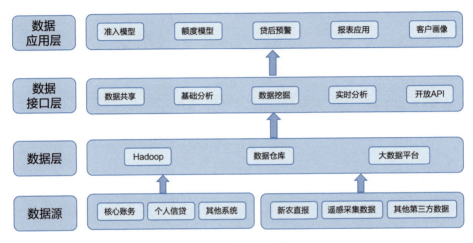

图 3　系统数据架构

5. 安全架构

从大数据及遥感技术的中小银行农业产业链融资平台的业务需求出发，梳理各业务场景、分析各技术实现方式、开展风险分析、评估相应的安全措施，结合金融行业特点，依据《金融行业网络安全等级保护实施指引》《网上银行系统信息安全通用规范》《移动金融客户端应用软件安全管理规范》《个人金融信息保护技术规范》等监管有关要求和相关技术标准开展平台建设，采用如人脸识别、二次认证、数字证书、电子签名等安全技术，保证安全措施"同步规划、同步建设、同步使用"。

6. 业务架构

客户渠道有微信小程序以及手机银行，贷款申请、进度查询、合同签约、提款还款等操作均在渠道端进行。客户经理在农业产业链的管理平台上进行客户管理、贷后管理等工作。风控模型利用客户画像数据、遥感采集数据以及其他数据，输出授信结果和贷后预警等信息。每笔业务都将纳入账务核算、报表输出和监管报送的范畴。

图4　系统安全架构

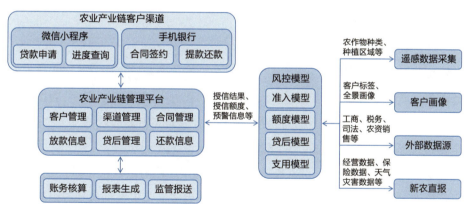

图5　系统业务架构

（三）创新技术

1. 全在线的农业产业链融资体系

农业产业链场景中，在中小农商行中首创了以农业核心企业、银行、农户（借款人）、农业服务公司、农业收购企业等五大主体为核心的合作闭环，并且针对农村客户群体的特殊性及线上服务的特点，形成一套完整的线上业务流程，填补了行业空白。

贷前阶段，我行与农业核心企业进行线上批量化渠道对接，由核心企业推送产业链优质农户"白名单"。"白名单"内的农户可以通过我行线上贷款微信小程序申请农业产业链相关产品，由后台就客户多维数据对农户进行准入校验（包括工商、司法、征信、资产负债、农业数据等行内外数据）并由智能模型系统估算出预授信额度。

贷中阶段，农户收到预授信额度后，可通过我行电子渠道完成贷款合同签订（电子签章）及贷款支用，贷款资金受托支付至核心企业或农服公司指定账户，用于采购相关农资产品，相关农作物由农服公司向农业收购企业直接销售，相关销售款项由农服公司跟农户结算，农户收到回款后进行线上还款。此外，对产业链中的异地农户构建了还款专用账户，支持绑定客户他行 I 类户，方便农户进行跨行还款。

贷后阶段，通过平台定期抓取涉农客户特点的多维信息指标，生成涉农风控体系预警信号，继而生成贷后管理任务供查看处理。

2. 丰富的涉农大数据风控体系

针对农村地广人稀、基础数据相对缺乏等带来的资产评估人力成本巨大、涉农贷款风险把控难等一系列问题，我行在大数据、云计算、人工智能技术的基础上，通过搜集多维度、多元化、多要素的农村生产经营主体相关数据，形成精准画像，打造农业产业完整数据链条，自主训练相关涉农信贷风控模型，全面升级我行信贷风控体系，有效降低线上涉农贷款风险。

我行风控模型以大数据为基础，分为数据层、服务层和应用层三层架构，由反欺诈、准入、授信、支用、贷后五个模型组成，采集数据包括行内外信贷数据、大数据平台金融资产画像、央行征信数据、融安 E 信、同盾、市大数据中心、新农直报涉农数据等七大类数据源。

3. 卫星遥感数据加持风控体系

由于农业靠天吃饭的现状及特点，为进一步强化贷后风控能力，我行在传统贷后建模数据的基础上，首次引进卫星遥感分析技术，使用空间地理数据分析技术、影像地图服务渲染技术等升级现有农村信贷算法模型，填补我行风控体系中空间信息技术的空白。通过卫星动态检测，获取不同光谱波段下农作物卫星遥感影像等信息，基于 GDAL 及 PostGIS 搭建 GIS 数据分析引擎，解析后可远程获得异地作物品类、亩产量、作物长势、受灾情况等全面且客观的丰富数据，精准辅助远程监测贷中贷后产业链农户标注地块及农作物物候期的生长情况、产量预估等信息，出具检测报告，提供及时预警服务。进一步推进遥感与大数据技术、深度学习等技术的充分融合，辅助支撑决策和风险防控的作用，健全我行风控体系。

4. 智能可靠的身份认证

客户线上申请时，可通过身份证 OCR 识别，简化客户个人信息手工录入的过程；身份认证环节引入人脸识别功能，便捷完成客户活体身份认证，实现真人实名认证，提升贷款进件的安全性和客户身份认证的准确度；客户贷款合同线上签订环节，利用 FIDO+ 数字证书，在生物识别技术的基础上，通过用户的数字证书认证用户真实身份，在业务过程中使用电子认证技术完成可靠电子签名。这些技术的使用为线上流程提供了安全保障。

5. 灵活可扩展的云上服务

农业产业链融资平台从我行云上数据中台获取数据，同时平台本身也将进行云上部署，充分利用云技术的优势。我行云平台采用业内比较先进的分布式 + 同城双中心双活架构，确保了高可用性和系统自身的稳定性。农业产业链融资平台利用云上丰富的应用以及应用高性能的优势，可灵活地扩展服务，加快更新迭代效率。

（四）具体实施

本项目采用分阶段实施和推广方式，主要经历以下几个阶段。

1. 需求分析和概要设计阶段

本项目于 2020 年 9 月至 10 月分别完成了需求分析和概要设计，期间主要完成了业务需求分析、业务功能和技术架构的高层设计。提交了需求分析报告、技术方案设计等文档。

2. 系统详细设计阶段

本项目于 2020 年 10 月至 11 月完成了系统详细设计工作，提交了《基于大数据及遥感技术的中小银行农业产业链融资平台项目技术方案》文档。

3. 系统编码、测试和上线准备阶段

本项目于 2020 年 11 月至 2021 年 3 月，完成了编码、测试以及上线准备工作，提交了测试报告、上线方案、系统设置等文档。

4. 上线及试运行阶段

本项目第一批次于 2021 年 4 月投产上线，至 2021 年 4 月底投产上线并试运行；第二批次于 2021 年 11 月投产上线并试运行。

三、项目创新点

（一）创新的农业产业链涉农线上融资模式

作为全国银行业金融机构中首家与农业农村部"新型农业经营主体信息直报系统"实现系统直联、全线上信用服务的银行，我行依托本项目创新开发的农业产业链涉农线上融资模式在上海的银行同业中属首例，获农业农村部 2020 年度金融支农创新试点政府购买服务项目资金支持。本行创新搭建以农业核心企业、银行、农户、农服公司、农业收购企业等五大主体为核心的合作闭环，形成一套完整的农业产业链线上业务流程，进一步提高涉农客户金融服务可得性。

（二）农户专用账户体系及受托支付资金闭环管理模式

行业首创基于农户专用账户体系及受托支付的资金闭环管理模式，贷中阶段农户收到预授信额度后，可通过我行电子渠道完成贷款合同签订（电子签章）及贷款支用，贷款资金受托支付至核心企业指定账户，用于采购相关农资产品，对农业产业链中的异地农户构建了还款专用账户，支持绑定客户他行 I 类户，方便农户进行跨行还款。

（三）场景延展模式多样

项目现阶段已初步建立"政府、平台、自营"三种模式对接。

政府模式下，目前已对接农业农村部新型农业经营主体信息直报系统、上

海市中小微企业融资担保基金管理中心、上海市大数据中心等。

平台模式下，当前正积极开展与先正达集团、上海磐农信息技术有限公司基于农业产业链平台的业务合作对接，其中合作开展的白羽肉鸡项目已实现落地。

自营模式下，依托我行现有客户资源，已初步实现对差异化业务模式的支撑能力，包括农业核心企业产业链项目、"鑫宿融"民宿场景金融、"诚信村"整村授信、家庭农场主贷款、农业保险金融场景等。

值得一提的是，在上海防疫形势严峻复杂的背景下，我行推出"同心抗疫、保供直通车"服务，通过"无接触、线上化"产品，全力做好对农业生产、加工、流通等各环节保供经营主体的高效金融授信服务

（四）丰富的涉农大数据风控体系

通过搜集多维度、多元化、多要素的农村生产经营主体相关数据，在大数据、云计算、人工智能技术的基础上，形成精准画像，打造农业产业完整数据链条，自主训练相关涉农信贷风控模型，全面升级我行信贷风控体系，有效降低线上涉农贷款风险。由于农业"靠天吃饭"的现状及特点，为进一步强化贷后风控能力，我行首次引进卫星遥感分析技术，使用空间地理数据分析技术、影像地图服务渲染技术等升级现有农村信贷算法模型。

（五）简便、快捷的线上化金融服务

本项目产品原则上免担保，单户授信额度最高可达 100 万元，最长贷款期限 3 年（含）。产品的设计开发过程以客户需求、客户体验和客户发展作为出发点与着眼点，运用智能可靠的身份认证，采用 OCR 识别、人脸识别、FIDO+ 数字证书等措施便捷完成真人实名认证，活体身份认证和可靠电子签名，为线上流程提供了安全保障。最终实现了客户端"一次扫码、一分钟完成进件、一分钟自动审批、一分钟线上提款"的流程全线上化赋能。我行云平台采用业内比较先进的分布式 + 同城双中心双活架构，确保高可用性和系统自身稳定性。平台充分利用云技术的优势从我行云上数据中台获取数据，同时平台本身也将进行云上部署。

四、技术实现特点

（一）微信小程序

客户扫描客户经理二维码，从微信小程序发起贷款申请。我行的微信小程序中根据客户经理工号生成客户经理专属二维码，对客户经理信息作加密处理，实现每笔进件与客户经理关联并提交到普惠在线业务平台。个人信息录入页面引入身份证照 OCR 识别，自动返显客户身份信息，减少贷款进件繁多的个人信息手工录入。通过人脸识别功能，便捷完成客户活体身份认证，提升贷款进件的安全性和客户身份认证的准确度。借助微信生态，通过调用腾讯的 API 获取到每位客户的唯一标识，实现进度查询无须客户手动输入信息。

（二）普惠在线业务平台

普惠在线业务平台作为业务后台，提供内管、批处理、对外服务等功能。使用 SpringBoot 搭建，页面使用 FreeMarker 模板引擎以及 LayUI 作为前端框架；以 Activiti 作为业务流程管理框架，支持可配置的、可实时发布的业务流程管理；并通过 Shiro 做到了身份验证、授权、密码和会话管理，提供细粒度的权限控制，可以更好地区分使用群体；具有横向扩展能力，支持 7×24 小时服务；响应时间短，简单交易小于 100 毫秒，复杂交易小于 1 秒；交易正常成功率 ≥ 99.99%，服务平均 100TPS，CPU 占用率小于 70%，内存占用率小于 40%。

（三）数据中台

数据中台承载 API 请求。数据中台服务通过云上 APIGW 对外服务，采用多可用区分布式集群部署，可以承载大规模大流量的 API 请求。通过计入多种认证方式，确保 API 的访问安全性，通过严格的流量控制，避免用户服务的过载；通过全面的监控告警，保证服务的可用性与安全审计需求。

（四）决策型人工智能平台

决策型人工智能平台为授信提供模型支持。基于全行级存量涉农数据进行建模，相比于开源算法性能，行内平台模型算法提速比约为 3 倍。其中准入、授信、支用模型接口服务通过实时请求数据输送至模型，在数据源为七大类的基础上，平均时间为 30 秒，TPS 为 150，CPU 使用率 50%，内存使用率 30%。同时，在现有客户情况下，批量预警时间在 10min 左右。截至目前，相关专家模型违约率为 0，机器学习模型 ks 值为 0.4，AUC 值为 0.85。遥感数据分析模块提供客户地块大屏展示并处理来自地块的卫星遥感数据，协同决策型人工智能平台为贷后管理提供支持。在接入遥感数据提供辅助决策支持方面，贷前结果平均响应在 2.5 秒内，贷后结果平均响应在 3 秒内，TPS 为 500+。风控大屏展示方面，响应结果在 2 秒内。

（五）普惠客户画像系统

普惠客户画像系统为客户经理审查资质提供量化参考支持。采用前后端分离技术，前端采用 mvvm 设计理念将数据层和数据模型层进行双向绑定，后端采用 SpringBoot、MyBatis 等流行框架提供接口和数据计算能力。并以 RESTful 风格的 API 接口和 H5 页面对外输出画像。基于 xxl-job 框架提供贷后任务调度。横向整合行内信贷数据、个人征信、企业征信、税务数据、工商司法等五个维度 11 个系统数据，交易成功率 ≥ 99.5%。因联机交互系统较多，单笔画像生成 TPS 为 15，响应时间平均为 45 秒，CPU 使用率 80%，内存使用率 40%。

（六）手机银行

手机银行为客户申请成功后提供签约、提款、还款主要渠道。手机银行使用指纹认证、FIDO、数字证书等技术，在生物识别技术的基础上，通过用户的数字证书认证用户真实身份，在业务过程中使用电子认证技术完成可靠电子签名，为司法取证提供有效手段，防止交易方抵赖，为在线签约业务提供了安全认证基础。

五、项目运营情况及项目过程管理

（一）项目运营

1. 系统运营

系统上线以来运行稳定，性能良好，各项指标均在设计区间内。农业产业链平台响应时间简单交易小于 100 毫秒，复杂交易小于 1 秒；交易正常成功率 ≥ 99.99%，服务平均 100TPS，CPU 占用率小于 70%，内存占用率小于 40%。准入、授信、支用模型接口服务通过实时请求数据输送至模型，平均时间为 30 秒，其中单决策响应时间在 2 秒内，TPS 为 150，CPU 使用率 50%，内存使用率 30%。同时会在现有客户情况下，批量预警时间在 10 分钟左右。

截至目前，相关专家模型违约率为 0，机器学习模型 ks 值为 0.4，AUC 值为 0.85。在接入遥感数据提供辅助决策支持方面，贷前结果平均响应在 2.5 秒内，贷后结果平均响应在 3 秒内，TPS 为 500+。风控大屏展示方面，响应结果在 2 秒内。单笔画像生成 TPS 为 15，实时画像平均响应时间平均为 45 秒，其中画像生成并输出平均时间为 15 秒，CPU 使用率 80%，内存使用率 40%。

2. 业务运营

（1）移动展业平台与涉农客户画像

在调查阶段，客户经理通过移动展业平台收集现场数据及相关材料，通过客户画像系统采集多维数据，形成农户整体画像，供客户经理参考，通过初筛后，后台完成农户信息的建立。

（2）三方平台对接

通过 API 接口方式与新农直报、磐农农服等第三方平台对接，农户可通过登录第三方平台申请我行金融服务，以页面跳转形式在行内页面进行身份核验并完成融资服务全线上申请。支持三方数据涉农生产经营信息自动带入返显，减少客户重复填写，确保数据一致性，提供客户多渠道联机或批量业务查询功能，贷后阶段联机形式定期接受平台回传贷后资料，用于行内贷后资金用途监控等。

（3）线上贷款申请

客户在上海农商银行线上贷款微信小程序页面填写申请信息，完成生物认证、基本信息校验及个人信息采集授权书签订后，客户申请信息将被发送到后台系统。后台系统收到申请信息后，就客户多维数据（包括工商、司法、征信、资产负债、涉农生产经营数据、遥感数据等行内外数据）对客户进行准入校验并由智能模型系统出具预授信额度。

图6　线上贷款申请页

（4）在线合同签约

客户收到预授信额度后，可以通过上海农商银行手机银行完成贷款合同签订（CFCA 电子签章）。手机银行为客户提供标准版和乐龄版两个版本，乐龄版客户可以体验极简设计版式，也更符合农户客群年龄结构倒三角的实际情况，满足看得清、容易懂的用户体验诉求。主要特点包括醒目的动账提示、常用功能的布局优化、字体放大、资金异常的监测和防诈骗提示。

（5）线上提款 & 还款

客户在贷款合同签订后，可以通过上海农商银行手机银行，进入"我的贷款"进行提还款，页面布局清晰简洁，"提款""还款"功能位于页面最醒目位置，使客户一目了然。提款阶段，借款人填写支用金额、上传用途证明、完成FIDO+ 数字证书安全认证等后发起放款申请，审核通过即完成贷款发放，交易资金以受托支付形式划付至核心企业。客户完成贷款支用后，可通过上海农商银行手机银行发起还款申请，完成贷款的还款，功能支持客户部分还款、全部还款，同时我行还提供了借款人短信提示、核心企业网银对账等功能。

（6）小程序端卫星遥感服务

客户在上海农商银行线上贷款微信小程序 H5 贷款申请流程中选择种植品类，填写基础贷款类信息后，需进一步填写针对产业生产经营信息表并圈画出自家地块位置，以利用卫星遥感数据对农户生产经营行为进行评价，应用于贷前准入与贷前测额模型及贷后风险监测分析场景。圈画地块服务支持客户端的增删改查，支持多个零散地块组合形成完整地块视图，同时在小程序端提供客户遥感数据农事服务功能，农户可通过小程序查询最新一期地块作物长势分析、灾害预警、产量预测等服务，辅助农业生产活动。

（7）WEB 端卫星遥感服务

贷款营销、管理人员可登录 WEB 端（农业金融风险管理平台）对客户进行客户级地块管理。基于地图，展示客户级地块的位置分布（支持项目筛选），点击具体的地块，可查看地块编号、地块面积、地块创建人、地块创建时间等信息，实现客户地块的可视化地图管理。可对客户所有地块进行展示，让客户资产一目了然。登录用户也可通过该功能模块在 WEB 端进行目标地块新增圈画，新建客户基础信息，完善地块信息后，联动提供贷前准入可视化、贷前额度可视化功能，服务贷款营销、审批、管理人员。WEB 端同时支持贷后阶段的基于卫星遥感分析结果的定制化监测管理报告生成服务。

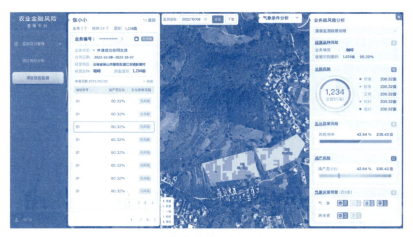

图 7　客户地块可视化地图

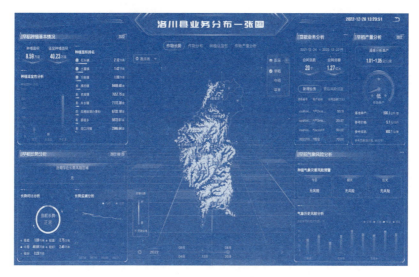

图 8　客户地块监测图

（8）WEB 端贷款管理功能

普惠在线业务平台为银行员工提供了一站式的农业产业链业务管理系统支持。页面设计上左侧为分级菜单栏，其他区域为展示、操作区。功能实现模块化，主要包含工作台、系统管理、产品管理、客户关系管理、名单管理、贷还款信息管理、贷后管理、保证金管理、渠道管理、报表功能等。系统还为用户提供了免密自动登录业务数据可视化大屏和农业金融风险管理平台的服务，可实时动态监测业务数据。

图 9　普惠在线业务平台

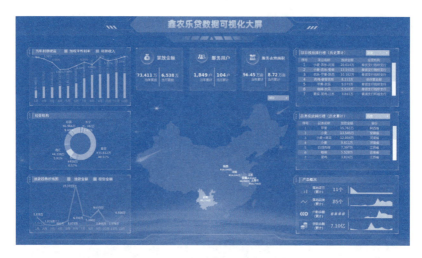

图 10　业务数据可视化大屏

（9）小程序端贷款管理功能

普惠线上服务小程序为客户经理提供了移动端贷款进度查询和贷后管理能力。进度查询功能为客户经理提供了客户姓名模糊查询、进度状态查询等便捷查询手段，信息更新与后台数据实时同步。贷后管理服务支持客户经理在贷后阶段田间地头的现场预警处理和资料上传，并提供突发风险发生时的合同冻结发起功能，客户经理发起的申请将通过后台系统提交至上一级审核人员通过 WEB 端（普惠在线业务平台）审核。

（二）过程管理

项目实施重大事件表

本项目三个平台的实施重大事件表如下：

表 1　本项目实施重大事件表

时间	实施事件
2020 年 09 月	项目任务书下达
2020 年 10 月	需求分析完成
2020 年 11 月	提交系统详细设计说明书
2021 年 01 月	第一期功能开发完成
2021 年 03 月	第一期功能测试完成，完成上线准备

时间	实施事件
2021 年 04 月	第一期功能投产上线
2021 年 11 月	第二期功能投产上线

六、项目成效

（一）经济效益

本项目实现了对我行"三农"金融服务的有效赋能，依托本项目已累计投放三农信贷资金 6.05 亿元，在贷规模 5.38 亿元，有贷客户 1121 户。其中，项目在本轮上海疫情期间推出的战"疫"直通车专项金融服务已使约 600 户本市各类涉农经营主体获益，投放金额超 1.5 亿元，并已为农业产业链上超 600 户农户累计提供产业链金融资金近 4.3 亿元，且无不良发生。服务覆盖粮食、水果、畜禽、蛋奶、农产品批发等多个细分领域，服务农地面积突破 40 万亩，促进农户增收累计约 1.5 亿元，金融服务从陕西洛川延伸至云南、安徽亳州等对口交流合作地区，支持苹果、咖啡、小麦、高粱、玉米、水稻等多个当地支柱产业，持续发挥金融"输血"、"造血"作用，全面助力农民共同富裕和产业链整体价值提升。

在陕西，小小的红苹果变成了致富的"金苹果"。2020 年起，我行积极响应政府"六稳""六保"号召，围绕陕西洛川苹果开展农业产业链金融业务，为洛川苹果种植农户带来便捷化普惠金融服务。该模式运营至今，我行已为本项目累计放款近 1.5 亿元，带动当地果农合计增收超过 4500 万元。

在云南，香醇的咖啡豆富足了当地人民的幸福生活。就在 2021 年 10 月，通过"龙头企业 + 合作社 + 农户"的新型小粒咖啡产业化种植模式，我行为云南省保山市隆阳区潞江镇新寨村的咖农带去了技术、资金、销售、党建帮扶等多元化服务，持续发挥着金融"输血"、"造血"的功能。后续，我行计划依托本项目再向当地提供 5000 万元的授信额度，进一步满足"东方精品豆"特色产业发展需求。

安徽亳州市是上海奉贤区的帮扶对口城市，为响应国家号召，积极支持安徽亳州农业发展，我行全力推动基层行社开展当地的小麦、玉米产业链项目。截至 2022 年二季度末，我行已为亳州地区 141 户大农户提供 12825 万元贷款，涉及小麦种植面积近 10 万亩。

在本市，本项目对于农村信用体系建设——诚信村、乡村民宿发展——"鑫宿融"、农副产品批发贸易市场、农业种植保险、战"疫"直通车等多个支农场景的全方位支撑，已为 656 户放款 1.8 亿元。

此外，本项目中业务流程的线上化不仅提升用户体验、便捷客户经理操作也实现了我行自身践行企业环境友好责任的使命。根据项目上线以来的数据统计，平台工作日（每月 22 个工作日）日均交易量约为 20000 笔，2020 年 6 月末累计授信业务约 1400 笔，按照线下操作中每笔交易产生 1 张纸张损耗，每笔信贷业务信贷资料需 30 张纸张损耗，以一张纸张 0.1 元计算，上线 14 个月可节省费用约 62.02 万元。

（二）社会效益

本项目广泛应用于我行各类涉农金融场景和农业产业链项目，通过推动新型农业经营主体发展与农业产业发展、价值提升，该项目社会效益显著。

1. 以数字化转型为抓手，服务乡村振兴

为贯彻落实中央一号文件重点提出的部署全面推进乡村振兴重点工作要求，结合中国人民银行《金融科技发展规划（2022—2025 年）》《上海市委、市政府关于全面推进乡村振兴　加快农业农村现代化的实施意见》《上海市推进农业高质量发展行动方案（2021—2025 年）》等文件精神，我行坚定支农金融数字化转型，并以金融科技发展成果服务"三农"领域，更好地满足乡村振兴多样化、多层次的金融需求，推动实现乡村振兴取得新进展、农业农村现代化迈出新步伐。本项目的推出，是我行支持乡村振兴、践行"坚持客户中心、坚守普惠金融、坚定数字转型"三大核心战略的一个缩影，力求为客户带去"秒批、秒贷"的服务体验，有效解决农村信贷服务"最后一百米"问题，并为后续农业数字化产业链业务的推进打下坚实基础。

2. 为发展农业产业链金融服务筑牢底盘

近年来，上海农商银行得益于上海国际金融中心的地缘优势、央行支农再贷款政策优势及长期以来自身持续高质量发展，具有发展产业链金融的资金优势。同时，上海农商银行以农业数字化转型为抓手，以本项目为突破口，与农业农村部新农直报大数据平台合作，运用大数据、云计算、生物识别等前沿科技与应用场景的紧密融合，构建基于农业产业链的金融生态场景，形成了发展产业链金融的技术优势。为响应中央经济会议"深入推进农村一二三产业融合，大力发展县域富民产业"要求发改委帮扶方案精神，我行借助本项目，积极开展安徽亳州小麦、玉米等粮食作物产业链项目，成功将在苹果、咖啡等经济作物产业链项目上的成功经验拓展到粮食作物。在新冠疫情和中美贸易摩擦双重背景下，金融支持小麦、玉米等粮食作物生产，有效落实了中央"将饭碗端在中国人自己手中"的要求，对于保障国家粮食安全和满足人民基本生活需求具有重要意义，并进一步带动县域产业发展，全面助力农民共同富裕。

3. 实现小农户与现代农业发展的有机衔接

在数字化转型下的农业产业链金融服务可以使小农户与产业链上的其他主体处于同等市场地位，有效缓解"精英俘获"现象，从而实现小农户和现代农业发展的有机衔接。

4. 成熟经验逐步向中小银行业同业输出

目前我行已总结项目成熟经验，与山西省农村信用联社对接，计划以科技产品输出或项目共同出资合作等共建形式帮助其拓展农业产业链场景客群。后续计划不断扩大经验或科技能力共享和赋能范围，加大同业间宣传交流力度，共同提高中小银行业金融服务水平。

七、项目总结

本项目助推涉农信贷业务全流程线上化的实现，搭建了全在线的农业产业链融资体系，在中小农商行中首创了以农业核心企业、银行、农户（借款人）、农业服务公司、农业收购企业等五大主体为核心的合作闭环，并且针对农村客户群体的特殊性及线上服务的特点，形成一套完整的线上业务流程，填补了行业空白，为农户提供了便捷、高效、优质的金融服务与用户体验。同时，在贷款流程中借助人工智能、云计算等技术应用，整合农业大数据，自主研发涉农在线风控模型，并创新探索卫星遥感、物联网等技术在农业产业链金融服务方面的应用，不断提升金融服务乡村振兴的能力和水平。作为全国银行业金融机构中首家与农业农村部"新型农业经营主体信息直报系统"实现系统直联、全线上信用服务的银行，依托本项目创新开发的涉农线上融资模式及产品在上海的银行同业中属首例，获得农业农村部 2020 年度金融支农创新试点政府购买服务项目资金支持。

本项目对于中小银行在探索农业产业链金融服务模式、技术壁垒攻坚和涉农信贷智慧风控等方面具有里程碑意义。上线以来已取得显著的社会效益和经济效益，赋能农业产业链等金融场景，致力于服务我国乡村振兴战略。

八、项目展望

截至 2022 年二季度末，依托本项目已累计投放"三农"信贷资金 6.05 亿元，在贷规模 5.38 亿元，有贷客户 1121 户。其中，项目在本轮上海疫情期间推出的战"疫"直通车专项金融服务已使约 600 户本市各类涉农经营主体获益，投放金额超 1.5 亿元，并已为农业产业链上超 600 户农户累计提供产业链金融资金近 4.3 亿元，服务覆盖粮食、水果、畜禽、蛋奶、农产品批发等多个细分领域，服务农地面积突破 40 万亩，促进农户增收累计约 1.5 亿元，金融服务从陕西洛川延伸至云南、安徽亳州等对口交流合作地区，全面助力农民共同富裕和产业链整体价值提升，进一步提升智慧农业、生态农业等新兴农业产业发展速度。通过持续深入地挖掘，今后项目的主要推广应用场景包括。

积极开展"卫星遥感"技术应用，打造基于遥感数据的嵌入式科技赋能服务，构建客户资产的时空关系存储体系，"以天洞地"丰富涉农线上贷款管理技术手段，为客户经理远程贷后管理有效赋能。未来，遥感技术可助力我行积极开发多种绿色金融业务，有序探索碳金融、环境权益抵质押融资、绿色信贷等创新产品，为绿色技术研发、绿色制造、绿色建筑、绿色交通、可再生资源等重点领域提供有力金融支持。

地面物联网设备通过无线智能传感器可实现对农业生产场地环境参数的实时采集，物联网的信息感知与识别技术在农作物生长、资源环境、水产养殖、畜禽养殖、都市农业生产中具有广阔应用场景。未来，通过多源卫星遥感技术与物联网技术在项目中的融合应用，将进一步推动形成"物联万物、天地一体"的智慧农贷金融服务模式，实现农业产业链与金融链的信息高度共享、推动农业生产的自动化。

后续我行产业链金融的模式不仅在陕西洛川、云南保山、安徽亳州，还将继续在内蒙古饲料桑、山东寿光蔬菜等多个项目加以推广。预计 2023 年末，卫星遥感服务土地规模可达 100 万亩，农作物类型将覆盖包括蔬菜、饲料桑、水稻、苹果、葡萄、砂糖橘、鲜花、咖啡、大田作物等。2024 年末，形成支持农业产业链 100 亿元以上授信规模，服务或带动农户 5 万户以上，有效推动地方特色农业产业和一二三产融合发展，促进产业链条整体价值提升，让民生愿景变成"看得见""摸得着"的幸福实景。

我行将积极在中小银行业间推广本项目成熟经验，不断扩大经验或科技能力共享和赋能范围，加大同业间宣传交流力度，共同提高中小银行业金融服务水平。

智能平台服务

Intelligent Platform Service

中国农业银行

一站式投研资讯与智能工具平台

一、引言

农业银行立足新发展阶段，贯彻新发展理念，将数字化转型作为全行核心战略组织推动，相继出台数字化转型行动计划，数字化产品创新正在提速。农银投行积极强化科技赋能，打造一站式投行智能顾问服务系统（思享）（以下简称"思享平台"）。

研发思享平台是金融行业数字转型与科技赋能的大势所趋。金融业数字化转型不断提速，大数据、AI、云计算等科技的应用，提升了金融行业的资源配置效率，强化了风险管控能力，促进了金融业务的创新发展。在此基础上，金融机构全方位应用科技赋能，构建线上生态环境，打造金融科技"护城河"，逐渐成为金融行业的大势所趋。

思享平台是商业银行服务客户多元化需求的有效手段。企业多元化投融资实践逐渐发展，衍生出新的顾问服务需求，对商业银行专业顾问服务水平划定了更高标准，对专业知识和技能、数据挖掘和分析、市场研究等综合性服务能力提出了更高要求。在实际业务中，围绕企业发展战略、资本运作的专业方案服务与组合服务逐渐取代单一信贷产品服务，银行客户经理需要宏观经济分析、产行业分析、金融市场跟踪等全方位的专业支撑，亟须将总行分散在各个部门的资讯、数据、案例等资源集中整合，引入外部资源，打造总分支行共享的专业知识平台。

研发思享平台是投行顾问业务数字化、标准化转型的必经之路。围绕核心企业客户，不断提高数据分析与洞察能力，构建数据信息共享、科技资源共享、项目资金共享的线上合作生态，是商业银行投资银行对客融智服务的重要组成部分。面向高质量发展需求，通过研发投行智能顾问服务系统，对于推动金融科技赋能农业银行客户服务转型与经营管理转型具有重大意义。

思享平台定位为服务农业银行行内和行外两端的线上平台，主要用户为企业客户与农业银行客户经理。对企业客户，思享平台将作为农银集团对公客户服务新渠道，致力于为客户在战略规划、经营管理、投融决策等关键领域提供综合智力支持、前沿专业判断与智能数字工具。对农业银行客户经理，思享平台为分支行客户经理提供标准化顾问服务工具、对客服务支持工具和日常办公辅助工具，丰富分行线下顾问业务对客服务手段。

二、项目方案介绍

（一）业务架构

在充分调研用户需求和同业情况的基础上，农业银行设计了"7+1"的平台功能架构，即市场资讯、智能财务、项目信息、投融工具、风险预警、产业解析、ESG 咨询 7 大核心功能板块和 1 个智能写作模块。相比同业，在市场资讯、项目资源、风险预警的基础上，新增 ESG 咨询、产业解析、智能写作等特色功能，为企业提供全方位"智库"服务。

平台业务架构如图 1 所示：

市场资讯	智能财务	投融工具	项目资源	风险预警	产业解析	ESG咨询	智能写作
• 资本市场 • 宏观经济 • 行业研究 • 区域研究 • 深度观察 • 农银研究	• 智能财务分析	• 市场数据综合屏 • 信用工具 • 发行参考 • 产品案例 • 网络学院	• 交易撮合 • 合作机构 • 产业链撮合 • 线上活动专区 • 特色专题	• 公司舆情 • 行业舆情	• 查询 • 产业/细分行业查询 • 产品/服务查询 • 监控	• 政策与资讯 • 资本市场 • 尽职调查 • 信息披露 • 碳智荟 • 能力建设	• 报告编辑 • 模板管理 • 插件素材更新管理 • 报告素材更新他管理

图 1 思享平台业务架构

1. 市场资讯

市场资讯服务功能是银行顾问服务系统的基础功能，以银行自研或外部采购的财经新闻、投研资讯、专题研报等作为服务资源，满足客户资讯阅览需求，为用户开展市场分析提供支持。农业银行思享平台以"整合存量资源，创新市场合作"为原则，调动总行各部门投研力量，将分散在各业务条线的自研成果与外采综合资讯集中展示。同时积极对接证券公司、数据服务商等外部机构，进一步扩充市场资讯板块的信息来源、提升资讯质量。

平台着力打造"市场覆盖广，资讯质量优"的专业资讯平台。一是丰富资讯类别。平台每年更新资讯研报数量"30 万 +"，其中专题研报内容覆盖 65 个主要行业、30 个重点省市、中央部委与地方政府政策解读、主流财经媒体刊文与全市场投融资产品分析，实现宏观与区域、市场与行业、政策与数据的全覆盖。二是创新引入券商研报。为提升平台投研资讯专业水平，打造同业差异化优势，市场资讯板块引入多家证券公司研报服务，成为同业率先引入券商研报的对客服务平台。三是引入农银系列研究成果。集合总行、分行与子公司内部专题研究报告通过平台集中对外发布，为客户提供农银集团视角的专业资讯分析与决策参考。

市场资讯模块方面，能够满足企业用户政策解读、市场行情、行业跟踪、经营规划等资讯需求；可以提高分支行人员资料占有，支持市场调研、报告写作等工作。

2. 智能财务

智能财务定位于集组合分析算法、上市和发债企业数据、行业标准于一体的智能财务分析工具。系统内置全部上市公司与公开发债企业财务数据，支持通过导入客户财务报表，全自动生成多维度财务报表分析报告。

平台打造智能财务模块，辅助用户高效开展财务分析工作。一是开发完备的财务分析模型支持多场景应用。农业银行在广泛调研客户需求、同业系统功能、主流供应商的基础上，多次调整与更新财务分析模型与算法，最终形成了基础科目分析、财务指标分析、现金流量分析、财务健康诊断、风险预警、财务报表与现金流预测六大功能。二是增加行业对比功能。在财务分析框架基础上，引入行业绩效标准与上市公司标准值数据，对财务指标进行行业排名，同时支持用户选择多个企业进行多维度财务比较分析。三是提供多维度市场报告。平台汇聚产业、行业数据信息资源，通过数据的收集、清洗、汇总和分析，辅以模型与算法，形成宏观经济运行报告、地区运行报告和行业运行报告，按月度和季度自动更新。

智能财务分析满足用户实时跟踪宏观经济走势、市场环境变化和同业经营情况的需求，适用于企业经营情况分析、尽职调查、投融资决策等多种应用场景。

3. 项目资源

项目资源模块定位于服务企业多元化投融资需求，精准匹配资产资金的交易撮合平台。汇集市场优质项目，覆盖投融两端及债券、股权等各类业务品种，同时整合市场机构及相关活动资源，解决投融资、中介服务场景信息不对称问题，实现精准匹配，提高项目落地和资源配置效率，延展综合对客服务链条。

平台着力构建企业客户、金融同业、中介机构各方信息互通、资源整合、需求匹配的交易撮合生态。一是匹配专属客户经理。企业用户可通过平台与客户经理点对点接触，大幅提升合作效率与质量。二是为资产流通增速。平台通过收集客户需求、发布标准化项目和精准推送项目的服务流程，实现资产端和资金端的高效匹配。三是构建生态圈。现已引入券商、保险、资产管理公司等多家金融机构，未来将持续引入合作方，不断完善项目资源生态。

项目资源模块，支持企业用户浏览筛选投融资项目，咨询专属客户经理，匹配线下一对一服务；支持企业用户上传发布个性化投融资交易需求，提高项目曝光度。支持行内客户经理后台项目台账管理，实时掌握辖内项目动态。

4. 投融工具

投融工具服务定位于专业投融资辅导工具，以数据、工具、产品、案例、视频五位一体形成支撑，以投融资产品详解、典型项目案例、精品视频课程等资源为核心，以市场主流评级数据与算法、债券定价工具等为基础，构建投行产品库、评级数据库、业务案例库、培训资源库，提供全方位投融资解决方案。

投融工具打造专业投融资决策支持平台。一是展示投行业务体系。投融工具模块展示农业银行投资银行七大业务板块，从业务简介、产品介绍、服务团队、政策制度等方面系统地介绍了投行业务服务体系与农行服务内容。二是创新性地引入评级试算工具。内置专业评级模型，支持企业实时跟踪企业信用评价结果，支持客户经理在尽职调查阶段对企业进行预评级，从而有针对性地为企业提供产品推介与投融资服务方案设计。三是打造线上教育与知识服务平台。投融工具模块汇编优秀业务案例与精品视频课程，将前沿业务实践与专业课程内容等智力成果及时传导至客户经理与企业用户，打造信息化、智能化的线上教育生态系统，为用户个性化、终身化学习提供专业知识选择。

在投融工具模块，满足企业用户了解投行业务产品、实时评级、投融资决策等需求；为行内客户经理提供客户服务所需的投行重点产品库、制度库与案例库。

5. 风险预警

风险预警功能打造专注企业经营管理的智能风险预警平台。引入丰富信源，覆盖宏观、行业、公司治理、财务、司法风险等领域，通过数据爬虫、大数据分析、自然语言识别和智能风险传导算法等人工智能技术，为用户提供风险事件查询、监控、识别与解析服务。

平台打造多维度风险预警模块。一是舆情信息全面覆盖。覆盖工商、司法、新闻舆情、资本市场信号、企业经营信息、关联关系信息等丰富数据源。二是风险信息精准识别。对财务变动、公司治理、股东变化、实际控制人、对外投资、法律事项、业务经营、重大交易、宏观经济等十余类信息深入细分，形成舆情信息四级分类体系，智能判断舆情情感，实现风险信息精准识别。三是主体信息全方位透视。实现公司基本信息、上市信息、企业关系、产业体系、经营情况、创新能力、司法风险、经营风险全方位透视，构建企业特征画像，展示企业全貌。

对企业用户来说，风险预警，适用于合作方风险摸排、公司／行业风险监控等应用场景。对行业客户经理来说，风险预警适用于尽职调查、项目审查、贷后管理、风险监控等应用场景。

6. 产业解析

产业解析是思享平台的特色功能，属同业首创。基于企业大数据信息绘制产业链全景图谱，覆盖国民经济上、中、下游及支持类产业，打通产业链、细分产行业、产品服务三级链条及各级间信息渠道，实现产行业相关信息的深度挖掘。

产业解析绘制企业全景图谱，支持企业深度分析。一是数据信息丰富。覆盖国家部委、地方政府、行业协会、金融机构等权威发布方，以及主流媒体、门户网站等 400 余家优质信源。二是产业、行业全面覆盖。深度细分产业链类别，形成包含 200 余条产业链、7000 余个细分行业、6 万余个产品服务，覆盖上千万家大中小微型企业的产业链分类体系。三是产业链企业信息全面丰富。涵盖产业链重点企业分布、企业基本信息、上下游关系、资本市场动态、宏观数据、财务分析、创新活动、经营项目、研究报告、政策法规和新闻舆情等丰富内容。

产业解析满足企业用户跟踪产行业动态、寻找产行业商机、挖掘产行业价值等需求。支持行内客户经理产行业分析研究、经营策略规划、客户营销、尽职调查等多类工作。

7. ESG 咨询

ESG 咨询定位于同业首创的一站式 ESG 与可持续金融数智化服务平台。在业内率先推出一站式 ESG 与绿色金融数智化服务解决方案，打造"融绿"服务新维度、"融智"服务新高地。

ESG 咨询提供 ESG 与可持续金融一站式智能服务。一是智能资源储备丰厚。发挥农银集团内外专家与投研优势，模块完整收录监管与农行有关政策制度，月均更新"400+"篇农银集团、主流媒体与权威智库发布的政策分析、深度研报与新闻资讯，汇总 37 家分行绿色投行优秀案例，集成内外部专家定制录播"40+"个专题视频课程与配套教材。二是数据抓取利用高效。运用大数据、云计算等前沿技术，内嵌基于制度规定、国际标准、本土国情研发，区分行业等"700+"影响因子并持续迭代的方法学模型，汇集源自企业自主披露、Wind 标准数据与监管部门、行业协会、学术机构、主流媒体等多元化权威、高频信源的"470 万 +"数据点。三是集成丰富智能工具。开发企业 ESG评价、ESG 尽调、ESG 风险监测、碳排放计算器、可持续投融资评价等应用工具，为企业提供绿色与 ESG 咨询平台。

ESG 咨询平台支持企业用户碳中和战略制定实施、可持续投融资决策、

ESG 风险监测、ESG 信息披露、供应链 ESG 管理、转型队伍建设等工作。行内客户经理可用于环境和社会风险尽职调查及后续管理、绿色项目研判与风险识别、绿色投行业务营销推广、ESG 报告撰写等应用场景。

8. 智能写作

智能写作模块打造内嵌专业资讯、市场数据、分析工具的智能写作平台。按照"七大功能融合、定制写作模板"的思路，支持将研报资讯、评级工具、产业链、风险舆情等多项功能模块，通过智能写作平台插件工具集中运用。

智能写作模块提供线上撰写环境。一是常用模板完备。内嵌招投标方案、宏观经济分析、行业运行趋势等企业用户常用报告模板，以及投资银行顾问、信贷调查、公文写作等农业银行客户经理常用报告模板，用户可在线调取使用。二是写作素材丰富。思享平台内置七大功能模块的全量资讯、研报、分析成果可作为写作基础素材，并依据写作模板进行重新组合编写，形成专业报告。三是内嵌分析工具。将"智能财务分析"模块的企业财务分析报告，宏观、区域、行业运行报告自动导入平台，支持用户使用平台内嵌分析工具进行数据调用与结构化展示。

智能写作模块支持企业用户撰写招投标方案、宏观经济分析、行业运行趋势等报告。支持行内客户经理撰写投资银行顾问服务报告、信贷调查报告、公文等文字材料。

（二）技术架构

思享平台包括 API 接入接出网关、WEB 服务 / 文件服务、业务中心、安全中心。平台以微服务架构和容器化管理保障思享平台的安全稳定运行，拥有灵活的资源配置能力，持续积累满足业务快速变化发展的云服务能力，快速响应市场变化和业务需求。为了保证平台的高可用和稳定性，采用云计算中 Kubernetes（K8s）对打包好的容器 Docker 进行编排部署。拥有部署运行、资源调度、服务发现和动态伸缩等一系列完整功能，提高了应用管理的便捷性。

应用上划分为外部应用接入层、开放平台应用层和应用服务层。外围应用接入层主要为第三方供应商，最终为应用服务层提供基础数据；开放平台应用层主要为应用服务层提供诸多基础 API 调用服务；应用服务层主要对接开放平台应用层基础服务，并为用户提供功能服务。

（三）建设与实施

思享平台按照急用先行、分批实施原则组织开发，第一期实现核心功能模块应用，平台已于 2022 年底完成开发并投产上线。

1. 时间计划

市场调研阶段（2021 年 12 月—2022 年 1 月）：组建专业团队，通过实地探访、访谈、问卷调查等方式调研企业用户、客户经理的实际需求，调研同业顾问服务系统主要功能。

需求撰写阶段（2022 年 3—6 月）：开展业务场景分析、业务功能设计、技术架构设计，明确思享平台建设总体安排、各模块功能设置、功能标准与要求等，完成需求撰写。

系统开发和试运行阶段（2022 年 7—10 月）：开发方面，完成 UEUI 设计，进行编码实施，项目共计 3927 个功能点。资源组织方面，完成多项外部新增资源采购，接入农业银行已有资讯、研报、数据等资源，引入多家券商、保险等合作机构。思享平台于 10 月中旬上线试运行，在农行内部试用。

优化完善阶段（2022 年 10—11 月）：在试运行的基础上进行功能完善，并进行思享平台上线前宣传等准备工作。

项目按照既定时间表顺利实施，提前完成需求撰写，提交研发部门；10 月中旬在农业银行试运行第一批功能，并如期推动投产上线。

2. 开发困难及解决方案

本次思享平台设计八大模块，需要丰富的内外部资源充实平台服务内容。平台开发过程中，团队结合应用实际和资源禀赋，整合农银集团多部门和子公司的研究成果、数据资源等，与业界领先金融服务供应商深度合作，引入券商、保险、评级机构、律所、会计师事务所等合作机构，利用农银集团平台优势，充分整合内外部优质资源，在短期内实现思享平台完整功能建设。

思享平台开发功能点多、涉及面广、对接方多。研发团队克服了疫情反复，办公环境屡有变动的严峻考验，通过严格的规划，与科学的项目管理，将集中办公、远程办公等多种模式相结合，并通过分工设计、集中讨论的模式，使项

目组每位成员均对项目有全面了解，大幅提升项目抗风险能力，项目开发进度
超预期。

三、技术与业务创新点

（一）平台技术创新点

本项目深度融合大数据、人工智能、语法分析器、NLP 算法等相关技术
和分布式架构实现数字化运营、标准化输出和低成本接入，解决了银行业务在
互联网时代业务服务场景单一、专业化水平不足、客户经理负担大等经营难题，
是一次传统银行从"信用中介"到"综合金融服务商"转型的信息化实践。

本项目以微服务架构和容器化管理保障思享平台的安全稳定运行，保证外
部资讯、研报、数据、模型的接入，在系统高并发和大容量的基础上为用户提
供安全可靠的服务。

本项目综合采用用户安全、服务授权、故障隔离、流量控制、数据脱敏和
应用安全等全方位安全防护体系，保证思享平台的安全性。

（二）功能模块技术创新点

产业解析模块使用"大数据技术 + 产融研究"，汇聚海量企业画像数据，
通过 NLP 机器学习和算法规则深度挖掘，以大数据赋能金融科技。

智能财务分析模块运用 AI 随机森林方法将客户财务报表数据、行业数据、
区域经济数据、宏观经济环境数据及其他细分领域数据的海量信息进行分析，
自动寻找影响因素和赋予影响权重因子，在得到分析结果后生成报告。

智能写作模块采用数据挖掘方法，以市场资讯服务模块数据为素材撰写各
类行业报告，实现板块联动。使用者仅靠拖拽插件、添加素材即可生成宏观经
济、招投标、专题研究等多类报告，有效节省人力。

ESG 咨询模块基于 ESG 评级模型，通过技术手段，海量抓取收集上市公
司和发债企业的公开 ESG 数据，经过标准化和结构化处理后形成全维度多层
次的 ESG 数据，为企业的 ESG 评级表现分析和 ESG 数据服务提供基础支持，

入库的 ESG 数据字段共计 75 万条，覆盖近 11 万家上市公司和发债企业。可根据实际情况灵活调整公司自有数据结构，通过专业技术量化，实现数据标准化和质量控制，更好地服务于评级和企业改进计划。

（三）功能创新

1. 优化完善同质化功能，新增特色功能

按 "人无我有、人有我优" 的原则，思享平台在同业已实现的信息资讯、风险预警、项目资源等常规功能外，创新推出产业解析、ESG 咨询、信用评级试算与智能写作等功能，广泛应用于企业经营管理与投融资决策的各个场景。

2. 研究开发多种智能工具，应用场景丰富

思享平台集成了 8 种智能工具应用，包括财务分析、智能写作、信用评价、碳足迹计算器、绿色投融资产识别、ESG 尽职调查平台、产业链视图、风险预警。其中产业链视图绘制 200 余条产业链、7000 余条细分产业链的全景图谱，为用户深入研究产业结构与调查相关企业提供专业支持。智能写作内置写作模板，支持实时调取思享平台内各功能模块的全量资讯、研报、分析成果等，为用户进行基础研究、标书写作、智能办公提供有效助力。信用评级试算构建评级数据库，以市场主流评级算法满足企业用户实时跟踪评级需求。

3. 发挥商业银行平台优势，整合市场资源

按照 "内活外联" 的原则，思享平台在充分利用农业银行集团现有资源的基础上，引入外部资源实现市场投研资源、金融科技资源、投融资项目资源三方面的资源整合。首创引入券商研报，结构化整合主流财经媒体、市场数据服务商、产行业研究机构等多方专业资讯，年更新资讯 36 万 + 篇。引入券商、保险、评级机构、律所、会计师事务等中介机构共建项目资源生态，为客户提供全方位融智咨询服务。

4. 集成功能模块，统一界面展示

同业线上对客顾问服务系统受限于开发年限不同、管理团队不同等因素，造成多系统并存、用户使用成本较高等问题。农业银行思享平台整合功能模块，统一设计展示与交互界面，保障思享平台功能丰富性，避免用户注册多个系统，降低用户学习成本和操作成本。

四、应用与成效

（一）产生社会和经济效益

思享平台上线将产生显著的经济和社会效益。一是打造农业银行数字化转型的基础设施。研发思享平台，为全行提供数字转型、智能升级、融合创新服务的基础设施。思享平台面向农业银行内部共享，服务对公客户经理与各条线、各层级业务人员，提升全行人均资源占有，特别是为前台业务人员提供全方位的专业支撑。二是充分发挥金融平台优势。思享平台整合各业务条线的综合资讯、数据与科技资源，围绕企业用户金融业务场景，分类打造功能模块，实现总行平台资源的集约化利用与整体科技服务输出。三是提高投行融智服务质量与客户覆盖度。思享平台上线后，完整功能将重点服务农业银行对公客户，基础功能将向全部普惠金融客户开放，提升农业银行广大企业客户市场资讯与智能分析工具的可获得性。同时思享平台通过线上平台和线下人员服务相结合的方式为用户提供 7×24 小时不间断融智服务，全面提升企业用户金融服务满意度。

（二）解决用户痛点

思享平台针对用户痛点，打造八大功能，提供有效解决方案。

1. 实现投行顾问业务转型升级，提高顾问业务服务质量

思享平台有效覆盖企业客户标准化顾问需求，帮助分支行客户经理将部分工作内容由撰写服务方案转为系统功能服务，降低顾问服务压力，提高服务质量。思享平台上线后，通过线上标准化服务与线下个性化服务支持顾问服务，能够有效推动顾问业务转型升级。

2. 建立全新的线上对客融智服务平台，解决企业用户痛点

平台八大功能模块为客户提供全方位智能化的线上服务。

一是实现多元化市场资讯与数据集中处理与分类展示，提高用户专业资讯获取效率。思享平台将主流财经媒体资讯、金融机构投研成果与专业市场数据进行筛选并分层分类展示，提高用户有效资讯的获取效率。

二是实现投融资相关智能工具的集成与互联，科学辅助用户经营管理与投融资决策。例如思享平台提供评级试算工具，内置专业评级模型，支撑企业即时跟踪自身信用评价情况，解决了企业需要通过专业评级公司出具评级报告而引起的流程长、步骤烦琐、成本高、评级结果落后于市场变化等问题。

三是打造产业、行业数据挖掘与搜索引擎，帮助用户深入了解产业上下游与相关企业活动。思享平台提供产业链和风险信息追踪，为用户深入研究产业结构、调查相关企业以及实现全方位的风险分类、解析与监控提供专业支持。

四是打造线上投融资项目资源生态，降低用户交易成本。用户可单点发布需求，各金融机构和中介机构实时相应，解决了用户为实现单个投融资需求需要逐一对接多家中介机构的信息不对称，一站式对接多元化中介服务机构，有效降低用户交易成本。

3. 全面支持对公条线业务运作，为农业银行人员提供专业支撑

思享平台农业银行网环境部署登录接口，涵盖市场数据、研究报告、政策制度、业务案例、风险预警、智能分析工具等，向全行共享平台功能与数据资源，为对公条线提供全面支持。

一是支持农业银行人员开展客户服务、尽职调查、项目审查、风险评价等工作。通过产业解析、企业信用评价、财务分析、发行预测和风险预警等智能化工具，实现企业产行业特色及供应链的深入解析、企业经营质量的全面诊断以及各类投融资产品的精准匹配，构建详尽的客户画像；通过产品介绍和业务案例，为分支机构提供业务指导，提升人员专业水平。

二是支持农业银行人员开展基础研究工作。为一线业务人员开展宏观行业分析、客户尽职调查、服务方案撰写等相关工作整合丰富资源，提供优质素材，拓宽一线业务人员市场视野，提升基层人员专业能力。

五、未来发展

一是平台功能持续更新。对于现有功能模块，思享平台设计了用户使用行为跟踪机制，将通过问卷调查、电话访谈等多种方式收集用户使用反馈，并结合后台数据跟踪分析，持续开展思享平台升级迭代和优化完善，持续增强内外

部服务效能，打造功能领先、持续创新的深度融智服务平台。

二是探索与企业数据库直通直连。通过深入分析挖掘客户数据，更精准地了解客户需求，实现业务、产品和服务创新。在保证数据安全的前提下，寻求与企业数据库直连，丰富平台数据来源，全面提升客户服务质量和服务水平。

三是加强农业银行数据资产价值挖掘与开发应用。在保障数据脱敏与信息安全的前提下，与农业银行相关部门共同探索推动将农业银行沉淀的海量历史客户及交易数据接入思享平台"智能财务分析"与"智能写作"模块，通过客户数据资源共享，实现思享平台持续增强内外服务效能、持久巩固核心竞争力的长远目标。

四是持续完善合作共赢的线上服务生态。拓展思享平台合作机构的数量种类与深度广度，围绕用户需求，依托"交易撮合""投融工具""市场资讯""ESG咨询"等功能，强化与总行部门、各分行、子公司的协同，明确工作流程，固化工作机制，将投研成果发布、项目资源互荐、服务案例推广等工作做实做细。同时研究引入交易所、地方政府、学院智库、碳资产管理机构等多元合作方，不断创新服务场景、丰富产品渠道，增强线上生态融资、融智、融技服务能力。

平安银行

智能小微企业账户服务

一、背景及目标

（一）项目背景

小微企业作为国民经济主体的重要组成部分，在我国经济社会发展中发挥重要作用。一直以来，国务院围绕"放、管、服"，对金融机构服务小微企业，优化营商环境提出工作要求，人民银行总行也提出"两个指导意见"，要求商业银行做到既要优化账户服务，又要控制账户风险。

自新冠疫情暴发以来，各行业的生产经营活动都受到影响，银行业服务也不例外，尤其是线下物理网点服务；同时随着互联网的快速发展，越来越多的群体习惯通过手机等移动设备通过线上渠道办理业务。

近年来不法分子利用电信网络手段诈骗普通老百姓钱财案件高发，常用方式如通过注册空壳公司开立对公账户归集、转移诈骗资金。因此防范网络电信诈骗风险是保障优质账户服务的另一重要议题。

鉴于以上三点，平安银行依托大数据、人工智能等技术手段建立起一套完备的数字化经营基础设施，为小微企业提供便利线上账户服务的同时，通过模型实时监测、精准研判，有效控制账户风险。

（二）项目目标

1.建立智慧账户体系

平安银行致力于建立一套智慧账户体系，通过差异化配置开户预约、尽职调查、开户意愿核实等流程，满足不同行业主体多元化开户需求。对于初创依托互联网办公的新兴小微企业，提供简易账户服务，通过差异化尽调及账户功能配置，在解决小微主体开户"难、慢、烦"的同时，兼顾账户风险防控；对于产业供应链平台客户，提供"1+N"批量开户功能，解决其供应商分散、开户难协调的痛点，降低了企业的业务协调成本。

2. 建立智慧银行服务体系

平安银行借助科技赋能，建立完善的智慧银行服务体系，打造 7x24 小时、多渠道触达、"线上 + 远程"的服务体系，突破了传统服务时间与空间限制，一方面客户能随时随地轻松办理预约开户、销户、变更、账户激活等对公账户业务，另一方面释放机械重复的操作人力进而提升银行产能。

3. 搭建智慧协作平台

平安银行搭建智慧协作平台，突破分行界限，共享全行运营资源，如为异地企业提供上门服务、高效调度办理疫情地区分行业务等，以进一步提升银行应对突发事件、"黑天鹅"事件的运营稳健性。

4. 打造智慧风控管理闭环

平安银行通过强化客户准入、交易事中、交易事后监测手段，落实客户分层分级管理理念，不断强化运营风险监测模型，建设"身份识别→开户风险评级→动态风险评级→账户实时监测→人工尽调处置→风险化解"的运营风控闭环管理体系，实现客户及账户的全生命周期管理。

二、方案描述

（一）业务方案

1. 业务对象与用户规模

平安银行智能小微企业账户服务体系主要服务于中小微经济主体，该业务对象呈现以下特点：一是部分企业处于初创阶段，无固定办公场所，不同于传统企业，无法满足银行开户上门尽职调查要求。二是企业内部机制不完善，部分企业财务管理人员缺乏专业财务管理能力，多采取依托第三方代账公司办理银行、税务等事项。三是产业链平台中小企业分布全国各地，对于线上、跨地域办理业务需求较大。鉴于以上特征，智能小微企业账户服务体系应运而生，截至 2022 年底，累计为平安银行 60 万余企业客户提供"线上 + 远程"一体化账户服务。

2. 应用模式

（1）"线上 + 远程 + 线下"业务模式

"线上 + 远程"的业务办理模式打通传统账户服务的时间与空间壁垒，赋予客户业务办理更多弹性与自由度。以企业开立账户为例，传统开户模式下客户需要多次往返银行网点，经历申请开户、转对接客户经理上门尽调、准备公司证明材料与印章、线下填写资料、临柜办理开户等多个流程节点。在智能小微企业服务体系下，客户仅需通过线上申请开户，即可由系统自动流转完成尽职调查、远程资料审核、远程开户意愿核实等前置准备工作。客户一次临柜即可办结开户，业务便捷度显著提升。

（2）标准流程 + 配置化差异规则模式

企业账户业务包含信息要素多、流程复杂、企业主体种类多、各地监管要求存在差异等因素，这对业务智能化、办理线上化的实现提出更高要求。经过缜密的业务规则梳理与流程设计，平安银行在个性化线下作业原理中提取标准化流程及共性规则，借助于大数据、RPA、"数字人"等科技手段实现业务自助办理、自动审核，同时融入可灵活配置的差异化参数规则，实现"一地一策，一行一策"的多层次服务。

（3）全渠道 + 全生命周期覆盖模式

坚持客户思维，服务账户全生命周期是平安银行服务小微企业账户的重要理念之一。在服务覆盖宽度方面，小微企业账户服务功能分布在线上各个渠道，如企业网银、"平安数字口袋"APP 或微信公众号、开放银行接口、"一网通办"电子政务窗口。在服务渗透深度方面，小微企业账户服务功能覆盖开户、企业信息更新、账户使用、账户激活、销户的全生命周期各节点，站在客户角度挖掘线上服务场景。

3. 创新设计

在符合人民银行等监管机构关于账户管理制度要求的前提下，平安银行充分利用生物识别、语音合成 TTS、自然语言处理 NLP、语音识别 ASR、GPS

定位、AI 智能客服、"数字人"、OCR 识别、电子营业执照、电子印章、RPA 机器人、区块链、远程视频、大数据、分类分级等技术，开发设计以下流程或产品，为小微企业提供 7×24 小时便捷服务。

一是空中柜台。空中柜台作为线上业务载体，分布在企业网银、"平安数字口袋"APP 或微信公众号等线上各渠道，为客户提供线上业务办理便捷入口。

二是对公自助柜台。对公自助柜台集合平安银行 120 余项对公账户服务能力，配置远程柜员协助客户自助完成业务办理。其中多方言选择、面对面视频服务、自助打单、拍照扫描读入信息等功能为客户提供贴心"沉浸式"自助服务体验。

三是"数字人"。通过三维建模、智能合成、动作捕捉驱动、交互驱动与渲染等技术塑造的"数字人"，应用于企业开户意愿核实等环节，通过人机交互的模式让线上业务更加"灵动"。

四是 AI 智能客服机器人。利用语音合成 TTS、自然语言处理 NLP、语音识别 ASR 等技术自主研发的对公 AI 客服机器人，具备完善的对公知识库及强大的业务咨询与接待能力，为客户提供 7×24 小时线上便捷服务。

五是跨分行协作平台。跨分行协作平台集约全行运营、客户经理队伍资源，是打破分行壁垒解决异地客户业务需求的有力媒介。

六是智能调度平台。智能调度平台通过智能监测全行运营服务资源，综合业务特性、柜员业务素质等统筹调度工作任务，有效解决客户进店时段及服务网点不均衡引起的等待时间过长等问题，提升业务办理时效和服务质量。

七是智能线上尽调。智能线上尽调应用大数据、GPS 定位、OCR 识别等技术，标准上传、储存企业尽职调查信息，通过后台数据校验识别和提示客户风险，尽职调查报告处理时效、审批进行自动流转，并对尽职调查报告质量进行自动预警。

八是分类分级管理模型。平安银行建立分类分级管理模型，根据行业类型、地域、干系人特征等差异化模型因子，对账户风险等级综合评分，并相应设置非柜面转账额度，做到"优服务"与"控风险"两手抓。

（二）技术方案

1. 主要技术

一是客户操作界面。通过语音合成 TTS、自然语言处理 NLP、语音识别 ASR 技术进行语音转文字，同时通过 AI 智能客服、"数字人"、OCR 识别辅助客户操作，减少客户录入，指导客户操作，通过电子营业执照、电子印章技术识别客户身份和意愿。

二是业务办理模式。通过远程视频、智能调度、跨分行协作、移动展业、批量开户技术，支持在疫情隔离、远程物理网点、供应链上下游企业分散等特殊场景的业务办理需求。

三是系统后台监控。通过 GPS 定位、区块链、大数据、分类分级技术进行客户风险识别。

四是线上安全守护。通过 OTP 验证码、图形验证码和生物特征技术进行客户身份核实和登录验证。

2. 业务架构

（1）多元可适配线上差异化流程

基于上述新技术应用，开发中小微账户全生命周期服务功能。在设计服务功能时，综合考虑不同企业主体多元化业务场景性、各地监管要求差异性、投放渠道的属性等因素，最大程度做细后台数据校验和规则运行。以中小微企业账户信息变更为例，账户变更项涉及几十项字段的任意组合，不同类型账户的变更业务监管报送要求不同，且各地人行要求也存在较大差异。客户通过线上发起变更申请，后台根据客户录入变更项自动判定该笔任务作业模式，如满足监管要求即可线上办结。如未能满足则由系统前置审核客户资料的完整性、一致性、真实性，通过消息提示将业务资料审核结果返回至客户，并提示客户临柜办理业务。

（2）集约化、智能化资源调配

通过建立跨分行协作、智能业务调度两大平台，能有效解决分行间业务资源不均衡、突发疫情等问题，高效促成异地见证业务信息、异地尽职调查等工作，提升银行账户服务的灵活性与韧性。

（3）全生命周期风控闭环

风险管理是银行经营中不可或缺的一环，在中小微企业账户服务过程中尤为重要。平安银行在开户准入、账户存续使用期间全流程关注、评估账户风险，动态调整账户风险等级与限额，并采取有效控制措施。风险管理过程中应用较多的技术有分类分级模型、大数据自动监测。

（三）建设与实施

1. 了解用户需求

要深入调研客户痛点，了解客户诉求，才能开发出客户需要的功能，例如简易账户、批量开户、抗疫便民户、跨分行协作、AI 智能客服等产品功能均经过充分的调研后才确定需求方案。

2. 制定翔实计划

制定好详细的项目计划，明确关键里程碑节点，对于有并行关联开发任务的节点，需确定好依赖关系和影响，例如远程视频会影响空中柜台、对公自助柜台、批量开户等多个业务场景，则需要确保远程视频功能尽早上线，避免影响多个功能进展。

3. 定期跟进项目进度

通过每日站会、周例会、月度例会，持续跟进检视项目进度，及时同步进展和解决问题，如有阻碍项目计划风险须及时升级，协调资源快速解决。

4. 功能上线监测

功能上线后要持续监控运行情况，了解客户使用反馈，通过反复试错、持续迭代的方式优化流程和客户体验。例如"数字人"和客户交流场景，"数字人"应在客户说完后等待几秒回应（考虑客户语音停顿间隔），此类场景需要通过反复实验才能确定最优值。

5. 功能推广

项目推广阶段，在加强行内人员业务培训、转变行内人员业务思维的同时，平安银行制作线上业务功能使用操作指南，通过H5、微信公众号展示给广大客户，在潜移默化中改变客户办理习惯。平安银行还通过分行创新的形式发掘实际生产活动中的线上业务办理需求，通过创新项目体系持续落地新业务场景。

三、技术或业务创新点

（一）极简化操作

通过语音合成 TTS、自然语言处理 NLP、语音识别 ASR 技术进行语音转文字，应用 AI 智能客服、"数字人"、OCR 识别辅助客户操作，减少客户录入，指导客户操作，通过电子营业执照、电子印章技术识别客户身份和意愿。通过 OTP 验证码、图形验证码和生物特征技术进行客户身份核实和登录验证。相比传统手填单、全字段人工手工录入而言，当前各项功能界面操作便捷，符合广大用户的使用需求。

（二）灵活化跨界

通过远程视频、智能调度、跨分行协作、移动展业、批量开户技术，满足疫情隔离、远离物理网点、供应链上下游企业分散等特殊场景的业务办理需求。相比传统的线下业务办理模式，借助以上科技手段突破了空间限制，让业务在线上动起来。

（三）数智化监测

通过将 GPS 定位、区块链、大数据、分类分级模型应用在开户信息审核、尽职调查信息校验、账户分类分级管理、企业经营状态与交易状态监测中，实现系统智能研判，有利于拓宽风险监测的广度与深度。

四、应用与成效

（一）智慧账户体系满足小微企业多场景开户需求

1. 对公简易账户提升小微企业开户时效

平安银行根据人民银行总行"两个指导意见"，落地对公简易账户服务，从开户前、中、后为小微企业提供便利化的服务，有效提升了小微企业的开户时效，节省了其业务办理成本。开户前，应用大数据提前识别企业信息、OCR识别客户资料、RPA自动校验等技术，同时使用AI智能客服为客户提供便捷的线上预约填单服务。开户时，应用大数据风险模型为客户开立功能适配的非柜面转账功能，解决依托互联网经营的新兴企业或初创小微企业暂时无法完成尽调的开户痛点。开户后，实时同步信息至数字管理平台，协助运营管理人员动态跟踪监测简易账户的尽职调查、功能升级、撤销等流程节点状态。同时应用账户大数据分类分级模型，根据尽职调查等情况动态调整账户非柜面功能，确保企业账户"好开"又"好用"。

2. 批量开户支持产业链平台类小微企业发展

平安银行在业内首创对公批量开户模式，在严格遵照人民银行账户管理办法的前提下，为产业链平台类小微企业提供"一次导入，批量开户"的便捷开户服务，有效解决开户协调难的痛点。在产业链平台生态中，一个业务场景上下游有多家中小微企业，分布在全国各地，面临较高的业务协调成本，仅是协调开立账户就需要花费大量的人力。批量开户通过综合应用大数据、RPA、OCR、GPS、电子营业执照、电子印章等技术，实现全流程批量化处理，只需牵头单位通过企业网银、开放银行等渠道一次性导入多家上下游企业开户信息，即可实现批量开立多个账户。同时，该模式做到"一链一策"，精准洞悉特定供应链场景下企业个性化开户需求并敏捷对齐业务落地。

批量开户项目支持服务供应链、互联网平台、政府政务平台、人力资源、能源、酒店餐饮、教育培训、电信运营商、医药、橡胶塑料、化肥等30余类不同行业客群，满足存款、结算、代发、资金监管、授信、贴现、POS收单、现金管理、私募托管等全场景业务需求，为客户提供一揽子服务解决方案。

3. 抗疫便民对公账户支持小微企业在新冠疫情期金融需求

新冠疫情期间，在风险可控及保障用户隐私与数据安全的前提下，抗疫便民对公账户通过区块链、大数据、人工智能、发票验真、远程视频、电子营业执照、企业信息联网核查等技术，加强客户身份识别和业务风险防控，客户在线上进行远程身份核验和在线签约，银行进行远程审核，实现企业足不出户即可完成线上开户和支付结算，助力企业复工复产。

（二）智慧银行为小微企业提供"线上 + 远程"服务

1."对公自助柜台 + 数字人"提供陪伴式自助服务

平安银行创新研发了对公自助柜台，其中批量扫描、印鉴卡自动签发 / 打印、支付凭证整本发放等模块均为业内首次运用。对公自助柜台业务涵盖对公账户开户、变更、销户、代收付、企业网银、产品签解约、基金理财、证券资金、电子政务、外汇等复杂业务，共计 120 项业务功能。结合生物识别、语音合成 TTS、自然语言处理 NLP、语音识别 ASR、OCR、工作流、RPA 等技术的运用和远程人员音视频服务，实现了全量对公业务的自助化、远程化、一站式、坐享式的高效办理。为了让客户在自助设备办理业务更加顺畅，平安银行还引入了"数字人"，通过三维建模、智能合成、动作捕捉驱动、交互驱动与渲染等技术，实现虚拟员工全程陪伴客户自助办理业务，面对面贴心主动提示与指导，实时解答客户疑问，很好地弥补了银行员工无法全程触达每一位客户的服务短板，让自助服务更具"人情味"。

2. 空中柜台在线送达对公账户服务

平安银行打造智能化、集约化的空中柜台，企业客户通过手机、企业网银即可触达空中柜台，随时办理业务，即时生效。空中柜台面向企业提供全生命周期账户服务，包含申请开户、远程核实法人开户意愿、开立抗疫情便民账户、账户变更、销户、久悬户激活、购买凭证、办理询证函等 15 项业务，能在线上解决企业 50% 的账户业务办理需求。

由于对公业务复杂程度高，且各地监管机构对企业业务办理要求提供的资料存在较大差异，平安银行开发线上业务规则引擎，满足不同地区的业务场景和监管要求，为客户提供标准化、简洁的线上服务，让企业省时省力省心。

平安银行注重提升线上用户操作体验，不断打磨空中柜台用户端的简洁性与便利性。通过使用大数据核验、RPA 机器人自动检查信息、OCR 识别、GPS 定位等技术，智能校验客户信息录入，实现信息智能填充，减少客户手工录入。同时应用电子营业执照、电子印章，更有效识别客户身份，并可有效避免客户遗漏纸质营业执照和实物印章。

平安银行通过智能线上服务打破物理网点服务限制，为广大企业提供便捷高效的对公账户服务。2022 年以来，14 万余户企业通过"平安数字口袋"APP 开立人民币结算账户，其中开立简易账户 4000 余户，应用电子营业执照与印章开立账户 7000 余户。同时 7.8 万余户企业通过"平安数字口袋"在线上办结账户变更业务。疫情期间，通过疫情便民户服务模式解决了 560 余家企业的开户问题，保障了企业的生产运营。

3. AI 智能客服机器人多渠道解决业务问题

平安银行利用语音合成 TTS、自然语言处理 NLP、语音识别 ASR 等技术自主研发了对公 AI 客服机器人，为客户提供 7×24 小时线上服务。对公 AI 客服机器人可精准识别客户问题，以 AI 技术解答客户业务咨询、辅助客户完成在线业务的办理，为每一位客户提供主动式的、更高效、更贴心的 AI 客户服务。客户可以通过企业网银、手机银行、微信、供应链平台等 24 个渠道，随时随心查询相关业务。2022 年，AI 智能客服机器人累计服务企业客户超 200 万人次，问题解决率达 96%，同时，该项目获得中国金融认证中心的 2021 年度金融数字科技创新大赛金奖。

（三）数字赋能，智慧银行敏捷响应小微企业特殊服务需求

1. 线上跨分行协作平台提供便捷异地服务

在对公服务中，客户存在大量异地业务协调需求，尤其在新冠疫情暴发以后，异地办理业务需求大幅上升。平安银行通过线上跨分行协作平台建立客户协作任务，通过大数据实时监测并分派任务，下发目标分行承接后续服务工作。疫情期间，该平台承接异地小微企业需求效果突出，为客户完成开户、印鉴建立等，显著提升业务时效，降低小微企业沟通、路途、时间成本。

2. 智能调度平台在疫情期间保障小微企业账户服务不断档

疫情期间，不少银行网点暂停对外营业，小微企业银行服务需求得不到满足。得益于自主研发的智能调度系统，平安银行打通全行网点人力资源，为疫情地区小微企业解决账户服务难问题，保障金融服务不中断。

（四）风险闭环管理，有效防范账户风险

1. 事前强化开户尽职调查

强化客户尽职调查与审核，构筑防范电信网络诈骗的第一道防线。平安银行"赢家"尽职调查 APP 运用大数据实时对客户经营、股权结构、干系人等进行风险排查，辅助客户经理进行客户身份识别，并运用 GPS 定位功能规范客户经理展业行为。尽职调查报告系统自动推送展业人员直属领导及总行专职审核人员进行审核，规范尽职调查工作内容的全面性、操作的规范性。

2. 事中实施单位账户分类分级管理

平安银行分类分级管理系统凭借强大的模型技术和差异化配置服务，对单位账户客户精准画像，为客户提供与之相适配的业务服务。单位账户开户分类分级模型是根据企业类型、成立时间、实收资本、注册地址、法人年龄等 68 项因子，采用 AI 算法，对客户进行全方位画像。存量分类分级模型结合账户交易流水特征，及时对风险账户进行限额管控，同时提升优质账户的额度管理。单位账户分类分级共分为 L1—L5 五级，可设置非柜面转账日累计限额 5000 元至 5 亿元 5 档限额（其中简易账户开户限额 5000 元），并支持分行根据地域经济发展水平、涉案风险等级配置差异化限额系数参数。

3. 事后监测

在存续期账户限额管理方面，平安银行分类分级模型结合账户历史交易、经营状况等因素动态调整非柜面转账额度，确保账户额度与企业实际经营状况相匹配。在企业风险信息监测方面，平安银行建立风险监测模型，结合行内外关注客户名单、交易数据、工商信息等实时监测企业异常开立、变更、交易行为，并依具体情况对可疑账户采取停止支付、暂停非柜面、中止账户等措施，有效阻断不法分子交易。在规范账户使用方面，平安银行建立存续期自动监测与管理系统，定期监测企业与干系人证件到期状况、工商信息变更、企业吊销注销以及异常经营名录等信息，由系统自动触发短信提示客户办理对账、变更、销户等业务，对于客户超期未处理的账户将由系统自动实施管控。

（五）社会经济效益显著

1. 经济效益

得益于人工智能与大数据技术手段支撑，平安银行对公账户服务的智能化、线上化、自助化程度大幅提升，满足了当下客户对于服务便捷、高效的需求，进而夯实客户基础，拓客增收。2022 年度平安银行对公客户数新增 10.5 万。

2. 社会效益

平安银行智能化账户服务便捷高效，减少客户冗余沟通及路途成本，2022 年度累计减少客户业务办理时长 8 万小时。同时有效精简纸张使用，最大程度实现无纸化绿色办公，有利于环境保护与可持续发展。智慧风控管理闭环能有效精准打击涉案账户，通过账户实时管控等手段即时止损，守护老百姓的钱袋子。

五、未来发展

在未来，平安银行将在以下两个方面持续创新，进一步提升小微企业账户服务的水平。

（一）差异化业务运营

在智能小微账户服务体系中，平安银行已经将差异化运营纳入各项产品功能当中，但差异化服务水平局限于单项服务。在未来，平安银行将着眼于账户全生命周期，为客户提供体系化、多层次的差异化服务。

（二）打造中台提升业务响应速度

平安银行通过多渠道对外输出 100 余个账户服务功能，这需要强大的科技开发资源支持。平安银行将通过打造业务开发中台，实现组件化、低代码开发模式，提升科技开发效率，快速支持客户需求。

恒丰银行

打造智能综合金融支付平台

一、银行支付模式创新转型背景

在以信息技术和创新能力为特征的互联网经济时代，需要有效地实现支付手段的电子化和网络化，第三方支付行业以安全、便捷的特点发展迅速，也对银行的结算业务带来了前所未有的挑战，同时国家的发展战略也对银行的支付业务提出了更高要求。行业的变局要求银行建立以客户为中心，以客户价值为导向的营销理念，主动服务客户需求，"后疫情时代"的到来更是加速推动了数字消费新业态和金融服务线上化模式的兴起，恒丰银行紧跟时代发展，以建设一流数字化敏捷银行为目标，积极探索支付业务创新，于 2017 年打造统一支付结算平台——恒丰付，并在 2021 年进行系统升级改造，以提升支付体验、丰富支付形态为目标，并助力反洗钱工作效率的提升。

新恒丰付平台以"安全、效率、便捷"为标准，以科技为驱动，借助人工智能、支付标记化、开放 API、云计算、大数据等科技手段，优化业务场景和入口，加强服务渠道建设，历时 2 年完成恒丰付产品的优化升级，加速产品和服务线上化整合，广泛链接合作伙伴，促进产业融合，依托专业化、定制化的优质服务，将创新服务投入电商、教育、贸易、建筑、物业、房产、零售等行业中，为恒丰银行实现数字化转型战略目标，建设一流的数字化敏捷银行，更好地服务实体经济高质量发展打下坚实基础。

二、"恒丰付"系统建设方案

（一）"恒丰付"系统建设业务方案

恒丰银行对市场进行全方位分析，构建多元化支付模式，借助云计算、大数据和区块链技术，整合银联、网联、大小额、超网等各类重要外联渠道，集"收""付""管"各类产品于一体，打造综合金融支付平台，实现了支付产品和渠道的多元化整合，大幅优化提升恒丰付产品的支付结算服务、交易风控及反洗钱能力，将恒丰付打造成为恒丰银行科技金融和场景金融的服务品牌。通过对产品模式、服务理念和营销方式的持续创新，聚焦实体经济和民生需求，积极服务于民生工程、绿色金融、数字人民币应用及人民币国际化等战略，为客户提供集代收付、订单支付、快捷支付、网关支付、协议支付、二类户充值提现等综合金融服务，坚持以场景为获客渠道、以服务为获客抓手，让支付业务深入细分场景，实现服务与客户需求的深度融合，不断提升客户体验。

（二）"恒丰付"系统建设技术方案

恒丰银行结合目前支付结算业务发展趋势，在二代支付、银联、网联、CIPS 以及其他支付清结算系统项目的基础上，不断进行技术服务创新，构建了安全、便捷的统一支付平台"恒丰付"，并且通过引入人工智能、区块链、云计算、大数据、移动互联网等科技元素，为客户提供标准商服版页面、统一API 接口及定制化业务服务。对恒丰付进行全面升级优化后，客户可选择使用标准商服服务，或通过统一 API 接口进行开发接入，接入速度快、操作简单便捷；也可根据客户个性化需求进行系统定制化开发，真正实现业务接入、权限管理、业务处理、账务处理、业务输出、对账、清算等核心业务功能；通过聚合主流通道、多个支付场景、多种支付方式，采用 API、SDK 等承载形势，链接商户及银行综合支付服务。新恒丰付系统的优化涵盖内管界面、商服平台、支付路由等八大功能模块超 150 项业务需求，覆盖商户、协议、支付流水等40 余张报表，完善提升了系统功能，通过创新管理机制，深化科技应用，实现恒丰付平台的优化升级。

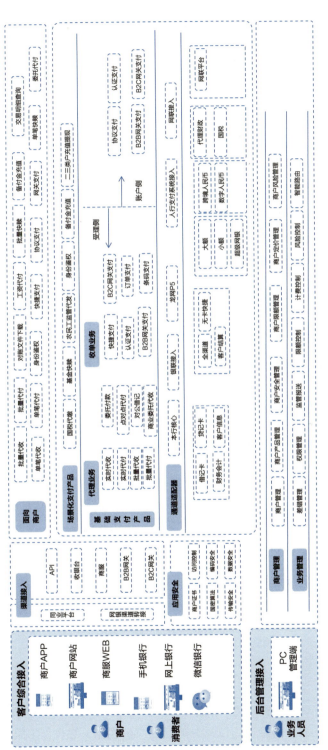

图 1　恒丰付产品架构图

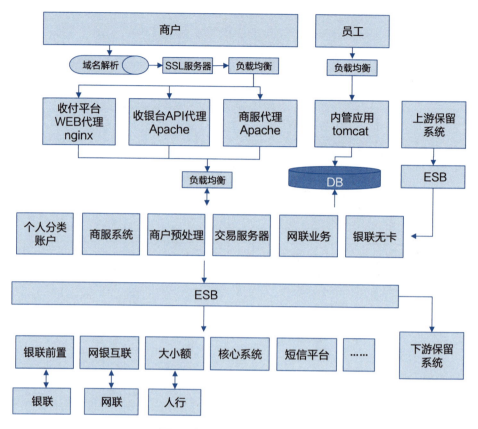

图 2　恒丰付系统应用架构图

1. 开放性

通过整合各类标准产品及服务，向客户输出标准接口，支持客户一点接入，化繁为简，仅需进行简单的开发联调即可使用恒丰付服务。

2. 多元化

建立多元化的支付架构，打通线上线下支付渠道，借助云计算、大数据等手段加强数据全面整合，基于智能路由通道，提供集代收付、快捷支付、网关支付、身份鉴权、二类户服务等多元化产品于一体的智能化、多元化的支付结算服务。

3. 流程化

对客户的需求从发起、响应到测试、落地提供全流程、分工明确的业务支持，提高产品的服务整合能力以及时响应客户个性化、综合化的服务需求；同时根据行业领域及细分市场的需求差异，打造差异化的服务方案，有效解决客户的痛点和难点。

4. 场景化

恒丰付产品始终以服务实体、共同发展的理念为中心，推动支付结算服务与其他金融服务加速融合，借助多个业务场景推动多部门联动，做到全行一盘棋，为客户提供优质高效的金融服务，积极推动与光大云缴费、云闪付互联互通等渠道拓展，深入民生场景，助力商户数字化服务与运营，推动智能化、便捷化支付服务不断融入零售、教育、投资、交通、税务、建筑、公共缴费领域，输出账户认证、二类户开立、协议支付、代收付、快捷支付等服务，实现了银行、用户、合作方多方共赢，公私联动拓展零售业务、完成线上客户转化，推动线上线下商业服务和支付服务的融合，满足客户对安全、便捷、高效、智慧支付服务的需求。

（三）"恒丰付"系统建设过程管理

2020 年，企业受到新冠疫情严重影响，"恒丰付"产品团队克服重重困难，利用"恒丰付"产品为客户开启绿色通道，提供安全、快捷、全面、灵活、高效的支付结算服务，通过实实在在的产品和行动帮助企业渡过难关；2021 年，恒丰付完成产品迭代升级，新系统上线后，优化整合银联、网联、大小额、超网等各类重要外联渠道，业务处理能力由每秒并发 30 笔提升至 600 笔，业务容量提升 20 倍；目前已落地上线跨行代收付、快捷支付、网关支付、协议支付、订单支付、身份鉴权、委托付款、对公标记化、投资赎回等多种产品，依托丰富的支付、账务、营销等综合金融服务能力，为企业客户提供定制化解决方案；2022 年，恒丰付平台的产品功能及用户体验不断优化提升，依托金融科技提供创新支付，打破线上线下业务边界，重点推动支付业务与商业服务场景紧密关联，推动支付结算服务向信息化、智能化、个性化发展。

（四）"恒丰付"业务风控措施

支付结算业务在交易业务模式、处理系统、支付路由、受理终端等各环节都可能存在潜在风险，恒丰银行在推动支付结算业务创新开展的同时坚守风险底线，提供多重安全保障机制，推动业务的可持续发展。

一是强化网络支付业务风险管理，加强落实特约商户和账户实名制管理要求，严格遵照收单管理要求进行商户巡检，对商户经营内容及场景进行定期确认；身份鉴权认证方面通过采购银联和第三方公司数据库，通过验证姓名、卡号、身份证号、预留手机号、手机验证码等五要素对用户银行账户及身份信息的合法性进行验证，确保用户身份的可信度。

二是交易环节风险监控，"恒丰付"平台对商户交易情况进行统一监控，从单笔交易金额、累计交易笔数（金额）、日均交易笔数（金额）、交易频率、不成功交易笔数（金额）等方面设定监控规则与参数。对交易量突增、大额整数额交易频繁、非正常时间大额交易等行为，或交易监控指标异常时，恒丰银行总行部门及时通知经营机构，经营机构应第一时间通过现场检查，调阅相关交易单据等方式，核实商户是否存在欺诈、洗钱等风险，并采取有效的风险控制措施，防范业务风险。

三是采用支付标记化技术，采用支付标记化方案后，商户可以通过"token"来替换主账号 PAN 信息，且该支付标记可限定在该商户下单独使用，从而消除相应风险。与传统交易中的卡号传递过程相比，支付标记替代了卡号、有效期等敏感信息，从源头上避免了信息的泄露。同时，通过限定标记的使用场景，如交易类型、使用次数、支付渠道、商户名称、数字钱包服务提供商等，即使支付标记本身被泄露，影响范围也很有限。

三、积极拓展"恒丰付"业务模式与服务创新

"恒丰付"系统投入大量的科技资金及人才，加速产品和服务线上化整合，不断推动产品模式创新及服务创新，将支付业务服务嵌入具体场景，持续优化系统功能及客户体验，真正做到"以客户为中心"，不断推动支付结算业务的转型升级。

（一）模式创新

恒丰付产品充分整合了银联、网联、大小额、超网等各类重要外联渠道，

集代收付、协议支付、身份鉴权、账户认证、快捷支付等各类产品于一体，提供多维度的智能路由配置，实现了支付产品和渠道的多元化整合。以往的银行支付产品局限于单个渠道，人行、银联等通道分属不同部门管理，在服务企业时需要跨部门的沟通，增加了企业的交易成本。恒丰付平台打破以往模式的局限性，在金融科技的加持下，平台整合多条支付通道，打造了一个线上综合运行的平台，对客户而言，无须对接多个银行部门，只需一点接入，便可覆盖全渠道的支付场景，实现了轻模式、轻资本的业务转型，通过统一的服务签约平台、统一的开放技术标准、统一的业务运营流程，实现商户服务线上化、自动化运营。目前恒丰付系统业务处理能力由每秒并发 30 笔提升至 600 笔，业务容量提升 20 倍，为客户提供了专业高效的支付结算服务，已成为恒丰银行支付结算特色品牌。

（二）服务创新

恒丰付产品团队基于差异化的支付场景需求自主建设了恒丰付线上综合支付结算服务平台，该平台通过与人行、银联、网联系统对接，整合清算通道，链接大数据、工商、反洗钱等数据，持续建立健全风控体系，守护客户支付安全。依托恒丰付系统，企业从入网申请到支付款项全流程线上化、自助化操作，最短只需 2 天即可完成业务上线流程，以轻模式覆盖长尾客户，解决企业对于支付效率和支付成本的痛点，助力企业无接触场景支付。通过创新技术的应用，提高支付结算服务效率、降低成本、优化服务，为企业提供了"零开发"金融服务，以最快的速度、最高的质量将金融活水灌溉至复产复工一线，为坚决打赢疫情防控阻击战和经济保卫战贡献力量。

四、"恒丰付"系统应用与成效

一直以来，恒丰银行深入贯彻新发展理念，通过"恒丰付"平台积极服务国家战略及民生工程。通过对恒丰付产品模式、服务理念和营销方式的持续创新，不仅推动了全行支付结算业务的飞速发展，而且积极服务于民生工程、绿色金融、数字人民币应用及人民币国际化等战略，整合特色支付场景、民生场景、产业场景等多场景，将支付结算深度渗透到各个场景当中，服务业务涵盖零售、教育、投资、交通、税务、建筑、公共缴费等多领域；2022年，恒丰付结算量已突破2万亿元，服务商户约2000户；服务国税缴纳222.5万笔，金额达8.32亿元；与十余个省市级农民工工资监管平台产品进行对接，为120余个农民工项目代发金额超7.7亿元；并且在中国银联组织的"2020年银联创新业务拓展劳动竞赛"中获得"优秀奖"，在《银行家》杂志主办的"中国金融创新奖"评选活动中，荣获"十佳交易银行创新奖"，产品建设效果显著。

产品经过五年多的打磨锤炼，恒丰付已成为恒丰银行支付结算业务的拳头产品，恒丰银行对内以平台思维推进交易银行各业务、产品、系统的整合；对外以开放、合作、共赢的心态积极与外部机构开展合作，担当更多社会责任，以建设"一流的数字化敏捷银行"为使命，更好地服务实体经济高质量发展。恒丰银行在数字化转型中先行先试，借鉴同业、赶超同业，在提升交易安全的前提下，增强场景建设，提升与商户的交互便利度，建立对公获客竞争优势。"恒丰付"平台经过持续推广已经初步显现成效，衍生出了对公结算、基金快赎、农民工工资代发、银税合作、物流平台、电商平台等全流程商户配套方案，在帮助商户完成数字化转型的同时，大大提升我行其他产品市场竞争力，依托高效的支付结算网络帮助企业实现资金的快速划转，使客户有限的资金资源得到更合理有效的安排和使用。恒丰银行以新一代核心升级"恒心工程"为契机，持续优化和推广"恒丰付"平台，提升支付平台性能，完善支付产品布局，打造面向客户的"超级恒丰付"产品，提升客户体验，为客户提供更优质的综合金融解决方案。

（一）服务国家战略，探索数字货币应用场景

习近平总书记在2020年第21期《求是》杂志上发表文章指出，要积极参与数字货币、数字税等国际规则制定。党的十九届五中全会审议通过的"十四五"发展规划和2035年远景目标建议中也提出，"稳妥推进数字人民币研发"，这表明数字人民币研发工作已经纳入国家战略，且数字人民币作为数字经济时代的支付基础设施，全面推广为大势所趋，基于数字人民币特性，用户支付习惯和移动支付市场格局将迎来重塑机遇。恒丰银行紧跟国家政策导向，针对数字人民币内

测场景、绑卡范围、支持钱包形态、同业合作等方面对数字人民币各代理银行展开调研,通过积极发掘数字人民币国家战略,将统一支付平台恒丰付接入数字人民币支付场景,推动数字移动支付创新,迭代完善数字人民币产品,为客户提供更加便捷的服务。

(二)支持普惠业务,助力政府便民服务

依托恒丰付平台充分发挥电子支付灵活快捷、成本低、效率低、惠及面广等优势,积极拓展各类普惠支付场景,如缴税、出行、消费、教育、理财等,持续丰富便民金融服务体系,满足普惠金融服务多样化、差异化的需求。

恒丰银行针对当前缴税业务中交易量大、操作烦琐、对账复杂、人力成本高等一系列问题,通过我行恒丰付平台与税务系统对接,为税务部门提供了缴税支付全套解决方案。其中,南京分行与江苏省税务局开展合作,积极响应政府"放管服"改革需要,优化了政府机构服务质效,提升了服务水平,取得了良好的社会效益和经济效益。项目自投产上线以来,运行安全、快捷、高效,受到了纳税企业的一致好评,2022年,服务国税缴纳220余万笔,金额超8.3亿元。

(三)践行社会责任,服务"六稳六保"

新冠疫情以来,农民工等重点群体就业受到较大影响,恒丰银行坚决贯彻党中央"六稳六保"工作部署,聚焦农民工就业问题,制定了一套针对农民工工资监管发放的现金管理综合解决方案,助力农民工稳就业、增收入。团队通过恒丰付平台对接农民工工资监管平台,将政府部门、建设单位、承包企业、农民工、银行等各方信息互联互通,实现对工程建设领域在建项目的农民工工资发放全过程实时监管。与十余个省市级农民工工资监管平台产品进行对接,为120余位农民工项目代发金额超7.7亿元,积极践行社会责任,扎实做好"六稳六保"工作,为农民工工资发放保驾护航。

(四)深耕快速赎回领域,保障便民支付业务需求

随着金融科技与互联网的快速发展,货币基金的应用场景创新层出不穷,

为投资者的财富管理提供了极大的便捷。针对投资者缩短赎回资金到账时间的业务诉求，恒丰银行紧跟数字经济时代发展步伐，从满足投资者小额、便民取款需要出发，遵循监管政策与合规要求，持续加强数字金融产品创新，推出全线上化基金快速赎回结算服务，为投资者提供基金赎回提前到账和 7×24 小时实时到账服务，截至目前。恒丰银行已累计服务 50 余家基金公司、独立基金销售公司，2022 年为广大投资者提供超万亿元快速赎回服务，有效解决投资者赎回资金到账慢的问题，大幅提升客户支付便捷化程度与资金使用效率。

（五）金融科技应用创新拓展

"恒丰付"平台作为恒丰银行的金融基础设施，利用大数据和区块链技术为银行和客户提供覆盖不同业务场景的支付基础功能。

一是提供完善的账户体系，提供二三类账户开立功能，全流程线上开户获客，大大提升业务线上化办理的便捷度；提供身份认证功能，通过身份验证信息提供实名鉴权服务，并通过支付标记化技术，对线上交易进行全链路加密，保障客户支付交易安全性。

二是提供便捷的支付产品，提供快捷支付功能，用户购买商品时，无须开通网银，只需提供银行卡卡号、户名、手机号码等信息，银行验证手机号码正确性后，第三方支付发送手机动态口令到用户手机，用户输入正确的手机动态口令，即可完成支付；提供网关支付功能，联合各商业银行为持卡人提供集成化、综合性互联网支付工具，主要支持网银支付方式，为持卡人提供网上购物、水电煤缴费、商旅预订等支付服务；提供代收功能，基于持卡人与商户签订业务委托协议，许可商户根据协议约定，向持卡人指定账户请求并完成指定款项支付的业务，应用于资金归集、保险扣费、水电煤缴费、财税库银实扣批扣、消费信贷还款代扣等场景；提供代付功能，实现商户从自身单位结算账户向持卡人指定银行卡账户进行款项划付，广泛应用于多个支付场景。

三是提供完整的清分对账功能，具体功能包括日终跑批查询、结算 / 内部户余额查询、结算账户明细查询、内部户明细查询、入账状态查询、银联差错明细查询、对账结果查询、核心终态查询、平台清算、资金到账查询等。

四是提供强大的数据分析服务。"恒丰付"平台与行内大数据金融系统、风险预警系统、数据集市系统等全面对接，企业的每笔支付聚沙成塔，通过数据集市对企业全流程交易行为进行大数据分析，分析结果可为企业后续融资服务进行数据增信。

五是提供先进的技术应用手段。通过探索数字货币、区块链技术，利用数字货币"点对点"的特质，可以不经过中心化清算机构进行清算，大大提高支付效率和市场资金的流动性。特别是在跨境支付领域，能够解决现有跨境支付周期长、费用高的问题。

五、未来发展

创新是时代进步、社会进步的原动力，在如今经济全球化、国际化的大背景下，更是商业银行持续发展支付业务、主动服务实体经济的主要推动力。

下一步恒丰银行将坚守"建设一流数字化敏捷银行"的初心使命，贴合行业发展动态，创新金融服务产品及扩展线上渠道，下沉用户市场用心服务客户需求，建立多元化支付结构，实现线上业务整合和发挥品牌效应。

业务基础设施

Business Infrastructure

中国建设银行
建信金科

基于人工智能技术的企业级模型自动化验证平台

一、背景及目标

在当今大数据时代的背景下，商业银行在业务发展、风险管理决策等领域频繁使用模型已然是一个不可逆转的趋势。与此同时，机器学习、深度学习和图计算等人工智能最新模型研发技术发展突飞猛进，银行使用的模型将日益复杂。模型应用范围变广和模型复杂度提升，给银行带来了新型风险来源——模型风险。近年来，全球银行业由于模型使用不当、设计不当等原因造成的模型风险损失案例屡见不鲜，最高甚至产生过十亿美元的损失。银行业的模型风险治理能力直接关系着金融系统的稳定运行，而模型验证普遍被认为是模型风险治理的核心。

党的二十大报告指出，我国经济已由高速增长阶段转向高质量发展阶段，正处在转变发展方式、优化经济结构、转换增长动力的攻关期。习近平总书记在全国金融工作会议上强调"要加强金融监管协调、补齐监管短板"。值此时机，中国银保监发布了第三版巴塞尔协议改革最终方案。根据巴塞尔协议与《商业银行资本管理办法》最终方案要求，商业银行采用内部评级法，应当建立验证体系，对资本计量高级方法及其支持体系进行持续检查，确保资本充分反映风险水平，提升模型应用与业务决策的准确性。银保监会将定期评估商业银行的验证工作。可见，在资本管理过程中，计量模型对于风险评估的重要性尤为显著。如何保证模型的有效性和准确性，则是模型验证作为又一道防线的基础。

建设银行重要资本计量相关模型数量高达 300 多个。每年都有大量的模型投产后的验证工作需要完成。验证工作具有专业门槛要求较高、各类模型验证结果计算工作量大、各类计算指标和方法有一定可复用性等特点。在建设银行总行风险部、风险计量中心的业务指导下，建信金融科技有限责任公司 Big Data 中心基于深度学习和自然语言处理（NLP）技术研发了企业级模型自动化验证平台。平台实现自动对接模型运行数据，持续对模型表现进行跟踪和评估，通过算法前瞻性预测潜在模型风险。建信金科还建立了模型报告智能模板，通过 NLP 技术，自动生成模型报告专家描述性结论，大大提升验证工作的效率和准确性，从而实现企业级模型运行结果"一键展示""一键诊断"，通过该平台，让管理层、模型所有者、模型风险管理方均能掌握全行模型、本机构模型的运行情况，及时、前瞻性掌握模型风险。

二、方案描述

（一）业务方案

企业级模型自动化验证平台依托建设银行数据中台持续累积的模型运行数据，整合零售申请评分、零售行为评分、非零售评级、零售 PD 分池、零售 LGD 分池和零售 EAD 分池等领域的 300 个重要模型运行结果明细数据。月均模型数据量 5 亿条，涉及 1200 余张数据源表，6800 个基础字段。构建了近 500 个模型风险评价定量指标体系。基于模型产生的数据自动计算评价指标，按照模型监测的不同方面，组合评价指标，形成模型的预测准确性、区分排序能力、群体稳定性、审慎性、分池同质性、拟合优度等 60 个模型风险主题维度的全方位监测。并可按照样本不同观察期和表现期进行指标选择，提升定量指标评价决策的灵活性。

企业级模型自动化验证平台功能分为模型自动监控、模型验证报告自动化两大部分。

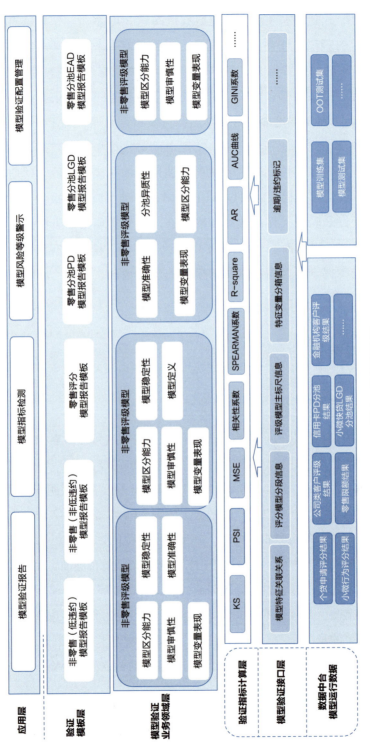

图 1　业务架构图

模型自动监控部分：依托建设银行的数据中台完成了对模型相关基础数据的整合，建立了模型标准化评价指标体系。指标体系涵盖 500 多个评价指标，定时自动更新，对模型的预测准确性、区分排序能力、群体稳定性、审慎性等 60 大风险主题进行量化评估。通过模型评价定量指标的时间序列以及历史模型风险验证的结果，利用深度学习的 LSTM 算法，建立定量指标和模型整体风险等级的关系，预测模型风险结果，前瞻性预警可能潜在发生的模型表现衰减，用以决策是否需要及时进行模型的自动化迭代，并快速将模型迭代优化到一个新的版本，从而降低模型风险。

（二）技术方案

通过 AI 技术重塑模型验证的工作方法，改变传统的竖井式验证方式。新验证方式依托 AI 工具、自动化报告工具、智能报告模板、模型风险监测报表体系以及模型监测量化指标体系。AI 工具负责前瞻性预测模型风险和智能生成报告，同时包括长短时记忆神经网络模型、自然语言处理工具。自动化验证报告工具负责智能报告的相关配置，包括词条、模型组、验证数据配置等工具；模型风险监测报表体系覆盖模型风险关注的方方面面，按照模型监测的不同方面，组合评价指标，形成模型的预测准确性、区分排序能力、群体稳定性、审慎性、分池同质性等 60 个模型风险主题报表，360° 无死角评估模型风险等级；模型监测量化指标体系覆盖模型稳定性、区分能力、准确性等指标，基于模型产生的数据自动计算评价指标，可按照样本不同观察期和表现期进行指标选择，提升定量指标评价决策的灵活性。

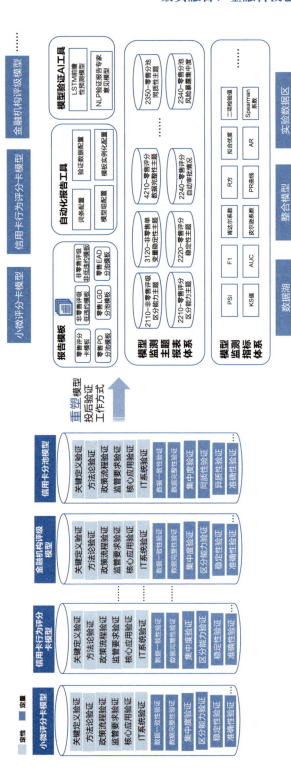

图 2　技术架构图

LSTM 模型技术实现方案如图 3 所示：

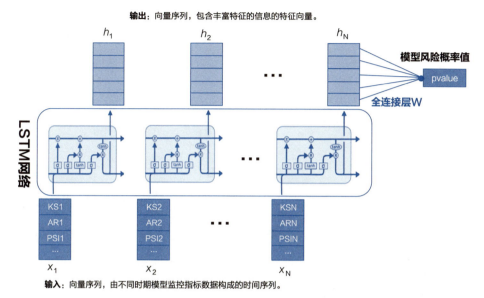

图 3 LSTM 模型技术实现图

整体过程为：

第一，首先获取从 2017.1—2022.1（可动态平滑迁移）不同时期的模型验证指标如 KS、AR 和 PSI 等数据，以及历史模型风险验证结果数据形成时间序列数据集；

第二，划分数据集、训练集和测试集的划分比例为 7∶3；

第三，考虑到数据的范围存在不一致性，因此使用 StandardScaler 进行缩放；

第四，构建 LSTM 模型，设置 n_past 参数值为 30，表示预测下一个目标值将在过去查看的步骤数；

第五，训练 LSTM 神经网络，使用 gridsearchCV 进行参数调整获取基准模型；

第六，根据训练时的模型表现，对模型的超参数 batch_size，epoch 和优化器 optimizer 进行优化，分别选择 20、10 和 adam 优化器；

第七，使用最优参数观察模型的效果，模型的 ROC 评估指标结果如图 4 所示：

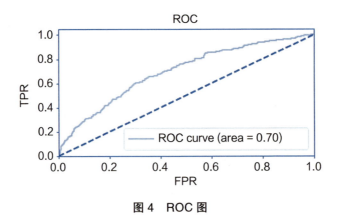

图4　ROC 图

模型验证报告自动化部分：通过模型验证用户输入的模型名称、验证时点等参数，获取模型监测指标数据，建立模型报告智能模板。通过对模型词条、验证数据源映射，模型报告实例化配置等，可实现一键生成模型验证报告。主要功能包括。

一是模型自动监测的模型进行动态配置化管理，模型有入模变量、上线日期、表现期等信息，通过配置将新上线或者有更新的模型快速纳入模型监控体系。

二是模型自动监测的上游数据通过调度平台定期复制入数据库，加工成模型监测指标。

三是建立监测指标和模型整体风险等级的关系，进行模型风险提示。

四是建立模型验证报告智能模板，可覆盖非零售评级、零售评分、零售分池所有模型的六大类模板框架。

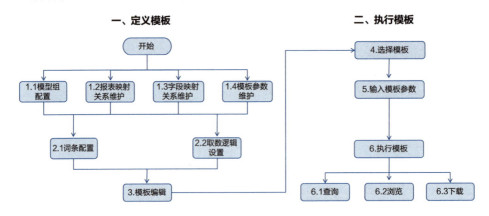

说明：2.1此调配置及2.2取数设置产生的标签经复制后放入模板待替换位置

图5　业务流程图

　　模板中的专家意见内容可通过自然语言处理（NLP）技术，基于微调后的 Bert 预训练语言模型，学习历史报告中的验证报告相关描述与专家结论关系，智能生成模型报告总体描述性结论。快速支撑监管对于巴塞尔新资本协议定期模型验证要求。运用 NLP 技术智能生成模型报告总体描述性结论，整体流程为：

　　第一，获取历史所有人工撰写且质量合格的模型验证报告；第二，提取验证报告中模型验证相关的描述信息和专家结论信息；第三，使用预训练语言模型 Bert 结合微调（Fine Tuning）的方式进行模型学习；第四，对于新的模型验证报告，使用微调后的 Bert 语言模型生成各个章节的专家意见结论。

　　模型监控数据采用数据分层的方式，通过"基础数据层"、"验证接口层"和"模型验证指标层"三层结构，屏蔽上游数据变更对指标计算的影响。数据分层方式如下：不同模型数据存放于不同的数据表，变量得分、最后得分、客户信息和债项信息等用于指标计算的上游数据接入后存放于基础数据层；上游数据信息整合和处理后存放于统一接口层，如对公评级结果接口表、模型变量接口表、零售债项评分接口表等；模型验证指标层从"验证接口层"获取处理好的数据进行指标计算；模型验证指标结果根据指标验证阈值，对模型风险等级进行判定。

（三）建设与实施

1. 实施周期

　　项目自 2022 年 1 月开始实施建设，关键过程如表 1 所示：

表 1　实施周期计划表

项目阶段	项目周期	过程目标
项目策划	2022 年 1 月	项目计划、组织资源、制定过程管理规范、项目过程风险识别管理
业务分析	2022 年 1—2 月	调研行业模型验证相关做法以及监管相关规定
需求编写	2022 年 2—3 月	原型设计和需求编写
模型研发	2022 年 2—5 月	LSTM 与 NLP 相关平台上的 AI 模型研发
应用设计	2022 年 3—4 月	前端应用设计、后端数据设计

续表

项目阶段	项目周期	过程目标
应用开发	2022 年 4—6 月	平台应用开发、数据开发、模型验证量化指标加工、模型监测报表开发、AI 模型部署等
测试工作	2022 年 7—8 月	测试案例、测试报告
上线投产	2022 年 8 月	平台上线投产

2. 项目组织架构

本项目实施团队融合了建设银行风险部、建设银行风险计量中心、建信金科公司 Big Data 中心等多方面的业务专家和技术专家成员，总体组织架构运行如图 6 所示：

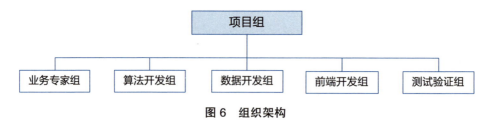

图 6　组织架构

各小组主要职责为：

业务专家组：负责模型验证的整体业务指导，验证系统成果是否符合预期目标。

算法开发组：调研适用业务场景的算法，进行项目中算法模型的开发。

数据开发组：负责后端验证数据分析开发，特征工程开发，数据验证、验证指标的加工计算等工作。

前端应用组：负责前端应用部分的技术设计和代码开发。

测试验证组：负责测试案例编写，组件组装测试、应用组装测试、用户测试以及相关测试报告编写。

在本项目实施过程中，业务部门与项目组技术人员紧密配合。建设银行风险管理部牵头行内模型验证整体事项，提供宏观的业界模型风险管理领先实践业务指导；建设银行风险计量中心提供完整的需求说明书，并提供风险计量方面的指导建议；建信金融科技有限责任公司 Big Data 中心基于大数据和人工智能技术，在总行各业务部门指导下，深入掌握模型验证方法论、分析模型相关数据以及模型的应用场景,给出模型自动化验证平台解决方案以及技术落地的设计,并将其落地实施到建设银行的新一代系统体系中。

3. 过程问题分析

一是算法选型问题。本项目解决方案核心技术采用人工智能前沿算法实现,需考虑到技术的稳定性,并满足应用推广投产运行态的时效性要求。同时,由于相关技术领域技术的迭代升级较快,需要保障后续应用的兼容性。

二是数据质量测试验证问题。模型验证的基础数据来源于模型应用运行的源系统数据,包括零售分池系统、对公评级系统、风险计量引擎系统等多个数据源,模型自动化验证需要保证加工链路数据治理有效,不同类型模型的验证报告数据加工口径差异较大,需要建立一套完整的可自动识别数据质量和数据时效性问题的预警提醒机制。

三是专家意见文本生成适配性问题。专家意见由算法根据机器学习模型和上下文内容自动化智能化生成。前期模型的训练过程需要业务专家的有效性干预,逐步接近业务场景要求,最终满足监管和业务对于模型验证结果意见的表述形式。

4. 风险分析与控制

一是进度风险。由于全行巴塞尔新资本协议周期性合规验证时间节点要求,项目总体实施进度计划要求较为紧张,实施过程通过加大人员投入和增加实施工作时间密度等措施,保证进度按计划完成,最终投产上线交付给业务应用。

二是资源风险。项目投入资源涉及专业风险业务和模型业务专家,以及多种技术栈的高级人员,通过提前识别、提前准备等不同渠道多措并举方法,在项目实施关键节点上保证资源的有效投入,保障项目平稳推进。

三是技术风险。新技术的应用不可避免地带来一定的技术风险,特别是在人工智能领域,算法技术升级迭代速度很快,需要尽早做好技术探索验证,并合理选择适合本项目应用场景下的算法技术和相应技术版本。

三、技术或业务创新点

企业级模型自动化验证平台基于人工智能深度学习和 NLP 技术实现智能

化模型验证，主要技术创新和成果亮点包括。

一是充分梳理监管关于 Basel 协议中对模型定期进行有效性验证的要求，建立了模型标准化评价指标体系。通过模型评价定量指标的时间序列以及历史人工专家验证报告，利用 AI 深度学习的 LSTM 算法，预测定量指标和模型整体风险等级的关系，前瞻性预警可能潜在发生的模型表现衰减。

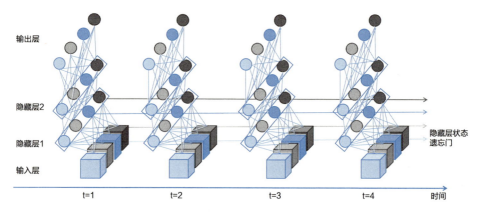

图 7　LSTM 深度神经网络原理图

二是实现标准的模型验证接口层设计，通过模型评价和模型接入适配解耦，能支持新模型的动态扩展接入，包括以模型组和子模型两种维度的模型扩展形式。此接口可作为行业标准推广。

三是平台按模型大类编制统一模型报告模板，建立注入标签库、标准词条库和模板实例化配置，自动抓取模型验证指标，智能匹配报告报表模式要求，形成验证报告数据基础内容。对于验证报告中的专家意见部分，使用自然语言处理（NLP）技术，基于历史模型验证报告的上下文相关描述信息与专家结论的关系，微调 Bert 预训练语言模型运用于智能生成模型报告总体描述性结论。

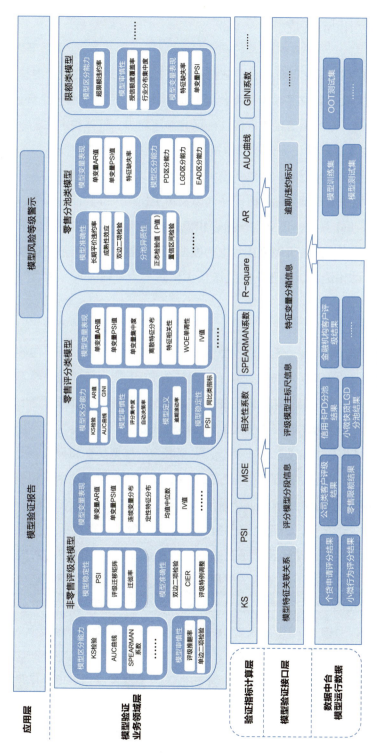

图 8　应用架构图

四、应用与成效

企业级模型自动化验证平台，依托建设银行的数据中台完成了对模型相关基础数据的整合，建立了模型标准化评价指标体系，涵盖 500 多个评价指标，定时自动更新，对模型的预测准确性、区分排序能力、群体稳定性、审慎性等 60 大风险主题进行量化评估。模型指标采用分层设计，评价指标和基础数据采用统一接口层进行适配，能做到最大程度解耦以及模型的动态扩展。

通过模型评价定量指标的时间序列以及历史模型风险验证的结果，利用深度学习的 LSTM 算法，建立定量指标和模型整体风险等级的关系，预测模型风险结果，前瞻性预警可能潜在发生的模型表现衰减，以决策是否需要及时进行模型的自动化迭代。快速将模型迭代优化到一个新的版本，从而降低模型风险。

建立了模型报告智能模板，通过对模型词条、验证数据源映射、模型报告实例化配置等，可实现一键生成模型验证报告。模板中的专家意见内容可通过自然语言处理（NLP）的技术，基于微调后的 Bert 预训练模型，学习历史报告中的验证报告相关描述与专家结论，智能生成模型报告总体描述性结论；快速支撑监管对于巴塞尔新资本协议定期模型验证要求。

模型验证报告的自动化生成发布，根据既定的模型类型和模型验证报告模板配置要求，平台定期实现从数据加工作业，到报表数据自动生成和模型报告的自动化提取，并智能生成验证结果结论性意见，发布验证报告文件。

在经济效益方面，企业级模型自动化验证平台已在建行新一代系统体系上实施部署。采用自动化验证平台进行模型验证工作，定时自动对模型进行监控指标计算，形成不同主题的模型风险报表，配合模型验证智能模板，实现了一键生成模型验证报告。平均一份验证报告产出时间由原来的 4 个月缩短为 1 个月，节约了 70% 的人力和时间成本，平均验证一个模型节约人力 3 个人 / 月。验证报告的版本、数据、计算方式均可追溯。目前约 300 个计量类模型纳入平台的监控验证范围，覆盖约 7 亿零售客户和 2800 万非零售客户。模型研发人员、模型验证人员均可根据被赋予的使用权限登录平台使用相应功能。基于该系统实现了模型风险的自动化监测，让管理层、模型业务部门、模型风险管理部门均能及时掌握模型的情况，大幅节约了模型验证团队的人力资源投入。模型验证后及时迭代更新，增强模型预测的准确性和稳定性，进而提高智能风控体系整体运转效能，预计能显著降低因模型风险引起的不良信贷率。

在社会效益方面，模型自动化验证平台建设思路可为中小银行模型治理数字化转型提供借鉴。该项目成果可作为行业标准进行制定和推广，提高银行业模型风险治理水平。同时，顺应了我国经济高质量发展阶段，对转变发展方式、优化经济结构、转换增长动力的要求，强调"要加强金融监管协调、补齐监管短板"。在商业银行采用内部评级法作为资本管理计量方法下，建立模型自动化验证体系，对资本计量高级方法及其支持体系进行持续检查，确保资本充分反映风险水平，提升模型应用与业务决策的准确性。为银行业务稳健经营保驾护航，也为国家社会经济平稳发展添砖加瓦。

项目总体上，依据《商业银行资本管理办法》和《中国建设银行模型风险管理办法》要求，借助大数据和 AI 等技术，本项目融合建行数据中台、业务中台和技术中台能力，研发了企业级模型自动化验证平台。

借助企业级模型自动化验证平台，构建近 500 个模型风险评价定量指标，基于模型产生的数据自动计算评价指标。按照模型监测的不同方面，组合评价指标，形成模型的预测准确性、区分排序能力、群体稳定性、审慎性、分池同质性等 60 个模型风险主题报表，并可按照样本不同观察期和表现期进行指标选择，提升定量指标评价决策的灵活性。目前，已实现建设银行 300 多个重要内评模型的自动化监测，其他非内评重要类型的模型（如授信额度模型、风险限额模型、信用卡反欺诈、普惠专家卡等模型）也在持续纳入这套体系之中，逐步实现模型范畴的扩展。基于深度学习 LSTM 算法和 NLP 技术，该平台能够前瞻性预测模型风险，并智能生成验证专家结论，提升模型报告的产出效率，从而实现企业级模型运行结果"一键展示""一键诊断"。通过该平台，让管理层、模型所有者和模型风险管理方均能掌握全行模型、本机构模型的运行情况，及时前瞻性地掌握模型风险。

项目成果具备行业可推广性，可作为行业标准进行制定和推广，提升行业模型风险治理水平。目前项目总体已经取得了初步成果，但模型风险 LSTM

模型的预测准确性还有进一步的提升空间，后续会加强模型的稳定性和准确性。

五、未来发展

模型验证是模型风险管理体系第二道防线的关键职责。模型验证作为模型生命周期的重要节点，包括模型投产后验证和投产前验证，两个阶段的模型验证环节都具备不可忽略的重要意义。有效且科学的模型验证可以确保模型构建无误以及上线后的正确使用，进而降低模型风险可能会给金融机构带来的财务损失、决策损失和声誉损失，全面提升业务价值。投产后验证是为了检查模型投产运行之后，在一定时期内是否满足模型设计开发阶段所设定前提效果，并监控模型衰退趋势情况，及时预警提醒，作为模型是否需要做迭代优化或者下线的判断依据，是保证银行业务能够正常运行的基础保证。模型投产前验证，则是明确模型设计是否符合既定要求，并能够带来业务发展有效性提升的关键检验。只有通过投产前验证后的模型才可能被允许投产上线运行。两个阶段的模型验证重点和方法具有较大的差异性，技术难点也不同。考虑到验证工作的难易情况和工作集中作业的时效性特点，本阶段首先实现了投产后验证阶段工作，大大减轻业务人员模型验证的工作量，提升验证报告编写效果，并智能生成专家意见等判断性结论，达到了预期效果。

后续，一方面持续完善优化前期已经达成功能的应用效果，另一方面将进一步完整实现总体模型验证的全流程环节功能，为实现实现系统效益最大化：一是提升系统中 AI 算法的准确性和稳定性，不断迭代模型；二是扩展平台中验证模型的范围，使平台的模型适用性更加丰富；三是丰富模型验证指标体系，不断丰富模型量化指标的 360° 全景，做到模型评价无死角；四是方法赋能同业，部分成果申请行业标准，对行业进行推广赋能。

中国银行

企业级产品创新研发工厂项目

一、背景及目标

随着金融科技发展日新月异，国内外个人与企业消费者对于商业银行的金融产品服务需求呈现出瞬时性、组合性、技术性、便捷化、客制化、场景化等"三性、三化"特点，客户对品类全、推荐准、服务好、效率高的产品诉求越来越强烈。银保监会《关于银行业保险业数字化转型的指导意见》中也将"个性化、差异化、定制化产品和服务开发能力明显增强"作为银行业未来发展重要目标之一。然而，商业银行中原有以管理条线部门为单位的累进式金融创新模式缺乏企业级产品创新组织管理与调度机制，导致了业务响应速度慢、创新需求评估难、研发审批耗时久、产品风险管理散等四大难题，造成产品重复开发、同质化开发、不合理开发等现象突出，已难以满足日渐开放、灵活多变的市场需要与监管要求，严重制约和阻碍了银行业健康发展。

图 1 　 当前商业银行发展面临的四大难题

为充分贯彻党和国家发展数字经济重要部署，解决银行产品管理面临的"响应慢、评估难、耗时久、管理散"等问题，企业级产品创新研发工厂在以下三方面作出了重要探索：一是思想上转型，以市场需求为导向，摒弃"以产品为核心"的传统经营理念，通过"以客户为中心"的数字化转型思维，深刻认识客户、敏捷响应客户、多元化服务客户；二是能力上提升，基于对商业银行产品创新管理体系的充分研究，科学归纳银行产品研发创新的普遍性与规律性，提炼并贯彻企业级模型理念，通过标准化、结构化、组件化、参数化的业务架构与 IT 架构，从"研产供销服"等多方面对产品全生命周期各环节进行数字化能力提升，形成敏捷高效的产品创新、规范精细的产品管理、动态灵活的产品展现等集约化企业级金融产品服务能力"价值网"；三是产品上创新，通过产品工厂机制积极开发差异化、定制化金融产品，快速满足千人千面的"个性化需求"，打造"全而准、快而优"的产品创新服务体验，在服务实体经济、持续推动国家经济高质量发展的伟大进程中充分发挥国有大行的引领示范作用。

二、方案描述

秉持"纳管全量产品，规整各异流程，提升研发效率，激发创新动能"的价值指引，企业级产品创新研发工厂建设工作组殚精竭虑、筚路蓝缕，历经两年探索，充分学习同业与非同业领先实践经验，研究引入集成产品开发与精益生产管理等产品创新领域先进理念，结合商业银行自身产品管理特色与产品创新需要，针对产品创新难、创新慢等主要问题，逐条梳理，逐项击破，从无到有，设计开发了符合行业实情、符合商业银行战略目标的企业级产品创新研发工厂架构体系，对外实现金融产品的灵活装配、敏捷创新、高效服务，满足客户日益丰富的消费需求，对内实现产品全生命周期管控，为集团日常经营管理与风险管控提供可执行、可量化、可考核、可评价的有力抓手。

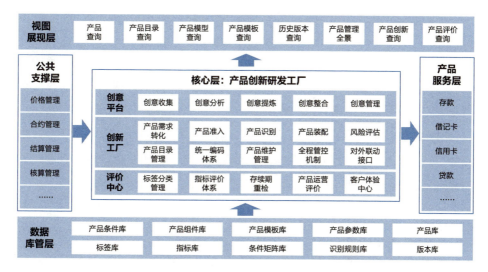

图2　企业级产品创新研发工厂架构体系

（一）加强顶层设计，搭建业技融合的架构体系

企业级产品创新研发工厂架构体系的建设，依托于商业银行数字化转型工作推进，以银行集团战略目标为指引，以客户为中心，以组件化开发方式为基础，构建了高内聚、松耦合、可复用的企业级流程模型、数据模型、产品模型，从企业级业务视角与技术视角对银行所有支撑业务活动的功能与系统重新解构、分析、识别，设计成为可迭代的业务实体与可复用的流程任务，并对二者进行自上而下拆解、自下而上分析，抽象、提取出公共的业务组件与应用组件，系统性创建了创意孵化平台、产品创新工厂、产品管理目录、产品展示视图以及产品评价中心等应用管理工具，在业务与技术充分融合的基础上，为创新产品服务的价值交付提供端到端解决方案。

根据集成产品开发理念，微观层面上的产品研发创新主要指产品创新研发工厂中产品开发功能的实现；中观层面上的产品研发创新则包括产品创意收集、概念提出、需求分析、设计解构、产品装配、审核发布、运营维护及后评价等产品管理全流程；宏观层面的产品管理则是指端到端产品创新研发架构管理体系，除中观范围外，还应包括技术和平台规划、技术开发、产品全生命周期管理，以及支持它们的组织体系和绩效激励体系。因此，商业银行企业级产品创新研发工厂体系整体架构既包括业务层面建设，也包括技术层面建设。

（二）注重业务导向，构建敏捷高效的工厂机制

业务架构建设层面，企业级产品创新研发工厂体系着眼于银行集团整体利益最大化，打破原有"以产品为核心"的部门条线式竖井管理，实质践行"以客户为中心"理念，抽离公共业务能力整合为组件，凝练出以产品研发为核心、以公共组件为支撑、以产品服务为保障、以产品视图为展现、以数据库管为底座的"1+4"的产品工厂业务架构，实现产品创新、价值交付、运营管理、数据展现以及信息交互五大"敏捷"，大幅提升集团战略需求的业务能力。

1. 以产品研发为核心，实现产品创新敏捷

企业级产品创新研发工厂架构体系的业务架构中核心设计的组件为产品研发组件，其功能包括产品创意收集、产品需求开发以及产品重检与后评价。产品创意功能完成了产品在申请前的创意收集、创意分析、创意提炼、创意整合、创意管理等工作，汇聚全产品、全渠道、全客户、全合作伙伴的优秀创意，识别提取具有价值的产品概念，估算立项成本、费用、时间、风险和收益，并提交立项申请，实现客户需求感知敏捷；产品需求开发提供了产品申请到发布全流程管控相关功能，主要包含需求转化、识别准入、模板管理、产品装配、风险评估、投产验收、一键发布与停售、统一编码体系管理、产品目录动态维护、产品全流程管控机制、产品对外联动接口等，围绕产品研发全流程，建立完整高效的产品管理和产品装配机制，确保客户需求响应敏捷；产品重检与后评价则是基于数字化、标准化、模型化等科学评价体系与科技管理手段，承接产品发布后的评价与重检工作，是判断创新产品是否能够有效满足客户多元化需求的得力抓手，为产品精益管理与效能提升提供可量化、可决策的重要依据。

2. 以公共组件为支撑，实现价值交付敏捷

企业级产品创新研发工厂架构体系设计了为产品研发组件提供要素输入与信息接收的功能性组件，主要包括定价管理组件、核算管理组件、合约管理组件、客户结算组件以及公共参数组件等。这类组件提供了与产品唯一绑定的定价方案、核算方案及产品在实际运营服务时所需要的其他必要参数项，管理产品销售过程中产生的合约信息、息费结算以及最终的产品核算，为产品工厂稳定有序运营提供了必要的功能支撑，实现了金融产品从创新研发到客户销售端

到端的价值交付敏捷。

3. 以产品服务为保障，实现运营支持敏捷

产品服务组件（例如存款组件、借记卡组件、支付结算组件等）则是不同产品从产品研发组件逐一发布至产品目录后，基于已发布的产品信息与产品状态，第一时间接收为客户提供具体产品服务所需要的数据、参数，并做到该组件产品相关内容"可查、可管、可发、可停、可控"的运营服务管理，保障了银行产品价值实现的运行敏捷。

4. 以产品视图为接口，实现信息展现敏捷

围绕全流程产品管理和产品配置管控能力，全面覆盖产品研发核心机制组件与功能支撑和保障组件，产品视图组件与用户产生交互的接口，为产品工厂生产的全量产品提供产品查询、产品目录查询、产品模型查询、产品模板查询、历史版本查询、产品评价查询等全方位、全视角、多维度、多层次的数据信息敏捷展现能力，不仅做到"视图之全""视图之美"，更力求通过可视化的手段，成为商业银行产品管理、销售分析、效益统计的强有力工具。

5. 以数据库管为底座，实现数据交互敏捷

业务架构底层是数据库管底座，纳存全量产品数据要素，为产品工厂中研发机制的启用、其他组件数据调用提供了充分支持，主要包含产品条件库、组件库、模板库、产品工厂参数库、产品库、标签库、指标库、条件矩阵库、识别规则库、版本库等产品零部件库的管理，为产品工厂各组件实现数据敏捷交互提供了重要支持。

（三）坚持解耦复用，创建灵活通用的模型结构

业务建模是采用统一的方法论建立企业级标准，通过抽象业务过程的公共因子和变量，分别从流程、资源以及价值定位三个维度阐述银行业务，将业务能力充分解耦，并进行标准化、结构化、层次化、组件化、参数化设计，确保集团战略意图在业务人员与技术人员的表达中保持一致，以便技术实施快速落地、灵活维护及复用开发，从而将业务需求敏捷高效地转化为应用能力。企业级产品创新研发工厂架构体系的建设以企业级流程模型、数据模型和产品模型为基础，保证了先进业务能力在集团内充分共享，确保了各级机构业务流程一

致性，为客户提供了卓越服务体验。企业级产品创新研发工厂架构体系通过设计原子级和标准化的服务，实现快速拼装部门级、业务条线级、企业级、生态级的服务模式，形成协同效应，快速响应市场需求，提高业务的敏捷性，为产品创新研发降本增效打牢根基。

流程建模跨越了组织结构之间的功能障碍，通过企业级能力的复用实现集约化、专业化的流程组合，使用结构化、标准化的描述方法表述业务操作，以更加灵活地实现产品服务价值交付。构建自顶向下的流程模型结构，包括绘制业务领域背景图、识别与定义三级活动、四级任务、五级步骤等功能强耦合的端到端流程节点。

产品建模是通过结构化、标准化的方法，收集并剖析产品，定义产品组件、识别产品条件和参数并进行实例化。基于产品模型，产品研发组件能够更加易于管理银行产品，实现产品的组件化、条件化生产，提升业务敏捷性和灵活性；产品创新人员可在工厂中灵活选择相应的基础产品、产品组件、产品条件，进行组件化创新，更加快捷地将产品推向市场。

数据建模基于业务对象和数据实体，采用自顶向下和自底向上相结合的方法，用结构化、标准化语言提供了整体业务信息的逻辑视图，遵循企业级数据规范，形成企业级数据资产，建立一个涵盖全领域全集团的企业级数据实体网格，保证了全行统一的数据定义与数据质量，是具体应用系统进行快捷、规范数据结构设计的基础，也是多应用系统之间进行数据整合的重要参考。

三、项目建设实施阶段

企业级产品创新研发工厂架构体系建设于 2021 年 3 月启动，2021 年 6 月完成需求编写，2022 年 9 月于境内全辖投产上线，覆盖了对公、对私产品管理与应用的全部用户，取代原有的核心银行系统成为商业银行产品创新生产与管理的企业级控制中心。本项目已于 2023 年 3 月底完成海外行部署，至此，国内分行、海外分行及综合经营公司均已完成部署，从而正式实现银行集团产品创新研发统一管理。项目建设主要包含需求管理、建设实施以及投产推广三个阶段。

（一）需求管理阶段

此阶段起止时间为 2020 年 12 月至 2021 年 6 月，其间主要完成的工作有：形成应用需求及 IT 基线，制定并发布需求管理机制，形成用户界面规范，编制用户界面设计，组织确认新线业务功能需求，实施需求管理机制。

（二）建设实施阶段

此阶段起止时间为 2021 年 6 月至 2022 年 9 月，其间主要完成的工作有：确定试点机构，完成应用组件分析设计，完成应用平台整体方案设计、建设，完成配套系统改造，完成分布式开发运维整体方案设计，完成制定新线新平台、多地一体化的运维机制，完成综合经营公司特色系统改造（范围、方案、开发、UT、系统内测试），完成机房环境建设，完成测试环境准备及应用版本部署，编写测试方案及案例准备，完成测试环境功能测试、非功能测试、集成测试、安全测试、性能测试。

（三）投产推广阶段

此阶段起止时间为 2022 年 9 月至 2023 年 3 月，其间主要完成的工作有：数据迁移方案预演，形成数据迁移需求，数据迁移开发，数据迁移演练及测试，数据清理与补录，制定业务投产方案，协调参演机构，业务参数准备，投产监管报备，演练及投产业务验证案例编写，技术投产部署演练，机构业务培训，客户告知及宣传公告，系统推广完毕，正式投入运营。

四、业务创新点

企业级产品创新研发工厂体系通过"架构＋模型"的建设，拓展了业务与科技高度融合发展的新模式，重塑了与数字化时代相适应的先进生产力，通过产品研发组件的核心设计，形成了敏捷高效的产品创新、规范精细的产品管理、动态灵活的产品展现三大核心创新能力，打通流程、产品、数据、IT 等方面的深层次制约，破解了"响应慢、评估难、耗时久、管理散"等诸多产品创新难题。

图3　企业级产品创新研发工厂体系三大核心能力

（一）敏捷高效的产品创新

商业银行中传统的产品体系采用"紧耦合"设计，业务人员与IT人员沟通缺少共通"语言"，产品的灵活组装能力和可复用度低，缺乏灵活性，当业务前台提出一个新产品创意时，需要转化产品需求，从头至尾设计产品属性、业务流程、风控措施、建设系统、组织运营，导致从创意提出到落地销售需要经历较长时间，无法实现市场需求的快速响应，跟不上市场竞争节奏。

企业级产品创新工厂则强调按照工业化制造模式展开创新工作，通过标准化产品组件、产品条件的设计开发，实现产品快速创新面市。依托于全集团全触点产品创意收集平台全面了解客户需求，通过提前定义的端到端各环节的权利、责任与边界来减少组织内部沟通产生的时效浪费；通过引入DFSS设计（Design for Six Sigma，六西格玛）、社会网络分析（SNA）方法、结构方程模型理论（SEM）等，准确敏捷地解构用户需求；在充分承接企业级产品模型输入的基础上，将产品条件转换为产品工厂参数形式，引入专业标准、可灵活复用的产品配置模板，确保业务人员与技术人员都能理解其具体含义，通过组件、条件及模板的复用实现快速产品配置，大幅降低实施成本，提升产品创新研发效率，支撑灵活、快捷的产品规格定制、合约定制、个性定制；采用产品条件标签化方法，系统化定义不同产品之间的区别和联系，根据不同场景、不同客群、不同渠道实现差异化定价或优惠，提供千人千面的服务能力；利用完善高效的产品识别引擎，迅速甄别产品类型及产品风险，以机控代替人控，降低过往因个人主观因素造成的风险事件发生，提高产品创新研发的风险管控能力；基于健全的产品创新研发机制，构建"一快一全"两条产品研发流程，由简至繁归纳出"配置型、增强型、突破型"三种产品配置类型，适应全集团产品的快速研发及创新需求；最终结合六西格玛等成熟的全面质量管理（TQM）办法，在产品管理的重要阶段或关口设置检查点，及时发现并解决问题，提升产品研发成功率和质量。

（二）规范精细的产品管理

长期以来，银行产品以发文形式发布，靠静态表格记录，产品定义缺标准，分类规则不清晰，信息传递非实时，运营管控未同步，产品数据低质量，统计口径难统一，对于"什么是产品""产品怎么管"等一系列问题无法给出清晰答案，严重阻碍了新产品的快速研发面市与全量产品动态实时的精细化管理。

基于产品创新工厂敏捷高效的研发能力，促进全行产品创新能力的不断提升。一是按照一定规则对集团全量产品进行类别与层级的划分，形成定义明确、分类规范、流程规范、管理统一、运行可控的企业级产品目录；二是建立企业级产品全流程编码管理体系，用于支持内部业务用户进行产品规划、产品研发、产品销售、产品运营和产品评价等各个环节，并在产品准入识别、模型管理、产品装配、投产验收、视图配置、目录发布等关键节点，充分体现产品统筹管理职能，强化系统对产品的支撑能力；三是引入一点维护、一键发布与一键停售机制，形成标准清晰的产品目录长效管控流程，实现全行产品信息动态更新与实时共享，助力全集团产品全生命周期精细化管理。

（三）动态灵活的产品展现

依托企业级产品目录，结合产品评价与分析、财务核算、风险管理等的输入，建立全产品线产品视图体系，为用户呈现结构化的产品信息。产品视图可联动产品目录等动态更新，实时发布，以支持产品在不同渠道、不同场景的全面统一、灵活动态展现。

建立产品视图是基础，运用产品视图是目的。通过对产品进行聚类分析展现，为银行内部管理人员提供产品创新、业务营销、信息共享等相关可视化功能以辅助产品管理与决策；面向银行外部客户，支持产品查询、订阅、收藏、分享、个性化展现及在线购买，用以辅助购买。

与此同时，提供多样化多维度的产品视图查询形式，基于用户偏好、使用习惯优化视图展现，建立用户偏好模板；提供智能搜索联想、搜索历史留存反显等功能，对特定用户的视图注重功能性，增强辨识度，完善用户关怀。

五、技术创新点

承接业务建模成果的落地实施，坚持全局级思维、系统性方法、自主化实施，企业级产品创新工厂体系基于自建"云计算 + 分布式 + 自主可控"基础平台，引入面向服务的架构理念，搭建应用架构、数据架构、技术架构和安全架构，支撑企业级应用和应用组件的运行。

（一）分布式架构思维指引设计理念

在"高可用、高安全、高弹性、高敏捷"分布式架构体系上，企业级产品创新工厂体系实现了产品相关组件智能化管理，在性能及容量设计方面应用了一系列针对性考量，系统在可扩展性、可重用性、可维护性、高可用性以及性能方面达到优秀水平，并引入组件化、平台化、结构化、参数化的全新设计理念：

1.结构化：在 IT 架构设计层面，结构化设计可隔离模块内变化，内聚模块内功能，封装模块内服务，降低模块间耦合，各模块仅通过单向依赖为其他模块提供服务，从而使建设逻辑层次清晰。

2.组件化：为了避免产品信息相关的数据和流程在其他模块中重复建设，按功能内聚原则确定模块的功能边界。各模块以封装明确范围的功能为外部提供服务，确保跨组件的功能调用和数据访问必须通过目标模块提供的服务完成，有效降低模块之间的耦合性。

3.平台化：企业级产品创新工厂体系的开发基于银行自研的大型企业分布式基础技术平台，具有高开发效率，组件平均研发周期缩短50%，大幅降低代码量、实现通用流程复用，支撑高可用性，通过提供限流、熔断、鉴权、自动流量分配等机制，提升系统高可用性，支撑业务规模快速增长。

4.参数化：参数化设计是对组件中的变化规则、控制点、变量进行抽象和管理。设计了结构化参数管理体系，统一了参数使用机制、参数维护机制和参数发布机制，对参数抽象、参数存储、参数部署等方面提出了规范要求。

（二）层次化智慧引擎支撑业务逻辑

整体 IT 架构采用分层设计，分为渠道层、用户交互层、集成层、业务服务层、数据管理层、智能分析层以及技术支撑层，基于分布式架构设计，采用自主、安全、可控的平台和技术，通过微服务架构体系实现了对各类产品服务组件（如存款、支付结算等）的业务支持；建立统一服务接口，通过流式数据和数据文件等形式与各产品服务组件交互，实现了前后端分离，解决了传统银行核心产品服务系统高耦合度的问题；提供了基于规则识别的智慧引擎 SDK 框架，各产品服务组件引入后可按照统一标准执行，以适应业务规则的快速变化和低成本更新。作为银行全产品运行中枢，企业级产品创新研发工厂体系生成与维护产品信息的主本数据，各产品服务组件通过产品创新工厂联机推送或批量下传的产品信息，可在接收后作为数据副本使用，既保证了产品信息的统一性和权威性，又为基于产品维度的管理分析提供了一致性的数据支持。

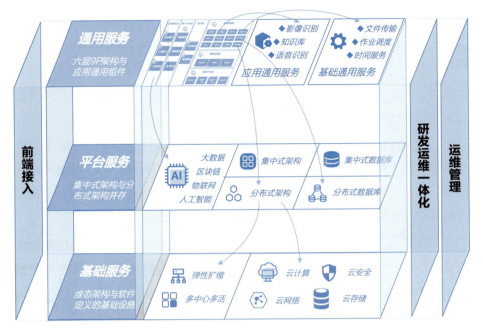

图 4　企业级产品创新工厂体系技术架构

（三）一体化实施工艺推动敏捷创新

企业级产品创新工厂在落地实施过程中，深度践行了开发运维一体化准则，致力于需求、分析、设计、开发、测试、部署和切换等环节的无缝连接，助力产品敏捷创新与交付。通过一站式敏捷研发协同平台，深度承接企业级业务模型，打造能快速响应需求和可持续交付的端到端敏捷开发流程框架；通过自主研发的 Devops 和智能运维平台，实现了代码编写、编译、上线、中间件管理、虚拟机和容器管理的全线上化开发和运维管理模式；通过自动化的版本构建和发布机制可快速完成产品创新研发工厂的应用发布、部署节点扩充等，保障了整体系统的开发运维效率和连续性服务能力。

六、应用与成效

企业级产品创新研发工厂架构体系基于银行产品管理需求，建立标准化产品创新工厂，就产品灵活装配提供具有前瞻性的解决方案，从产品的敏捷创新、系统管理以及优化体验等三大方面提升着手，实现金融产品高效产出面客、强化产品全生命周期精细化管控、满足客户日新月异的产品需求，助力商业银行数字化转型。

（一）研发效率提升，践行产品研创战略

企业级产品创新研发工厂架构体系基于企业级模型概念，始终秉持"一点申请、一点配置、一点发布"的原则，践行产品快速研创战略，建设出参数化、标准化的产品创新工厂公共机制。基于统一产品创新工厂构建"一快一全"两条产品研发流程，转换产品工厂参数，设计产品配置模板，敏捷转化产品创新需求，设计"由简至繁"的配置型、增强型、突破型三种产品配置类型，高效开展产品设计与配置，产品创新研发效率得到大幅提升。

（二）支撑系统强化，助力产品精细管理

依据产品线、产品组、基础产品、可售产品进行产品分类，构建出银行集团标准统一的产品目录结构，在产品准入识别、模型管理、产品配置、投产验收、产品发布、产品评价等关键节点，强化系统支撑能力；从产品目录层级、产品分类、产品管理等视角出发，构建出银行集团规范统一的产品编码管理体系，实现产品编码唯一生效、自动发号、即时使用、终身绑定、完整覆盖，充分体现产品统筹管理职能；建立产品目录长效维护机制，形成了统一、标准、规范的产品目录发布及维护流程，实现商业银行产品的统一化、精细化管理，助力商业银行产品的全生命周期管理。

（三）用户体验优化，贡献大行金融力量

企业级产品创新研发工厂架构体系线上化统筹产品识别、评估、验收、评价等产品管理功能，为各产品部门提供数字化产品管理工具，优化产品研发体验；产品业务人员仅需为产品配置模板单次取值，"一次装配"即可在系统中实现产品配置，优化产品配置体验。依托产品目录，企业级产品创新研发工厂架构体系建立了统一的全产品线产品视图，为内外部用户呈现结构化的产品信息；提供多样化、多维度的产品视图查询形式，支持产品视图的智能化、可视

化展现，提升内外部用户体验。

通过提升产品研发效率，满足客户日新月异的产品需求，发挥银行产品带动作用，推动银行产品更多地惠及客户、惠及社会，助力商业银行承担国有金融企业社会责任，发挥国有大行"头雁"作用，为服务国家战略、支持实体经济发展，贡献国有大行金融力量。

（四）精进服务质量，灵活响应市场需求

进入新发展阶段，银行的经营也需贯彻新发展理念，构建新发展格局，逐步从过去凭借少数产品，以体量取胜的模式，过渡到提供优质服务，以质量取胜的模式。企业级产品创新研发工厂架构体系敏捷感应市场变化，广泛搜集市场需求，充分考虑银行内部各部门间协同配合优势，以标准化的流程和数据进行产品创新研发和管理，同时兼顾效率与风险，在效率和风险间寻求最佳平衡点，凭借稳健经营为客户提供卓越服务，提升经济效益和社会价值。

（五）兼顾前中后台，合力支持研发管理

企业级产品创新研发工厂架构体系为产品创新研发管理设计了横跨前中后台的机制和流程，在满足产品创意、产品设计开发、产品投产实施等各阶段全量任务的同时，简化了产品研发的流程，提高了产品推向市场的速度，优化了各部门产品管理的方式。在商业银行的组织架构中，前台部门直接面向客户，负责业务拓展，对客户需求有较为深刻的了解和感受；中台部门根据战略和监管政策制定业务发展目标和管理办法，为前台提供专业管理和指导，并进行风险控制；后台部门主要负责账务处理、技术支持等。商业银行的产品研发和管理往往需要跨部门通力配合。在产品创意阶段，重点关注机会识别与分析，创意的产生和丰富，创意的选择。在新产品设计开发阶段，立足于有效的需求分析和扎实的技术基础，降低新产品开发风险。在投产实施阶段，重视中后台部门提供的风险管控和投产支持，确保新产品顺利开发投产上线。

（六）抽炼公共要素，建设产品中流砥柱

企业级产品创新研发工厂架构体系的核心是最大化抽炼产品公共要素，建

立公共组件，形成产品研发的公共能力。产品创新工厂作为各条线产品的装配间和总控室，不仅要支持新产品的灵活装配、快速上线，还需为所有已发布的存量产品提供正常运行的重要指令依据。产品要素提炼得越全面、越标准、越结构化，产品装配就越高效、越敏捷，各条线产品的总控机制也就越统一、越简明。公共组件越大、越强，复用率越高，则对业务的支持力度越大。因此在产品创新研发工厂架构体系的建设过程中，需要在各条线的产品中尽可能提炼公共要素，在产品研发与产品服务组件的交互关系中尽可能提炼公共流程和机制，从而打破条线之间的壁垒，形成企业级的能力。

七、未来发展

站在国家"两个一百年"奋斗目标的历史交汇点，置身成立 111 周年的新起点，国有大型商业银行将以数字化转型为契机，继续发挥全球化、综合化优势，持续加大投入金融科技支持力度，充分发挥产品创新研发工厂效能，以百年底蕴和卓越服务，续写金融助推国家高质发展、人民幸福生活的新篇章。

（一）内外联动强协作，发挥企业级协同效应

企业级产品创新研发工厂架构体系的建设为商业银行产品创新研发的标准化、规范化、高效化、智能化提供了端到端解决方案。随着数字化转型工作的逐步深入，商业银行各业务领域已通过业务架构建设与 IT 架构建设由原集成式核心系统设计被拆解为高内聚、松耦合的组件式服务形式，亟须深入研究如何通过组件之间的握手关联，更好地实现银行产品在研发、定价、销售、签约、结算、交付、风控、会计核算等各方面协同，发挥出企业级产品全生命周期统一管理的整体功效。

基于企业级产品创新研发工厂架构体系的未来建设，可通过调用物联网、金融、非金融活动等数据，部署与企业级客户信息管理组件、渠道管理组件、风险管理组件相连接的集成风险监测系统，根据数据挖掘建模成果综合分析，计算客户—产品—渠道—价格（CPCP）组合的整体销售预期回报率和预期成功率，定期生成矩阵式洞察报告，同时向产品创新研发工厂发送金融产品生产

请求，并在工厂完成生产，由系统自动推送到用户端。全程少人工或低人工干预，系统能选择最优的算法完成量化决策与精准匹配，客户、渠道、产品、流程、风控等业务服务有机融合，形成一个有效反馈闭环，使银行前端客户经理能够将合适的产品，通过最佳渠道，以最合理的价格、最好的利润回报，销售给需要的客户，实现银行与客户的双赢。

（二）六维管控多举措，打造全方位评价体系

企业级产品创新研发工厂架构体系将始终贯彻以客户为中心与风险回报平衡的根本原则，把工作职责与技能考核等关键要素嵌入产品创新全流程，通过建立需求分析、功能设计、风险管控、成果适用、维护运行、组织管理等六大能力评价机制，搭建全方位产品创新管理评价体系，在提升产品创新研发效率的同时，进行企业级"战略、组织、产品、流程"统一长效管控机制的探索实践。

（三）完善组织育人才，提升可持续创新能力

充分把握数字化转型机遇，探索科技管理体制优化改革，通过企业级产品创新研发工厂架构体系的建设工作，加强金融科技人才选拔培育，提升商业银行产品创新可持续发展能力。一是通过在集团决策层下建立产品统筹部门，统一管理和协调总分行、各分行、各子公司、各部门及各条线的产品协同，避免出现产品分散、归属管理权责不清以及研发效率低下等问题，着力完善提升组织对产品的创意与研发融合度、装配与交付的敏捷度。二是通过企业级产品创新研发工厂等重点项目的建设，以岗代训、边干边学边培养，激活员工的价值创造力、创新原动力。三是通过产品经理素质模型的迭代升级，加强金融产品人才创新工作锻炼，着力打造了解和掌握金融科技与产品研发最前沿创新动态的领军人才与核心专家团队，建设一批具备数字化转型推进能力的新军，强化全行可持续创新发展能力，为贯彻落实《"十四五"数字经济发展规划》与《金融科技发展规划（2022—2025年）》贡献出金融力量。

浦发银行

基于"5G+数字孪生"绿色智慧网点项目

一、背景及目标

近年来企业数字化转型浪潮兴起,银行网点也渐渐向数字化、智能化不断演进。国家《"十四五"数字经济发展规划》要求全面深化重点产业数字化转型,加快金融领域数字化转型,发展智慧网点新模式。

目前网点转型发展存在网络接入、运营管理、拓客引流、绿色节能等方面的痛点;网络接入方面,网点布局调整时网络接入配套调整时间长,网点不同业务需要不同安全等级的差异化网络接入;运营管理方面,网点服务、资源管理、设备监控方式仍相对传统、粗放、分散,运营管理效率有待提升;拓客引流方面,新冠疫情进一步加速了业务办理离柜率的上升,网点与客户的连接亟待增强。

本课题顺应网点转型趋势,把握 5G 新基建与绿色低碳的大势,构建以 5G+ 物联网为依托、以数字孪生为核心的绿色智慧网点,形成网点数字化转型网络 + 应用的综合解决方案,以"人"为中心提升客户体验,助力网点数字化转型。

二、方案描述

(一)业务方案

本项目通过 5G+ 数字孪生技术,旨在构建智慧网点的数字镜像,实现对网点全要素的实时掌控,助力网点智慧化运营管理。项目在业务应用功能层面主要包括五个部分，即厅堂管理、客流洞察、绿色网点管理、屏幕管理、后台管理。

第一，厅堂管理主要包含五个具体功能场景。首页展示两个网点的地理位置信息和周边商家信息，作为孪生可视化的入口，并辅以周边生态的信息。网点概况主要是展示网点的概况类信息比如客户数、工作人员数、设备数、告警运营状态，模型中对告警进行实时提示预警，为厅堂管理提供整体视图。环境空间对网点的环境设备做一系列的监控、数据展示和模式控制，包括展示当前环境情况、环境模式的选择、空调设备的控制、监控室温湿度的实时监测、模型中对空气质量的可视化展现等；设备管理场景实现了当前网点设备的状态监测与展示，包括环境设备 / 自助设备的数量统计、设备状态正常与否的监测、设备信息的实时展现（银行自助设备的 ID、位置、卡余量、钞余量等）、设备告警监测、摔倒识别（包括实时视频查看）；精准服务场景，实现了触网客户的监测管理，包括触网客户列表呈现、触网客户四绑业务签约状态等明细信息查看、触网客流趋势 / 分类结构统计、触网客户业务（手机银行签约、银行卡开卡、快捷支付绑卡、微信银行签约等绑定业务）办理的业绩统计、模型中加载触网客户触网轨迹，辅助厅堂管理人员进行精准服务管理。

第二，客流洞察主要包括三部分功能。一是客流洞察前端大屏，匹配在大屏端展示，也适配平板端厅堂移动化场景使用；具体包括 7 个主要子功能。

- 客户轨迹的追踪，通过小人模型方式在 3D 场景中实时展现客户在厅堂内的动态，点击小人模型可展示其轨迹。该功能为厅堂服务的对客户的快速定位提供支撑。

- 触网客户信息展现，通过触网事件与轨迹数据的关联，点击触网客户后，可在孪生场景中以弹窗形式展现该触网客户的姓氏、业务签约情况等具体信息，并根据业务签约情况用不同颜色进行标识，辅助大堂助理业务营销。

- 热区分析功能，提供对电子银行服务区、互动服务区、咨询引导区等功能区的人流热力图，通过热点区域的可视化呈现，直观呈现柜台、自助设备的忙闲程度，支撑厅堂管理优化。

- 客流统计功能，提供在店客户、累计到店、当日客流趋势、分区的平均等待时长、区域客流统计等多维度的客流统计功能。

- 业绩统计功能，跟踪触网客户的业务办理情况，从业务维度、行员维度提供统计分析功能，包括手机银行有效户、快捷支付绑卡、借记卡开卡、风评、理财等业务的统计，大堂助理的业务积分统计、理财经理的理财销售笔数统计等。

- 事件提醒与管理功能，提供智能手环的消息提醒功能，大堂助理无需值守大屏或平板，手环收到消息后再结合平板进行厅堂服务；包括触网事件、到店事件、客户等待超时事件等。

- 自助设备状态跟踪与使用分析功能，提供自助设备的实时忙闲状态展示、使用次数等。

第三，绿色网点管理模块主要有 6 个子功能模块，即前端大屏展示、当前环境、空调管理、碳排放、碳核算和排放因子。一方面，通过温湿度传感器、空调控制器等多类型物联网前端实现网点环境数据的采集与空调的分区、分时、分场景的智能化控制；另一方面，采用国家发改委的碳排放核算标准，实现网点碳排放的量化核算与线上化管理（如用电、发电、用车等）。

第四，屏幕管理模块主要实现对支行网点内部展示屏幕内容的集中管理，实现统一排播、统一控制播放、统一监控管理。包括设备管理（增删改查等功能）、设备组管理（不同设备可以分组进行管理）、内容管理（包括素材管理、内容编排、内容审核、内容下发等）、统计功能等。

第五，后台管理模块主要提供配置、管理、数据接入等功能服务。包括物联网设备、客流设备、银行自助设备、触网事件等数据采集服务；向前端提供天气信息、物联网传感器信息、银行自助设备信息、客流信息、周边商铺信息、告警信息、日志信息等展示数据；对接银行 ESF 系统进行统一身份认证、授权等接入服务；为系统数据流提供逻辑处理、入库、审计日志、鉴权等服务；同时，为用户提供服务人员、分区管理等配置服务功能。

（二）技术方案

总体技术方案可总结为 1+1+N，即 1 个专网、1 个网点数字孪生平台服务 N 个网点数字化场景。

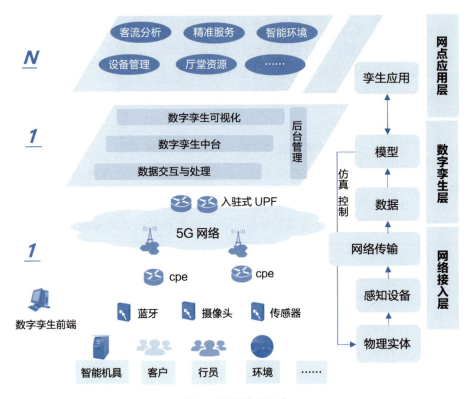

图 1　总体技术方案

1.5G 专网

采用双上联 2B2C 模式实现公专结合的 5G 分层网络；采用边缘计算网络架构、独立 DNN 方案、两套 UPF 池化部署的方式构建 5G 专网，从而实现低延时、大带宽、高安全的业务体验。

（1）差异化网络承载与接入

通过网点基站双上联 2C 和 2B 两套核心网，实现公专结合的 5G 分层网络，"数字人"、视频直播等非核心业务通过 5G 公网方式接入，智能机具设备等核心金融业务通过 5G 专网方式接入；并对 VTM 业务的 5G 专网接入，采用 PRB 预留 +VPN+ 入驻 UPF 模式进行了网络切片试点。

（2）边缘计算网络架构

在浦发总行数据中心部署边缘 UPF，试点网点基站直接与浦发边缘 UPF 对接，边缘 UPF 通过 N6 接口联通浦发总行业务网络，并且不打通 N9 接口从而断开公网连接，浦发网点业务数据经过 "无线网—传输网" 后直接传输至总行业务平台，实现数据传输的隔离及最短路径。

（3）独立 DNN 方案实现本地分流

设置浦发用户专用 DNN，根据 DNN+TAC，将浦发用户定向指定至浦发边缘 UPF，实现浦发流量分流至边缘 UPF。在 5GC 控制层面，分配独立的浦发用户 DNN，并配置单独的 VPN，与其他 5G ToB 业务逻辑隔离；签约独立 DNN 后，在控制面 SMF 上，根据 DNN+TAC，可将用户指定路由至浦发银行入驻 UPF，进行激活以及数据通道的建立；非浦发银行 DNN 用户，无法接入浦发银行入驻式 UPF，无法使用浦发 UPF 建立数据业务通道；同时，由于建立了独立 DNN，所有浦发用户可以使用新建 DNN 绑定特殊地址池，即使用浦发指定地址分配给终端进行数据业务。

（4）高可靠性保障。

本项目配置 2 套 UPF，共配置 4 台业务交换机和 4 台防火墙，对接中国移动的承载网和传输 SPN 设备，并连接到浦发内部网络。核心网用户面，漕河泾信息中心部署的 2 套 UPF 容量相等，组成业务 Pool，实现资源共享、负荷分担、容灾备份。动态分配地址方式进行 UPF 容灾，采用 SCTP 心跳检测方式保障业务连续；在一套 UPF 故障时，还能够接管业务区内所有用户和业务。核心网控制面，大区控制面容灾，运营商大区（金华）控制面组 Pool，单台设备故障，Pool 内其余设备接替工作，无业务损失。传输链路方面，每套 UPF 设备，多链路上联 SPN，保障 SPN 链路可靠性。

2. 网点数字孪生平台

总体架构上采用云边协同架构，并基于 B/S 模式提供网点数字孪生服务；通过双目定位及轨迹追踪检测、物联网技术、触网事件对接等方式实现人、环境、机具的数字孪生，支撑网点精准服务、厅堂管理、绿色网点等应用场景。

网点数字孪生总体架构如图 2。

● 采用云边协同架构

网点数字孪生系统部署云上。通过企业级微服务平台和统一认证、自助设备管理平台等进行交互，直连事件平台进行交互。对接统一身份和访问管理系统，完成用户认证、用户及角色信息的获取。对接自助设备管理平台，获取自

助设备状态信息、现金 / 卡余量等数据。与事件平台系统进行交互，获取触网
客户数据、业务办理结果数据等。

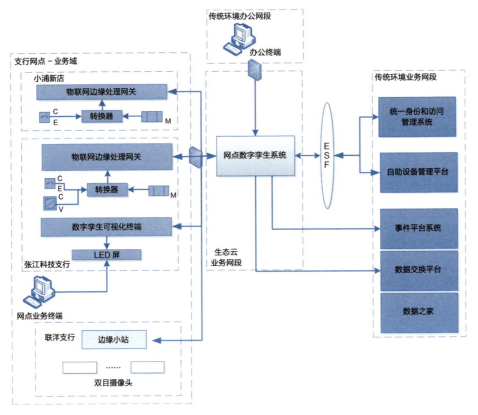

图 2 总体架构图

网点边缘侧部署物联网终端获取环境数据、实现环境控制。同时，部署双
目摄像头、边缘小站，实现人员轨迹的实时跟踪与分析。

用户入口方面，行内管理用户通过办公终端登录网点数字孪生系统；支行
业务人员可以通过支行业务终端访问。

● 基于 5G 实时连接 +AI+IOT 实现对人、物、环境的孪生

基于神经网络 yolo 模型，对头肩进行目标识别，除了采用 rgb 特征等，
还创新引入了景深特征，取矩形框中心点确定头肩像素；并根据头肩像素点确
定脚的坐标；根据位置和头肩特征进行多帧关联和多双目关联，实现实时人员
轨迹追踪；在此基础上，通过客户触网关联信息（触网设备及触网时间），识

别出具体客户，实现对人的孪生。

基于物联网技术，对网点的温湿度、光照、负离子、噪声、CO_2、PM2.5等环境要素的自动化采集，实现对环境的孪生。

基于 5G 模组方式接入自主设备，通过 ESB 接口方式对接浦发自助设备管理平台采集自助设备的数据，实现对物的孪生。

- 数字孪生 3D 可视化前端

基于 vue+thing.JS+elementUI 等前端技术实现数字孪生 3D 可视化，构建网点人、物、环境的实时管理统一入口。

此外，面向支行本地办公需求，构建了会议室管理系统，提高办公效率；在异业拓展方面，在网点本地构建了创投直播、VR 党建应用，为强化客户链接提供工具。

（三）建设与实施

本项目管理过程主要分为启动、规划、执行、监控、收尾。在启动初期，浦发银行与中国移动采用专家研讨会的方式，明确实现目标及项目范围，在对项目成员进行分工后，确立了软硬一体的同步推进方式；在规划阶段，项目成员收集业务信息、梳理行内网络架构，制定了指导项目实施的项目管理计划和项目文件，形成了渐进明细的项目规划和文档编制路线。在项目执行过程中按照项目管理计划协调网络金融部、信息科技部及中国移动项目成员，及时跟踪项目进度，对项目执行过程中暴露的风险加以分析，制定适当的管理应对措施，确保项目按计划推进。在监控过程中，项目成员定期对项目运行过程中 5G 网络终端设备、物联网设备、应用系统状态进行实时监控，并对系统监控过程中发现的问题进行修复，持续迭代优化。最终如期完成项目收尾验证。

三、技术或业务创新点

（一）技术创新点

本项目基于 5G、数字孪生技术助力银行传统渠道的数字化转型，具备较好的先进性创新性，具体包括"四新"特点。

一是新网络。面向银行网点场景，基于无线 + 核心华为、传输中兴的异厂商设备组网环境，行业首次基于 SA+ 边缘计算 + 切片网络新架构打造银行 5G 专网，为构建面向未来银行应用的安全、差异化的连接通道打下基础。

二是新终端。行业首次通过 5G 模组接入银行智能设备，进一步简化智能设备网络接入方式，为银行设备 5G 化做出了示范探索。

三是新应用。行业首次构建网点数字孪生，实现人、物、环境的实时孪生，结合人工智能、物联网等技术，为网点精细化运营提供系统支撑，包括首次基于实时高精轨迹构建精准服务、首次基于电子围栏实现智能设备的实时状态分析等。

四是新架构。采用云边协同架构，减小网络消耗，有效提升应用运行效率；采用云端模块容器化、微服务化，提升应用迭代、部署效率。

项目形成发明专利申请三项。分别为服务推荐时间确定方法、装置、计算机设备、存储介质，专利申请号：202111299204.6；一种室内人员的定位方法、装置、电子终端及存储介质，专利申请号：202211105393.3；配钞方法、配钞装置、计算机设备和存储介质，专利申请号：202111276674.0。

（二）业务创新点

基于 5G+ 数字孪生，智慧网点创建了厅堂服务新模式。

一是由静态管理到动态管理，支持对客户行动轨迹的实时跟踪与分析。通过创新运用深度估计、图像拼接、深度学习等计算机视觉技术，再结合基于场景的数据分析和数学建模技术，实现到店客户的实时检测和地图定位，还原率超 95%。

二是由平面构图到元宇宙展现的沉浸式管理。通过对物理网点的数字化分区，并嵌入业务数据，加以热力图展现，使网点管理者对各个分区的实时动线有着更精准的掌握。同时，项目采用 3D 建模技术，既可查全景视图，也可以开启行走模式穿梭厅堂。

三是多平台、轻型化应用数字孪生。支持从大屏，到平板的延展，便于网点管理者实时掌握厅堂客户动态，也创新应用于智能手环。针对客户到网点、办理业务、等待超时等事件，手环可发起消息提醒，以震动方式实时提示厅堂服务人员。

四是行员动态排班和标准化动作管理。支持对行员的工作时间进行动态调整和安排，切实通过劳动优化组合和动态排班，提升团队工作效率，同时通过对行员日常工作行为的汇总分析归纳出"标准"厅堂营销动作，进而促进网点产能提升。

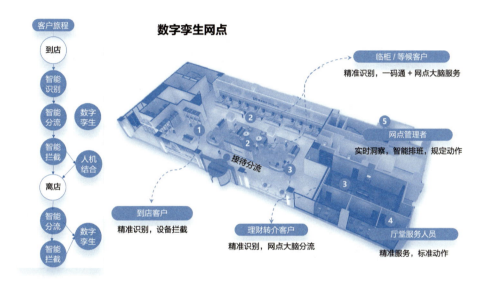

图3 孪生网点厅堂服务新模式

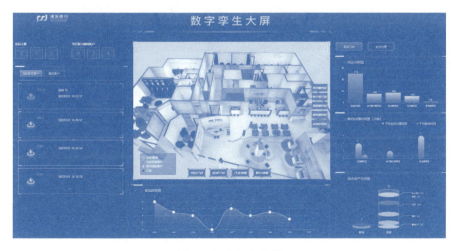

图4 孪生网点屏图

图 5　孪生网点元宇宙图

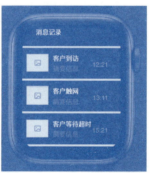

图 6　多平台应用图

四、应用与成效

（一）项目应用

项目选取了浦发银行上海分行 3 个网点进行了落地试点。首先，在试点验证了 5G SA+ 边缘网络 + 网络切片架构专网，实现了网点 VTM、数字孪生等业务应用的接入，根据现有网点流量估算，网络能力满足接入 500 家网点。

其次，重点聚焦网点厅堂实时状态映射与反馈，汇聚了客户（人员位置、时长、业务签约状态、触网轨迹、业务办理结果等）、设备（网络状态、服务状态、预警、卡余量 / 钞余量等）、环境（温度、湿度、PM2.5、亮度、异味等）等 20 类信息流，形成对客户、VTM、ATM/CRS、空调、空气、灯等物理实体的动态数字画像，实现了数化、交互两个层次的网点数字孪生，并采用 3D 建模技术构建了可视化孪生网点，实现全景洞察及第一视角巡视，覆盖了客户轨迹追踪、热区分析、事件提醒、环境监控、设备控制等 23 项功能场景应用。

最后，打造绿色网点，助力分行成为上海地区首批获得"碳中和"认证的银行网点。通过 5G 物联网技术接入百余个终端设备，实现网点温湿度、空调状态、智慧路灯等数据实时采集，支持总分行管理者远程掌控网点实时状态；基于平台采集用电量、碳交易、发电量、空调设备节能、员工绿色出行、节约用纸等 14 类运营数据，结合碳排放因子，核算网点碳减排和碳排放数据，实现了网点实际运营中的碳量化管理。

（二）项目成效

项目在网点厅堂服务、客户体验、管理效率、节能减排、拓客链客等方面带来了显著提升。

1. 构建 5G 专网底座，升级网点接入

5G 专网底座将网点传统固定式接入升级为移动化、差异化接入方式，实现了智慧网点 VTM、数字孪生等业务应用的接入。整体架构上，一方面，边缘部署架构简化了原有"网点—分行—总行"的两级架构，网点业务直连总行，缩短了传输路径；也省去了原有 5G 核心网至总行的专线。另一方面，公专网

差异化承载，专网承载重要金融业务，实现了金融业务与公众业务的隔离，优先保障金融业务安全。

第一，5G 减小了网点布线施工，提升了用户体验。

5G+ 智能机具，进一步提升智能设备移动化能力；一方面，有效降低网点布线施工量，大幅压缩网点设备搬迁所需时间；另一方面，提升网点外拓场景获客能力，更好地为代发企业、园区等提供服务；此外，基于 5G 大带宽能力，有效保障视频审核类业务流畅度。

5G+ 数字孪生，采用 5G 接入网点物联网传感器等设备，直接通过 5G CPE 连接总行，减少了有线布线，降低了部署难度及工作量，并减小了对管弄资源的消耗。同时，基于 5G 大带宽能力，数字孪生加载速度明显提升，可实现一分钟内完成模型加载，而测试期间采用网点现有有线专线方式需要几分钟到十几分钟。

第二，构建了智慧网点、园区等场景创新拓展网络基础能力。

对于智慧网点场景，5G 专网的无线化、大带宽等特性，可满足特色化网点的无线 XR 类沉浸式交互业务，支持未来网点创新拓展。后续可结合分行特色、创新型智慧网点建设需求推广。

对于数据中心场景，入驻式边缘网络可满足在园区内的数据中心机器人巡检、可穿戴设备 XR 应用等场景，一方面流量不出园区以保障安全性，另一方面低时延能力保障机器人操控、XR 等业务体验。

2. 打造网点数字孪生，赋能厅堂数字化经营

一是数字孪生助力网点从盲目被动式服务向精准主动式服务转型。面向网点管理，相比原先通过 T+1 日报表形式了解厅堂统计情况，数字孪生辅助网点管理由静态管理到动态管理，对客户行动轨迹进行实时跟踪与分析，可帮助分支行管理人员及时把握厅堂动态，通过"第一视角"非现场就可实时洞察整个厅堂的服务状况。

面向厅堂服务，以前服务人员无法实时掌握客户信息，数字孪生在规避了人脸识别等个人信息泄露风险情况下，辅助大堂助理掌握触网客户实时轨迹及业务动态，实时提醒客户到店、办理业务、等待超时等关键事件，厅堂服务管理时效性提升了 30%；同时，服务响应的时间缩短，也提升了厅堂服务体验。

二是数字孪生助力网点从传统人工管理向量化智能管理转型。在环境管理方面，环境要素的实时监测及预警，场景化的空调控制，助力网点提升客户体验。

在运维管理方面，对网点机房的线上自动监测代替原来人工抄表式管理，降低工作量及运维风险；对自助机具的服务状态、钞箱余额、卡余量等进行实时监测及可视化呈现，并对设备故障等进行实时预警。

在绿色网点方面，对空调等用电设备的智能化控制，有效助力网点设备节能，网点能耗节约 10% 左右；而碳排放的量化管理，结合数据辅助后续的节能优化与管理举措落地，促进网点绿色减排，提升网点声誉，尽快达成"碳达峰、碳中和"目标。

三是拓展非金融应用，赋能"周三"生态经营。5G 高清直播、VR 党建应用，助力网点从传统线下引流向拓展非金融应用拓客的周边三公里生态链客。直播与线上创投活动结合，构筑"线上 + 线下"的创投空间，助力实现网点客户引流突破物理网点限制，进一步紧密银企关系，增强 B 端 /C 端客户粘性。VR 党建丰富了党建开展形式，在服务基层党建活动开展的同时，也增强网点服务周边企业功能，通过党建来链接客户。

五、未来发展

本项目是综合运用 5G 与数字孪生技术在网点数字化转型的一次创新探索，构建了 5G 专网、网点数字孪生雏形，为银行同业网点的网络接入、厅堂经营、生态经营、低碳建设方面的转型升级提供了有益参考。

数字金融是未来的主流趋势，也是决定银行客户经营效益的关键因素。近年来，包括智能客服、智能信贷、智能投顾等在内的智慧服务开始在银行应用，帮助银行优化客户体验、提升管理效能。项目在上海分行联洋支行投产应用后，网点的到店客户拦截率、新客业务办理比例、厅堂人员服务积分等业务指标均获得较大的提升，取得了较好的业务价值。该模式也是网点"元宇宙"世界开启的原点，VR、人工智能、数字孪生等技术的发展，为银行厅堂服务、网点管理远程化、虚拟化提供了条件，后续我们会将全行网点镜像到"元宇宙"的世界中，突破物理网点的局限，建成开放与无界的浦发银行。

重庆银行

银行外部数据资产管理与应用实践

一、背景及目标

（一）项目背景

随着政府和第三方机构的信息公开和共享的潮流趋势，外部数据需求日益旺盛，我行批量采购和使用了大量的外部数据，但数据由各业务系统自行接入，无统一的接入和管理平台，造成数据未统一规范、开发效率较低、调用过程烦琐、数据标准不一、权限管控混杂，且无法实现统一管理和价值共享，在一定程度上影响业务应用效率带来采购资源浪费，使得外部数据资产价值未最大化释放。银行在客户营销、客户关怀、快速授信、风险监管、业务运营等方面，如何高效地采集外部数据，并将这些数据高效地服务于各业务应用系统，快速响应业务变化并实现业务创新，给银行带来很大的挑战。

重庆银行与神州数码融信软件有限公司在战略合作的基础上，自主研发了外部数据综合管理平台，用于解决外部数据管理过程中的统一化、规范化和标准化的问题，并基于该平台实现外部数据的资产化管理与应用。

（二）项目目标

本项目拟通过打造功能完备、技术领先、数据归一化的外部数据综合管理平台，并结合制度管理，实现外部数据管理效率的提升和外部数据应用价值的扩展。本项目的具体目标如下。

1. 实现外部数据的管理升级

首先是解决规范统一的问题，将原来分散、孤立的外部数据资源进行集中接入、传输、交换、服务，实现实时、准实时、非实时数据的统一接入、统一平台架构、统一管理机制、统一服务模式；其次是提升数据采集效率，通过建立高速通道，大幅降低接口开发时长；最后，提升外部数据管理的智能化水平，为业务部门解决业务数据中断风险、对账取数难、质量评价难等问题。

2. 确保数据要素在流通和应用过程中的安全合规

一方面从技术层面确保外部数据传输、存储等环节的信息安全，避免数据泄露；另一方面从管理功能层面确保数据使用合法合规。

3. 加速外部数据资产价值释放，推动外部数据资产价值共享

通过对我行在用的全量外部数据进行统一归集和沉淀，基于业务视角梳理形成外部数据资产目录，实现外部数据资产全行可见、清晰可懂、便捷可查、高效可用，进一步推动外部数据资产价值共享和价值释放。

二、项目方案

（一）业务方案

重庆银行外部数据资产管理，通过一体化外部数据综合管理平台，采用大数据技术，确保整体先进性、开放性和技术架构兼容性，辅之制度管理体系和价值导向的应用推广方案，为全行提供了超过200项外部数据服务，月度调用量达1066万次，服务了30个部门和分支机构、26个业务系统，涉及55个产品。其业务创新设计体现在以下三个方面。

1. 一体化外部数据综合管理平台的研发建设

搭建外部数据综合管理平台，为数据全流程统一管理提供强有力的系统保障。以"一点接入、机构共享"为原则，保证机构内部数据的扎口引入，将所有外部数据纳入统一管理范畴。同时，外部数据管理平台实现数据源管理、合同管理、数据质量监控和预警提醒、数据对账管理、使用额度管控等管理功能，保障外部数据在机构内部有效流通和共享使用。

按照 SOA 建设理念，外部数据管理平台将外部数据访问和 API 接口封

装为服务接口，平台功能包含以下几个功能模块。（1）对外数据引入模块：支持业界各种的协议类型的协议转换，支持业界各种的加密算法，支持加签验签的处理，支持各种报文类型的报文转换，支持代理地址的配置，支持服务关系映射；（2）对内数据服务模块：适配行内各种协议类型的协议转换，发布各种报文格式类型的报文转换，对行内接入渠道进行权限管理，并形成元数据字典进行元数据管理；（3）数据处理模块：利用大数据技术对流式数据进行实时处理和加工，实现数据结构化实时存储。对外部数据治理、对标、落标、数据清洗、数据关联整合、汇总等数据处理。外部数据解析之后，进行原始数据的存储，并且适当进行数据标准化、数据标准化转换、汇总、按照主题域进行数据整合等。数据整合以数据应用和数据服务驱动按需进行汇总和整合；（4）数据控制模块：主要包括服务管理、数据接入管理、服务控制管理、渠道管理、数据库服务、超时控制、流量控制、有效期控制、访问控制、组合服务、智能路由、流水管理、节点管理等；（5）数据管理模块：主要包括测试管理、数据源管理、合同管理、告警管理、计费计价管理、日志审计、统计分析、数据质量管理、元数据管理、接入流程管理、用户权限等功能；（6）服务门户模块：数据资产目录展示与查询服务、数据查询服务、数据市场资源库、知识库。

外部数据管理平台功能架构如图 1：

图 1 外部数据管理平台功能架构

2. 建立健全外部数据制度管理体系和安全管理机制

（1）建立"1+N"的外部数据制度管理体系

"1"是指一个总体的管理办法，即《外部数据管理办法》，"N"代表针对外部数据管理关键环节补充建立相应的规范及操作说明。该制度管理体系兼顾了"稳定"和"灵活"是两大特色的协调统一。1个总体的管理办法相对稳定，保证制度的严谨性、权威性和连贯性。N个规范说明对关键环节进行细化要求，可相对灵活，并可快速发布执行。目前我行已制定3个关键环节的规范说明，分别是：数据测试环节的《外部数据业务测试验证操作说明》、接入环节的《外部数据接入规范》、对账付款环节的《外部数据业务使用付款流程对账核算操作说明》，即已形成了"1+3"的制度管理体系。随着市场、需求的变化，以及管理的逐步深入，将逐步建立一系列规范说明，建立健全外部数据管理体系，推动外部数据精细化管理目标的实现。

（2）建立外部数据应用的安全管理机制

在外部数据应用阶段，通过"明确要求＋强制核验"安全管理机制，确保数据应用的安全合规。一方面，根据《数据安全法》《个人信息保护法》《征信业务管理办法》等法律法规要求，以及数据服务商对于客户授权及安全要求，梳理形成我行应用外部数据具体的、明确的合规安全要求，并通过外部数据综合管理平台供银行全行查阅，这些明确的指向性规范要求，能够帮助银行找准抓手，有的放矢。另一方面，通过技术手段在系统对接环节通过外部数据管理平台对下游业务系统进行使用授权管理，并进行强制用户授权核验，业务系统需同时具备系统授权和完成用户授权才能完成数据调用，从而实现数据在系统层面的安全流转。"明确要求＋强制核验"安全管理机制，全面提升了外部数据应用的合规性、安全性。

3. 推动外部数据资产价值共享和价值扩展

（1）建立全行可见的外部数据资产目录

通过对我行在用的全量外部数据进行统一归集和沉淀，基于业务视角梳理形成四大主题29小类超200项数据服务项的外部数据资产目录。资产目录通过外部数据综合管理平台资产管理板块供全行查阅，实现了外数资产全行可见、清晰可懂、便捷可查。外部数据资产目录的形成和传播，进一步促进了外部数据的共享共通，我行的外部数据共享率（指两个及以上使用部门的数据源占在用全量数据源的比例）从分散管理时的几乎"0 共享"，到统筹资产化管理后的 58%。能给银行带来 3 个好处。一是有效节约数据费用成本，尤其针对包年计价和阶梯计价方式的数据服务；二是大大节约了采购人力成本；三是节约了数据接入开发成本。

图 2　外部数据资产服务目录

（2）建立外部数据供应商信息资源库

在外部数据综合管理平台供应商管理板块，建立外部数据供应商信息资源库。通过广泛市场调研和供应商交流，从数据服务商的资质、合作案例、合规安全、数据情况等 21 个维度进行建档入库，形成 48 类超过 160 家的外部数据资源库，并制定供应商入围标准及评价体系，为后期规范高效地完成数据引入和供应商选型打下坚实的基础。

业务部门通过供应商信息资源库获取最新市场资源，结合业务需求，引入了发票信息、公积金、知识产权、新华财经等 10 余项全新数据源，助力多个部门与分支机构在客户营销和服务、风险管控、普惠金融和产品创新等业务领域的创新应用。

表 1　外部数据供应商信息资源库（示例）

厂商名称	主题	分类	数据来源	资质	合作案例	更新频率	数据接入方式	……
证 ** 股份有限公司	个人主题	社保公积金信息	** 人社、** 银行、** 征信	7 项技术资质、8 项业务资质	监管机构、* 证券公司、* 基金公司、* 期货公司、* 银行	每日	API 接口	……
国 ** 科技有限公司	个人主题	公安司法信息	** 刑侦 * 队	企业征信牌照	渤 * 银行、富 * 银行	按季	API 接口	……
金 *** 有限公司	企业主题	发票信息	经客户授权，通过客户端采集	企业征信牌照、信息系统安全二级证书	民 * 银行、邮 * 银行、宁 * 银行、新 * 银行、富 * 银行、微 * 银行、百 * 银行等	实时	API 接口	
深圳 *** 科技有限公司	企业主题	发票信息	** 税务局	企业征信牌照	北 * 银行总行，农 * 银行，中 * 银行 * 分行、富 * 银行等	实时	API 接口	
中 ** 评估有限责任公司	市场主题	金融终端	自主数据 + 外采数据	专利认证	中 * 银行、工 * 银行、建 * 银行、交 * 银行、邮 * 银行、浦 * 银行、招 * 银行、兴 * 银行	实时	终端	……
……								

（二）技术方案

1. 外部数据综合管理平台技术架构

以 spring cloud 为基础形成服务工厂、服务网关、配置管理、监控运维等模块组成的微服务外部数据管理平台。

数据存储：存储平台的配置信息、流水信息、监控信息、缓存数据、结构化解析数据、文件存储等。

内部、外部服务网关：完成服务请求、服务认证、服务路由、报文解析、服务发现等内容。

2. 外部数据管理平台数据架构

遵循一数多用、数出同源的使用原则，平台可以扩展多个 kafka 消费者，满足实时订阅服务，实时计算服务等数据应用场景。

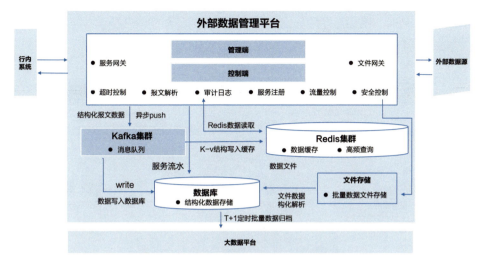

图 3　外部数据综合管理平台技术架构

缓存存储: 缓存报文数据存储, 一级缓存采用 redis, 并支持二级缓存的扩展。

结构化解析存储: 主要将半结构化报文转换为结构化报文并存储, 存储数据库支持多种关系型数据库、大数据平台、MPP 数据库等, 扩展性强。

3. 外部数据综合管理平台物理架构

外部数据管理的最大特点是外部数据源的多样化, 产生的数据源接入网络及接入方式同样多样, 这就需要对数据的部署络架构进行仔细架构。

以各中心负载均衡设备为基础, 架构同城双中心双活架构, 实现各中心内部高可用的同时, 中心之间也实现了高可用, 极大程度避免了单点故障和极端物理灾害可能带来的单点风险。

通过共享构建 redis 缓存数据库和 kafka 集群, 在保障最优性能的前提下, 又最大限度降低了双中心系统资源的浪费。同时在此集群上通过部署 zookeeper 注册中心监控各服务状态, 当网关检测到某一台 redis 或者 kafka 丢失连接时, 将自动检索正常的服务器, 以保障整体服务的正常。

在前置 DMZ 区, 对于不同区域接入的数据源均搭建了各自的集群服务器。我行勇于抛弃常用的 Ngix 代理软件, 通过部署自主研发的 Smart-Proxy 的代理服务软件实现报文代理转发, 完成了转发日志监控和安全保障。

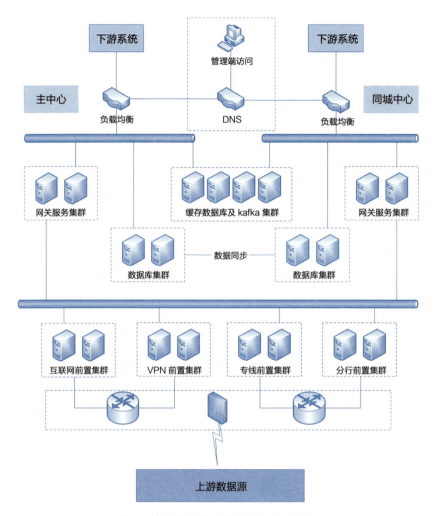

图 4　外部数据综合管理平台物理架构

4. 外部数据管理平台批处理方案

上游系统外部数据查询需求往往较为集中且需求量较大，而下游数据源又往往对查询的并发量有限制，或者仅支持单笔的查询。

平台通过格式化请求报文配置的方式，统一了上游系统请求报文的模板，达到一套模式实现多服务的批量服务。当上游系统准备好相应格式的批量文件后，平台通过异步调用数据源的单笔服务接口模式完成批量业务的处理，最终再以异步的模式卸出文件提供给上游系统结果。

除了服务报文配置化外，还通过线程数、思考时间、流量控制等多项配置，来适应上游各数据源不同的限制要求。

（三）建设与实施

1. 建设与实施周期

重庆银行外部数据资产管理与应用实践分为三个阶段：

第一阶段，完成外部数据综合管理平台搭建：项目于 2020 年 12 月启动，通过架构设计、环境搭建、数据迁移等，于 2021 年 10 月正式上线；

第二阶段，完成平台功能升级：2021 年 11—12 月，为实现平台集管理与服务于一体，平台在智能服务提醒、灵活账单分析、自动质量监控、强制授权核验等关键功能服务方面进行了优化完善；

第三阶段，配套制度和资产应用推广：2022 年 1—2 月，配套建立外部数据制度管理体系和安全管控机制，并基于外部数据资产目录进行资产价值挖掘和扩展。

2. 风险分析与控制

项目建设过程中，需要将存量在用的超过 150 个原本分散在各个业务系统的外部数据接口统一迁移至新的外部数据综合管理平台，还涉及 "20+" 多配套系统改造，这里存在多个影响业务连续性的重要数据源和系统，且彼此之间存在复杂的关联关系，因此在数据迁移过程中可能存在由于数据调用异常导致业务连续性受到影响的重大风险。

为了规避以上风险，一方面，项目组将外部数据迁移工作和配套系统改造工作分步分批开展，根据数据和系统的重要程度、数据关联关系、数据迁移和配套改造难度等因素，将数据迁移和配套改造工作分别分成三个批次完成，避免大面积暴露风险；另一方面，建立备用通道，将接口迁移到新的外部数据综合管理平台后，同步保留原有的数据调用路径作为备用通道，待新通道稳定运行后再逐步关闭备用通道，以确保数据的平稳过渡。

三、创新点

基于大数据、人工智能等先进技术，基于微服务技术框架，基于服务的设计理念，本项目在一体化、标准化、智能化、高效可控性、数据共享性、配套制度建设等六个方面有较好的实践和创新。

（一）一体化平台，一站式服务

外部数据综合管理平台集数据、管理、服务于一体，既满足业务系统使用数据的需求，又满足外部数据管理、外部数据服务的要求，可满足外部数据全生命周期管理的各个环节的管理需求，一站式为数据管理方和数据使用方提供智能化解决方案，更有助于管理和提升使用效率。在数据方面，该平台基于微服务技术框架，进行外部 API 服务接口管理，达到全行外部数据服务接口统一管理和治理；在管理方面，平台包含测试管理、接入流程管理、数据源管理、数据质量管理、元数据管理、合同管理、告警管理、计费计价管理、统计分析等功能，实现了从测试、接入、使用、后评估、退出等的全生命周期管理；在服务方面，通过服务门户、数据市场资源库、知识库等模块，实现了外部数据资产查询服务、市场资源查询服务和外部数据使用相关知识查询服务。

（二）标准化服务，规范化管理

外部数据综合管理平台对银行在用的全量外部数据源进行统一接入、统一管理和统一服务，实现了外部数据管理的规范化和标准化。支持多种协议及通信方式，满足格式报文格式转换及外部数据标准化。制定全行统一标准，通过数据接口标准化，在外部接口变动的情况下大大减少了下游业务系统的改造成本。

（三）智能化服务，人机联动

外部数据综合管理平台实现了三种智能服务：一是智能服务提醒，针对合同到期、数据使用超量、预算超额等情形，可自主设置提前提示的时间，进行合同超期服务提醒、使用超量服务提醒、预算超额服务提醒等智能监控服务，平台通过邮件和短信两种方式将提醒信息触达相关人员，基于预警提醒前置人工介入，可有效避免数据质量、中断风险和采购合规风险。二是灵活账单分析，可根据使用人员的权限自动形成权限范围内的账单，并实现自动对账功能，解决了业务部门对账取数难的问题。三是自动质量监控，详细的日志及审计信息，实现外部接口的接入及内部服务调用的全流程监控，同时通过数据深度解析，实现了对数据内容的分析和监控，可根据不同数据产品的特征制定特色质量监控规则。

（四）高时效性，强可控性

在时效性方面，通过技术手段建立高速通道，对外部数据进行实时自动化存储、清洗、转化、关联，无须人工干预、无须代码开发，接口开发时长降低30%—40%。实时服务与数据落地通过消息件进行异步接口机制，支持高速服务并发，确保系统的高速运行效率。在可控性方面，严格按照"先授权、后使用"的原则，保证数据权限的可控性，并通过超时控制、流量控制、有效期控制、访问控制、智能路由等实现数据可控性。

（五）数据共享共通，促进价值释放

本项目理清了资产脉络，使资产清晰可见，面向风控、营销、运营、分析等多种角色提供据资产查询服务，支持分类查看和模糊搜索两种方式便捷查询目标数据资产，方便用户查阅。业务方在申请使用外部数据资产时，必须先查阅资产目录，已引入的数据可直接使用，避免重复采购。同时，为保证外部数据资产的统一，数据标准采用全行统一标准，针对行内需求进行统筹归并，并结合各方需求统一进行采购，确保数据共享共通。目前，数据共享率已达到58%，有效节约了数据费用成本、采购人力成本和数据开发成本等，实现数据资产价值共享。

（六）平台与制度相辅相成，双向升级

在外部数据综合管理平台建设投产的基础上，建立"1+N"的外部数据制度管理体系，兼顾了"稳定"和"灵活"两大特色的协调统一，建立外部数据应用的安全管理机制，在外部数据应用阶段，通过"明确要求+强制核验"安全管理机制，确保数据应用的安全合规。一系列配套制度为平台的顺利运行、数据的高效使用保驾护航，平台的控制管理功能为制度的实施提供了智能化监

控和执行的手段，两者相辅相成，双向提升。

四、应用与成效

重庆银行外部数据综合管理平台已成为银行数字化金融业务的重要 IT 基础设施，为银行数字化转型打下了坚实的基础。结合数据资产化运营、配套制度体系建设，在节约成本、提升效率方面取得了显著的成效。

（一）集约化智能化管理，解决了重复采购和资源浪费的问题

平台上线后将原来分散、孤立的外部数据资源进行集中接入、传输、交换、服务，实现了实时、准实时、非实时数据的统一接入、统一平台架构、统一管理机制、统一服务模式，为行内提供了一个统一管理外部数据源的平台。基于平台统筹运营，避免重复采购，大幅节约了运营成本。体系实践后，2021 年外部数据采购成本较上年下降 38.67%，服务范围扩大 57.14%。

通过技术手段，建立外部数据服务高速通道，实现接入模板化可配置化，基本实现数据接入无代码化，数据源切换"无感"化，大幅缩减接口开发时间，部分接口从 2—3 天／个，缩短至 1 分钟—0.5 天／个。外部数据实现本地结构化存储，提高重复使用度，数据缓存的重复利用，也有效避免产生额外费用，进而降低了数据费用成本。

（二）数据资产化管理，近 6 成资产实现价值共享

外部结构化解析数据符合资产的定义，是数据资产的一部分，因此对外部数据资产进行归类管理，清晰的定位已有外部数据接口，为日后新购买外部数据建立依据，并将分类落地到外部数据平台中，对所有接口进行分类管理，实现基于外部数据资产目录的接口查看，统计分析能力；截至目前，我行外部数据主题分为 4 大类 29 个小类。

外部数据资产目录的形成和传播，标志着我行外部数据步入了资产化运营管理新阶段，进一步促进了外部数据的共享共通，我行的外部数据共享率，从分散管理时的几乎"0 共享"，到统筹资产化管理后的 58%，有效避免了不必

要的资源浪费。

数据服务方面，为全行提供了超过 200 项的外部数据服务项，月度调用量达 1066 万次，服务了 30 个部门和分支机构、26 个业务系统，涉及 55 个产品。

（三）外部数据管理升级，促进外部数据应用效率提升

外部数据管理升级，包括平台升级和制度升级，平台方面上线了专业的外部数据管理平台，制度方面形成了"1+N"的制度管理体系和"明确要求 + 强制核验"安全管理机制。平台管理携手制度管理带来了三个方面的提升：一是规范化和标准化提升，制度建设逐步推进外部数据管理规范性，全行统一的数据标准、数据接口标准化，在外部接口变动的情况下大大减少了下游业务系统的改造成本；二是采集效率提升，接口开发时长降低 30%—40%；三是管理智能化提升，平台智能服务提醒、灵活账单分析、自动质量监控等功能提升了外数管理的智能化水平。

（四）外部数据应用实践明显增加，数据价值凸显

业务部门通过供应商信息资源库获取最新市场资源，催生出丰富的应用场景，外部数据得到充分应用。如：基于外部数据资产，通过决策引擎采用"评分 + 预警规则"及"系统和人工充分集合"策略，全流程、闭环、高效率的触发试预警，形成了贷后风险监测系统；通过数据挖掘建模，形成客户全方位画像和风险定价模型；结合企业及个人征信、税务数据、工商数据、司法数据、支付数据等外部数据与行内数据，通过构建征信类基础指标，进而建立相关主题，发布征信服务与征信视图，供全行系统与场景使用。

结合业务需求，引入各类全新数据源，助力多个部门与分支机构在客户营销和服务、风险管控、普惠金融和产品创新等业务领域的创新应用。金融市场类数据支撑了我行超过 32 万理财客户的营销和服务；通过对工商司法类数据资产的充分挖掘和模型构建，实现对超过 13 万企业的风险监测和授信辅助；同时，外部数据赋能产品创新，税务、发票、知识产权等数据支撑了"好企贷"系列 51 个子产品的研发投产，累计投放贷款 300 余亿元，服务小微企业 4.7 万余户。丰富的外部数据源切实发挥了数据要素的生产力，全面助力银行数字

化转型发展。

五、未来发展

（一）构建外部数据资产隐私保护体系

虽然，本项目已制定了数据加密及传输加密机制，通过国内外常用加密算法进行数据加密，通过敏感数据自动识别、加密封装的方式，确保外部数据资产在存储、传输的各个环节无明文数据，防止数据在存储传输过程中被拦截获取。外部数据资产在展示、使用时，涉及企业内部用户隐私的数据，均采用数据脱敏和脱敏还原机制，保障用户的个人信息安全不被泄露，严格遵循"先授权、后使用"原则，保证权限可控性。

但是，国家机关及监管部门对数据领域，特别是隐私数据的管理日趋严格，同时，随着人工智能与大数据技术飞速发展，数字化转型全面推广，外部数据的应用范围越来越广泛，外部数据隐私保护的需求日渐加强。外部数据管理应及时跟进区块链、多方安全计算、联邦学习等前沿技术，加强隐私保护，制定完善的数据安全分级及加密机制，形成智能化外部数据资产隐私保护体系。

（二）规划外部数据创新应用体系

外部数据综合管理平台已成为我行全行级的大数据基础平台，在智能风控、获客营销、运营管理等场景发挥了重要作用。数据资产作为一种新型生产要素，具有非排他性，数据本身具备的非常强大的复用效率使其可以按照既有模式在一定范围按照一定权限重复使用。因此，本项目未来需进一步加强外部数据应用价值变现和应用产品创新探索，拓展数据应用，激发数据要素价值，实现业务与数据资产的精准联动发力。

富滇银行

打造完整的数字化转型平台支撑体系

一、引言

（一）项目背景

"十四五"时期，数字经济蓬勃兴起，数据被列为新的生产要素，数字技术成为新的发展引擎。数字技术的快速演进为金融数字化转型注入充沛活力，金融科技逐步迈入高质量发展的新阶段。

为适应数字经济时代变革发展趋势，自 2020 年起，富滇银行在全行"453"战略发展规划的指引下，围绕数字化转型这一决定商业银行未来生存发展空间的重大课题，组织展开了数字化转型的研讨工作，随后确立了加快构建以数字经济为核心的数字化生态、立项实施"数字化转型"的战略决策。

2021 年 3 月底，富滇银行全面启动、组织实施"滇峰计划"数字化转型平台建设项目，系统化、体系化地推动敏捷组织变革、中台战略及互联网业务转型。

（二）项目目标

实施"滇峰计划"数字化转型平台建设项目，旨在：

一是建立完整的金融云基础设施和企业级"敏态核心"。通过数字化转型服务平台，形成面向零售金融、普惠金融、公司金融的"云·网·端"的全场景应用创新服务体系，有效支持数字化金融产品创新、场景生态建设，实现金融业务"在线化、智能化、生态化"，促进我行从"渠道深耕"向"用户深耕"经营方式的全面转变。

二是通过推进敏捷组织变革、中台战略，完成组织力重造、竞争力重育、价值链重生，推动富滇银行科技转型、组织转型、业务转型，构建移动、敏捷、智慧、开放的四大核心能力。

三是实现"以 MAU 带动 AUM"为核心的北极星指标体系，并期望通过 3—5 年的努力，实现"线上再造一个富滇"，实现规模、质量、效益多方位的高质量跨越式发展。

二、项目方案

（一）技术方案

1. 系统建设思路

数字化转型会给传统 IT 整体架构带来一定冲击，原来传统金融 IT 架构与数字化转型所对应的高性能、高弹性、大数据和智能分析的数字化服务架构将长期共存和谐发展。

我行数字化转型 IT 架构上体现为"双态 IT"，见图 1：

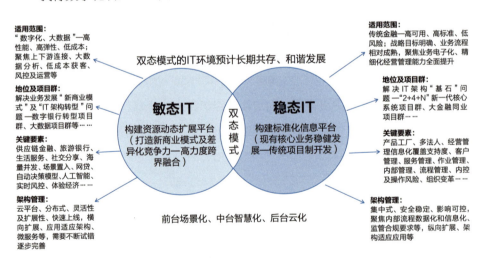

图 1　金融科技"双态双核"整体规划

双态 IT 主要分为敏态 IT 和稳态 IT 两部分，它们是互为补充、互相促进的关系，见表 1。

表 1　金融科技"双态双核"的比较

	敏态 IT	稳态 IT
目标	**构建资源动态扩展平台** （打造新商业模式及差异化竞争力、实现跨界融合）	**构建标准化信息平台** （保持现有核心业务稳健发展、一般适用传统项目制开发模式）
适用范围	**数字化金融能力** ➢ 高性能、高弹性、低成本； ➢ 聚焦上下游连接、大数据分析、低成本获客、风控及运营等	**传统金融能力** ➢ 高可用、高标准、低风险； ➢ 战略目标明确、业务流程相对成熟，聚焦业务电子化、精细化经营管理能力全面提升
地位	解决业务发展"新商业模式"及"IT 架构转型"问题。	➢ 解决 IT 架构"基石"问题 ➢ 解决金融账户、金融产品制造、金融产品交易流程的处理，通过互联网核心和传统行内系统等相关系统，处理存贷汇类的业务
关键要素	供应链金融、旅游银行、生活服务、社交分享、海量并发、场景置入、网贷、自动决策模型、人工智能、实时风控、体验经济……	产品工厂、多法人、经营管理信息化覆盖支持度、客户管理、服务管理、作业管理、内部管理、流程管理、内控及操作风险、组织变革……
架构管理	云平台、分布式、灵活性及扩展性、快速上线、横向扩展、应用适应架构、微服务等，需要不断试错逐步完善	集中式、安全稳定、影响可控，聚焦内部流程数据化和信息化、监管合规要求等，纵向扩展、架构适应应用等

2. 总体架构

（1）技术架构图

我行基于阿里云飞天底座搭建 IaaS 层私有云底座，实现了弹性计算、云存储、云安全、虚拟网络等能力，通过统一的云管平台实现云资源的统一灾备、统一监控运维。在此之上基于云原生提供了开箱即用的容器服务、分布式数据库、云原生 Redis 等产品。PaaS 平台层搭建了统一的 Sofa Stack 微服务平台、MPaaS 移动开发平台、大数据平台以及 AI 中台，为应用系统的建设和数据分析提供了支撑，实现了手机银行 APP、小程序、网上银行、远程银行、开放银行等技术路线收敛。同时，我行引入了 DevOps 敏捷开发平台实现了从需求到设计、开发、测试、部署、运维的闭环管理。

（2）应用架构图与实施路径

上述应用架构具备以下特点见图 2、图 3。

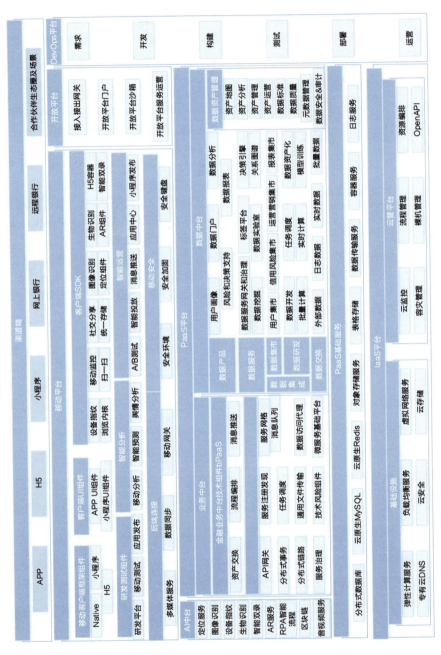

图 2 "滇峰计划"数字化转型平台技术架构图

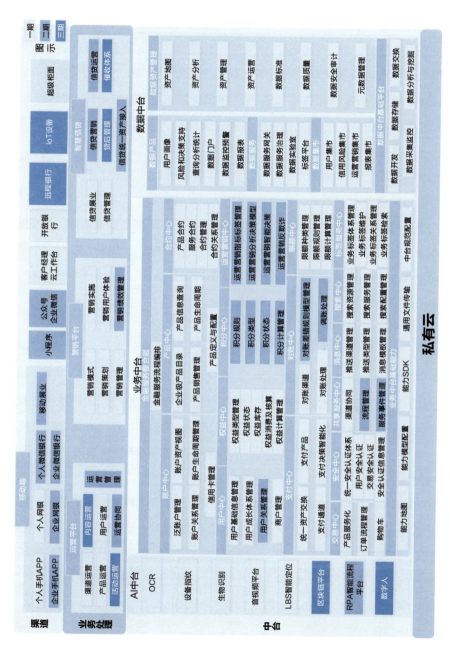

图 3　"滇峰计划"数字化转型平台建设项目应用架构与能力建设方案

　　一是厚中台、薄前台。共享服务中心是围绕一个业务领域来实现可复用的高内聚、低耦合的服务集合，基于服务化框架平台打造互联网服务的核心能力，服务可沉淀、可共享。

　　二是去中心化的分布式架构，水平扩展、弹性扩缩。将系统从大拆小，系统间的关系从代码级别依赖变成服务依赖，提高发布效率；去中心化的分布式架构设计，服务能力可线性扩展，系统可单独扩缩，不存在核心瓶颈点。

　　三是按领域划分服务能力。服务化需要确保职责明确和边界清楚；业务解耦，服务变更范围可控。

　　四是中台赋能。秉承"大中台、小前台"的理念，业务中台将前台业务中公共、通用的业务沉淀下来，构建用户中心、产品中心、交易中心、账户中心等十几个共享单元，形成"厚中台"的目标，真正实现提高研发效率、降低创新成本。业务前台将金融（贷款、理财、信用卡、支付）、电商、本地生活等业务功能集中到一个全零售产品线上（如手机银行 APP、小程序等移动端），起到流量聚合的作用。

（二）项目筹备期与启动前期

1. 开展充分的项目前期调研、方案论证、可行性分析工作

　　2020 年 4 月起，富滇银行先后邀请了 32 家知名金融科技领域软件服务商、数字化转型解决方案服务商，大范围开展项目的前期调研、解决方案专题交流、研讨与论证、案例分享等前期筹备活动，涵盖了数字化转型涉及的 20 多个金融科技领域。

　　2020 年 9 月开始，5 个月间同步组织开展了数字化转型项目的概要方案、框架需求分析、初始 SOW 工作说明书等文档的编写、评审等以及其他准备工作。

　　2020 年 10 月起，我行组织 3 批考察组，分别赴 7 家先进商业银行，就如何推进数字化转型工作进行了全方位的考察、调研。

2. 确立项目群实施范围

　　该项目不仅包括构建金融级敏态基础设施平台，打造弹性稳定、安全智能的金融云底座等硬件平台建设，还包括重构移动端（包括个人 APP、企业

APP、网上银行、微信银行、小程序等）、客户经理云工作台；建设开放银行（场景金融平台）、场景生态体系、远程银行；实施三大中台战略（业务中台、数据中台、AI 中台）；构建智慧信贷、智能风控与反欺诈体系；形成智能化、数字化运营营销体系；建设企业级一站式 DevOps 协同研发平台，推进敏捷组织变革和研发效能提升等数字化经营平台建设方面的内容。

3. 建立完善的大型项目（群）组织架构体系

我行组建、配置了组织架构清晰、小组职责明确、管理机制健全、汇报路径完善、覆盖领域全面的项目群组织架构。

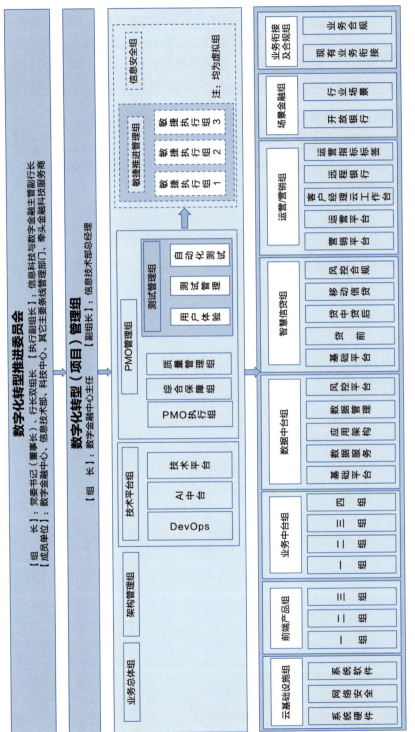

图 4 "滇峰计划"数字化转型平台建设项目组织架构图

4. 建立完善的大型项目（群）管理体系

（1）建立规范及管理工具体系

制定了开发规范、工具规范、技术架构规范、应用架构规范、业务架构规范、视觉设计等体验测试类规范、测试管理规范、数据管理规范等。

（2）建立全周期大型项目管理体系

运用360度全生命周期管理模型，打通需求分析、设计开发、测试验收、数据迁移、投产上线等阶段之间的管理壁垒，实现全方位、全生命周期的跟踪和监控。

同时，逐步建立起涵盖整体管理、资源管理、计划和进度管理、质量管理、风险和问题管理、变更管理、沟通管理、评审和决策管理、评价和考核管理等管理环节的规范、流程、模板和工具，完善了评审决策流程、多层级会议制度，形成了完备的分层级会议议事规则。

（3）建立全链路需求管理模式

一方面，以业务导向性、先进性、可实施性、平衡性为原则，兼顾新兴业务、缺失业务和特色业务诉求，通过开展差异化需求分析，保持需求与业务目标的高度一致。

另一方面，建立需求跟踪矩阵管理模式，对需求的落地过程实行从需求编写到设计开发、测试验收、再到投产上线的全链路式跟踪管理。

5. 制定合理的分阶段推进计划并组织实施

按照上述应用架构蓝图，数字化转型平台建设项目分四个阶段建设。

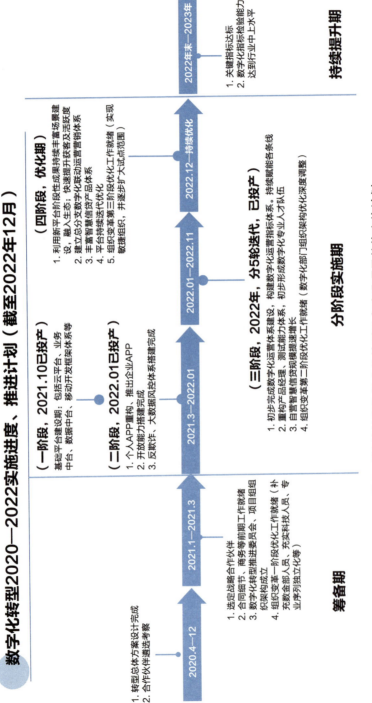

图5 "滇峰计划"数字化转型平台建设项目整体实施计划

（三）项目历程

2021 年 3 月底，正式启动"滇峰计划"数字化转型平台建设项目的实施工作。

1. 一阶段（已投产）

本阶段主要实现"滇峰云"金融云计算基础平台的搭建，完成生产云、同城备份云、开发测试云等 3 朵金融"云"基础设施的建设，并实现同城双活。

截至 2021 年 9 月 30 日，上述"滇峰云"平台已经正式投产，同时建设完成了支持"前端敏态、后端稳态"运行模式的智能化运维管理平台。

"滇峰云"平台运行安全、稳定，能够满足业务连续性保障的需要，也表现出云计算具有的快速构建、敏捷交付、资源共享、易于扩展等优势。

2. 二阶段（已投产）

本阶段实施的主要内容包括：

（1）个人 APP 全新改版上线，并以 APP 作为主要经营阵地，实现个人业务以经营 APP 为主要商业模式的逐步调整；

（2）建设开放银行、客户经理云工作台，逐步实现私域流量的经营能力；

（3）AI 中台、业务中台大部分公共能力沉淀建设完成，形成标准化商业能力；

（4）智慧信贷平台实现展业，并实现 2 个线上的全自主可控数字化信贷产品的推出；

（5）营销平台搭建完成，形成以线上营销能力为主、线下协同为辅的数字化营销能力。

本阶段内容已于 2022 年 1 月 16 日正式投产。

3. 三阶段（已投产、并迭代实施）

本阶段主要实现：

（1）企业 APP 的建设、小程序等渠道端能力的完善；

（2）聚集营销与风控能力，全面推进数据中台建设；

（3）业务中台、AI 中台能力的迭代完善；

（4）智慧信贷运营能力、资产接入能力的建设，线上化消费分期信贷产品的推出；

（5）完成数字化运营平台的建设，初步实现数字化运营能力。

本阶段内容共分为 5 轮迭代周期。截至 2022 年 11 月 26 日，已经完成 5 轮迭代内容分批、有序投产。

4. 四阶段（项目后期，优化提升阶段）

本阶段主要实现：

（1）数字化运营平台能力的优化提升；

（2）智慧信贷贷后管理能力及催收体系能力建设；

（3）建设远程银行，完善客户服务数字化旅程；

（4）IOT 设备的联通对接；

（5）AI 中台能力的优化提升。

截至 2022 年底，整个项目进展顺利，风险可控、符合项目建设预期。

三、项目创新点与技术实现特点

我行充分融合了解决方案提供商共同的创新能力，并采用多种金融科技与数字金融应用技术、依托"场景金融"与开放银行、"数据中台"与"业务中台"的能力输出，形成了涵盖金融业务、产品、渠道、数据、风控、营销、运营等多方面创新服务能力，具备了提供综合化金融服务的基础能力。

（一）金融科技的创新应用

1. 建设了基于"一云多芯"的金融信创云基础设施平台"滇峰云"

我行优先采用了符合"金融信创"要求的基础软件、硬件产品以及支持"一云多芯"的"云计算"全栈原生技术解决方案，规划建设了涵盖同城双活（生产云、同城备份云）、开发测试云等 3 朵云基础设施"滇峰云"平台。

"滇峰云"具备不同服务器 CPU 架构支持能力，支持扩展部署不同芯片服务器的资源池，实现对国芯服务器的适配；同时，"滇峰云"部署的"云计算"平台基础软件产品（如：IaaS 计算存储网络层、大数据平台、金融分布式开发框架和数据库、AI 智能语音和指纹等 160 余项产品），均属于国产"金融信创"

目录软件产品，满足了关键基础设施的"自主可控"要求。

我行云计算平台"滇峰云"获得中国信息通信研究院"2022 可信云大会用户最佳实践奖"。

2. 构建了全体系的敏态核心："互联网金融数字化应用服务平台"体系

我行采用了阿里云、蚂蚁集团的"云·端·数"全体系金融科技解决方案，并以 mPaaS 移动开发平台、bPaaS 分布式金融核心套件、SOFAStack 金融分布式架构、OceanBase 分布式数据库等产品为核心，通过综合运用大数据、智能风控、AI、网络安全与金融安全、以及移动互联网等技术，建设了较为完整的企业级"敏态核心"——数字化转型平台（互联网金融数字化应用服务平台）体系，涵盖移动银行 APP、业务中台、数据中台、AI 中台、远程银行、智慧信贷、数字化风控与反欺诈服务、场景金融与开放银行、数字化营销、数字化运营、客户经理工作台等应用平台（系统/体系），形成了面向零售金融、普惠金融、公司金融的银行业全场景应用创新服务体系，能够支持数字化金融产品创新、场景生态建设、服务智能化、运营集约化，支持金融场景与非金融场景的融合，支持"云·网·端"之上实现银行经营模式的"在线化、智能化、生态化"。

（二）构建一体化中台体系　实现全面赋能

1. 建立了成熟的企业级能力复用中心——业务中台

作为"滇峰计划"的业务核心，我行建设了支撑线上化各客户触点的企业级能力复用中心——业务中台，全面涵盖与数字化转型全业务场景相关的 15 个能力中心（域）：账户中心、产品中心、合约中心、用户中心、权益中心、积分中心、运营营销中心、支付中心、对账中心、安全/限额中心、交易中心、共享服务中心、消息中心、搜索中心、标签服务中心。

上述能力中心，包括传统金融能力，也包括全面的互联网化应用、开放银行输出能力。通过强大的中台衔接能力，能够为前台提供更强大的共享能力支撑，构筑"数字化渠道建设"的基础；能够为数据中台提供精准、清晰的数据来源，奠定"数字服务建设"的基础；同时，能够通过提供多元化、差异化的金融产品和服务以及配套的"场景金融平台"（开放平台），实现将我行的金融产品、服务对外延伸，与消费互联网生态、产业互联网生态充分融合，打造"数字化生态建设"的基础；能够提供产品快速创新、快速升级等能力，提高前台业务的交付效率，提升对市场趋势的响应速度和应变能力，形成"打造敏捷组织和敏捷 IT 架构"的重要手段；能够进一步提升银行业务资源、数据资源的价值，推动形成"数字化运营营销体系"。

2. 建设具备全场景数据服务能力的数据中台

通过结合大数据计算、机器学习等技术和产品，建设了与数字化转型全业务场景数据能力要求相匹配的数据中台，完成了数据资产平台、数字化风控平台、数据创新工作台、统一数据服务平台、统一报表平台、统一数据门户等子系统的开发，实现了数据开发、建模、分析、可视化等能力的一体化集成，支持快速创建数据应用场景；构建了数据安全、标准、一致性、质量、价值的综合管控体系，支持数据资产的全生命周期管理；建立了基于高时效性数据深加工的丰富的数据产品体系，满足数字化运营、营销、智能风控等方面的数据应用需求；形成了完善的数据工作组织模式，数据架构与业务架构深度融合，通过强化数据运营彻底释放数据能力。

3. 建设具备智能服务能力的 AI 中台

AI 中台定位于为全行数字化转型各系统提供统一的 AI 支撑能力。

AI 中台基于基础 GPU 算力，构建于云原生平台的深度学习算法框架之上，通过整合与集成 OCR、NLP、ASR、TTS、知识图谱、人脸识别、音视频、RPA 等基础能力，为智能客服、智能外呼、语音导航、远程银行等应用领域的发展奠定了基础；同时通过 RPA 技术与行内应用场景的有机结合与实践，初步实现了数字化技术替代人工重复劳动，在促进企业降本增效的同时，提升了客户场景化办理业务的体验。

（三）重塑客户的数字化旅程，全面重构移动银行 APP

我行围绕重塑客户的数字化旅程、以客户的极致无感体验为目标，重构了移动银行 APP（含个人、企业）以及微信银行、小程序等移动银行前端应用，支持与用户开展全域、全场景、全链路、全周期的互动，全面提升了客户体验；支持将客户、场景、产品、服务等转化为数字形态，促进富滇银行从"渠道深耕"到"用户深耕"的转变，增强经营模式的创新能力。

为助力老年人跨越"数字鸿沟"，我行严格遵循工业和信息化部《互联网应用适老化及无障碍改造专项行动方案》、国家标准《互联网内容无障碍可访问性技术要求与测试方法》（GB/T37668—2019），通过移动银行 APP 提供"长辈模式"，即"适老化"信息无障碍版本，采用简版界面和大字体，让功能设置方便、页面提示和帮助更加醒目，方便老年客户平等、方便、安全地获取、使用手机银行。

（四）构建场景金融平台，提升数字化生活体验

在开放银行与场景金融方面，我行建设了"场景金融平台"，能够通过丰富的 SDK/API/H5 连接器，将金融服务融合、嵌入衣食住行等生活场景中，支持通过多个金融服务的组合来实现金融产品的创新。

目前，我行已通过"场景金融平台"与互联网行业内部分具备完善、优质生态产业链的生态提供商，开展了诸如本地生活、"两票一城"（即电影票、饭票、积分商城等）等高频生活场景，以及客户权益采购类、资产类业务导流及联合运营类（含借呗、资产云等）等方面的合作，能够为客户提供生活缴费、交通缴罚、医保、电商、充值、房产评估、外卖点餐、影票购买等生活服务，搭建起金融服务、场景之间的桥梁，初步构建了全线上、一体化、浸场景的综合金融服务，满足了 C 端对高频次场景金融的需求，进一步提升了消费者获得金融服务的便利性，丰富消费者的数字化生活。

通过"场景金融平台"，可以最直接地触达和满足客户的真实金融诉求，沉淀积累场景金融数据，立体地掌握客户分场景、多维度、强关联的金融行为数据，为绘制客户全景画像、实时风控、客户 KYC 分析、精准营销与服务奠定基础。

（五）完善数字化运营营销体系，创新运营营销模式

1. 数字化运营、数字化营销平台

"滇峰计划"实施过程中，建立了包括：用户成长、客户积分、客户权益、数字化运营（运营平台）、数字化营销（营销平台）等 5 种体系在内的完整的

"数字化运营营销体系"，突破了传统获客方式的限制，推动了获客策略的转型，进一步提升了数字化运营营销能力。

一是围绕 AARRR 用户转化漏斗模型，完成运营平台的渠道运营、阵地运营、活动运营、用户运营、产品运营、内容运营等六大主题的实施；

二是围绕线上、线下数字化营销活动规划、营销素材管理、组织、发布、过程监控及运营全流程能力支持，建设营销平台；

三是设计完成围绕客户行为、财富、情感连接的用户分级和差异化管理体系，实现精细化管理、精准化营销；

四是完成积分体系设计，支持以数值方式综合反映用户活跃、等级、价值，并按一定标准提供兑换、消费、转换成长值等功能；

五是完成提升客户活跃度、促进转化的客户权益体系设计，并由业务中台—权益中心、商品中心提供权益体系的整体业务能力支撑。

2. 客户转化

按照"潜客—用户—客户—口碑客户"全生命周期的转化路径，围绕生态、渠道、账户、产品、运营等维度，构建了 MAU（月度活跃用户数）的用户增长、价值转化、开放融合的互联网银行生态〔包括互联网获客渠道、线下获客渠道（含银行自有渠道）的管理与运营〕。

3. 建设大零售管理平台、提升客户营销服务与触达能力

基于企业微信生态，建设完成了支持各分支机构、一线营销团队等人员开展日常营销管理、客户管理、实现全员营销需要的统一工作平台，即大零售管理平台（客户经理云工作台），支持以社交运营的方式，有效提升获取客户、管理客户、触达客户、稳定客户等能力，实现客户群的有效增长。

（六）智能风控与反欺诈科技创新

"滇峰计划"项目实施范围包括建设"反欺诈服务平台""智能风控平台""智慧信贷平台"，实现全渠道、全体系的"数字化风控"能力的提升。其中：

第一，"反欺诈服务平台"主要是通过"蚁盾"反欺诈服务产品（跨渠道交易风险实时监控系统）搭建了多渠道交易反欺诈模型策略体系，在全面满足监管要求和有效保障用户体验的前提下，能够实现对疑似高风险的交易进行事

中风险阻断、增强认证等方式的干预，拦截各类线上欺诈风险，保障用户资金、银行资金安全。

"蚁盾"支持线上全渠道端的接入和实时监控。通过对现有的交易风控策略进行完善和优化，梳理并建立了新渠道端对应的交易风控模型策略。

第二，在保证用户隐私和数据安全的情况下，我行还通过采购具备合法合规来源特性的外部数据服务，实施了行内、行外大数据的深度融合应用，主要包括：特殊名单（含司法诉讼、法院失信、限高名单、公安名单、行业"黑名单"等）、客户基础信息校验、反欺诈及多头评估、司法诉讼信息、企业信息、IP 画像以及部分电子政务数据资源（如工商、税务等）、行业数据资源（电信运营商等），通过近 20 种具备合法来源的外部数据、个人与企业征信数据、埋点数据等内容，搭建了信用风险集市，提升了反欺诈服务能力，有效防范信用风险。

第三，我行自主建设的"智能风控平台"是智慧信贷业务风控体系的核心枢纽，主要用于线上智慧信贷业务的全流程风险决策和风险运营。

该平台在线上零售信贷产品的贷前审批、定额定价、贷中额度管理、贷后催收等场景下，实现了业务风控变量、事件、规则、模型、策略、指标等的集中统一管理；智慧信贷业务流程自动化、智能化，支撑产品持续、快速优化迭代；能够以业务视角实现风控业务串联、产品、策略、事件、模型、规则、变量的管理；对模型、指标的运行情况进行实时和离线监控；对不同产品的模型和指标进行预警监控；支持对贷中预警、贷后催收进行监控，对运营效果进行分析，达到对风控场景的全生命周期管控。

第四，在"数字化风控"实施策略中，我行利用机器学习和 AI 技术训练了用于贷前 / 贷中 / 贷后的 A/B/C 卡信用评分模型，增强了模型的监控、预警能力，进一步增强信用风险防控水平；综合运用了人脸识别、可信身份认证、个人信息保护、网络安全等技术手段；同时，还积极运用金融科技创新监管工具，强化合规管理手段，进一步完善了各类风险防控策略。

（七）智慧信贷服务模式创新

通过综合运用大数据、智能风控、反欺诈等技术，建立了全流程、线上化的智慧信贷体系、搭建了"智慧信贷平台"。

该平台支持快速推出符合客户需求的线上化信贷产品，支持"全在线流程、全实时风控、全天候作业"，具备快速申请、快速审批与快速风控决策、快速放款的"秒批秒贷"服务能力，实现了智慧信贷业务流程自动化、智能化。用户在 APP 上申请贷款授信，30 秒内就能返回授信结果，比传统信贷系统的审批速度有了大幅提升，充分满足个人消费、小微企业主经营资金需求，打造了智慧、开放、普惠的新型金融服务。

同时，平台也减轻了银行客户经理的工作量，减少人为干预的操作风险，提高了信贷业务服务效率，降低人力成本及经营成本，实现金融服务降本增效的目标。

（八）科技管理创新

"滇峰计划"项目实施范围，包括了如下内容：

第一，建设了支持"前端敏态、后端稳态"运行模式的智能化运维管理平台，实现了对信息科技资源全方位覆盖的智能化监控能力，提升网络安全态势感知、故障预警、故障自愈等能力，进一步完善了面向大规模设备和网络的IT 智能化运维体系，进一步提高了运维智能化水平，大幅提升 IT 资产使用效率、促进了 IT 资源与运维服务成本的下降，实现 IT 运维管理模式的转型升级。

第二，采用"云效"产品及 DevOps 敏捷解决方案，建设了"企业级一站式 DevOps 协同研发平台"，提供了"需求→编码→测试→发布→运维→运营"端到端的协同服务和研发工具支撑，具备了敏捷研发、持续集成、持续交付的能力，能够支持公有云、专有云和混合云的协同研发；支持整合金融企业内部研发资产，促进金融科技产品的快速创新迭代和研发效能升级，推进敏捷组织变革。

第三，我行从顶层设计入手，完善了敏捷研发体系，进一步促进了敏捷组织变革。在组织变革方面，打造敏捷组织和敏捷 IT 架构，提升组织架构灵活性，推动敏捷组织变革和敏捷工作机制；通过组建跨职能、跨部门、跨条线的敏捷小组（任务型团队）或轻型化、敏捷化组织，执行端到端的业务开发流程设计，实践敏捷 IT 开发模式，提升产品研发的快速响应和协作能力。

四、应用与成效

（一）运营情况

2022 年，富滇银行在"滇峰计划"中以敏捷模式管控战略落地，在数字金融业务方面以重点突破带动整体推进，数字化经营业绩显著增长，数字化各项业绩评价指标表现优异，数字化转型红利逐步释放。

1. 数字信贷产品体系不断丰富，规模和收入占比不断攀升创新高

基于全新的智慧信贷 + 数字化风控双平台底座，我行逐步提升数字化自主风控能力，于 2022 年研发投放了 10 余个的数字信贷产品。

截至 2022 年 11 月底，自主风控互联网贷款产品占比达到 50.45%，较年初提升 32 个百分点；互联网贷款余额较年初增幅 165.06%，规模和收入占比稳步提升。

2. 互联网平台经营模式初步形成，零售业务数字化转型势能高效释放

（1）个人手机银行 APP 正式投产，用户规模、活跃度、用户资产取得历史性突破

新版手机银行 APP 投产后，积分体系、权益体系、用户成长体系、"富滇支付"、"两票一城"、"美味堂食"等生活场景和金融服务功能陆续上线，在数字化重构、用户体验优化、非金融高频场景引入和数字化运营营销的多重加持下，APP 受到客户和市场的高度认可。

截至 2022 年 11 月底，用户规模较年初增幅 50.93%；MAU（月活跃用户数量）较年初增幅 74.77%；用户规模与活跃的高速增长同样带来从 MAU 到 AUM 的价值转化，手机银行用户资产规模（AUM）较年初增幅 40.79%。

（2）大零售营销平台上线，形成社交闭环式线上线下协同营销新模式

大零售营销平台于 2022 年 4 月正式向开放运营，用数字化武装客户经理，通过平台能力孕育数字思维，为"网点产能提升行动"和"人才提升行动"赋能。基于平台能力支撑的人均管可提升 10—15 倍，客户触达效率提升 5 倍。

3. 数字金融成为全行赋能中心，"多点突破、公私联动"格局初显

基于数字化转型的敏捷创新能力和开放银行生态，构建丰富的场景金融模

式（如：聚合收单场景、智慧校园场景、智慧农贸／零售场景、智慧餐饮场景、智慧旅游场景等），开展公私联动获客、持续提升用户粘性，实现对旅游、教育、餐饮、农贸、零售等云南省支柱产业、传统产业、特色产业的业务布局，助力"产业金融行动"战略的落地。

（二）项目成效

1. 作为体系化实施数字化转型的典型案例，金融行业影响力迅速提升

"滇峰计划"数字化转型平台建设项目，作为近年来国内区域性商业银行体系化实践数字化转型的典型案例，先后获得了多项金融科技领域重要奖项，行业影响力迅速提升。获得的部分重要奖项如下。

由《金融电子化》颁发的"2021金融业新技术应用创新突出贡献奖"、中国计算机学会"2021中国数字化发展创新奖"、人民网"数字技术赋能实体经济典型案例库"、《银行家》杂志和中国金融创新论坛"2022中国十佳金融科技创新奖"和"2022中国十佳手机银行创新奖"；"滇峰计划"中的云计算平台"滇峰云"获得中国信息通信研究院"2022可信云大会用户最佳实践奖"；"手机银行APP6.0"获得《金融电子化》颁发的"2002金融业渠道创新突出贡献奖"；2022年10月，荣获工信部赛迪顾问发布的"2022中国金融行业数字化转型最佳创新应用项目TOP30"大奖，同时作为典型案例入选《2022中国金融行业数字化转型发展研究报告》；12月，荣获《财经》杂志和中国金融认证中心（CFCA）、中国电子银行网颁发的"长青奖——年度最具创新数字化价值企业"和"数字金融最佳业务创新奖"。

2. 践行ESG（环境、社会和治理）理念、积极履行国有企业的社会责任

富滇银行组织实施"滇峰计划"数字化转型平台建设项目，其主要目标为：通过全面提升以"数字、智慧、绿色、公平"为特征的金融服务能力，支撑创新驱动发展、零售金融、普惠金融、乡村振兴等战略实施，进一步提高客户对数字化、网络化、智能化金融产品和服务的满意度，提升国有企业社会责任，让社会责任成为企业发展的重要力量，提升企业综合竞争力。

"滇峰计划"实施期间，我行将国有企业的社会责任与企业改革发展相结合，积极践行国有企业参与ESG（环境、社会和治理）的理念，履行国有企

业的社会责任。2022年12月，依托"滇峰计划"的成功实施，我行《做聚焦普惠、服务民生的云南本土数字银行》案例获评《云南省国资国企社会责任（ESG）蓝皮书（2022）》课题研究"治理类"优秀案例。

五、项目展望

当前，富滇银行数字化转型主体工程"滇峰计划"项目群已取得阶段性成果。下一步，我行将遵循"零售优先、提升普惠、公司突破"的实施策略，继续推进数字化转型，重点在以下几个方面开展工作。

（一）围绕零售端，持续优化数字化平台功能

以手机银行为经营主阵地，网上银行/小程序矩阵/掌上银行/大零售营销平台等多端并发深化数字化零售模式，遵循"客户体验至上"原则，开展持续性创新，优化线上流程、体验、功能和产品，丰富各类权益场景，逐步释放业务价值。

（二）坚守区域性银行定位，深耕本地生活平台

基于业务中台、数据中台能力支撑，通过个人APP、企业APP、企业网银，构建面向零售客户、各类型公司商户的多端本地特色生活场景，连通商户端与零售客户端，带动公司、零售客户存贷汇业务增长，形成深耕本地的又一特色商业模式。

（三）丰富信贷产品体系，做大客户和收入，做优资产质量

通过加强自营产品规划设计，持续投放现金贷、消费分期、车贷等全新数字化产品，继续提高自主风控产品占比，推动数字信贷产品规模和利息收入增长，同时完善数字化风控体系，推动普惠与消费金融量质齐升。

（四）完善六大数字化运营体系，丰富多端营销玩法

进一步完善全生命周期用户成长体系、统一积分体系、丰富权益体系、数

字化运营主题、智能化营销活动管理运营、网点阵地协同等六大运营体系，持续推动用户增长和用户活跃，不断丰富数字化营销活动，扩大生态合作，形成精准营销能力，提升价值转化率。

（五）围绕 F2B2C 联动获客模式，加强数字金融场景赋能

加强场景金融建设和推广，聚焦典型场景，特别是围绕 F2B2C 方式，做深细分领域、做优特色场景、做精产品能力。以广大中小微企业为客群目标，连通集成"企业网银 /APP"与"企业综合服务平台"，构建企业一站式综合服务平台。通过传统与创新结合、金融与非金融结合，打造"AUM+LUM+MAU+平台模式"，推动公私联动获客，使平台化营销由愿景成为现实。

"十四五"期间，我行将继续"以金融科技创新为主要手段的数字化转型"作为贯彻落实新发展理念、助力构建新发展格局的指导思想，深入推进金融企业数字化转型，积极开展金融科技产品创新与服务创新，进一步开拓支持中小微企业、普惠金融、乡村振兴融资与发展的"绿色信贷"产品，打造数字、智慧、开放、绿色、普惠的新型金融服务，履行国有企业的社会责任，助力富滇银行实现"现代化、国际化、公众化、数字化的新型商业银行"的战略目标。

第二部分

非银金融机构的创新实践

Innovation Practice of Non–Bank Financial Institutions

招银理财

新一代 TA 系统

一、引言

（一）项目背景

本项目设计和上线的背景主要包括三个方面：一是监管新规发布，银行资管部转变为理财公司独立运作，新规规定理财产品不再保本保息，净值化转型迫切，子公司系统也需要和母行做到强制隔离，理财公司应搭建注册登记系统（TA），母行应搭建销售系统（SA）；二是业务转型需要，理财产品销售业务模式由自营转型为代销，理财公司不再仅仅围绕母行销售产品，将成为面对全市场的销售机构，因此，理财公司需要有一个自己的系统（TA）统一对接各家销售机构；三是科技革新需要，现有系统老化，业务和技术架构落后，导致产品创新受限、运营低效、客户体验有待提高，为满足理财业务可持续发展要求，有必要进行系统重构升级。

（二）项目目标

基于以上背景，亟须建设新一代 TA 系统，预期实现以下目标。

1. 产品灵活创新

根据未来净值化产品线特征，实现产品功能参数化配置，灵活组合支持多种产品形态，兼容传统公募、私募及理财特有业务模式，可快速迭代满足新业务需求。

2. 销售渠道拓展迅速

兼容多套标准的数据交换协议，对于渠道间差异化支持灵活配置，能以最小改动代价快速满足渠道对于各种类型产品的个性化交互需求。

3. 运营智能高效

根据业务状态自动驱动流程，减少人工干预，支持对产品全流程的监控，自动识别异常交易、异常数据以及系统异常情况，及时预警和提醒。

4. 架构领先自主掌控

支持信创国产化，基于云原生＋微服务＋分库分表的分布式技术架构，从开发框架、数据结构，到业务代码，全部自主可控，以便灵活支持业务需求。

二、项目方案

（一）项目组织架构

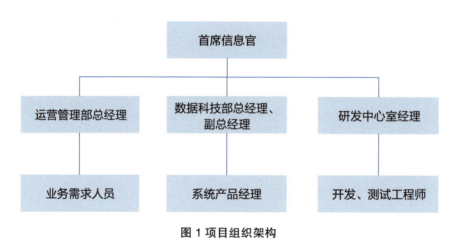

图 1 项目组织架构

项目组成员职责分工如下。

1. 首席信息官

TA 系统总体架构规划。

2. 运营管理部总经理

TA 需求调研，业务管理模式设计，业务功能和需求框架规划。

3. 数据科技部总经理、副总经理

TA 需求调研，业务架构规划设计，系统建设资源协调，上线推广。

4. 研发中心开发室经理

TA 技术架构设计，协调开发资源，保障需求按计划落地。

5. 研发中心测试室经理

TA 测试方案设计，协调测试资源，保障系统快速稳定上线。

6. 业务需求人员

TA 业务需求撰写、需求评审、UAT 验收测试。

7. 系统产品经理

TA 需求分析评审、项目管理、UAT 测试验收。

8. 开发工程师

TA 系统落地实施、升级迭代、运维保障。

9. 测试工程师

TA 系统测试及业务 UAT 测试支持。

（二）项目内容设计

1. 项目分三期实施

（1）第一期（2020 年 8 月上线）

主要支持净值型产品发行运作，与母行零售渠道 SA 系统完成对接。

（2）第二期（2020 年 12 月上线）

主要支持货币型产品发行运作，并拓展若干家行外代销机构。

（3）第三期（2021 年 9 月上线）

基本完成与母行其他渠道的对接、TA 基础功能补齐，逐步承接老系统存量产品，持续拓展行外代销机构。

2. 主要业务流程

如下图所示，TA 系统主要业务流程为，接收销售机构 SA 账户 / 交易申请、FA（估值系统）报价，然后进行数据清算，将清算确认结果发至 SA、FA，并将申赎分红资金指令发给资金结算系统完成资金交收。TA 内部实现账户业务、交易业务、产品业务和数据交换服务，并对清算任务进行调度。

（请参见图 2）

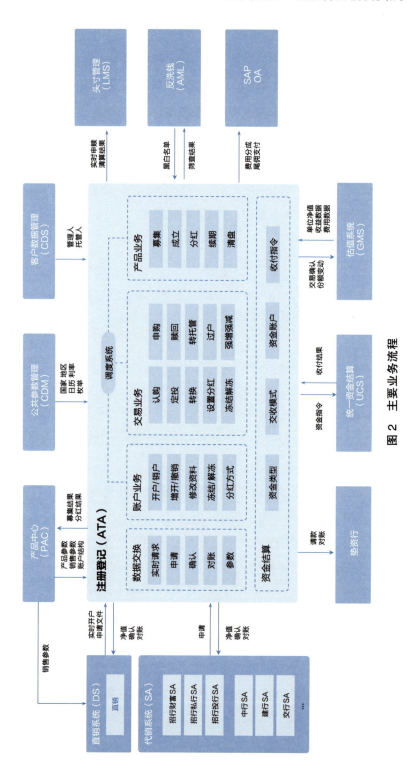

图 2　主要业务流程

3.TA 系统提供六大核心功能

（1）参数管理

公共参数、渠道参数（代销关系、资金账户、交收模式、接口参数等）、产品参数（募集方式、开放方式、净值披露方式、交易费用、费用分流、业务规则、业务限额等）。

图3　参数管理

（2）清算调度

系统采用地铁图＋矩阵式布局，任务间依赖关系、任务执行进度与状态一目了然，支持任务生成、任务依赖、任务执行、任务恢复、自动稽核等。

（3）数据清算

一是账户类业务：开户、修改资料、撤销销售账户、电子合同管理等；二是交易类业务：认购、申购、赎回、分红（总额分红、单位分红）、还本、小份额强赎、限额控制、司法冻结解冻，交易费用计算、浮动管理费计算、费用分流等。（请参见图4）

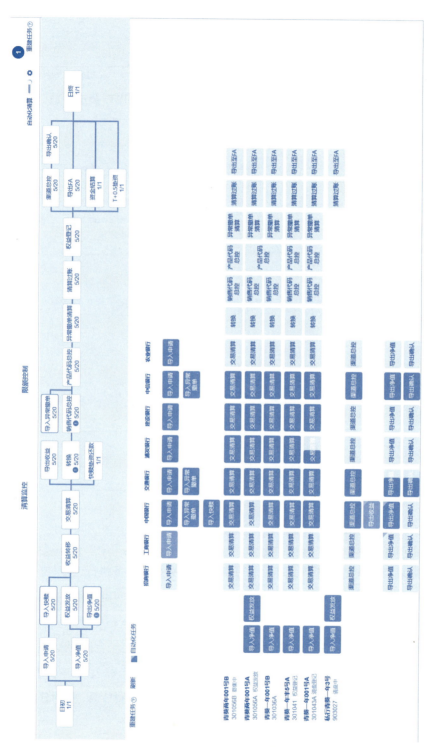

图 4　清算调度及数据清算

（4）资金清算

根据清算数据生成资金划转指令，对接支付渠道进行划款核销（包括和托管行、销售机构、垫资行之间的资金结算）。

（请参见图5）

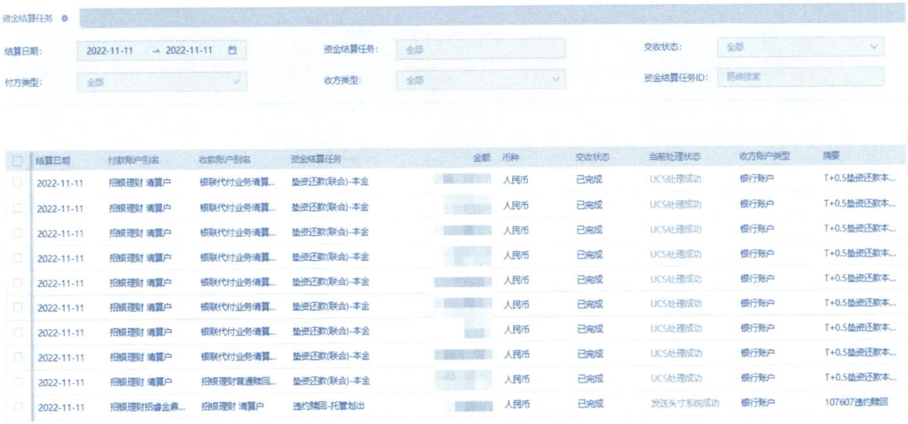

图5　资金清算

（5）联合垫资

支持渠道垫资与管理人垫资相结合的联合垫资模式，有效保障垫资额度和成功率，提升客户体验粘性，应用场景包括 T+0 快赎垫资和 T+0.5 日间垫资。

（请参见图6、图7）

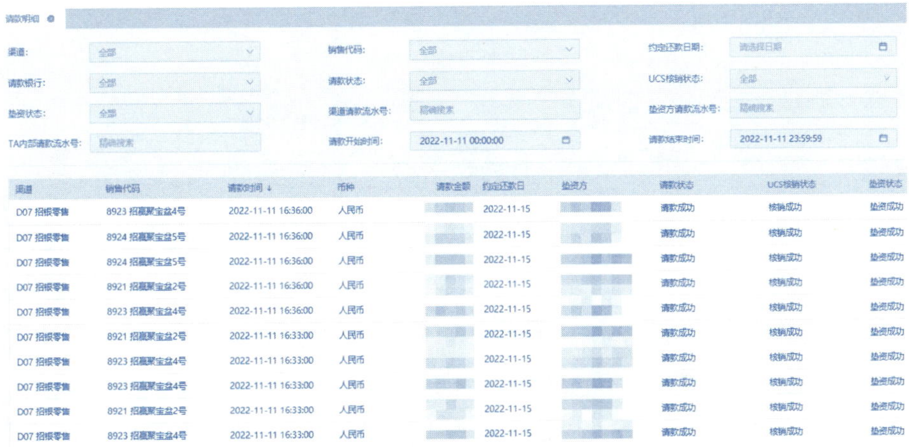

图6　T+0 快赎垫资

T0.5垫资每日监控

| 垫资产品明细 | 垫资方请款明细 | 渠道划歀明细（结算卡 -> TA清算户） | 渠道划歀明细（TA清算户 -> SAi收款户） |

结算日期：2022-11-11   渠道：全部

销售代码：全部   任务ID：精确检索

需垫资（请款）总金额   向垫资方请款状态   处理成功

销售代码	渠道
100721 招智量化平衡日开一号	D07 招银零售
100751 多资产FOF日开一号	D07 招银零售
100752A 招智均衡配置日开二A	D07 招银零售
100752C 招智均衡配置日开二C	D07 招银零售
100753C 多资产FOF平衡日开3C	D07 招银零售
100755 多资产FOF进取日开1号	D07 招银零售
100756 泓瑞全明星日开一号	D07 招银零售
100761 混合策略FOF日开一号	D07 招银零售
100763 泓瑞全明星债基90天	D07 招银零售
100800 泓瑞活钱管家日开一号	D07 招银零售

图 7　T+0.5 日间垫资

（6）监控大屏

呈现管理产品总规模、产品总数量、总客户量、销售渠道时点规模、朝朝宝实时数据、TA 清算进度（地铁图呈现）等数据，方便业务人员实时可视化查询 TA 运行状态和相关数据指标。

（请参见图 8）

图 8　监控大屏

三、项目创新点

（一）技术架构创新

1. 一体化 TA

一套 TA 运行包括普通净值型、货币型在内的所有类型产品，一站式管理，未来可追赶头部资管机构，支持 ETF、LOF 等类型产品。

2. 网格式、实时清算，轻量级恢复

产品 × 渠道矩阵式清算，最小流程依赖，实时灵活清算；支持单任务恢复，单客户恢复，单笔恢复；支持私家车式一天灵活多次小批量自动清算。

3. 全自动运营，提升人效

原生全自动清算设计，自动任务编排、自动任务调度、自动任务执行、自动稽核检查、自动通知预警。

4. 分布式、云原生，性能优异

云原生 + 微服务 + 分库分表，支持无限扩容，支持"1 亿 +"级客户、单日"1 亿 +"级交易。

5. 机器学习、异常检测

构建基于经验的 AI 稽核体系，可发现集体异常，具备可预测性，随着数据积累自动迭代；可与规则稽核强强联合、优势互补，严控清算风险。

6. 联合开发，自主可控

率先引入与外部厂商联合开发的模式，具备自主产权，相比需外购的传统TA，完全自主可控，需求响应快，支持灵活创新。

（二）业务模式创新

1. 搭积木式架构

轻量级、模块化产品特性组件设计，轻松组合、快速创新，支持清算流程、业务逻辑自定义，产品类型已全面覆盖，数量达 75 种。

2. 极致客户体验

引入联合垫资模式，已实现"680+"个理财产品赎回资金 T+0.5 到账；对

于现金产品，支持每自然日凌晨即下发上一日收益给客户，提供了极致的客户体验。

3.对标公募基金

开放方式、开放期确权方式、赎回方式、限额方式、报价方式、购买资金扣款方式等每类创新维度均提供多种选择模式，灵活度远高于公募基金，可以从容应对产品个性化、形态规则复杂多样的银行理财需求。

四、技术实现特点

（一）系统技术框架

注册登记系统技术框架

图 9   系统技术框架

系统内部采用微服务分层架构设计，系统间通讯通过 HTTP 方式，系统架构主要分为网关层、应用服务层、业务服务层、基础服务层和数据层，各层以微服务化子系统独立建设，做到架构级的高内聚低耦合；各个功能模块生命周期独立，可随业务的发展按单点进行迭代，同时在技术选型、部署架构、性能优化上具有完全自主的灵活性，是一个可持续、紧密贴合业务场景、具有进化能力、开放的演进式架构，支持应用层、数据层横向扩展，支持亿级客户、亿级交易量。

（二）系统高可用设计

为了进一步保障系统的整体高可用，减少故障恢复时间，降低故障定位耗时，使系统安全稳定的运行，项目基于招行 ZA24 金融云框架的应用监控及交易链路追踪服务设计了全链路监控视图，增强了系统故障定位和深度分析能力，提升了监控准确性和透明性。

五、项目风险控制

TA 系统在过程质量风险防控用、系统运行风险防控、用户权限管理、功能性与非功能性测试等方面都有完善且谨慎的一系列风险防控措施。

（一）针对注册登记制定并发布了完善的制度

主要包括《招银理财有限责任公司理财产品注册登记清算管理办法（试行）》《登记过户工作流程指引》等。制度中详细规定了在理财产品募集期、存续期、终止期，办理公募理财产品以及私募理财产品的各类注册登记清算业务的工作流程及工作规范，并对风险管理及内部控制进行了明确的约定，保障产品能够正常的运作。

（二）在系统设计评审过程中，严抓质量风险防控

提前发现问题，解决问题，在设计和开发过程中花大量精力进行评审，包括需求评审、交互评审、UI 设计稿评审、技术设计评审、代码结构评审、详细代码评审、测试案例评审等，在设计阶段就保证整体方向正确，避免后期返工及重构。功能上线成功率达 90% 以上。

（三）在业务运行中，系统采用完备的稽核机制

基于规则的精确稽核＋基于机器学习的 AI 稽核，严控各种已知和未知风险。每一个任务执行前、执行后都支持配置稽核事项，自动执行检查（包括数值合理性、逻辑自洽性、波动异常、占比异常、跨系统核对等等），一旦发现异常就会中止执行，并需要人工介入检查，决定是否恢复重算，还是忽略报错继续执行；目前已上线上百项稽核条目，覆盖所有清算任务类型，实际运作中也确实帮助控制了很多风险（如部分申请金额为 0、申请记录数与汇总记录数不符、特殊原因导致开户失败等）。

（四）在正式投产应用前，进行了充分的测试验证

在 2020 年 9 月正式投产应用前进行了充分的测试验证，并出具了完整的测试结果报告，测试工作包括。

1. 功能测试

覆盖每个功能点的功能性 ST 及 UAT 测试。

2. 非功能测试

非功能性 ST 及 UAT 测试，包含平台开放型测试、计算性能测试，数据清洗导入测试、数据完整性及正确性测试、系统权限测试等，所有测试验收通过后系统才能正式上线。

3. 并行比对测试

试运行期间，与招商基金成熟 TA 进行为期一个月的并行比对测试，涵盖交易确认金额、确认份额、交易费用、份额余额、份额明细的逐一核对，验证结果表明 TA 清算无误，符合预期。

六、国内外同类项目对比分析

招银理财新一代 TA 系统的统一 TA 设计、分布式清算、AI 稽核均为行业首创，前二者是困扰金融行业多年的难题，一直未解决，后者属于全新技术在金融行业的应用。

（一）创新速度

招银理财 TA 合理的分层架构、搭积木式设计，使得产品创新速度比传统 TA 提升了 1 倍。

传统 TA 错误的参数化设计可能会阻碍业务创新，以 QDII 基金为例，传统 TA 是在"基金类型"中"股票型""债券型""货币型"之后增加了"QDII型"，所有相关的逻辑也基于这个类型来做判断；而事实上 QDII 只是代表不同的资金投向而已，跟投资标的并不是同一个维度，未来业务发展也并不保证所有 QDII 都是 T+1 日出净值；这种将核心逻辑建立在口头分类上的做法，无异于将房屋盖在流沙上；招银理财 TA，根据业务本质将产品抽象成不同参数的组合（投资标的、报价时效、工作日历等），可轻松组合出新的产品，快速创新。

（二）运营效率

通过统一 TA、无日切的网格式清算，招银理财 TA 的整体运营成本降至 1/3。

1. 管理效率

传统 TA，由于业务发展的不连续性，在设计时未考虑不同类型产品的特性和清算流程差异，一个 TA 仅支持一类产品，造成一个管理机构分别运营多套相互独立又高度相似的 TA（如"自 TA""分 TA""实时 TA""专户 TA"），极大地增加了运营部门的工作量（多个系统账号、权限、工作日、货币利率、代销参数等重复设置，日常清算工作成倍增加），跨 TA 转换等业务难以实现。

招银理财 TA，整合各 TA 系统，使一套系统支持所有产品，实现一体化，统一客户账户，统一用户／权限／参数／日志，运营人员在一个系统完成所有产品清算。

2. 清算效率

传统 TA 清算像一个池子，只能处理当日的数据，并且只要放进池子的申请都必须参与清算，甚至"当日"到底是几号，也需要通过日初、日切等步骤来确定；实操过程中，传统 TA 采用统一清算机制，每天在收齐所有渠道的交易申请和所有产品的估值后，清算一次，如果某渠道或者某产品估值出现问题，则 TA 必须等待。

招银理财 TA 将清算拆分成多个任务，仅根据每个任务的"输入 / 输出数据"建立最小依赖关系，清算完全由数据自身驱动，任务只要依赖条件满足，即可执行；带来的好处包括三个方面：其一，不需要清算前准备工作（即决定哪些数据要放到今天的清算池里），申请数据不需要挪进挪出，只需要等待条件满足即可；其二，不需要切换工作日，减少了流程依赖；其三，当日清算任务间解耦，互相独立的任务可以同时执行，互不影响，减少不必要的等待，提高效率。

如某产品在渠道 A 和渠道 B 均有代销，只要 TA 收到渠道 A 的交易申请和产品净值即可对渠道 A 进行清算，不论是否收到渠道 B 的申请。

（三）风险控制

招银理财实现了行业首创的 AI 稽核，严控各种已知和未知风险。

传统 TA 系统只负责执行清算，自校验机制非常薄弱；数据抽查、校验等依赖于运营手工计算，工作量巨大，且容易遗漏；部分有研发能力的公司会自行开发外挂稽核程序，但与 TA 清算流程脱节，使用不便，并且仍然存在操作风险。

招银理财 TA 实现了完备的稽核机制，除丰富的规则稽核外，引入 AI 稽核为规则稽核进行补充，全方位稽核，进一步防范系统运行风险以及运营人员操作风险。

（四）系统性能

招银理财 TA 基于微服务的分布式、云原生、内存计算架构让整体清算性能是传统 TA 的 4 倍。

1000 万存量客户，单日 1000 万笔交易量，业内同类项目清算速度一般为 2 小时；同等情况下，招银理财 TA 总体清算不到 30 分钟，通过持续扩容还可成倍提速，轻松支持每日亿级交易量的数据清算。

（五）对比一览表

招银理财 TA 与同业 TA 对比一览表，表 1 中蓝色字体为招银理财 TA 系统的相对优势。

表 1 招银理财 TA 与同业 TA 对比一览表

对比维度	招银理财 TA	其他银行理财子 TA	基金公司 TA
自建 / 外购	与外部厂商合作自建 TA,将行业先进技术经验与我司强大的技术架构结合,产品转型及创新速度和高效运营优于同类系统,且客户满意度提高	大多数外购恒生和开科 TA(如中银理财),底层技术和业务逻辑设计先进,参数配置灵活;少数外购金证,与恒生和开科对比,行业占有率较低,业务模式相对落后,需要大量手工操作;极少数采用自建 TA	通常自建与外购相结合,如招商基金有 6 个 TA 系统,其中自建的有 3 个(1 个主 TA、1 个 LOF 的 TA 和 1 个实时 TA),外购的有 3 个(金证的 2 个实时 TA,恒生的 1 个 ETF 的 TA)
需求响应速度	响应速度快(1 周内),支持快速迭代创新	外购 TA 需求响应缓慢(1 个月)	外购 TA 需求响应缓慢(1 个月)
业务创新速度	支持业务快速创新(1—2 周)	外购 TA 业务创新受限(1–2 个月)	外购 TA 业务创新受限(1–2 个月)
是否完全自主可控	具有自主知识产权,完全自主可控	外购 TA 不开放全部源代码,无法完全自主可控	外购 TA 不开放全部源代码,无法完全自主可控
清算颗粒度	支持多维度,多批次,小批次清算	维度单一,外购 TA 清算仅支持到产品维度,不支持分批次清算	维度单一,外购 TA 清算仅支持到产品维度,不支持分批次清算
是否支持统一 TA	采用统一 TA,一站式管理,支持实时货币、债券、混合、权益、专户等多种理财产品,一站式运营管控,并且未来将追赶头部基金公司继续支持 ETF、LOF 等更多种产品类型	同一个外购 TA 不支持多种产品类型,未来如果要支持更多产品类型需引入多个 TA	不支持,通常采用多套分散 TA 系统,管理成本高,运营效率低
清算稽核支持程度	支持规则 +AI 稽核	一般支持到规则稽核,不支持 AI 稽核	一般支持到规则稽核,不支持 AI 稽核
清算效率	支持十亿级客户持仓和亿级客户交易的清算,2400 万笔交易,1 小时清算完	支持亿级客户千万级交易清算,500 万笔交易,1 小时清算完	100 万笔交易,1 小时清算完

七、项目运营情况及项目过程管理

（一）项目运营情况

TA 作为招银理财核心业务系统之一，是理财产品创新理念落地的重要平台。截至目前，TA 已支持五大类产品创新：带支付场景产品（朝朝宝 8920、8921、8922、8923、8924）、因客周期定开产品（招睿日开 7 天 /14 天 /21 天 / 一个月 / 二个月 / 三个月 / 六个月滚动持有）、最短持有期产品（丰和短债 7 天 /14 天最短持有期）、混合估值产品（招睿金鼎十八月 1 号 107601）、养老理财产品（颐养睿远稳健 1 号养老 103507）。

TA 已管理产品 1651 个，其中净值型产品 1616 个，货币型产品 35 只。涵盖招赢（聚宝盆、天天鑫、日日欣）、招睿（金鼎、滚动持有、颐养、季添利、青葵、卓远定开）、招智（混合策略 FOF、多资产平衡型 FOF、封闭睿远平衡）、招卓（沪港深精选、消费精选）、招越（量化对冲、打新策略）多个产品系列，日开、周开、月开、季开、N 月开、年开等多种产品开放期。TA 已对接 20 家代销渠道，管理产品总规模 2.35 万亿元，其中行内代销总规模 2.05 万亿元，其他渠道代销总规模 3000 亿元。TA 管理的货币型产品中，招赢朝朝宝产品（母行代销且重点推广）突破 1900 亿元、客户突破 2300 万户，已成为国民级"网红"理财产品。

截至目前，TA 系统已平稳运行 27 个月，清算效率达到 2000 万笔 / 小时，运营效率较受托主机至少提升 30%。随着新产品的陆续推出，爆款产品的推广，已支持亿级客户、亿级交易清算。

未来，公司增量理财规模目标达成，将需要 TA 系统实现更多创新功能和对接更多代销渠道。TA 将始终保持快速迭代更新，紧跟公司理财业务发展的步伐。

（二）项目过程管理

招银理财 TA 项目组从 0 到 1 完成系统基础版本的需求分析、设计、编码、测试、生产试运行和平稳上线，于 2020 年 8 月初投产。后续又采用敏捷开发模式，结合 DEVOPS 实现开发测试运维一体化，分期实施、快速迭代，经过 21 个版本迭代，快速响应积极支持总行朝朝宝产品创设战略、公司三方代销规模增长策略、公司短债产品扩大供给战略、公司首只养老理财试点战略，不断夯实完善系统功能。

【商密三级】【通知】关于HARBOR平台注册登记过户系统TA精益2021年12月迭代二的上线通知（招银财科部字[2022]第1号）

【商密三级】【通知】关于HARBOR平台注册登记过户系统TA精益12月迭代一的上线通知（招银财科部字[2021]第311号）

【商密三级】【通知】关于HARBOR平台注册登记过户系统TA精益11月迭代二的上线通知（招银财科部字[2021]第287号）

【商密三级】【通知】关于HARBOR平台注册登记过户系统TA精益11月迭代一的上线通知（招银财科部字[2021]第285号）

【商密三级】【阅知】关于HARBOR平台注册登记过户系统TA精益10月迭代的上线通知（招银财科部字[2021]第257号）

【商密三级】【通知】关于HARBOR平台注册登记过户系统TA精益9月迭代的上线通知（招银财科部字[2021]第244号）

【商密三级】【通知】关于HARBOR平台注册登记过户系统TA精益8月迭代二的上线通知（招银财科部字[2021]第221号）

【商密三级】【通知】关于HARBOR平台注册登记过户系统TA精益8月迭代一的上线通知（招银财科部字[2021]第197号）

【商密三级】【通知】关于HARBOR平台注册登记过户系统TA精益7月迭代二的上线通知（招银财科部字[2021]第186号）

【商密三级】【通知】关于HARBOR平台注册登记过户系统TA精益7月迭代一的上线通知（招银财科部字[2021]第171号）

【商密三级】【通知】关于注册登记过户系统TA精益6月迭代的上线通知（招银财科部字[2021]第155号）

【商密三级】【通知】关于注册登记过户系统TA精益5月迭代的上线通知（招银财科部字[2021]第115号）

【商密三级】【通知】关于注册登记过户系统TA精益4月迭代二的上线通知（招银财科部字[2021]第107号）

【商密三级】【通知】关于注册登记过户系统TA精益4月迭代一的上线通知（招银财科部字[2021]第94号）

【商密三级】【通知】关于注册登记过户系统TA精益3月迭代的上线通知（招银财科部字[2021]第62号）

【商密三级】【通知】关于注册登记过户系统TA精益2月迭代的上线通知（招银财科部字[2021]第44号）

【阅知】关于资管新系统注册登记过户系统TA精益1月迭代的上线通知（招银财科部字[2021]第32号）

【阅知】关于资管新系统注册登记过户系统TA精益12月迭代的上线通知（招银财科部字[2020]第193号）

【阅知】关于TA系统货币mvp版本（朝朝宝项目）上线试运行的通知（招银财科部字[2020]第174号）

【阅知】关于资管新系统注册登记过户系统TA支持私募产品的上线通知（招银财科部字[2020]第171号）

【阅知】关于资管新系统注册登记过户系统TA（二期）的上线通知（招银财科部字[2020]第143号）

【阅知】关于资管新系统注册登记过户系统TA（一期）上线试运行的通知（招银财科部字[2020]第93号）

图 10　TA 系统每个迭代的上线通知

八、项目成效

（一）经济效益

1. 新增利润及税收

自 2020 年 8 月上线至 2021 年底，根据公司净利润、因理财业务缴纳税金和 TA 系统管理理财产品规模占比测算，TA 系统助力公司新增利润超 10 亿元，新增税收贡献 2.2 亿元。

2. 节省人力成本支出

招银理财注册登记共需 4 人全职负责产品端账户类 / 交易类数据清算和相应的资金结算工作，按 3 万元 / 人·月的人力单价计算，系统上线以来 16 个月节省人力成本合计 192 万元。

说明：以上仅为系统上线至 2021 年 12 月底的测算结果，未来系统将持续稳定地产生经济效益。

（二）社会效益

TA 系统构建了销售渠道、产品生命周期和客户权益的"三位一体"的运作体系，为银行理财实现净值化转型、快速成长奠定了坚实的基础，为客户创造价值的过程中，实现高质量的发展。

TA 系统是促进银行理财回归"代客理财"本源的基础工具，是银行净值化转型的先锋，为切实保护投资者利益提供了重要保障。TA 系统持续为客户创造价值，累计服务超 2800 万客户，连续两年为客户创造收益超千亿元。通过朝朝宝升级为其他净值理财的用户达 40 万，金额达 155 亿元，陪伴客户走过了理财启蒙和财富升级。

TA 系统在理财产品转型、产品创新、独立运作、独立管理方面提供了专业化的平台，在理财账户、申赎交易、客户份额权益方面进行精细化识别与准确计量，严格管控在产品运作过程中的各类风险，并在保障系统运作效率的基础上，为理财产品稳健运作提供支持，为投资者利益保驾护航。

TA 系统在银行理财行业中率先采用联合开发模式、金融云微服务框架和智能化的稽核风控方式，为银行理财行业规范化、智能化运作提供了良好的引领示范作用，并通过自身的不断探索与完善为理财行业提供先进的系统实践经验，为促进资管业务金融生态改善及智能化运作贡献了应有之力。

九、项目总结

招银理财自主研发的新一代 TA 注册登记系统，之所以能够顺利实现净值化转型、推动业务快速创新、大幅降低运营成本、推出行业首创体验一流的创新理财服务，助推业务跨越式发展，主要总结为以下几点经验。

一是率先引入联合开发模式，结合内外部团队优势，采用精益敏捷迭代方式，快速建成行业领先、一体化、高性能、智能化的注册登记系统。

二是突破当前传统 TA 无法做到一套系统支持所有类型产品、统一数据结构、统一客户账户、统一用户 / 权限 / 参数 / 日志的难题，在同行业首次实现了一体化 TA 管控平台，极大提高了产品运营效率。

三是推出行业首创的规则稽核 +AI 稽核，强强联合，提供了完备的稽核机制，最大程度降低了系统运行及操作风险。

四是通过搭积木式架构和产品特性组件技术，加快了银行理财产品创新速度，提高了产品竞争力。

五是公司设置业务数字化专员、产品经理、研发人员三个角色，共同参与 TA 项目的系统建设，通过业务与 IT 的深度融合，促进 IT 产出效能提升。

十、项目展望

招银理财新一代 TA 系统自 2020 年 1 月启动研发，2020 年 8 月完成 MVP（首个迭代）版本上线并逐步推广使用。自投入使用以来，新一代 TA 系统已经成为招银理财产品特性创新、高效运营、销售拓展的重要核心系统。目前系统管理产品数量达 1650 余个，对接代销渠道 20 家，产品规模约 2.35 万亿元，客户达 2800 万户。

新一代 TA 系统通过搭积木式架构和产品特性组件技术，加快了招银理财产品创新速度，提高了产品竞争力，2个月将朝朝宝推向市场，9个月达成产品规模突破 1000 亿元、客户量突破 1000 万户的"双千"成就，助力短债产品迅速扩大代销规模，极短时间满足全国首批养老理财试点要求。

作为招银理财连接销售渠道和理财投资端的桥梁，新一代 TA 系统为实现投资者权益公平管理、交易体验优异提供了重要支撑，也是招银理财金融科技核心竞争力的重要组成。同时，系统具备可以向同业输出的能力，具有良好的示范效应，可有效助力市场良性循环发展。

中国人保财险

数智化农业保险服务平台"耘智保"

一、背景及目标

农业是安天下、稳民生的战略产业。当前国际环境错综复杂，新冠疫情仍有反复，农业农村的稳定发展对我国应变局、稳大局起着至关重要的作用。党中央、国务院高度重视发展农业保险工作，习近平总书记多次作出重要指示，强调农业保险一定要搞好，财政要支持农民参加保险。2007年开始，财政部实施农业保险保费补贴政策，2007—2022年全国农业保险保费收入从52亿元增长到1200亿元以上。

中国人保自1949年成立之初就开办农业保险业务，70多年来一直秉承"人民保险"的职责使命，将经营农业保险作为一项政治任务，不折不扣地履行使命担当。中国人保立足"三新一高"，充分发挥金融保险功能，全面护航粮食安全和重要农副产品稳产保供，用金融手段牢牢守护中国人饭碗里的"中国粮"，全面助力农业农村现代化，全力助推乡村全面振兴。2020年中国农业保险保费规模首次超越美国跃居世界第一，目前中国人保农业保险保费市场份额约44%，保持国内绝对领先。农业保险具有点多面广、数量巨大且空间分布分散的特性。传统模式存在三方面痛点。

一是承保数据收集难度大。在承保环节，验标是农业保险开展的基础环节，也是最关键的环节。承保数据的准确与否直接影响了财政补贴资金的支出安全。在历年各级审计及财政部门组织的农业保险规范性核查、抽查中，保险公司业务开展不规范的现象频繁发生，具体表现在：一方面，投保、验标环节档案资料不规范、不完整、不准确；另一方面，保险机构承保业务核验不到位、投保数据不真实，存在保期重叠、重复投保、险种标的混淆承保等问题。

二是理赔周期长，环节多。在理赔环节，投保农户受灾后，谎报、夸大受灾损失情况时有发生，导致经营成本提高，影响业务的可持续性。在查勘定损环节，一方面由于广大农村地区地域广阔，交通条件相对较差，导致查勘成本高；另一方面查勘定损过程烦琐且需要农业、气象、财政等多个部门协调联动。在大范围受灾的情况下，确定受灾范围及程度、明确受灾户数难度较大，保险公司往往采用区域统一赔付的方式，提高了赔付率，增加了赔付成本。传统农险承保理赔存在的经营粗放、不规范等问题严重制约着农业保险的可持续发展。

三是经营管理不够精细，存在道德风险和逆选择等情形。这些问题严重制约了农业保险高质量发展，迫切需要通过科技创新，推动传统农业保险经营模式全面转型升级。

2019 年，财政部、农业农村部、银保监会和国家林草局等四部委联合印发了《关于加快农业保险高质量发展的指导意见》（下称《指导意见的》）。这是在新时代中央对农险工作作出的顶层设计，为农业保险更好地防范化解风险指明了方向。《指导意见》强调了农险提质增效、转型升级的要求，科技转型成为农险发展的重点。

2020 年以来，针对上述农业保险经营管理中的痛点，中国人保积极推动农险科技赋能，研发了数智化农业保险服务平台"耘智保"，实现了农险承保理赔全流程的数字化、移动化、智能化操作。

"耘智保"创新应用多种"黑科技"，实现对农险的精细化管理，实现农险规范经营，有效防范各类风险。一是引入"3S"技术（RS 遥感技术、GIS 地理信息技术、GPS 定位技术），实现对作物、草原、森林等标的位置、面积、种类、生长、灾损等情况的快速精准识别；二是引入 RFID 电子耳标，实现对能繁母猪、育肥猪、奶牛、肉牛羊、驴、马等各类牲畜身份的精准识别；三是集成 OCR 识别，实现承保、理赔环节农户身份证、银行卡、营业执照等证件的智能识别；四是应用 AI 技术，开展畜脸识别、一拍知重/知长、智能点数等创新应用，通过采集牲畜外形特征实现对其身份的无接触识别，为新冠、非洲猪瘟疫情期间开展远程承保理赔操作提供科技支撑；五是应用区块链技术，打造政企联盟链，有效实现标的个体识别和溯源，为养殖险承保验标、防灾防损和理赔查勘定损提供可靠依据；六是通过数字签名、水印相机、电子单证等技术，实现承保理赔无纸化处理，实现"让信息多跑路，让农户少跑腿"，做到绿色环保、规范经营。

"耘智保"的应用有四个方面的目标：一是有利于提高农业保险服务能力，提升农户获得感。运用科技手段，构建了"线上＋线下"农业保险网络服务体系，使得保险服务更便捷，下沉到村舍和分散的农户，提高农业保险服务可得性和及时性，保障了农户生产积极性，使农户更有获得感，助力国家乡村振兴战略。二是有利于提升农业保险运营效率，保障财政补贴资金安全。通过互联网、大数据等科技应用，简化了交易环节、降低了经营成本，使得农业保险经营管理更加精准和智能，承保验标数据更加真实，理赔更加便捷、精准，财政补贴资金更加安全，农业保险运营效率大大提升。三是有利于加强农业保险有效监管。建立汇集农业保险业务和农情灾情的大数据平台，可以实现各类数据相互校验、大数据分析挖掘和服务效果评价，有助于解决信息不对称问题，消除信息壁垒，推动农业保险经营管理模式由事后监管向事中监控和事前预警转变。四是有利于保障农业保险持续发展，构建农业生产安全防护网。运用现代信息技术手段，推动农业农村重大风险防控领域的信息化和数字化，加快提高农业保险大灾风险转移和分散能力，保障农业保险长期持续稳定发展，构建农业生产安全防护网。

二、方案描述

数智化农业保险服务平台"耘智保"通过自主研发与引进吸收相结合，实现了"3S"技术、AI人工智能等多种技术在农险领域的集成创新。基于"3S"技术，建设了全国村投保边界数据，构建了全国独有的农险立体化"3S"基础数据，实现了真正意义上的按图承保、按图理赔。基于AI技术，"耘智保"自研了AI智能点数算法，采用更加精确的标注方式，优化模型参数，算法精度超越商业产品。

数智化农业保险服务平台"耘智保"实现了农业保险的数字化、移动化、智能化、规范化，推动农险业务流程再造。数字化方面，"耘智保"应用"3S"

技术、AI、区块链等，融合政府涉农数据，实现农险标的信息、风险信息、业务信息的数字化；移动化方面，"耘智保"APP 将联动微信公众号，实现农险承保、理赔全流程线上化、移动化；智能化方面，"耘智保"深度应用 AI 人工智能、大数据等，实现业务处理流程的智能化，比如利用 AI 技术实现牲畜的无接触识别；规范化方面，"耘智保"以业务信息的数字化和全流程线上化为基础，对承保验标、理赔查勘、核损理算等实务流程关键节点进行刚性管控，提升业务规范化程度，保证数据的真实性、准确性，保证财政补贴资金安全。

（一）业务方案

1. 农业保险精准便捷承保场景

在种植业保险中，"耘智保"应用"3S"技术及全国独有的村级投保区域边界数据库和远程视频验标技术，实现精准承保，大幅提高验标效率。"耘智保"建立了以地块为驱动的保险标的一张图管理系统，采用"按图承保"模式，实现保单地块落图、精确定位保单中每个农户的保险标的；在养殖业保险中，应用人工智能、物联网、区块链技术，精确确定保单中养殖场的养殖数量规模，如图 1。

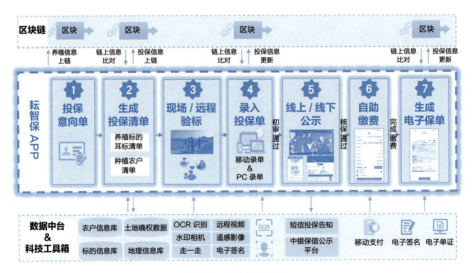

图 1　承保流程图

2. 保险精准快速理赔场景

在种植业保险中,"耘智保"综合应用"天"(航天卫星遥感)、"空"(航空无人机)、"地"(地面人工调查和移动信息采集)等技术组合成一套多维度的定损体系,以卫星遥感进行全区域总体调查和灾情快速评估;在养殖业保险领域,应用物联网和 AI 技术实现死亡牲畜个体的精准比对,有效遏制非保险标的理赔、重复理赔等违规行为。在种林险,通过"3S"技术,利用遥感数据实现快速查勘、快速定损。在养殖险领域,采用远程查勘,实现养殖险案均查勘时间由 4 小时减少为 0.5 小时,效率提升 87%。如图 2。

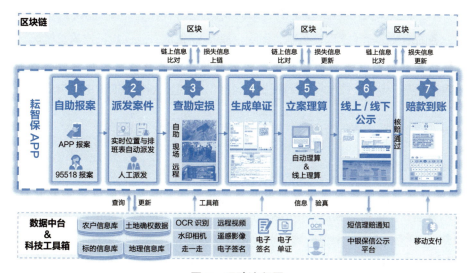

图 2　理赔流程图

3. 农业保险客户服务场景

一是网络公示,在线公开、公示广大投保农户的承保和理赔信息,充分保障广大农户的知情权。二是宣传教育,以视频等易接受的方式,将政策性农业保险知识、产品条款、投保理赔流程、监管要求、农业生产技能等相关的信息主动推送给广大投保农户,提高农户的保险意识。三是防灾减损。向广大投保农户主动推送气象灾害信息和农产品市场价格信息,提醒投保农户做好灾害防御和农产品售卖计划,降低投保农户的因灾损失。

4. 违规风险精准识别场景

一是基于保险机构的农业保险承保理赔业务数据,通过设置各种校验规则，识别出重复投保、重复理赔、承保数量异常、承保理赔农户不一致等违规行为。二是基于土地确权、土地资源、畜牧养殖、防疫检疫等各类数据资源，通过与农业保险承保理赔数据的交叉比对，挖掘出异常承保区域、异常理赔区域、"黑名单"等潜在违规风险。三是借助遥感和人工智能等现代科技手段，识别作物实际播种面积、作物实际受灾面积和清点实际养殖数量等，通过与农业保险承保理赔数据的交叉比对，识别出超面积（数量）承保、夸大面积（数量）理赔、协议理赔等弄虚作假行为。

5. 农业保险管理决策场景

基于农业保险大数据，嵌入挖掘分析及决策支持模型，全面挖掘分析农业保险业务的相关指标（承保覆盖率、保险金额等），监测农业保险机构的发展状况，评估农业保险经营风险，评价农业保险实施的效果，为政府相关部门制定农业保险政策措施，促进政策性农业保险快速、持续、稳定发展提供有效的决策支持。

（二）技术方案

1. 技术架构

数智化农业保险服务平台"耘智保"在技术架构上采用前后端分离设计。技术方面，实现前端和后端的代码分离；逻辑方面，前端专注用户交互，后端专注业务逻辑处理，实现后端服务复用，前端灵活多变；部署方面，采用物理分离的方式，更好地支持资源动态水平扩展。如图3。

平台应用架构分为"前端 + 后台业务处理 + 配置平台 + 黑科技工具箱"。

前端包含安卓、iOS 版本 APP，主要实现面向农户、业务人员、"三农服务"人员三种角色的个性化流程，提供丰富的前端功能。前端 APP 采用 PDF-M（PICC Development Framework-Mobile）开发框架，基于 MVC 架构，具体分为三层：界面交互层，提供和用户的交互功能，响应用户操作，展示相应信息。业务逻辑层，处理业务逻辑，一般情况下，客户端受限于终端的机能，难以处理复杂的业务逻辑。数据服务层，提供本地数据和远程数据的获取。本地数据一般通过自建的 SQLite 数据库等方式进行存储，系统及第三方库均提供数据存取 API，方便开发者使用。远程数据可以通过 HTTP、Socket 等方式从远程服务端获取。

图 3 系统应用架构图

后台用于业务处理及审核，采用微服务设计和 PDF-C（PICC Development Framework-Cloud）开发框架，遵循高内聚、低耦合、可复用设计原则：微服务内的关键元素（如数据内聚、流程内聚、功能内聚等）基于功能单一职责，保证业务领域内功能的高度聚合，微服务间的关联程度低；应用聚焦本领域核心功能，减少跨微服务调用；数据库聚焦本领域的数据实体，减少跨库访问。

配置平台为系统管理员提供验标规则配置、查勘模板配置、损失计算公式配置、自动调度配置等配置功能，支持各地分支机构根据本地经营管理实际开展个性配置，并支持快速实现差异化的业务需求。

黑科技工具箱对内统一接口标准，对外引入接口适配层，便捷高效接入各类农险"黑科技"。一是引入了"3S"技术，实现对农险标的的精准定位和识别；引入 RFID 电子耳标技术，精准识别各类牲畜身份；通过 OCR 识别技术，快速识别承保、理赔各环节证件信息；基于卷积神经网络，利用农险丰富的大数据，训练 AI 模型，开展畜脸识别、一拍知重/知长、智能点数等创新应用；利用区块链技术的安全性、开放性、自治性、防篡改等特点，建立政企联盟链，实现养殖险个体识别和溯源；通过数字签名、水印相机、电子单证等技术，实现农险承保、理赔环节无纸化、线上化处理。

整体架构方面：该项目采用离线地图缓存、APP 本地数据缓存技术以及多线程异步上传和定时补传的混合机制，实现业务高峰期下的承保验标和理赔查勘海量照片上传，大幅提升用户体验。可支持电话呼入、手机锁屏、手机黑屏、断网情况下，进行离线业务处理以及网络恢复后的业务数据和影像照片的中断补传。

2. 主要技术介绍

数智化农业保险服务平台"耘智保"建设紧跟"乡村振兴""科技兴农"的发展步伐，通过引入"3S"技术、人工智能、区块链等技术，推动农险流程再造与服务升级，加速农业保险进入数字化、智能化、线上化时代。

（1）RS 遥感技术：RS 遥感技术原理为先采集由地面目标物体反射或发射的光谱，再对采集到的光谱信息进行分析、解译、应用。RS 遥感技术服务遥感底图服务、遥感解译服务，"耘智保"同时应用了这两种服务：一是系统通过展示遥感底图，辅助业务员查看遥感底图上的房屋、耕地、山地等情况，完成农户的承保验标，勾画承保标的地块。二是系统通过接入遥感解译服务，监测种植作物在出苗期、拔节期、抽穗期、灌浆期、乳熟期等各阶段的生长情况。当大灾来临后，通过 RS 遥感技术，采集一定时间范围内的遥感图像，并通过光谱技术分析出种植面积、受灾面积，结合我公司独有的村级投保区域边界，可以快速得出各区域的种植数据、受灾数据，用以精准快速理赔。

（2）GPS 定位技术：GPS 全球定位系统属于被动测距定位系统。在地面的用户可以通过手机内嵌的信号接收器接收来自卫星的测距定位信号，定位出用户的三维位置信息，具有抗干扰性强、保密度高的特征。GPS 全球定位系统属于被动测距定位系统。"耘智保"采用 GPS 技术，叠加遥感数据和历史地块数据，基于全国的村级投保区域边界数据，管控承保验标必须在村投保区域内，记录验标照片位置，并叠加遥感数据，确定可保范围；查勘理赔环节通过标注出险地块，查勘位置，管控理赔区域必须在承保区域内，避免虚假验标、虚假查勘。另外，"耘智保"基于 GPS 技术，自主实现"走一走"的 GIS 组件，一是实现基于 GPS 定位的智能调度，二是实现了根据业务员的行进轨迹来自动勾画地块。

（3）GIS 地理信息技术：GIS 地理信息技术即面向空间地理的信息管理系统，可将地图的视觉化效果与地理数据分析结果结合在一起，生成空间图像以辅助决策。GZS 技术还可以通过对空间过程进行模拟预测。在台风等自然风险发生时，可以用来进行险情监测，比如台风路径预测，提升防灾防损能力。系统利用 GIS 技术，建设了以村投保区域为核心的立体农险图层，可以根据种植、养殖、林木三大险类，动态展现不同的图层，并自动计算并校验承保理赔的地块面积，实现按图承保，按图理赔。如图 4。

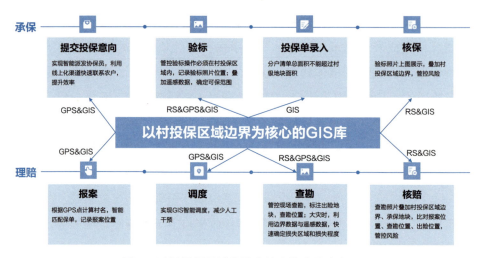

图4 以村投保区域边界为核心的应用流程图

（4）人工智能 CNN（卷积神经网络）："耘智保"采用了目标检测算法实现承保标的的智能点数，支持养殖险承保环节的验标工作。基于神经网络，结合我司大量业务图片数据进行数据标注与训练，准确率达到95%以上，智能点数完全准确的图片占比达到55%以上，单张图片效率在12ms左右，能够很好地支持承保验标业务，极大改善了农险养殖险业务验标难、承保标的"黑盒"的现状，使复杂的养殖险业务的精准承保成为可能。"耘智保"采用了图像分割算法实现了"一拍知长知重"，对提交的标的照片进行实例分割，识别出出险标的及参照物，并将图片归一化后进行猪重拟合计算，实现快速查勘的同时还可避免理赔欺诈情况的发生。在此场景的基础上，我公司探索了多只出险标的的长度识别算法，在特定的无害化处理厂环境下通过拍照快速识别几十头猪的长度，大大提升了理赔查勘效率。

（5）区块链技术：区块链技术使用了现代信息安全和密码学的原理与技术成果，包括哈希算法、对称加密、非对称加密、同态加密和零知识证明等。在数智化农业保险服务平台"耘智保"建设过程中，分别使用了SM2、SM3、SM4等国密算法。系统在传输数据时，使用基于国密算法的 SSL/TLS 协议对数据进行加密，在创建数据库时可使用国密算法实现数据库表的整体加密与敏感信息的字段加密，大大提升了系统的安全性与可信性。"耘智保"充分利用区块链技术的安全性、开放性、自治性、防篡改等特点，整合监管数据、保险数据、交易数据，搭建农业保险信用体系，为公司的承保验标、防灾防损和理赔查勘定损提供可靠依据。

（三）建设与实施

2020 年以来，人保财险立足于服务三农，开发了一款通用、标准、全面的农险 APP，即"耘智保"APP。系统于 2021 年 3 月全面上线，已成为支撑中国人保农险业务发展的核心基础平台，支撑公司农险保费规模超 500 亿元。该系统为超过 8000 万投保农户、近万名农险业务员、10 万余名三农服务人员提供农险全流程线上化服务，年均承保标的数量达 6 亿条，损失标的数量达 1 亿，支撑中国人保农险业务保持国内绝对领先地位。

在系统建设过程中，人保财险作为主要起草单位，形成一项金融行业标准《基于遥感技术的农业保险精准承保和快速理赔规范》。同时，已提交 4 项发明专利申请，均已公开并进入实质审查；另有 4 项技术创新方案计划近期提交发明申请。

三、技术或业务创新点

"耘智保"APP 建设紧跟科技发展的步伐，推动农险流程再造与服务升级，推动农业保险由传统化进入线上化、智能化、自动化时代。

"耘智保"APP 中实现了大量农险"黑科技"工具，以解决农险业务处理中的痛点。

（一）智能应用方面

该项目实现了"智能点数""一拍知长 / 知重""畜脸识别"等智能应用。平台建设过程中，充分发挥了我公司已有的农险数据优势，通过对大量历史数据的 AI 训练，不断优化参数。智能点数方面，利用独有的农险数据优势，采用更加精确的标注方式，通过调整学习率、交并比、置信度等模型参数，采用数万张照片训练后，准确率能够达到 95%，单张图片识别平均耗时 12ms，支持每年 3000 万次调用；"一拍知长知重"方面，基于两阶段的检测算法，在检测框的基础上进行了像素级语义分割，简化了实例分割的难度，通过调整学习率、训练轮数等参数，基于数万张照片训练，在理赔查勘中深度应用，大幅提升理赔查勘效率。畜脸识别方面，根据实际效果筛检牛脸检测、牛脸关键点检测、牛脸矫正、牛脸特征提取等算法。针对牛脸识别的独特性（标的相似、拍摄角度不规则），提出针对性解决方案。

（二）区块链应用方面

该项目创新性地利用区块链技术，以耳标为最小管控单元，将耳标分配、检疫出栏，无害化处理、投保、理赔等交易关键信息，加密后用区块链进行存储，支持上链轨迹、链上信息动态可视化展示，实现承保、理赔真实性，保证财政补贴资金安全。

四、应用与成效

（一）社会效益

数智化农业保险服务平台"耘智保"细分实际参与农业保险各环节的人群，设定农险业务员、三农服务人员和农户（包含农民、农业生产经营组织和农企）三类用户角色，为每一类角色量身定制角色功能，实现农业保险承保、理赔、客户服务全流程信息化定制服务。同时，全流程以电子化单证推送代替传统纸质材料传递，提高工作及管理效率，降低管理成本，减少各环节人与人的接触，实现"让信息多跑路，让农户少跑腿"的设计初衷，做到绿色环保、疫情防控的同时节约了公司成本。

数智化农业保险服务平台"耘智保"项目实施，获得了监管、行业和农户的高度认可，其对现阶段农业保险创新与服务有显著意义。

一是服务国家大局，保障粮食安全，以科技手段促进农业保险扩面、提标、增品，放大财政资金杠杠效应，将中国人民保险的政治性、人民性落到实处。

承保更为精细：将保障粮食安全"国之大者"的政治责任落到了实处。通过"耘智保"，在有限的作物播种期实现了大面积农作物精准承保，防范农业生产中断风险，保障农业生产和农民收入基本稳定。

理赔更加快捷：将金融工作必须始终坚持人民性的要求落到了实处。"耘智保"实现了及时、快速、便捷、准确的灾后理赔服务，维护保障了农民群众的根本利益。

服务更加丰富：将党中央关于促进节粮减损的要求落到了实处。通过"耘智保"，运用科技手段提升防灾减损能力，转变了保险传统的灾后货币补偿模式，通过保险服务促进了粮食减损。

二是推动行业发展，率先在行业实现农业保险全流程信息化服务，有利于提高农险服务能力、提升运营效率、加强风控、保障农业和农险可持续发展。

提高服务能力：保险服务下沉到村舍和分散农户，提高农险服务可得性和及时性。

提升运营效率：通过业务信息的数字化和全流程线上化，简化交易环节、降低经营成本。

加强有效监管：降低信息不对称，提升风控管理的有效性和及时性，保障财政补贴资金安全。

保障可持续发展：提高农险大灾风险转移和分散能力，构建农业生产安全防护网。

三是服务当时疫情防控大局，通过"耘智保"实现"无接触服务"，支持阻断新冠病毒、非洲猪瘟等疫病的传播途径，助力疫情防控，降低社会运行成本。

（二）经济效益

数智化农业保险服务平台"耘智保"引入了"3S"技术、"一拍知长/知重"和畜脸识别等 AI、大数据技术，全力推动农险流程再造，实现了质量变革、效率变革和动力变革，推动农业保险由传统化进入数字化、智能化时代。

质量变革：推动农业保险更加精准、及时、高效。承保环节实现了按图承保和数量（个体）识别的精确承保模式，有效杜绝虚假承保行为发生，保障财政补贴资金安全；理赔环节实现了按图理赔和个体识别理赔的精准理赔模式，提升农险定损的客观性、可靠性和科学性，简化了理赔操作，提升了理赔效率及精准度。平台有效解决了农业保险中存在的工作量大、数据采集难、信息不对称、经营成本高、合规风险高、农户逆选择等问题，使农业保险业务运营更加精准及时高效。

效率变革：有效防范农业保险违规风险。运用现代信息技术手段推动农业重大风险防控领域的信息化和数字化，通过科技手段有效甄别高风险交易，智能感知异常交易，远程智能监控农业保险业务流程操作，监测识别农业保险可疑保单，精准判别欺诈行为，给农险合规管理配上尖刀利器，有效保证财政资金的安全和运行效率。

动力变革：通过模式优化、流程再造、服务升级实现农业保险"四大转变"。一是承保理赔数据由"文字台账信息"向"空间地理信息"转变。二是核保核赔手段由"主观经验判断"向"智能数据分析"转变。三是前端操作模式由"人员密集投入"向"技术密集升级"转变。四是服务内涵价值由"履行赔偿责任"向"风险减量管理"转变。将保险风险管理从单一的履行灾害赔偿责任扩展到"险前"预警、"险中"响应与"险后"补偿相结合的"防赔并重"的综合性风险管理一揽子解决方案。

系统上线前，内部人员、协办人员（包含协保员和协赔员，下同）和农户（包含农民、农业生产经营组织和农企，下同）之间主要以面对面的方式采集承保、理赔信息，由于农险业务量大、标的服务面广、时效性要求高，每名保险公司人员都需要在短时间内往返于多个乡镇，为数百位农户提供保险服务，时间成本与经济成本均极高，信息传递的安全性较低。

该系统上线后，"耘智保"有如下应用效果。

一是保证了业务数据真实性，通过"3S"技术在"耘智保"APP的应用，完整记录验标过程，实现验标流程可追溯、可视化、智能化。

二是提升了工作效率，在种植险，通过基础GIS信息库，叠加遥感数据，实现种林险"天、空、地"一体核验，验标效率、查勘效率大幅提升。

三是降低了运营成本，传统模式下，养殖险查勘员需要对病死猪现场称重、测量尸长，每头猪平均用时5—10分钟；利用"一拍知长/知重"，自动计算出猪长、猪重，用时5秒钟。节省大量人力、物力、交通以及单证印刷和管理成本，助力"双碳"目标实现。

该系统于 2021 年 3 月全面上线，已成为支撑中国人保农险业务发展的核心基础平台，支撑公司农险保费规模超 500 亿元。该系统可支持 8000 万投保农户、近万名农险业务员、10 万余名三农服务人员，提供农险全流程线上化服务，年均承保标的数量达 6 亿条，损失标的数量达 1 亿，支撑中国人保农险业务保持国内绝对领先地位。

2021 年，"耘智保" APP 荣获金融电子化杂志社的"科技赋能金融业务发展突出贡献奖"。"农险数字化转型实践"案例入选了中国银行保险报的"2021年度数字化服务卓越案例"，并被收录由中国金融出版社出版的《2021 中国保险业信息化案例精编》一书。

五、未来发展

数智化农业保险服务平台"耘智保"立足保障国家粮食安全，服务农业生产国家大局，以国家乡村振兴战略为根本出发点，建立涵盖农险承保理赔、客户服务、农业气象防灾防损、政策资讯服务等数字化、智能化的农险科技平台，形成"承保 + 减损 + 赋能 + 理赔"的数字运营模式，引领全球农险市场发展。该项目实现农险发展质量变革、效率变革和动力变革，推动农业保险进入线上化、智能化时代，有效防范农业保险违规风险，保证财政资金的安全。

该项目建立了"开放、共享、互联"统一的农险科技平台，拥有完全自主知识产权，达到 99.9% 高可用水平。基于人工智能和机器学习算法，继续训练智能点数、"一拍知长 / 知重"、畜脸识别、OCR 识别等智能 AI 服务，实现农险承保理赔交易智能化处理；利用区块链技术灵活引入外部权威数据，构建政府、农业监管机构、企业多方参与的数据共享平台，实现内外部数据闭环管理、交叉验证，对农险承保理赔真实性进行有效监督。引入气象数据，推动气象数据与农险业务数据的融合，推进农险从"险后补偿"转向"险前预警、险中响应、险后评估"。

该项目将成为支撑公司农险业务发展的重要平台，为近万名农险业务员、10 万余名三农人员、8000 万余农户提供在线服务，大幅降低运营成本，实现农业保险高质量发展。

中信建投证券

数智融合驱动下金融服务平台建设与应用

一、引言

（一）项目背景

近年来，非接触式信贷、理财、保险等金融服务的发展开始提速，金融业务的数字化、云端化及智能化正成为趋势，以人工智能、区块链、云计算及大数据等为代表的数字技术创新发展不断冲击着金融行业的商业模式。2022 年 1 月，人民银行再次发布《金融科技发展规划（2022—2025 年）》明确提出，从战略、组织、管理、目标、路径以及考评等方面将金融数字化打造成金融机构的"第二发展曲线"。

在金融科技发展浪潮下，数字化转型成为证券公司适应数字经济、谋求生存发展的必由之路。证券投资咨询业务作为证券行业财富管理业务的重要组成部分，通常运营于券商营业部，其线下经营的模式逐渐衍生出资源分布不匹配、服务效率低、响应不及时、专业化程度参差不齐及难以考核监管等问题。伴随着近年来证券行业利润空间缩窄、经纪业务佣金收入持续下降，众多券商开始进行业务模式转型，探索经纪业务线上服务方式，如何利用快速发展的人工智能技术与大数据技术，促进金融客户服务业务由劳动密集型向智能化、定制化及云端化的技术密集型转变，建立以客户为核心、数智融合为特色的智能金融客户服务体系，已成为摆在金融行业客户服务从业人员面前的重要问题。中信建投证券深入数字化转型，探索数智融合驱动下金融服务平台建设与应用，逐步形成以智能匹配、意图识别、智能质检、自动对话机器人和智能人工协同服务为核心的智能在线金融咨询服务平台，即"优问"金融服务平台（以下简称

"优问平台"），旨在促进金融客户服务体系高效发展，为证券公司提供行业级解决方案。

（二）项目目标

中信建投证券"优问"金融服务平台致力于解决传统金融客户服务体系资源配置不均衡、效率低下和专业性不足等问题，创新性地采用人机协同方式[①]，提供全天候、一体化的服务营销，实现跨地域的员工资源分配，引入人工智能技术以有效化解有限客服资源与海量用户服务请求间的矛盾，为客户带来高质量咨询服务，显著提升客户服务体验，使财富管理业务用户规模与盈利效果增长。基于人工智能学习能力和海量场景数据分析，以"优问"为基准的智能金融客户服务平台能够帮助金融机构重塑金融咨询投顾服务体系，更好地发挥在金融客户服务事前协调、事中管控和事后监督全流程的作用，有效促进金融客户服务业务向技术密集形态转变，为证券经纪业务开展提供有力支持，为金融行业数字化转型树立典范。"优问"上线以来，实现服务体验、合规管控与业务转化的齐头并进与良性发展，项目获得多项国家发明专利与软件著作权。

二、项目方案

（一）业务方案

当前金融行业快速发展，海量用户快速涌入市场给金融公司的客户营销能力带来巨大考验，金融客户服务与客户满意度和产品推广直接相关，也会影响金融公司的业务发展。中信建投证券拥有巨量的证券经纪业务客户，如何在巨量客户规模中实现智慧营销与精准服务成为摆在中信建投证券财富管理业务面前的一道难题。

为了提高金融客户服务满意度，中信建投证券以全流程数字驱动的理念为引领、以数字化手段为支撑，以大数据与人工智能技术为抓手，不断深耕客户

---

① 江航 . 大数据背景下银行智能客服应用研究与展望［J］. 商情，2018（030）：99.

营销与服务过程智能化转型与数智融合，改善传统经营模式和业务场景，着力建设数字化金融客户服务体系，旨在促进证券经纪业务的效率和业绩提升。中信建投证券"优问"金融服务平台通过创新性地引入客户行为与画像模型构建、智能行为分析引擎、多渠道客户触达、全链路营销辅助等功能，构建全流程服务模式，实现精细化智慧营销。

（二）技术方案

中信建投证券以智能化为导向，基于计算机视觉、自然语言处理[①]、深度学习和人机协同等一系列先进技术建设"优问"服务平台，为证券行业智能金融客户服务提供行业级解决方案，所提出平台架构如图 1 所示。

"优问"金融服务平台通过多维度外部渠道聚合客户资源，利用服务路由、对外接口及流量分发等措施统一处理高并发咨询请求，同时，借助自然语言处理、机器学习等人工智能算法提供包含客户、决策、基础和智能在内的多项服务，系统采用微服务、高可用架构，底层基于 MySQL、Redis、GraphDB 等数据库，利用 Docker 容器化方式实现秒级部署，引入 Kubernetes 等云原生架构降低运维成本，实现证券经纪业务投顾员工资源跨地域分配，为客户带来高质量咨询服务，显著提升客户服务体验，使单客户运营成本逐年下降，客户规模与盈利效果显著增长，同时，借助知识图谱[②]、意图识别等方法提高实现合规管理，使证券客户服务流程规范化，在证券、基金行业金融客户服务场景下具有高可复制性。

1. 宽领域外部渠道，助力客户咨询服务

"优问"金融服务平台在客户咨询的外部渠道中采用引入"蜻蜓点金"APP、在线客服、微信公众号、头条、小程序、H5 页面及抖音嵌入等方式，覆盖应用、网页、微信生态、头条生态等宽广领域，客户能够依据个人习惯、使用个人常用软件进行证券经纪业务咨询，投顾能够为来自各个渠道的客户咨询提供统一服务，为客户和投顾提供足够的便捷性，助力经纪业务客户咨询服务的开展。

---

① 路啸秋. 智能客服自然语言处理的方法研究［J］. 计算机产品与流通，2019（5）: 1.
② 张旭. 知识图谱技术落地金融行业的关键四步［J］. 金融电子化，2017（11）: 1.

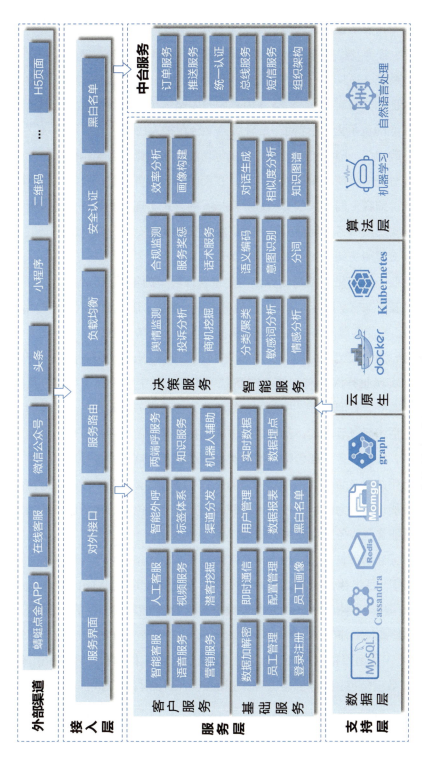

图 1　中信建投证券数智融合驱动下金融服务平台架构

2. 高可用安全设计，保障系统安全运营

银行、证券及保险等金融行业通常需要实现数据计算和存储的高安全、高可用性，系统必须具备一定的数据防护能力，且能自动从服务器或组件故障中恢复。对证券公司而言，7×24 小时稳定、安全、可用的数据服务能够极大增加客户服务的竞争力。"优问"金融服务平台在接入层中引入用户登录、安全认证、负载均衡、降级熔断和黑白名单等功能，采用微服务架构保障并发请求处理，应对经常出现的单机故障问题，在面临后台服务宕机、负载过高时会自动切换或扩缩容，同时采取 CAS 与 Token 的方式实现安全认证，通过网关的过滤功能实现黑白名单规则，有效保证客户服务系统安全、稳定运行。

3. 全方位服务架构，提高经纪业务效率

经纪业务数字化转型是证券公司财富管理转型的重要部分，"优问"金融服务平台基于文字、语音、视频、行为等多模态数据，以"数字人"① (Digital Human)、智能客服等方式在服务层中提供客户、决策、基础、智能及中台等各项服务，助力经纪业务向线上发展。"优问"集成 Nacos 服务注册与配置管理组件，实现业务 API 与智能 API 的统一管理，其中客户服务主要包括智能客服、两端呼、智能外呼、视频服务等功能，决策服务主要包括合规检测、画像构建、话术服务等功能，基础服务主要包括即时通信、用户管理、数据加解密等功能，智能服务主要包括分类聚类、意图识别、情感分析等功能，中台服务主要包括统一认证、总线服务等功能。"优问"金融服务平台以咨询营销一体化、智能化服务为宗旨，持续不断完善和扩展全方位多层次的服务架构，走在金融智能客户服务体系发展的前沿。

4. 多元化前沿技术，支持服务稳定运行

"优问"底层存储采用高可用数据库，通过 Redis、Mysql 和 MongoDB 等多种数据库及中间件提供缓存与数据持久化存储等功能；算法层引入聚类、SVM、CNN、RNN、Bert 等智能化算法实现情感分析等服务，同时以 GraphDB 图数据库和知识图谱为基础构建知识搜索、推理和计算等知识服务，充分发挥数据价值；服务部署方面采用 Kubernetes 与 Docker 实现云化和秒

---

① 鲁金彪. 虚拟数字人重磅来袭，金融服务交互体验升级［J］. 中国金融电脑，2022（1）: 3.

级部署，保障平台的轻量化及易扩展。"优问"金融服务平台引入多元化前沿技术，旨在为服务层各项功能提供技术支持，实现投顾营销、业务推送和风险控制等功能，使客户服务营销全流程闭环，显著提升客户服务体验和合规性，保证系统服务稳定运行。

（三）建设与实施

本项目按照建设规划分两阶段进行建设：第一阶段完成平台基础功能搭建，于 2019 年 7 月启动智能化改造项目，通过框架设计和迭代开发，完成环境搭建和数据基础设施搭建，最终在 2020 年 9 月初步上线智能化功能，实现智能路由、智能质检，机器人服务等功能；第二阶段为完善智能化单元，2020 年 9 月至 2022 年 9 月，该阶段上线人机协同智能服务，完善产品推荐、话术推荐等功能，并完成了智能知识库、多模态融合等智能化组件的升级更新，完善了智能化的功能。

针对项目建设过程中可能存在的业务合规、系统安全和数据安全等风险，"优问"通过引入 Web 应用防火墙、入侵防御系统、全流量威胁检测系统、主机入侵检测系统、安全运营中心、威胁情报系统及沙箱实现安全风险防护与检测，构建安全纵深防御体系[①]，同时采用系统监测工具对系统性能和运营情况进行实时监控，设置系统冗余容错机制，制定异常信息监测、报告、处置流程，以技术手段禁止数据移出安全域、禁止截屏，仅允许通过公司已建立的安全域操作相关系统，根据公司内部不同部门的定位及数据使用目的，依据最小权限、最少功能原则，为内部用户设定不同的可查询范围、可展示数据，并根据实际使用需求采取脱敏、加密等数据保护方案有效防护外部入侵方式泄露客户数据。

三、项目创新点

中信建投证券"优问"金融服务平台创新性地采用融合人机协同的智能金

---

① 卫剑钒，刘健.金融企业网络安全纵深防御体系建设思考与实践［J］.金融电子化，2021，000（012）：P.43-45.

融服务模式，引入基于自然语言处理的智能解析机制，设计融合人机协同的智能金融服务模式，实现客户服务能力提升和营销全流程闭环，促进营销业绩增长，为证券行业智能金融客户服务业务提供行业级解决方案。项目所具备的创新点如下。

（一）基于自然语言处理的智能解析机制

传统客户服务咨询分配通常采用人工方式，经常出现员工无法精准判断业务类型、未能及时回复、难以综合考量客户地理位置及意愿等画像等问题，导致客户服务满意度较差。中信建投证券"优问"金融服务平台创新性地引入基于自然语言处理的智能解析机制，底层采用先进的算法库，构建语义搜索、情感分析、会话意图识别等智能应用组件，实现智能人机对话解析，能够在节省人力资源成本的同时提升客户服务体验。基于自然语言处理的智能对话解析机制设计框架具有以下创新点如图 2 所示。

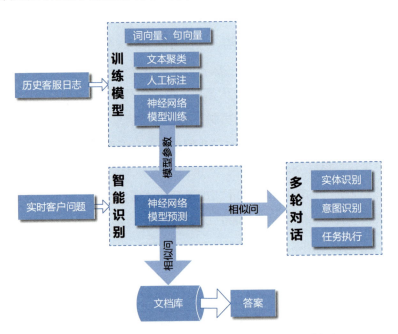

图 2　基于自然语言处理的智能对话解析机制设计框架

1. 基于知识图谱的智能知识库

中信建投证券"优问"引入基于知识图谱和知识搜索引擎的智能知识库，智能知识库联合多部门，按照业务类型、应用场景、知识形态、风险等级、合规限制等维度将业务知识进行结构化处理，构建面向金融领域的智能知识库与基于文字、视频、语音和富文本等多种知识形式的知识工厂，采用数字化运营的方式发现并捕获标准金融知识，实现知识识别与生成。

2. 智能自动问答机制

为提高系统服务承载能力和金融专业化程度，实现精准客户服务，"优问"金融服务平台引入自动问答机制。基于自然语言处理技术，"优问"可实现海量数据的快速检索，进行语义搜索、情感分析、会话意图识别等智能服务，识别客户意图并精准反馈标准解答，提升服务效率与平台服务承载能力，提升客户体验。

3. 智能服务路由算法

传统的服务分配方法多采用人工分配，经常出现无法精准判断客户业务类型，导致客户问题与员工擅长领域有较大偏差。"优问"金融服务平台通过智能路由组件实现了一种智能匹配机制，综合考虑客户意愿、客户画像等多种因素，通过智能解析识别业务类别，按照适当性原则为客户匹配投顾员工，最终实现高效且适当的服务对象匹配，提升客户体验。

4. 合规风险智能控制

中信建投证券"优问"金融服务平台在服务全流程中创新性地引入合规风险智能控制措施，通过在知识库设定大量合规知识，将服务对话与预存"黑名单"词汇及其近义词进行匹配，检测员工的辱骂、骚扰及违规操作提示等言论和过度营销行为，符合监管要求从而实时记录和提醒合规问题，达到合规风险智能控制的目的。

（二）融合人机协同的智能金融服务模式

受制于深度学习、自然语言处理技术的发展，传统金融客户服务机器人仅在处理大量可重复问答和固定答案时准确率较高，难以完全理解客户意图，无法实现与人类客服媲美的智能化，因此需要具备人机协同机制，实现机器客服和人工投顾之间的无感知转换。为兼顾服务效率与质量，中信建投证券"优问"金融服务平台的机器人服务单元（Robot Service Unit，RSU）创新性地采用融合人机协同的智能金融服务模式，所具备创新点如下。

1. 知识推荐赋能投顾

"优问"金融服务平台的人机协同服务模式采用机器辅助员工的方式实现客户服务，通过意图识别实时监控服务客户目标，后台通过智能算法将回答建议实时推送给员工，提升员工服务效率和专业程度。

2. 无感知机器转人工

人机协同模式下数字化金融客户服务具备无感知的机器转人工能力，能够感知用户情感和问答置信度等特征，根据感知结果实现自动转人工，从而帮助客户快速处理机器无法回答问题的情景，以保障客户问题能够得到有效、快速解答。

3. 机器智能辅助服务

当投顾员工因咨询量过大或不了解某些问题而无法及时回复时，系统会进入机器智能辅助模式，由机器替代员工提供数字化的视频咨询与远程帮助，有效提升服务承载力；面对客户倾向于咨询固定员工的场景，若投顾员工离线无法及时服务客户，系统也会转入机器替换人工投顾，及时为客户提供服务。

（三）面向营销一体化的服务生态体系

传统证券公司咨询服务和经营销售业务通常是分离的，中信建投证券"优问"金融服务平台致力于打造"服务 + 营销"的模式，创新性提出面向营销一体化的服务体系，构建以投顾服务为中心的营销生态，助力实现从服务到业务的转化，有效提升经纪业务经济效益，具有以下创新点。

1. 投顾营销线索推荐

由于客户在咨询过程中往往存在大量资金开户、金融产品购买或咨询等意图关键词，探索服务与营销的高效融合、建立服务营销一体化生态成为业务转型突破点。"优问"金融服务平台以服务为优势，采用意图识别和推荐算法精准判断客户是否具有购买产品或开户等一系列业务的意图，按照客户画像和适当性原则为客户匹配产品，并向员工自动推荐销售线索，从而实现全流程营销能力扩展。

2. 陪伴式服务能力建设

"优问"金融服务平台在客户咨询全过程中，系统在客户允许的情况下实时跟踪客户行为动作，通过大量客户行为分析客户购买过程是否出现困难，并最终通过业务插件等形式自动推送至客户端，实现全流程的跟踪式答疑服务，及时回答客户疑问，解决客户困难，从而提升客户满意度和转化率。

四、技术实现特点

"优问"金融服务平台基于微服务技术框架，建立服务智能接入网关，实现客户请求与业务系统的实时连接和外部数据服务接口的统一管理，借助人机协同、自然语言处理、机器学习等人工智能算法提供包含客户、决策、基础和智能在内的多项服务，实现跨领域智能化集成的经纪业务投顾服务体系，在技术实现上具备以下特点。

（一）人机协同

"优问"金融服务平台人机协同的金融客户服务模式架构如图3所示，其在技术上引入知识推荐、情感识别等智能化手段赋能人工投顾，通过识别客户意图、自动检索数据和最佳匹配答案，实现客户自动对话服务和人工投顾智能辅助，极大提高金融客户服务效率，提升客户体验。该部分已申请国家发明专利且已授权，专利号为 zl202110822192.4，《人机协作的智能客服对话方法及装置》。

图3　融合人机协同的智能金融服务模式架构

（二）知识图谱

"优问"金融服务平台引入基于知识图谱和知识搜索引擎的智能知识库，通过数据资源层、概念模式层、实体数据层及知识应用层，构建业务类型、合规制度、应用场景、风险等级及知识形态等业务知识的图谱构建，通过本体模型进行知识抽取和匹配融合，引入图数据库存储知识，从而实现金融服务平台相关的知识可视化、关联检索及知识推理等应用，其构建流程融合建模、抽取、融合、存储和计算组件等步骤，如图4所示。

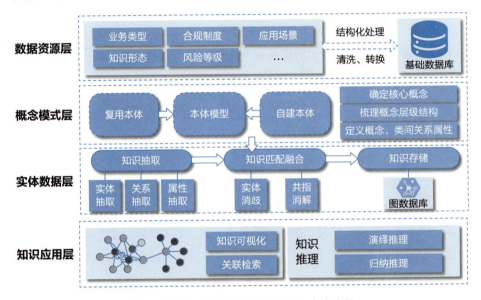

图4　基于知识图谱的智能知识库构建流程

（三）深度学习与自然语言处理

中信建投证券"优问"金融服务平台引入深度学习与自然语言处理技术，底层采用 Bert、Transformer、LSTM 等模型用于各项服务底层算法支持。双向长短期记忆网络（Bidirectional Long Short Term Memory, Bi-LSTM）是一种适用于多个领域的实体识别算法，其基于深度学习，完全由数据驱动，无须人工构建特征工程，能够根据前后序列数据信息深度挖掘隐含状态下的特征，能够更好地处理梯度消失和爆炸的问题，具有良好的预测效果。中信建投证券"优问"引入双向 LSTM 进行实体识别，通过对文本建模和向量形式转换，结构化数据被输入至双向 LSTM 网络，通过 Softmax 分类器进行实体分类预测，以输入句子每个单词的类别标签为分类结果，其架构流程如图 5 所示。通过引入深度学习和自然语言处理相关技术，"优问"平台得以提升问答系统的准确率，构建高效的语义搜索、情感分析、会话意图识别等智能应用组件，满足客户服务相关业务需求，提高服务竞争力。

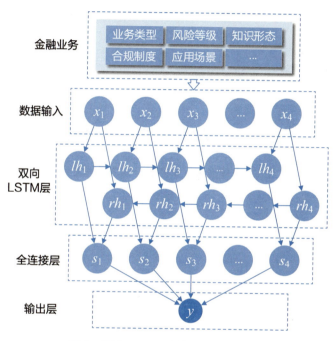

图 5　双向 LSTM 实体识别架构流程

（四）多模态融合

多模态融合技术能够使机器从文本、图像、语音、视频等多个领域获取信息，实现信息转换和融合。中信建投证券"优问"平台提出应用自然语言处理、计算机视觉、深度学习和人机协同等一系列先进技术能力建设多模态融合①（MultiModal Fusion，MMF）的智能金融客户服务体系，通过引入多模态

---

① 潘建东，徐政钧，刘逸雄，王浩洋 . 多模态智能金融客户服务体系建设研究［J］. 金融科技时代，2022，30（11）: 4.

融合技术构建基于语音、语言及视频等多媒介互通的客户服务方式，将多模态输入实时转换为目标语言文本并解析，增强不同特征数据融合能力，从而为客户提供更优质的服务，提升客户满意度，其体系架构见图6。

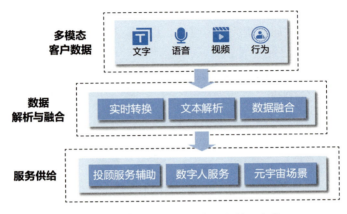

图 6　多模态融合智能客户服务体系架构

五、项目应用与成效

（一）应用推广情况

1. 资源整合与标准服务

"优问"平台通过智能路由、线上服务的方式进行资源整合，为客户提供全年无休的秒级响应咨询服务，极大扩充了服务能力，并通过集中运营等方式规范服务流程，完善量化考核机制，实现实时合规质检。平台目前已达到百万级年服务总量，同时连接公司多业务平台实现联动服务，实现了由传统服务至数字化服务的转化，客户评价满意度达 99.8%。

2. 降本增效与业务创新

"优问"平台采用人机协同的智能服务模式，通过知识库、智能辅助等多种智能化组件提升服务效率与服务质量。智能合规质检、智能路由等组件的使用可代替人工审核与分配，通过技术创新逐步降低运营成本。根据最新统计数据，平台单客户运营成本已降至 2017 年的 50% 左右。"优问"平台同时采用先进的软件体系架构，设置移动化工作平台，可使员工随时随地服务客户。优问平台还支持客户在网站、小程序、APP 和微博等多种渠道上享受专业的投顾服务。

3. 技术创新与客户增长

"优问"平台已形成识别客户需求、解决客户问题、引导客户开户、普及业务知识、引入客户资产、推介公司产品、持续跟踪服务的全流程服务机制，实现了服务规模的快速增长。服务体验、合规管控、业务转化齐头并进，良性发展，客户满意度稳步提升。

4. 行业影响与发展前景

"优问"平台逐步加强对投顾员工的专业化培养，通过在线考试提升投顾专业化能力。目前优问系统授权专利 2 项，论文 3 篇，软件著作权 3 项。此外，"优问"平台 2021 年 9 月，获得中国通信学会"金融科技与数字化转型创新成果"，2021 年 10 月，获得中国企业联合会、中国企业家协会"全国智慧企业建设创新实践案例"，2022 年 1 月，获得中信集团科学技术二等奖，2022 年 7 月获得中国信通院首届"鼎新杯"数字化转型行业融合应用案例二等奖。

（二）项目成效分析

中信建投证券数智融合驱动下金融服务平台为证券行业智能金融客户服务业务提供行业级解决方案，做到经济效益和社会效益中的双效合一。

1. 经济效益

通过持续运营管理，"优问"平台年提供咨询服务超百万次，引入数亿客户资产，创收达千万级别，且年增长超过 50%。"优问"平台以为客户提供高质量金融咨询服务为出发点，不断打磨服务模式，结合智能营销推荐，为客户提供良好体验，为服务营销一体化提供可能性。

2. 社会效益

（1）全量全时段服务，提高客户投资理财水平

目前大多证券公司的投资咨询服务以面向公司客户或高净值客户为主，而"优问"金融服务平台以面向所有人使用为目标，嵌入百余个常用的用户渠道，允许任意访客在"优问"平台进行咨询，为广大投资者提供 7×24 小时全天候

的金融咨询服务，累计为数百万投资者提供咨询服务，对广大投资者理财知识水平和能力具有显著提高作用。

（2）行业级解决方案，助力金融客服体系转型

中信建投证券"优问"金融服务平台采用大数据分析、精细化运营、分布式管理和众包模式，实现证券服务线上化和服务资源重配置。与此同时，"优问"探索服务与营销的高效融合，基于推荐算法建立服务营销一体化生态，打造"服务+营销"的模式，向全行业提供标准化的金融客户服务体系解决方案。

（3）统筹全投顾资源，响应非首都功能疏解令

中信建投证券拥有6000余名专业持牌顾问，其中首都投顾人数占比最高，资源倾斜较为严重。为了响应国家非首都功能疏解令，"优问"金融服务平台克服传统金融模式下顾问员工需线下服务、存在地域和时间隔离等问题，不再采用高投入的客服中心解决方案，而是将全国营业部投顾资源转移至线上，打造快速响应且专业的金融服务平台。

（4）数字化智能质检，有效控制行业合规风险

证券金融行业具有严格的合规管控，例如投顾人员不得承诺收益、不能诱导客户进行不必要的证券交易等，因此需要对投顾员工对话内容进行实时合规质检，保障线上服务合规性。为减少人工合规质检的压力，"优问"金融服务平台引入智能合规质检组件，通过关键词、意图识别等方式对员工与客户的对话内容进行实时监测，并通过建立分级的合规提醒规则与质检规则，保障对话内容满足合规要求，有效控制行业合规风险。

六、项目总结与未来发展

（一）项目总结

在"共同富裕"政策目标持续推动下，未来中国财富管理将有别海外市场专注服务高净值及富裕阶层的模式，更添"普惠"色彩。在深化资本市场发展和金融供给侧结构改革的背景下，证券经纪业务作为以客户利益为中心的财富管理方式，对大力促进国民储蓄向投资转化、践行长期价值投资理念有着重要

意义。

中信建投证券通过多年运营，发挥智能化特色，建立以智能路由、自动问答、人机协同、智能推荐和自动合规质检为特色的"优问"金融客户服务平台，探索以人工智能和云计算等技术的创新落地实践，形成一套具备证券行业特色的金融客户服务生态体系，为客户带来高质量咨询服务，提高客户投资理财水平，使客户规模与经纪业务盈利显著增长，统筹投顾资源，有效控制行业合规风险，为金融行业数字化体系建设方案提供有力参考。

（二）未来发展

伴随着我国居民财富收入持续增长，中等收入群体规模不断增大，未来中国财富管理行业将迎来空前发展，将作为国家"第三次分配"的最佳执行者之一，反哺共同富裕的加速推进。

财富管理业务中，对客沟通以及全流程服务将是业务开展的核心，"优问"金融服务平台的实施将有利于金融公司提升客户服务能力，在财富管理转型中借助金融科技的力量实现经济效益快速增长。未来以"优问"为代表的金融客户服务生态体系将继续在系统开发、数据模型以及业务内涵等方面进行不断的升级和迭代，将继续探索数字化和智能化服务能力建设，深入探索数智融合，以解决客户痛点和赋能投顾服务为目标，在分布式、跨终端等方面继续前进，以支持更大规模的投顾场景服务；进一步聚合投资、咨询及营销等多个业务需求，打造智能化平台，实现投顾业务全周期覆盖；加强引入合规风险控制措施，响应国家相关政策要求，持续提升客户服务品质和客户满意度，努力成为金融行业客户服务体系数字化转型的标杆！

中航信托

信托全流程数字化尽职尽责管理中台

一、引言

（一）项目来源与意义

近年来，随着监管环境和经济形势的变化，"回归信托本源"成为信托发展趋势。信托机构作为受托人如何能够更好地履行受托义务成为信托公司的核心竞争力。

在项目管理过程中，由于信托公司金融科技起步较晚，项目管理过程中的尽职管理依赖人工比例高，信托业务系统作为专业子系统支持项目管理，尚无统一的受托人尽职管理视角平台。具体总结信托机构在项目管理过程中存在的问题，主要包括以下几点。

第一，在信托业务管理中，管理动作常需要嵌入具体管理环节中，而由于信托市场相对小众，诸如标的项目现场监管、项目项下机构管理等功能市场上无相关成熟产品支持或无法嵌入到具体管理环节中。

第二，信托业务管理环节由多个专业子系统共同支持，专业子系统往往以功能点维度为用户提供服务，缺乏业务维度的全流程尽责管理体系，存在尽责盲点，无法快速识别项目管理风险，为业务提供统一的受托人尽职管理视角的操作管理视图。

第三，信托业务管理，一般依赖项目经理、风控经理、运营经理等岗位人员进行线下尽调、离线风险识别与日常项目管理，没有依托交易对手内外部信用数据与风险舆情预警等各渠道的预警数据与风控模型，辅助业务进行风险管理。

信托全流程数字化尽职尽责管理中台（以下简称"尽责中台"）立意信托全流程数字化管理平台，实现无专业子系统管理功能，集成有专业子系统功能，嵌入数据应用服务，构建可配置的信托项目尽职管理体系，打造业务全生命周期管理一站式尽职管理中台。

（二）项目研究内容

尽责中台重点研究内容有以三个方面。其一，全面梳理信托项目管理过程中仍存在业务线下管理或系统不支持的业务操作，须调研并实现；其二，应用数据中台所提供的内外部数据服务，反哺项目投前投中决策支撑，同时为投后提供项目全景图、交易对手全景图等综合管理视图；其三，搭建可配置的、动态跟踪提醒的、可量化考核的尽职尽责管理体系，实现信托多类型项目全流程一站式尽职尽责管理。

二、项目方案

科技服务业务，尽责中台项目方案从解决实际业务问题出发，提出"1+N"总体方案，即以1个全流程数字化尽职管理为主干，N个功能子模块为枝叶的业务方案。基于业务特点，充分调研在技术架构后，采用先进的前后端分离的微服务架构，解耦功能间的代码耦合性，为业务快速功能迭代提供有效支持，同时系统采用灰度升级策略，为业务提供高可靠、高可用服务。

（一）项目总体设计

1. 业务总体设计

业务总体规划围绕信托项目的尽职尽责管理。根据业务规划，构建九大功能子模块，具体包括项目管理、资讯中心、运营中心、账户中心、合作机构管理、合同管理、现场监管、合规管理与精细化管理，如图1。

尽责中台以数据平台为基础，通过尽职尽责管理体系与外部专业子系统功能集成交互，为信托项目管理提供全流程、一站式业务管理服务。

图 1　尽责中台业务架构

2. 技术总体设计

尽责中台技术总体架构（如图2）是基于新一代互联网的分布式开发平台，其具备可复用、可扩展、高安全的特性，能够降低对业务开发人员技术要求，提升业务功能开发效率及系统稳定性。

面对复杂多变的业务模式，微服务架构支持应用的演进式迭代开发，模块化松耦合设计、易于扩展、复杂度可控、适宜于项目组敏捷开发，快速响应业务需求。尽责中台开发框架构建了功能强大的系统运维监控平台，主要功能包括自动化升级部署，日常常系统运维、日志查看、系统监控等一站式升级运维平台。

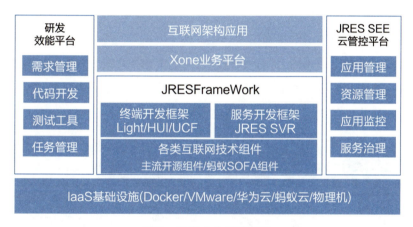

图2　尽责中台系统架构

（二）项目组织架构

项目推进需要公司支持。尽责中台被列为公司重点项目，公司成立了尽责中台项目专项小组，由公司领导担任小组长，并设置业务牵头人与业务协调监察人，与各个业务需求部门负责人、科技部门负责人共同作为小组成员。尽责管理小组设置项目经理，由金融科技部人员担任，业务需求部门指定业务对接人，并由业务牵头部门对接人作为总负责人。

项目实施过程中，金融科技部负责尽责中台项目建设技术牵头部门，协调各责任部门开展规划的相关功能板块开发测试工作，负责项目前中后期方案制定、商务流程、现场实施、项目过程管理以及上线验收等相关工作。运营管理部作为项目业务需求总牵头部门，主要负责项目投后管理模块的业务对接工作，并兼顾其他需求部门的功能把关审查工作。风险管理部负责项目投前风控体系与投后风险管控业务相关工作。合规管理部负责合规管理、监管合规指标等合规尽责体系与合规合同库等板块功能工作。财富管理中心负责与客户相关的尽职尽责管理功能相关工作。业务评审管理中心与其他信托业务部门负责信托项目尽调与设立过程中的尽职尽责功能工作。各部门分工明确，共同协调推进尽责中台体系构建。

（三）项目实施内容

1. 尽职尽责管理体系

尽职尽责管理体系是尽责中台总体方案（如图 3）的核心，全流程数字化管理不是一个独立系统的工作，而是以公司各个业务系统为基础、以数据中心为桥梁，构建的多层次的项目尽职尽责管理体系方案。图 3 为尽职尽责管理体系与公司各业务系统、数据中心以及自身内容的层级关系。

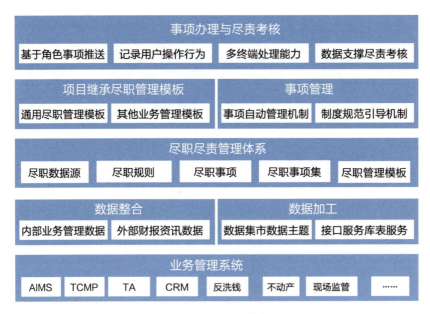

图 3　尽责中台总体方案

基于尽责中台的可配置化的尽职尽责管理模块是一套基于业务规则，进行各类尽职尽责事项编排的尽职尽责管理解决方案。尽职尽责管理体系建设采用

"分层架构"（如图4）方式，实现了尽职数据源、尽职规则、尽职事项、尽职事项集和尽职模板等一系列功能，并搭建了支持事项动态编排的功能平台，支持编排不同类型的项目尽职模板。业务人员根据项目类型绑定相应的尽职模板，继承模板尽职管理事项，在项目管理过程中按照尽职事项规范进行项目尽职管理。

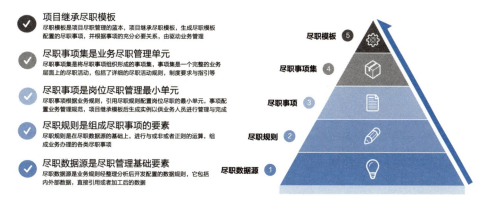

图4　尽职尽责管理体系架构

尽职尽责管理体系支持不同业务类型，覆盖项目管理的全生命周期，支持基于项目、子项目、产品的各维度尽职事项的模板继承，同时支持项目维度的个性化自定义尽职事项，为项目尽职管理提供了标准化管理，并预留了项目管理的灵活性。基于消息驱动的事项通知处理机制，能够实现事前系统自动提醒运营经理、信托经理等相关岗位及时操作，事中操作留痕，事后统计分析与考核，通过科技手段对业务管理过程赋能。

2. 数据应用与业务管理视图

依托中台数据整合能力，基于场景化的数据应用服务，实现尽职尽责数字化管理。

在数据应用中，尽责中台通过数据模型，实现对项目的动态分类管理及管理指标的阀值控制，实现部分指标下的集中管理，如交易对手的集中度管理、交易对手评价（工商、舆情、司法诉讼等）、财务变化情况、履约情况变化、押品价值变化等，为项目管理提供决策支撑。

在业务管理视图应用中，基于数据平台统计维度数据，在尽责中台展示公司层级、部门层级等统计数据，为领导决策提供数据支撑。在项目管理页面展示项目维度的数据视图，为各岗位人员项目决策提供数据服务，在交易对手页面展示交易对手维度的内外部数据视图，包括与交易对手的历史交易记录，实时舆情资讯预警等内容，为项目尽职管理提供数据支撑。

3. 业务管理功能

（1）项目现场监管

尽责中台项目现场监管是信托项目对项下投资的资产进行现场人员派驻与管理的一种加强投资标的管理的形式。在该模块内，将一般现场监管项目类型分为房地产开发类、城市更新类、建筑工程类、工商企业类等。项目现场监管可在模块内管理项目事务。与预设在系统内的合同约定，执行相关流程审批、管理动作等内容。具体包括项目监管授权、项目账户、资金、合同、交易流水、项目重要物品、工程进度、销售计划等各项内容，同时现场监管人员需在系统内定期提交监管报告。

（2）嵌入式风控体系

信托项目投前、投中、投后都离不开各类风险控制决策，其一方面包括针对投资标的与交易对手的前期尽职调查业务评审视图和投资决策视图等内容，另一方面包括投后管理的智能360°全景视图等内容，针对投资决策的指标体系，嵌入业务决策流程中，直接高效地辅助业务决策。

针对投资标的的交易对手，投后管理通过外部舆情资讯实时风险事件监控，当项目出现相关风险事件或者员工识别到交易对手风险时，通过分级管理机制，以流程驱动风险事项的判定、管理、上报、跟踪、应对、处置等，构建风险事件闭环管理。

（3）合规合同管理

合规合同管理功能提供合同模板与合同起草与审批管理，对公司全部合规合同模板进行线上管理，进行权限管理，提供修改与分发管理，实现线上合同文件起草、管理，改造法律文件审批流程，实现线上合同文件审批，并提供合同定稿文件与用印文件的文档比对功能。

根据日常业务管理习惯，逐步将合同模板内容条款化，以结构化数据的形式存储，实现合同模板条款化，并为合同模板起草与版本更新提供便利。

三、项目创新点

（一）业务管理创新

在开展尽责中台内容实施中，尽责中台集成业务子系统功能、融合内外部业务数据，基于中台构建尽职尽责管理体系，配置各类项目的全流程数字化管理能力。尽职尽责管理体系主要有以下四个特征。

第一，尽责中台提供了一个可扩展可配置的灵活平台，兼容支持其他外部专业业务子系统，为各种类型业务管理提供了一整套解决方案。

第二，将法规制度文件与系统管理融合，使系统操作有制度支撑，实现将该方法与装置作为项目管理的"一本尽责字典"，详细记录着尽责管理的各项指引与规范。

第三，灵活编排整合各管理系统功能，实现业务视角的项目全流程尽责管理视图，实现将该方法与装置作为项目管理的"一部尽责书籍"，详细记录着尽责管理的过程与实例。

第四，事件驱动管理、网格化消息通知机制，实现事件驱动型尽职管理机制。

基于以上特征，该尽职尽责管理体系达到了以下有益效果：一是实现了多类型、全流程、跨系统的项目尽职管理，针对各种不同类型的项目，进行全流程的尽职事项编排，统一项目管理入口与视图，形成一站式的数字化应用服务与尽职管理；二是解决了系统管理与法规制度脱节的问题，加强管理制度的执行落实；三是基于事件驱动型尽职管理机制，降低操作风险，提升了项目管理的效率。

基于搭建的尽职尽责管理体系，已梳理配置尽职管理事项100余项，并配置了项目通用尽职模板等，集成投资管理系统功能内容，对接数据服务应用接口。项目通过改造项目立项流程，在立项阶段绑定模板并继承模板尽职事项生成项目层级的尽职实例，按照业务规则生成尽职消息通知。

（二）数字化风险管理创新

数字化信托业务风险管理模型，通过接入交易对手的尽职调查数据、风险监控数据、财务报表数据等外部数据服务商数据，结合其在公司内部的历史合作项目的数据，构建交易对手风险管理模型，在信托业务管理过程中以接口或者视图方式，提供数字化风险管理支撑。数字化风险管理创新主要应用于以下业务场景。

在项目前期立项尽职调查决策环节，基于交易对手风险管理模型，以可量化或明确标准的准入指标，按照评审维度、分别以交易对手主体、保证人、投向或交易对手所在区域等多维度数据指标，为项目决策提供支撑。

在项目投后管理过程中，通过关注交易对手新闻资讯、风险舆情预警等多维度数据，基于舆情资讯的分类做红橙黄的情绪划分，精准推送项目经理、风险经理等项目管理人员，通过跟踪处置流程实现闭环管理。

（三）技术架构创新

尽职尽责管理体系提供了可扩展可配置的灵活平台，在架构设计方面采用了"分治思想"与"分层架构"两种IT思维方式，整体实现分为五层，分别为尽职数据源、尽职规则、尽职事项、尽职事项集和尽职模板，以下是各层负责的主要内容：

第一，尽职数据源封装内外部系统与尽职相关的数据服务，提供了多种类型的数据服务形式，如SQL服务、存储过程、微服务等；

第二，尽职规则是由具体尽职数据源通过运算规则形成可直接参与事项判断的最小单位，并根据用途分为前决标识、处理前决标识、完成标识等；

第三，尽职事项是根据业务规则描述，用尽职规则配置事项，可集成访问系统内部操作页面或外部专业子系统功能页面，是业务完成尽职事项的最小单元；

第四，尽职事项集是根据公司管理制度，通过绑定一个或者多个不同岗位尽职事项，配置一项完整的公司业务层级尽职管理事务。为明确各岗位职责，尽职事项集集成了公司管理制度，可以点击查看相关内容，在线学习尽职规范与要求；

第五，尽职模板是按照不同的业务类型，选择绑定尽职业务事项集，定制业务个性化尽职管理过程，既为业务人员管理信托项目制定了规范，又提供了项目差异化措施。

尽职尽责管理体系能够灵活地构建，依赖项目整体架构的选型，采用分布式服务框架、消息队列、统一监控运维平台等内容的支撑，第四节将重点介绍技术架构细节。

四、项目技术特点

（一）项目技术架构

尽责中台系统架构，主要包括代理层、网关层、注册中心、微服务中心、中间件、存储以及 DevOps 工具组件等。另外，还支持全链路日志检索及告警分析。架构如下图 5 所示。

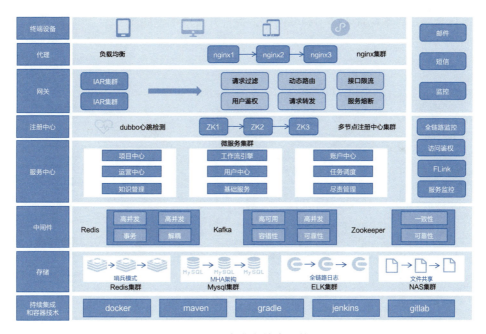

图 5　尽责中台技术架构

（二）项目关键技术

尽责中台项目采用分布式微服务架构方案，在项目研发过程中采用自动化、智能化的开发运维管理工具，项目应用多项关键技术，下面将详细介绍。

1. 代码自动化构建集成方案

基于 Maven+Nexus+Gitlab+Jenkins 的自动化工具集成，主要应用于软件系统建设的开发、生产部署阶段。实现代码仓库、质量管理、构建、发布的一体化管理。

一般来讲，稍具规模的基于 Java 语言开发的企业应用系统，都会依赖大量的 Jar 包（包括自建的和第三方），而这些 Jar 包的版本不断在更新，不同版本之间无可避免地存在冲突，显著降低了开发效率。通过 Maven 进行依赖包关系管理，让开发人员不再关注依赖包之间千丝万缕的联系。

Maven 最大的优势就是它所具备的 "自动化构建" 和 "管理依赖关系" 两大功能。标准的 Maven 项目，其项目目录结构都是一致的。Maven 自带本地仓库，用于存放项目需依赖的 Jar 包，为了减少本地仓库和 Maven 中央仓库频繁交互带来的低效率，我们可以通过 Nexus（Maven 仓库管理器）建立私有仓库并将本地置于公司局域网中，提升开发效率，如图 6。

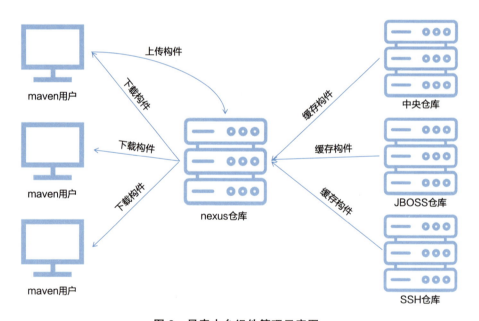

图 6　尽责中台组件管理示意图

Jenkins 是开源持续集成工具，提供了软件开发的持续集成服务，支持软件配置管理（SCM）工具（包括 AccuRev SCM、CVS、Subversion、Git、Perforce、Clearcase 和 RTC），可以执行基于 Apache Ant 和 Apache

Maven 的项目，以及任意的 Shell 脚本和 Windows 批处理命令。支持通过多种手段触发构建，例如提交给版本控制系统时被触发、通过类似 Cron 的机制调度、其他的构建完成时触发、通过访问特定 URL 触发等。

持续集成在代码集成到主干前，会经过自动化测试和自动化审核，具有唯一排他性，便于快速发现问题，防止分支偏离主干，在提高版本管理效率的同时，有利于系统质量管理（如图 7）。

GitLab 是利用 Ruby on Rails 一个开源的版本管理系统，实现一个自托管的 Git 项目仓库，可通过 Web 界面进行访问公开的或者私人项目。它拥有与 Github 类似的功能，能够浏览源代码，管理缺陷和注释，管理团队对仓库的访问，它非常易于浏览提交过的版本并提供一个文件历史库，如图 7。

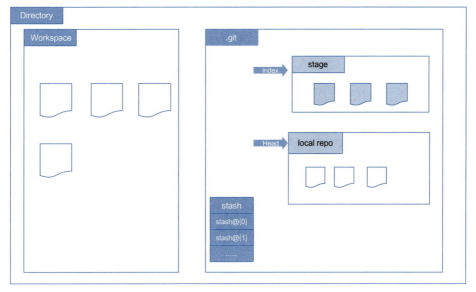

图 7　尽责中台代码管理示意图

自动化工具的应用，能极大提高系统建设效率、运维效率、系统质量以及系统安全性等，是判断一个系统的先进程度的重要指标。

2. 微服务中心架构方案

Dubbo 是一个分布式服务框架（如图 8），致力于提供高性能和透明化的 RPC 远程服务调用方案，以及 SOA 服务治理方案。简单说 Dubbo 是个服务框架，就是个远程服务调用的分布式框架，其核心部分包括。

远程通讯：提供对多种基于长连接的 NIO 框架抽象封装，包括多种线程模型，序列化以及"请求—响应"模式的信息交换方式。

集群容错：提供基于接口方法的透明远程过程调用，包括多协议支持，以及软件负载均衡、失败容错、地址裸游、动态配置集群支持。

自动发现：基于注册中心目录服务，是服务消费方能动态的查找服务提供方，使地址透明，使服务提供方可以平滑增加或减少机器。

Dubbo 采用全 Spring 配置方式，透明化接入应用，对应用没有任何 API 侵入，只需用 Spring 加载 Dubbo 的配置即可，Dubbo 基于 Spring 的 Schema 扩展进行加载。

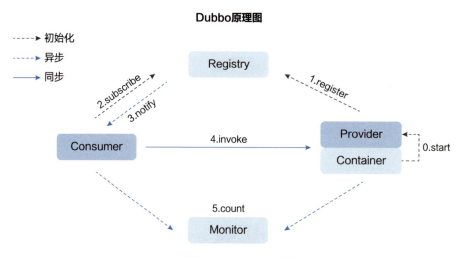

图 8   尽职尽责中台 RPC 原理图

Dubbo 推荐的业界成熟的 Zookeeper 作为注册中心，Zookeeper 是 Hadoop 的一个子项目，是分布式系统的可靠协调者，提供了配置维护，名字服务，分布式同步等服务。Zookeeper 的原理的如图 9 所示。

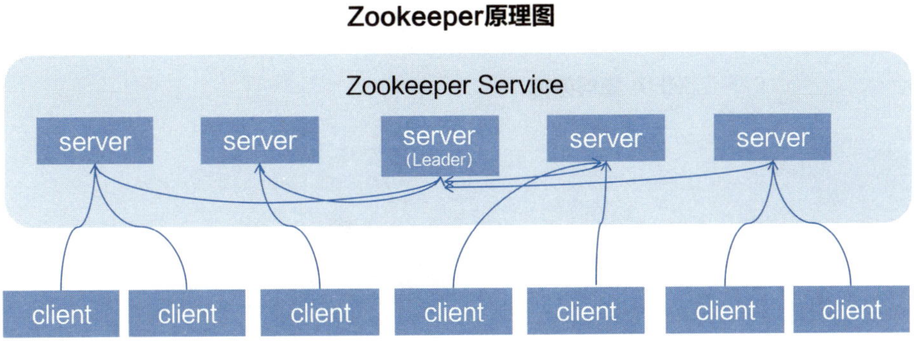

Zookeeper原理图

图9   尽责中台服务注册管理示意图

Dubbo 和 Zookeeper 的组合，实现了分布式服务的注册、发现、监控，支持用 SOA 微服务单独部署、灵活扩展的特性，降低代码重复开发工作量，降低系统建设成本。

作为一个典型的微服务架构应用扩展性问题解决方案，分布式微服务技术，将业务流程抽象成服务，每个服务独立运行，有效地解决了功能之间的相互耦合，避免某一环节出现问题，导致整个系统瘫痪的现象，同时可以根据业务流量和系统可用性，在线调整不同微服务使用资源，保障整个业务系统平稳运行。

3. MHA 集群架构方案

数据库采用的是 MYSQL 开源版本，运用的集群模式是 MHA 高可用集群（如图 10）。MHA（Master High Availability）目前在 MySQL 高可用方面是一个相对成熟的解决方案，是一套优秀的作为 MySQL 高可用性环境下故障切换和主从提升的高可用软件。在 MySQL 故障切换过程中，MHA 能做到在 0—30 秒之内自动完成数据库的故障切换操作，并且在进行故障切换的过程中，MHA 能在最大程度上保证数据的一致性，以达到真正意义上的高可用。

该 MHA 集群由两部分构成：MHA Manager（管理节点）和 MHA Node（数据节点）。MHA Manager 可以单独部署在一台独立的机器上管理多个 master-slave 集群，也可以部署在一台 slave 节点上。MHA Node 运行在每台 MySQL 服务器上，MHA Manager 会定时探测集群中的 master 节点，当 master 出现故障时，它可以自动将最新数据的 slave 提升为新的 master，然后将所有其他的 slave 重新指向新的 master。整个故障转移过程对应用程序完全透明。

MHA 集群架构

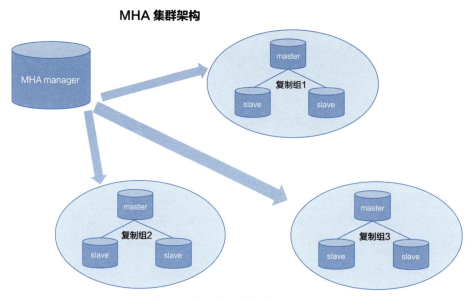

图 10　尽责中台数据库集群架构

4. 消息队列

RabbitMQ 作为处理数据的消息集中发送组件，会根据不同数据分析结果，以不同的消息传输通道（如邮件、短信、微信、在线监控等）推送至信息接收端。作为高可靠的消息队列组件，在数据准确性要求高、数据量大的场景下，可作为异步数据源使用，提高系统处理能力（如图 11）。

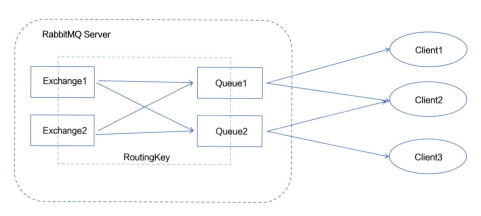

图 11　尽责中台消息队列应用示意图

Kafka 是一种分布式的、基于发布 / 订阅的消息系统（如图 12）。在其诸多优点中，最值得我们借鉴和使用的有以下三点，一是实现了服务之间的解耦，允许对各自的服务进行独立的扩展和修改；二是提供了异步通信机制，很多时候，用户不想也不需要立即处理消息，Kafka 允许用户把消息放入队列，在需要的时候可以随时进行消费；三是大吞吐量，异步、集群机制的实现，使系统具备处理海量数据的能力。

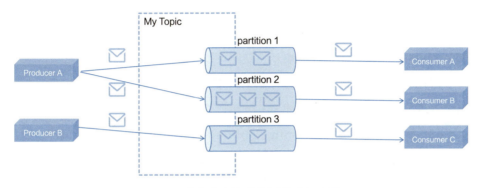

图 12　尽责中台流式数据处理示意图

5. 数字化风控

尽责中台数字化风险管理模型独立构建于数据管理平台，通过数据平台对接信托各业务系统数据和多家外部资讯服务商数据，通过数据加工处理，建模聚合，形成各个维度的风险管理指标。

数据管理指标根据尽责中台业务场景，以接口、视图等形式对外提供数据应用服务。尽责中台数字化应用除了提供 PC 端业务支持服务，同时提供移动端数据服务，提升了数据的业务人员触发率，为项目风险控制保驾护航。

6. 智能化运维方案

（1）日志输出方案（日志组件 +log4j2+Kafka）

日志记录了应用系统的所有数据，是大数据的重要来源之一。日志作为系统运行的重要信息，其格式、分类、采集尤其重要，该方案实现了对日志输出格式的统一要求，对日志不同用途的分类（操作日志、访问日志、安全审计、业务场景等），对不同类型日志的多渠道异步输出。因日志不会落地本机磁盘，避免了因大量日志输出带来的 IO 资源占用。

（2）日志集中管理、实时处理方案

主要采用 Elasticsearch、Apache Flink、Jetty、Angular 等技术，实现日志的检索、分析、展示。其中，Elasticsearch 是一个基于 Lucene 并支持全文索引的分布式存储和索引引擎，主要负责日志存储与索引建立，方便检索查询。Apache Flink 程序在执行后被映射到流数据流，每个 Flink 数据流以一个或多个源（数据输入，例如消息队列或文件系统）开始，以一个或多个接收器（数据输出，如消息队列、文件系统或数据库等）结束。主要负责将汇聚到 Kafka 的数据流，转发给 Elasticsearch 进行下一步处理。通过结合 Jetty 和 Angular，实现日志的前端展示、链路可视化跟踪等。

该方案的引入，解决了日志存储相对零散、无法集群搜索、不能及时进行日志处理等问题，达到了快速搜索、分析日志的目的。

（3）日志分析预警方案（influxDB+Redis+RabbitMQ）

基于 influxDB+Redis+RabbitMQ 的日志分析与监控预警技术方案，实现了从海量日志文件中进行实时分析统计的功能，并将分析结果按照特定的数据模型，进行分类输出到不同的客户端，达到了监控系统服务、实时发出异常预警的目的。支持邮件及短信两种渠道方式。

五、项目运营情况及项目过程管理

（一）项目运营情况

1. 尽职尽责管理体系

尽职尽责体系功能上线后，支持新项目继承尽职模板，同时对历史存续项目进行了尽职化管理，累计尽职化管理项目 4000 余个，管理 30 多万条尽责实例。

2. 数据应用与业务管理视图

投产内外部数据应用功能多项，其中内部项目风险预警推送，累计推送 100 余条，外部舆情资讯每日推送消息 100 余条，每日触发 900 余人次。

统一项目维度累计为上万个项目提供视图，交易对手为公司监控的 3000 余家机构提供管理视图。

3. 业务管理功能

一是项目现场监管。项目现场监管功能累计管理标的项目 170 余项，各模块累计管理数据几十万条。

二是嵌入式风控体系。嵌入式风控体系提供业务场景多项，触达项目数十个。

（二）项目过程管理

尽责中台项目过程管理充分借助外部开源工具，以禅道进行需求管理、任务拆解、测试跟踪与版本发布等环节的管理，在系统设计环节运营 SVN 工具要求业务人员对每个需求整理详细设计方案并评审，测试人员整理测试用例并评审，评审通过后进行开发工作。功能测试一般经过单元测试、集成测试、UAT 测试与业务验证四个环节后发布，发布前组织代码走查，确保版本发布内容不包含无关代码以及代码符合规范。

项目执行过程中，项目期初制定了详细的项目目标与管理计划执行，其间严格按照计划的内容与时间周期开展，除少许需求任务会根据外部因素做周期调整，整体项目目标执行程度符合度较高。

六、项目成效

尽职尽责管理体系以中台的方式连接了业务尽职管理上的系统功能缺失点，打破了各业务系统之间操作断点与数据隔离的壁垒。

尽责中台为业务打造了一站式信托项目尽职管理平台，其包含两个层面含义：一是业务开展一站式服务，实现业务操作提醒、事项操作指引、事项办理入口以及事项的持续跟踪等业务操作的一体化服务；二是尽职管理的一站式服务，实现尽职规则制定、尽职事项配置、事项完成度跟踪、事项考核等业务管理的全覆盖。

信托全流程数字化尽职尽责管理中台从当下业务管理的痛点出发，提供了一种新的业务尽责管理解决方案，有效解决了人工业务信息传递的问题，业务效率与业务管理能力得到有效提升，为公司更好地开展业务提供支撑。

七、项目总结

（一）项目模式经验

尽责中台项目开展过程中，由于需求对方多、对接外部系统多等自身特点，项目面临了诸多挑战，在公司及尽职管理小组的支持下，项目能够顺利推进并落地应用。总结项目经验，主要包括以下几个方面。

1. 需求管理方面

尽责中台对接的需求部门包括运营管理部、风险管理部、合规管理部等5个业务管理部门与诸多业务部门，同时需要兼顾金融科技规划内容，统一项目目标、调和需求矛盾点。在项目进展方面，对科技规划深刻理解与对业务需求痛点的精准把控是锚定项目方向的核心，遵循项目过程管理的规则，积极形成方案并组织评审，充分听取意见并领导重点决策为项目内容确认与后续顺利开展奠定了基础。同时，尽职管理领导小组的组织架构、项目推进过程中的定期项目例会等项目管理措施发挥了积极作用。

2. 系统对接方面

尽职中台对接的业务系统包括另类投资管理系统、标品投资管理系统、TA登记过户系统、家族信托管理系统等多个专业子系统以及数据管理平台。协调各系统的需求与功能改造成为项目进度管理的一项挑战。在项目开展过程中，深入了解各外部系统，明确各对接系统的实际困难并充分沟通有助于任务推进。尽责中台离不开数据的支撑，在与数据管理平台协调推进中，项目组配置有数据经验的开发人员，直接负责与数据平台进行相关的对接工作，有助于提升对接开发效率。

3. 团队管理

尽责中台采用外包厂商人员本地化驻场开发模式，在团队人员管理方面：首先，持续进行人员业务知识与业务思维的培训，让团队开发人员先跨过金融业务的门槛，为后续开发工作推进打牢基础；其次，在人员规模到达一定程度后，按照人员管理能力规律，按5—8人的规模对人员进行分组管理，多线推进任务，以实现各组任务重点循环推进；再次，充分运用禅道、网盘、SVN等项目管理工具，保障项目组内部需求任务、信息传递的畅通，最大限度节约沟通成本；最后，明确平等、负责的团队文化，团队负责人以身作则，用实际行动影响团队的人员，摒弃说教式的团队管理方式，为团队人员打造目标明确、安心的工作环境。

（二）项目风险

在尽责中台项目推进过程中，由于对接业务部门多，缺少能够站在总体的业务管理视角对各个业务部门的诉求做评估并给出相应建议的业务牵头部门，导致部分业务诉求的证实或证伪需要科技部门人员通过实践进行论证，存在项目工作量增加范围不可控风险。另外，在项目上线后的推广使用方面，在尽量少的改变用户习惯的基础上，以适当的方式对业务功能进行推广使用。由于需要考虑改变用户习惯与反复确认推广方案，故在推广计划的执行上存在延期，明确后，逐步组织切换、培训、意见搜集反馈等一系列推广事项，保证平台投产工作。

八、项目展望

经过一年多的项目建设，信托全流程数字化尽职尽责管理中台已经具备服务业务能力，站在新的起点上，尽责中台未来将不断完善，持续满足业务发展的管理诉求。

（一）拓展多管理渠道

前期尽职尽责管理中台虽然有项目管理、风险管理、合规管理等移动端功能上线应用，但尽职体系的构建更多关注 PC 端应用诉求，未来依托 PC 端可配置尽职管理体系的调度能力，开发拓展移动端尽职管理的需求，将尽职管理接入到员工 APP、企业微信等移动应用办公场景中，更好地开展服务业务。

（二）持续丰富尽职管理场景

市场不断变化，信托业务随市场变化而灵活调整，新的市场需求、业务类型对尽职事项与尽职模板的要求是不一样的，尽责中台将紧随业务变化，持续调整丰富尽职事项内容，根据业务诉求配置各类业务管理模板，拥抱变化。

（三）不断深入新技术应用

尽职尽责管理中台运用互联网应用架构模式构建应用系统，在功能开发与业务服务方面都取得了良好的效果。在功能开发方面提升了版本迭代效率，降低了功能耦合性，保障了应用的高可用性；在业务服务方面提升了需求响应速度，改善了系统交互体验。未来尽责中台一方面将继续深入应用互联网新技术，保障中台服务能力；另一方面将更深入地与数据中心与大数据应用融合，提升尽责中台智能化能力。

（四）始终以尽责履责为目标

尽职尽责管理中台自筹备立项以来，始终秉持受托人尽职履责的理念，以为投资人负责为宗旨，时刻聚焦为更好地服务项目管理，不断提升项目各环节的管理能力。未来尽职中台将继续按照行业、公司的尽职管理指引的要求，持续深入研究每一个尽职事项、每一个尽职管理动作，其中可能没有高深的技术、也无须复杂的算法，但优化的每一个事项、每一个动作都是在为客户的投资保驾护航，是受托人尽职履责路上的职责。

中央结算公司

绿色债券环境效益信息披露指标体系与绿色债券数据库

一、背景及目标

（一）项目背景

一是提高环境效益信息披露，是对党的二十大报告精神的有力践行。党的二十大报告提出，要加快发展方式绿色转型，完善支持绿色发展的标准体系。但目前国内外绿债信息披露数量和质量较低，披露口径不统一，缺乏定量数据支撑，亟须建立统一的环境效益信息披露标准。

二是在以信息披露为核心的注册制改革背景下，提高环境效益信息披露已成为推动我国绿债市场发展的关键环节。目前，市场各方对环境效益数据需求日益提升，但环境效益数据存在采集难、查询难、统计难的情况，亟须建设统一的绿债环境效益数据库。

三是提高环境效益信息披露已成为提升国际认可度的重要举措。国际舆论对国内绿债长期存在"洗绿""漂绿"的指责。为提升国际认可度，亟须构建标准化的指标体系和数据库。

（二）项目目标

一是构建国内外首个标准化的环境效益指标体系。聚焦标准引领，针对205个细分行业设计指标体系，填补环境效益信息披露指标体系的空白，实现绿债环境效益披露有据可依。

二是建成国际首个绿色债券环境效益数据库。运用大数据与人工智能技术，实现绿债全品种、全生命周期环境效益数据智能化采集识别和展示，以标准化、智能化、数字化改革破解环境效益信息披露瓶颈，更好服务国家绿色转型发展。

二、方案描述

（一）业务方案

1. 构建绿色信息披露指标体系的标准

为助力落实国家"双碳"目标，推动绿色债券市场高质量发展，夯实绿色债券市场统计基础，中央国债登记结算有限责任公司（以下简称"中央结算公司"）基于《绿色债券支持项目目录（2021 年版）》，深入研究不同行业绿色项目的环境影响，结合实际披露情况，于 2021 年 4 月发布绿色债券环境效益信息披露指标体系（以下简称"中债绿色指标体系"）征求意见稿。这是国内首次针对绿色债券细分行业制定的定量分析指标体系，包括 43 个定量指标和 1 个定性指标，实现了环境效益的可计量、可检验，有助于增强绿色债券环境效益信息披露的规范性和准确性，为推动绿色债券市场可持续发展提供了有力支撑。

中债绿色指标体系的企业标准目前已正式对外发布，行业标准、地方标准已正式立项，引起市场的广泛关注。在人民银行的指导下，绿债指标体系的行业标准已正式立项，获得主管部门、行业协会、研究机构、市场机构的高度认可。中央结算公司深圳分公司、深圳市绿色金融协会牵头完成深圳市地方标准项目《金融机构投融资活动环境效益信息披露指标要求》已正式立项，正在推进地方标准的编制工作，推动中债绿色指标体系覆盖各金融机构投融资活动环境效益信息披露标准。上述标准构建主要基于《绿色债券支持项目目录（2021年版）》，同时参考了国际市场主流绿色产业相关文件，以及监管部门、沪深证券交易所、行业协会发布的绿色债券、绿色信托、绿色投资等相关政策制度、标准规范和业务规则。

2. 打造数字化、标准化的环境效益数据库

为向市场全方位展示绿色债券环境效益信息，中央结算公司基于中债绿色指标体系，打造全国首个集中展示绿债环境效益信息数据的绿色债券环境效益

数据库（以下简称"中债绿债数据库"），系统展示债券募集资金对环境的贡献，为市场参与各方提供量化的环境效益数据参考。

自 2021 年开始，公司投入大量人力物力，对市场上存续的全部"投向绿"[①]债券和"贴标绿"[②]债券，从公开信息披露材料中，采集、整理、分析相应的环境效益披露信息，尤其是量化的环境信息。截至 2022 年 12 月，中债绿债数据库累计入库境内累计发行的 2800 余只全品种"投向绿"和"贴标绿"债券数据，已覆盖 2022 年披露的全量发行前和存续期数据，为市场各方提供了重要数据支持。中央结算公司持续推进绿债数据库建设，探索将数据范围由境内绿债扩展至境外绿债数据，由绿色债券扩展至转型债券，拓展数据浏览器、智能数据统计等大数据功能。

（二）技术方案

本项目聚焦绿色债券信息披露，构建了环境效益数据的查询下载、统计分析、操作管理的绿债数据库。项目通过开发绿色债券环境效益信息披露渠道组件、绿色债券环境效益信息披露服务组件和中债信息网绿色债券子板块，为主管部门、发行人、投资者搭建起绿色债券数据、资讯的权威平台；同时，依托于中央结算公司集团级 AI 平台及 RPA 平台，实现信息披露文件的智能识别，以及利用 RPA 技术实现了自动下载和归档绿色债券发行前后的信息披露文件。

项目以拓展绿债数据的应用维度，提升绿色债券环境效益数据应用价值为目标，打造绿色债券乃至绿色金融领域的环境效益信息披露平台，营造以环境效益为导向的绿色金融生态。该项目的整体技术方案如下。

本项目的核心应用模块包括中债绿债数据库和中债信息网绿债子板块。绿债环境效益信息披露根据前后台分离的原则拆分为两个组件，分别是绿债环境

---

① "投向绿"债券是指募集资金投向符合《绿色债券支持项目目录》、国际资本市场协会（ICMA）《绿色债券原则》、气候债券组织（CBI）《气候债券分类方案》这三项标准之一，且投向绿色产业项目的资金规模在募集资金中占比不低于贴标绿债规定要求的债务。

② "贴标绿"债券是指经债券注册机构认可发行的绿色债券，募集资金投向符合《绿色债券项目支持目录（2021 年版）》。

效益信息披露渠道组件和绿债环境效益信息披露服务组件。

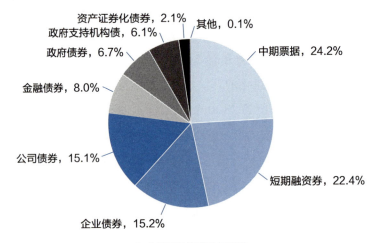

入库债券发行前数据统计

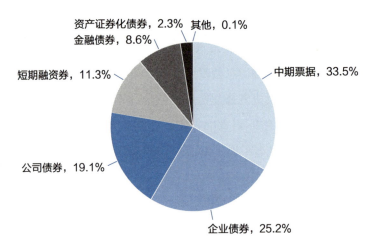

入库存续期债券统计

图 1 中债绿债数据库入库数据情况（截至 2022 年 12 月 31 日）

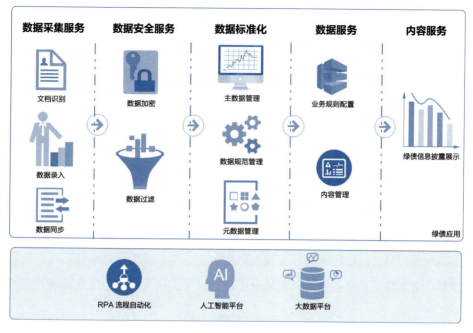

图2　整体技术方案

1. 创新运用中债云原生框架，实现前后端分离的微服务架构

绿色债券环境效益信息披露渠道组件包括前端展示层的内容和后台服务。绿色债券环境效益信息披露服务组件包括业务处理相关的后台服务，其后台服务根据并发度和业务重要性原则，拆分为两个群组，分别是核心业务群组和互联网查询群组，在数据库层面通过读写分类和资源控制，确保核心业务群组的稳定性不会受到互联网查询群组的影响。

2. 依托人工智能、RPA、大数据平台，打造数字化、智能化环境效益数据平台

（1）依托公司 AI 平台，利用 OCR 技术实现信息披露文件的智能识别，解决了环境效益数据采集难的问题。其中 AI 平台提供公共智能服务，该服务实现对上传 PDF 文档的智能解析，识别该文档的目录结构并且可以对该文档进行复制粘贴及全文搜索；该服务将文档布局与文本内容抽象为检测与识别，对应 OCR 相关模型，将字体等信息抽象为视觉理解，提取部分 CV 特征，将文档上下文与文档类型抽象为语义理解，实现全文的识别及结构还原。

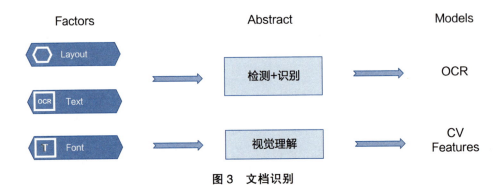

图 3　文档识别

　　该服务利用 OCR 技术实现信息披露文件的智能识别。通过自研开发 DLA 文档布局分析模型，可对 PDF、图片等非格式化文件进行识别，定位并识别文档元素，对文档进行合并、关键信息提取及重构，实现目录结构还原、全文搜索、文本复制等多种功能，辅助业务数据采集，极大提升了绿色环境效益指标采集效率。

图 4　识别页面功能简介

（2）依托公司智能 RPA 平台，利用 RPA 技术实现了自动下载和自动归档绿色债券发行前后的信息披露文件，解决了绿债信息披露材料的完整性问题。其中 RPA 平台提供机器人流程自动化服务，依托公司公共的 RPA 平台，开发自动化流程服务，可自动获取网页结构，实现在中债信息网和信息商平台完成不同券种绿色债券的自动查询、下载及归档，并由 RPA 平台的控制中心，对服务进行监控及调度。该机器人可在不改变业务系统的情况下，快速辅助桥接中债信息网与中债绿色环境效益指标数据库，实现信息披露文件的全量下载，大大提升数据采集和分类工作效率，节省人力资源，提升绿债数据库的运营维护效率，更好实现绿债全品种、全生命周期智能化运营。

（3）采用大数据技术，有效提升数据处理效率。项目构建大数据运用框架，探索依托中央结算公司已建成的实时流计算引擎、大数据平台，实现数据预处理、数据存储、计算处理、数据分析和数据服务五个主要环节。通过对接集团数仓、估值数据集市、文件平台等，提供对数据采集、加工、展示、披露等全方位支持。

（三）建设与实施

本项目为创新试点类项目，是全国首个基于绿债环境效益披露信息建立的数据库，在项目实施过程中从以下几方面进行组织和管理。

一是数据质量管理。项目通过结合 DCMM（数据管理能力成熟度模型）有效提升数据生命周期管理水平。利用自动化工具，极大提升数据处理自动化水平。项目明确数据标准、采集模板、采集原则和清洗规范，确保数据采集的规范性。构建复核审查机制，确保采集数据质量。明确采集频率，确保更新时效性。广泛听取外部用户意见，做好质量控制。

二是目标执行管理。项目采用敏捷开发方式推进，根据业务需求优先级划分各迭代任务，快速响应需求变更，及时调整内容安排，优先保障重要功能快速上线。对项目进度采用科学化管理方式，通过例会进行有效沟通，通过燃尽图实时跟踪项目进度，调配有限资源集中处理重要事项，实现了各迭代如期高质量上线。

三是项目团队管理。项目集合多方面人才，攻坚业务技术难题。由研究部门、业务部门和技术部门的高精尖人才组成绿债项目组，硕士、博士占比超过95%，对项目实施过程中遇到的业务难题、技术难题进行逐一攻克，保障项目的顺利推进。

四是执行流程管理。建立流程完备、分工清晰、协同高效的流程管理机制。业务部门作为需求方，项目管理部门作为管理方，技术实施部门作为实施方，从立项、方案设计、开发、集成与系统测试、验收测试、发布投产等全链条流程，对项目进行全程实施质量管控。

五是项目风险管理。针对系统操作中可能发生的系统故障、服务中断风险，采用"两地三中心"建设方案，建立多个数据中心的主备关系，确保在系统故障后能立即执行主备切换，保障业务连续性；针对中债绿债数据库中环境效益数据的违规篡改风险，系统开发了防篡改和可溯源的功能，系统具备防篡改防护能力，如页面被篡改可在第一时间发现并修正，并在系统中设置"操作日志"栏目，可追溯所有类型用户的操作，同时严格备份数据，每日备份增量数据、每周备份全量数据。

三、业务与技术创新点

（一）业务创新点

1. 首次针对绿色行业建立定量分析指标体系

中债绿色指标体系是国内首次依据《绿色债券支持项目目录（2021 年版）》对绿色债券细分行业制定的定量分析指标体系，居国际领先水平，并在环境效益信息披露标准制定方面实现重大突破。该指标体系结合行业和项目特点以及绿色债券信息披露实际情况，根据规范性、兼容性、简洁性、完整性和重点性原则，对 205 个行业设计了 44 个指标，并区分了必选指标和可选指标，实现了环境效益数据的可计量、可检验，有助于增强绿色债券环境效益信息披露的规范性和准确性，实现全面、客观、及时、持续、可比的披露，为推动统一的环境效益信息披露标准制定提供参考。目前中债绿色指标体系的企业标准已正式对外发布，行业标准、地方标准已正式立项。

2. 首次全面量化债券募集资金的环境影响

首次实现全面系统量化绿债募集资金对环境的贡献，提升了环境效益信息披露透明度，有助于实现绿色债券高质量发展，有效防止市场"洗绿""漂绿"等行为。绿债数据库实现了将非结构化、披露分散、格式不统一的环境效益数据在统一数据平台结构化、标准化的集中展示，对发行人、投资人和监管机构都有重要价值。对于绿色债券发行人，有利于引导其逐步改善环境效益信息披露行为，提升披露规范化、数字化水平。对于投资者，完善的环境效益信息披露能够降低甄别成本、提升投资效率，使其快速找到符合自身投资理念的绿色标的，也使得资金能更多投向环境效益更加显著的项目。对于政府部门和监管机构，环境效益信息可以助其更好地识别绿色债券，提高政府支持政策的精准度、扩大政策覆盖范围，更好地评估政策效果。

3. 首次打造绿色债券环境效益数据库

本项目为国内外首个集中展示分析绿色债券产生的环境效益情况的平台，为国家实现碳减排目标提供了数据参考支持，得到国内外高度评价。项目针对不同债券品种特点设计了具体的披露模板，实现绿色债券全品种发行前、存续期环境效益数据的全覆盖；推出发行前、存续期的环境效益数据统计分析功能，便于用户快速查询绿债环境效益目标实现情况。截至 2022 年 12 月，数据库累计入库境内历年来发行的 2800 余只全品种"投向绿"和"贴标绿"债券数据，已覆盖 2022 年披露的全量存续期数据，为市场各方提供了重要数据支持。

（二）技术创新点

1. 首创"大数据 + 标准化"模式，提升数据处理效率

项目构建大数据运用框架，探索依托中央结算公司已建成的实时流计算引擎、大数据平台、AI 平台、RPA 平台等基础技术平台，实现数据预处理、数据存储、计算处理、数据分析和数据服务五个主要环节，结合标准化的信息披露指标，促进数字化与标准化的深度融合。

2. 创新应用 RPA 技术，实现文件下载流程自动化

依托公司智能 RPA 平台，利用 RPA 技术实现了自动下载和归档绿色债券发行前后的信息披露文件。在不改变业务系统的情况下，快速辅助连接中债信

息网与中债绿色环境效益指标数据库，极大提升数据采集和分类效率，提高业务人员操作效率。

3. 创新应用 OCR 技术，破解环境效益数据采集难题

依托公司 AI 平台，利用 OCR 技术实现信披文件的智能识别。针对非标准化环境效益数据采集难度大、效率低、成本高的问题，应用 OCR 技术对 PDF、图片等非格式化文件进行识别，实现目录结构还原、全文搜索、文本复制等多种功能，辅助业务数据采集，有效提升绿色环境效益指标采集效率。

4. 创新系统架构建设，响应速度快、集成功能强

本项目为首个运用中债云原生框架实现的前后端分离的微服务架构应用。数据库采用 VUE 和 Spring Boot 前后端分离的方式开发，解耦前端展示及后端逻辑，前端提供美观的界面展示及保障主流浏览器兼容性，后端专注于处理业务逻辑，提供快速响应。系统集成 Spring Cloud 云原生框架实现，较好规划并拆分各微服务组件，降低各服务间耦合关系，提升模块重用能力，实现用户管理、权限管理、数据采集、数据处理、数据展示等一系列功能。对接集团数仓、估值数据集市、文件平台等，提供对数据采集、加工、展示、披露等全方位支持。

四、应用与成效

（一）应用推广情况

用户规模方面，绿债数据库上线以来不断拓展用户类型、数量、地域范围。用户包括境内外管理部门、行业协会、发行人、投资机构、评估认证机构、研究机构等共 300 余家，总用户数超过 1000。涉及资金规模方面，绿债数据库覆盖了绿色债券全品种、全生命周期的数据产品，涉及绿色债券超2800 只，绿色债券总发行规模达 5.56 万亿元。绿色标准应用方面，中债绿色指标体系的企业标准已正式对外发布，行业标准和深圳地方标准已正式立项。在人民银行的指导下，绿债指标体系的行业标准已正式立项，研究成果获得主管部门、行业协会、研究机构、市场机构的高度认可。中央结算公司

会同深圳市绿色金融协会申报的《金融机构投融资活动环境效益信息披露指标要求》正式立项成为深圳市地方标准项目。金融产业推广方面，中债绿色指标体系和绿债数据库有效发挥了在绿色金融领域的标杆引领作用。中央结算公司将数据库建设经验应用到银保监会课题"绿色信贷环境效益信息数据治理研究"，积极面向绿色信贷、绿色保险等其他金融领域推广指标体系的实践经验和拓展应用。国际市场推广方面，数据库上线以来得到了国际市场广泛关注，已有国际主流数据供应商提出合作意向，拟面向国际市场推出绿债数据库的环境效益数据产品。

（二）项目经济与社会效益

1. 解决绿债市场环境效益信息披露标准缺失的问题，有利于更多资金支持绿色领域发展

中债绿色指标体系是国内首次依据新版目录对细分行业制定的定量分析指标体系，目前基于指标体系建立的企业标准已正式对外发布，行业标准和深圳地方标准已正式立项。

中债绿色指标体系针对六大领域 205 个绿色行业的环境效益信息披露提出了披露标准，有助于提升绿债信息披露透明度和完整度。通过引导发行人加强债券环境效益信息披露，改善我国绿色债券市场的信息披露情况，为绿色投资扫清信息不对称的障碍。因此，从经济效益来看，可引导更多资金投向支持真正的绿色项目领域，推动减污降碳协同增效。

2. 解决绿债环境效益数据难以获取的问题，有利于促进社会绿色转型

从已披露环境效益来看，根据已采集的 2800 只"投向绿"和"贴标绿"债券中，测算得出募集资金投向的绿色项目约可支持二氧化碳减排 1.96 亿吨/年，二氧化硫减排 230 万吨/年，氮氧化合物减排 147 万吨/年。由于披露环境效益数据的"投向绿"债券约占全部"投向绿"债券样本量的 1/2，据此初步推算，"投向绿"和"贴标绿"债券募集资金每年投向绿色项目可支持二氧化碳减排 3.92 亿吨，二氧化硫减排 460 万吨，氮氧化合物减排 294 万吨。绿色债券为落实碳达峰、碳中和目标发挥了重要的支持作用。项目以绿色债券为突破口，鼓励绿债首先披露环境效益信息，待其成熟后，进一步推动其他绿色金融产品按照中债绿色指标体系披露环境效益信息，激励更多绿色金融产品发挥环境贡献，引导绿色资金更好支持绿色发展。因此，从示范性作用来看，可引导更多金融资管领域按照统一的指标体系进行环境信息披露，更好地促进经济社会全面，绿色低碳转型。

3. 解决绿债市场"洗绿""漂绿"问题，有利于提高中国绿债在国际上的认可度

自中债绿债数据库上线以来，已为主管部门、发行人、研究机构、国内外投资者等多类用户提供数据服务。主管部门可通过绿债数据库了解全国及各地区发行的绿色债券产生的环境效益信息及碳减排数据。发行人可以通过绿债数据库开展环境效益信息披露，展示其践行绿色发展理念以及对生态环境的实际贡献，体现其生态环境和社会责任担当。研究机构可以通过绿债数据库查询全市场"投向绿"债券的基础情况和环境效益数据明细，更深入地开展绿色债券市场研究。国内外投资人可以通过绿债数据库查询所持有债券是否存在"洗绿""漂绿"嫌疑，快速计算关注的绿色债券产生的环境效益，更精准、高效地进行绿色债券投资决策。从社会效益方面，绿债数据库可引导企业更注重社会责任和生态环境保护，提高绿色债券环境效益信息披露透明度，吸引更多的国际投资者投资我国的绿色债券，提升中国绿色债券的国际影响力。

（三）实践案例

中债绿色指标体系与中债绿债数据库具备广泛的实践基础与良好的实践成果，具体实践案例包括。

1. 为制定绿色金融标准提供数据依据

2021年5月，在深圳市地方金融监督管理局的指导下，深圳绿金协、中央结算公司深圳分公司等机构通力合作，开展中债绿债数据库的环境效益信息披露实践，以银保监会的绿色融资统计表和中债绿色指标体系为基础，结合深圳产业结构和行业特征，草拟《深圳市金融机构环境效益信息披露指引》。2022年9月，深圳金融局、人民银行深圳中心支行、深圳银保监局、深圳证监局联合印发《深圳市金融机构环境效益信息披露指引》，其中规定的39个环境效益信息披露指标主要来源于中债绿色指标体系。

2. 为投资者开展绿色金融业务提供决策参考

为商业银行、基金公司等各类型投资人筛选符合绿色投资理念的债券产品提供便利；支持投资人根据自身持仓情况在绿债数据库中查询并导出所投向的绿色债券环境效益数据。通过对比分析环境数据，有助于投资者调整投资决策，甄选环境效益显著和信息披露完善的绿色债券，使得资金流入真正对环境有改善的项目。

3. 为绿色金融实证研究提供数据支持

为高校等研究机构开展绿色债券相关创新研究提供数据支撑。例如上海财经大学金融学院课题组开展"实质绿色投向溢价——基于中债'实质绿'债券的实证研究"，以中债绿债数据库的"投向绿"和"贴标绿"债券数据为样本，系统研究了绿色债券的投向溢价，反映了中债绿债数据库收录的数据具有学术研究价值。

（四）实践成果与荣誉

绿色债券数据库目前已成功申请 2 项软件著作权，并为入库数据申请汇编作品著作权登记。自中债绿色指标体系和绿债数据库上线以来，得到国内外市场广泛好评，荣获国际金融论坛 IFF 第二届全球金融创新奖、2021 年粤港澳大湾区绿色金融联盟优秀金融案例、深圳市 2021 年度绿色金融创新先锋奖等多项荣誉；项目理论基础《推动绿色债券发展——大湾区绿色债券设想》荣获深圳经济特区金融学会 2021 年优秀金融论文一等奖（在 136 篇参评论文中位列第一），《金融机构环境信息披露指引》《绿色金融统计制度》获《深圳经济特区绿色金融条例》配套制度标准课题研究贡献奖"，《绿色债券环境效益披露指标体系研究与应用》获深圳金融学会 2021 年度重点课题三等奖；项目展示的绿债指数等数据产品荣获深圳经济特区金融学会 2020 年度优秀绿色金融案例——绿色金融先锋创新奖、绿色金融支持实体经济优秀奖等。

五、未来发展

（一）营造以环境效益为导向的业界生态

通过对统一的中债绿色指标体系的广泛应用，从整体上提升各行业环境效益信息披露水平。建议将中债绿色指标体系同步应用于绿色信贷、绿色保险等资管领域、应用于集中反映环境效益的转型项目、应用于 ESG 主体的投融资活动。建议在"双碳"目标指引下，推动我国绿色政府债券发展，探索中债绿色指标体系在绿色政府债券的应用。建议建设统一的全国绿色项目库，项目库中的所有项目按照中债绿色指标体系披露具体的环境效益指标。

（二）推动绿色债券市场信息披露的标准化和数字化

设计绿色环境效益信息披露指引和评价机制，提升发行人环境效益信息披露的便利性和积极性。建议发行人可统一参考中债绿色指标和环境效益信息披露模板进行披露，降低信息披露的难度和成本，减轻信息披露工作量，解决"怎么披露"的问题。构建环境效益信息披露操作指引和评价机制，解决"如何更好披露"的问题，为管理部门完善绿色债券信息披露制度提供参考。依托绿色债券数据库，借助 XBRL 技术，提升绿债环境效益信息披露的规范化和数字化水平。

（三）推动中国绿债相关标准成为国际标准之一

为促进绿色债券市场对外开放，建议在国际交易所应用中债绿色指标体系加强环境信息披露，推动中国标准与国际标准的互认。吸引境外机构投资者投资境内绿色债券，对符合环境效益信息披露标准的绿色债券，允许境外投资者以其作为质押品进行回购交易。建议国际市场对中债绿色系列债券指数进行深入应用，提升我国绿色债券的国际影响力。推动绿色债券跨境交易，对符合环境效益信息披露标准的绿色债券，建议允许绿色债券在国际交易所进行境外交易，在中央结算公司办理结算。

附件：申报项目的相关证明材料

1.中债绿债数据库与门户网站完成计算机软件著作权申请。

2.中央结算公司"中债绿色债券环境效益信息披露指标体系与绿债数据库"荣获国际金融论坛（IFF）"全球绿色金融创新奖"。

3. 中债—绿债环境效益信息数据库部分界面

图 5　绿债数据库投向一览表

图 6　绿债环境效益信息数据详情

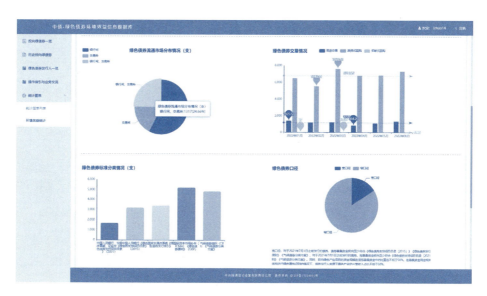

图 7　多维绿债数据统计图表

图 8　英文版绿债门户网站

第三部分

金融科技赋能实体经济

Fintech Energizes Real Economy

数字智能

Digital Intelligence

中银金科

数据智能化风控平台

一、背景及目标

（一）项目背景

近年来中行的授信资产质量面临较大压力，如何建立业界领先的智能风控体系对授信资产进行有效管理，成为迫切需要解决的问题。中行已经通过建设大数据平台和风险数据集市，收集了多维度的客户风险信息，其中外部数据包括工商、司法、税务、征信、舆情等，内部数据包括债项、交易、财务报表、缓释品、债券及履约情况等。面对内外部海量数据，必须利用先进的人工智能技术对数据进行深入挖掘和应用，将数据加总成有价值的信息，再进一步通过风控业务逻辑将其提炼成知识，以提升我行授信业务在贷前、贷中、贷后等业务场景的智能化水平，更准确、前瞻地识别风险、计量风险、处置风险。在此背景下，中银金科数据智能化风控平台应运而生，作为中国银行统一信用风险领域数据智能化分析及应用平台，贯穿贷前、贷中、贷后，为全面识别、防范和化解风险提供有力支撑。

（二）项目目标

通过数据智能化风控平台项目，解决总分行系统重复建设、数据来源不统一、风控规则模型质效不高、系统赋能各业务场景风险防范支撑力度不够的问题，并提升中银集团层面各层级、各条线业务人员工作效率，为中银集团在信贷资产上化解风险、减少因不良带来的损失，同时积极响应银保监会大型银行赋能风控工具及技术对中小银行的号召，赋能同业，提升银行业整体风控水平。①

具体业务场景层面，紧扣"金融支持实体经济"和"金融产业自身发展"两条主线，持续深耕国家重点领域的金融业务发展。如在科技金融领域，需要解决科创企业识别难、专利质押品估值难、科创企业获客难及风控数字化程度低、商行如何通过信贷投放助力科创企业成长等课题，为中行科技金融业务拓展、客户群扩展及科技金融风险管理提供抓手；在普惠金融领域，改变过去依靠人力进行尽职调查、客户评级、预授信，以及小微企业进入门槛高、手续繁、周期长、效率低的问题，需通过智能风控进行改善，实现全线上化信贷及风控管理；在场景化专题领域，针对银行评级高但在债市出现信用债违约、房地产企业预警等场景进行专题研究攻破，形成一批具有高价值、面向场景问题痛点的解决方案。同时，通过本项目可以锻造一批既懂业务又懂数据挖掘的分析师队伍，为预警规则库的持续优化和业务分析提供支持。

二、方案描述

（一）业务方案

1. 业务服务对象及用户规模

中银金科数据智能化风控平台的投产推广范围遍布中国银行境内 46 个一级机构、海外上线行及部分综合经营公司，持续助力集团风险管理数字化转型，实现集团价值跃升，用户包括各机构风险经理、客户经理及管理人员，总数突破 5.2 万人。同时，积极响应银保监会"推动大型行向中小银行输出风控工具及技术"的要求，在 9 个月内已对外输出 4 个项目订单。

---

① 智能风控平台投产上线后，其先进的理念和优越的数据、技术、应用服务使中国银行各机构风险经理、客户经理工作更高效、更准确，成功避免、挽回、化解银行潜在授信损失达数十亿元，并获得人行、中国金融学会金科委、《亚洲银行家》等业界权威机构或报社期刊颁发的多项荣誉奖项。同时积极响应银保监会"推动大型行向中小银行输出风控工具及技术"的要求，截至 2023 年 2 月底已对外输出 4 个项目订单，覆盖政策性银行、投行、城商行及农商行。

2. 中银金科数据智能化风控平台解决方案介绍

（1）贯穿贷前、贷中、贷后全流程的风控解决方案

近些年，中国银行总行风险管理部以"平台化前台、组件化中台、智能化后台"的理念全面构建了信贷业务管理及风险管控的完整体系。采用"工作台"模式实现了信贷业务管理应用多角色差异化服务功能推送，依托微服务、组件化设计思想，全面支撑信贷业务管理各方面需求。中银金科数据智能化风控平台在此体系下不断建设，与各类流程系统深度融合，通过研发风险 360 风险全景视图、风险知识图谱、风险预警监控、风险决策引擎以及风险模型工厂等多项风控工具组件，向业务管理应用各环节提供智能化风控服务能力。

中银金科数据智能化风控平台在贷前阶段，提供新注册企业获客筛选、我行核心关联企业拓客功能服务，有效降低了营销成本；通过基于外部数据的贷前尽调报告、申请人信息智能核实、风险客户智能筛查、识别各类隐性欺诈和团队欺诈，大大提高了获客成功率；贷中阶段，通过预授信额度测算、自动审批、智能押品估值管理、智能财务报表管理，在客户授信审批过程中辅助决策，降低风险，提升用户工作质量和效率；在贷后阶段，提供监控预警管理、智能清收等应用服务，其中监控预警包括智能化主动预警以及关联预警，实现预警信号及时推送以及闭环管理要求，便于业务人员贷后实时监控跟踪、尽早处置，产品运行推广以来，整体主动生成预警信号 3.5 万余条，不良命中率 78.2%。

（2）产品丰富全面

中银金科数据智能化风控平台由六大产品及 2 项配套知识库构成。

①"万象"风险 360 全景视图：企业风险信息综合服务产品，包含工商、司法、舆情、投融资、宏观、行内数据提炼标签等各维度信息，并依托智能风控体系提供各类分析应用。

②"天网"风险图谱多维分析：企业关联关系洞察服务产品，提供包括单一客户维度的综合图谱、股权图谱等及客户群维度的集团关系等图谱可视化展现、实体间路径探查、分析以及深层次隐性关联关系挖掘服务。

③"洞鉴"风险预警监控平台：以风险知识库为基础，整合总分行全辖各

条线预警因子、预警模型的定义，形成可灵活配置且全辖统一的因子库、信号库、标签库，为公司信贷客户的风险发掘与管控提供支撑。

④"神策"风险决策引擎：风险管理领域统一的风险策略规则引擎，实现对公评级、申请评分、行为评分、催收评分、消费金融、风险计量等多个业务场景风险决策的应用支持。

⑤"妙算"风险模型工厂：基于大数据、机器学习的一整套可定制的数据挖掘建模及应用方案，通过企业数据挖掘应用工具化的思路，使数据应用开发的速度更快、成本更低，让企业数据挖掘应用、模型部署上线更简单。

⑥"运筹"机构全面风险管理大盘：金融机构风险决策管理产品，面向机构管理人员提供统一风险指标体系、数据多维分析钻取、管理驾驶舱、场景专题分析、趋势预测及指标监控分析服务。

配套1：企业级风险知识库：提供了智能风控全体规则及数据，共享给所有智能风控应用使用，同时应用产生的结果也返回作为知识库的一部分，形成数据、规则、结果丰富的风险知识库。

配套2：风险模型成品库：覆盖多业务领域的智能风控模型成品库，提供风控模型冷启动基础，实现业务风控模型应用快速见效。

（3）对不同风险分类的专业性认知和相应解决方案的覆盖

近年新冠疫情蔓延、俄乌冲突持续、"东升西降"的世界局势使国家金融安全面临新的挑战，中银集团因此落地了"全面风险管理"框架，中银金科数据智能化风控平台以信用风险风控管理为基座，构建了全面风险指标库，提供机构层面全面风险指标查询、计量、监控服务，为集团全面风险管理、交叉风险管理、传染风险管理等方面提供系统保障。

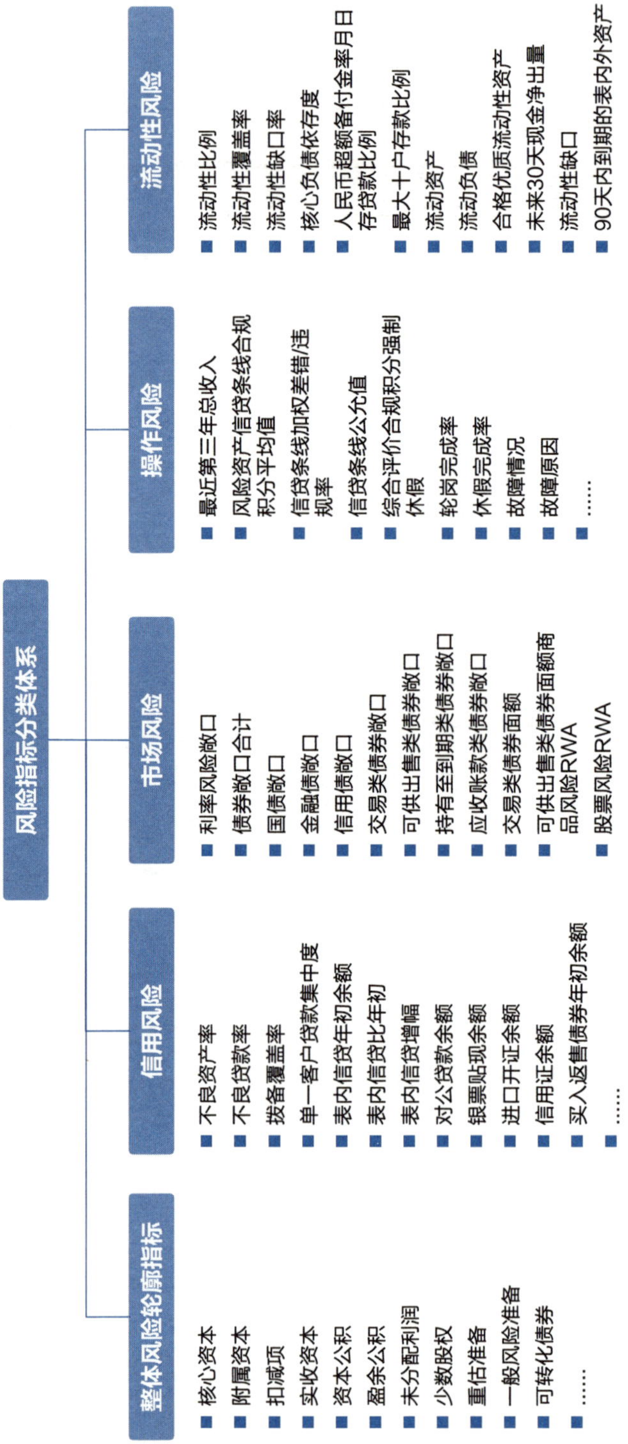

风险指标分类体系

整体风险轮廓指标
- 核心资本
- 附属资本
- 扣减项
- 实收资本
- 资本公积
- 盈余公积
- 未分配利润
- 少数股权
- 重估准备
- 一般风险准备
- 可转化债券
- ……

信用风险
- 不良资产率
- 不良贷款率
- 拨备覆盖率
- 单一客户贷款集中度
- 表内信贷年初余额
- 表内信贷比年初
- 表内信贷增幅
- 对公贷款余额
- 银票贴现余额
- 进口开证余额
- 信用证余额
- 买入返售债券年初余额
- ……

市场风险
- 利率风险敞口
- 债券敞口合计
- 国债敞口
- 金融债敞口
- 信用债敞口
- 交易类债券敞口
- 可供出售类债券敞口
- 持有至到期类债券敞口
- 应收账款类债券敞口
- 交易类债券面额
- 可供出售类债券面额商品风险RWA
- 股票风险RWA
- ……

操作风险
- 最近第三年总收入
- 风险资产信贷条线合规积分平均值
- 信贷条线加权差错/违规率
- 信贷条线公允值
- 综合评价合规积分强制休假
- 轮岗完成率
- 休假完成率
- 故障情况
- 故障原因
- ……

流动性风险
- 流动性比例
- 流动性覆盖率
- 流动性缺口率
- 核心负债依存度
- 人民币超额备付金存款比例
- 最大十户存款比例
- 流动资产
- 流动负债
- 合格优质流动性资产
- 未来30天现金净出量
- 流动性缺口
- 90天内到期的表内外资产
- ……

图 1　风险指标分类体系

（二）技术方案

1. 智能风控平台技术架构方案介绍

中银金科数据智能化风控平台实现全行统一的信用风险领域数据智能化分析及应用平台搭建。构建面向对公对私及外部采购海量风险数据加工处理的数据平台；集传统批量、图谱计算、模型训练、模型运行的计算平台；通过dubbo微服务实现统一对外可插拔式的服务平台；基于数据治理、用户管理的基础支撑平台四大平台，为各类风险业务应用服务。

2. 智能风控平台技术应用服务方案介绍

中银金科数据智能化风控平台提供丰富的应用及服务，并在实际业务工作中发挥了重要作用。平台支持PC端、移动端、大屏多终端展现，便于业务人员在不同场景下使用，并且平台不仅支持直接使用本产品，也支持提供页面调用、API统一接口服务、批量下发等多种形式，将智能风控贯穿贷前、贷中、贷后，为全面识别、防范和化解风险提供有力支撑。

具体各环节典型应用详情如下。

（1）智能化白名单及新注册企业获客

一方面，通过基于企业资质、专利、在建项目等外部公开信息构建"白名单"获客模型，生成高质量及高营销成功率客户清单，智能化、精准化营销客户，解决传统大量盲目营销客户问题；另一方面，及时获取工商新注册企业，结合地理位置，快速出击，赢取客户。

（2）智能化"黑名单"筛查

基于内外部数据，通过规则信号、模型算法、关联关系挖掘等方法，形成"黑名单"库，在客户准入阶段提前识别。

（3）智能报告

贷前调查报告及授信审查报告自动化。在授信流程中智能化自动生成贷前调查报告及授信审查报告，减轻一线人员信息收集及撰写报告工作量，减少因人员能力差异或数据收集困难造成的客户风险未识别、低估问题。

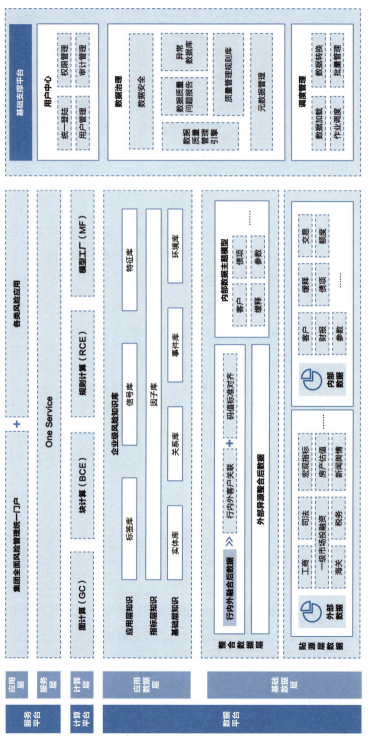

图 2　平台技术架构图

（4）知识图谱

基于企业投资、股权、高管等关联关系，基于知识图谱技术构建1.9亿规模的企业关系库，实现图谱可视化展现、企业隐性关系洞察、企业关联路径分析等多种场景应用。

（5）风险传导模型

基于逻辑回归、决策树等机器学习算法，构建企业源发风险模型；基于源发风险企业节点与周边企业节点关联关系网络，通过节点权值和边传播权值计算微观网络传播，识别当一个企业发生风险时，对关联企业发生风险的影响情况，以达到提前预测并防范风险的目的。

（6）资本市场预警

传统信用风险预警，较多使用具有滞后性、易被粉饰的财务数据进行建模，资本市场预警模型开创性地引入市场价格指标，纳入投资者用脚投票的股票价格、债券价格、资本市场公告等维度信息，填补了无法利用资本市场价格进行风险预警的空白，同时使用多种AI建模方案提高预警效果。

（7）产业链模型

基于行业分析及产业链图谱研究，逐步实现基于关系图谱的风险传导分析模型，解决了风控环节中产业链传导风险的触达和探索。

（8）智能风险扫描日报

每日生成用户关注客户的风险扫描日报，并通过移动端推送日报结果，快速高效知晓最新风险动态。

（9）智能化机构全面风险管控

提供机构全面风险指标展现及指标的多维分析、钻取等功能，刻画机构风险特征，并进一步基于指标分析机构风险程度，评价风险情况。

（三）建设与实施

智能风控项目基于中国银行软件开发管理流程组织实施。

1. 质量管理

（1）制订质量保证计划

项目立项时，项目经理和质量工程师（必要情况下可以邀请其他干系人）

共同讨论后续工作开展的方式、方法，确定质量保证计划的安排。

（2）计划编写

在制订项目计划时，由质量工程师编写《质量保证计划》。

（3）计划评审

制定《质量保证计划》后，由质量工程师所属团队经理进行审核。《质量保证计划》得到批准后，由质量工程师提交项目经理，与项目计划一同进行评审。

（4）实施保证

质量工程师通过过程评审、产品计等手段，发现过程与工作产品中存在的不符合项，识别质量风险，推进不符合项的处理以确保质量和过程性能目标的实现。

2. 组织管理

项目干系人包括：项目经理、需求方、业务师、架构师、开发工程师、测试工程师、质量工程师、配置管理员、系统工程师、运维工程师。

3. 风险管理

在项目估算开始前，会对项目进行风险识别、分析。为了管理项目可能存在的风险，在进行项目计划时需要进行风险识别、分析并制订风险管理计划。制订风险管理计划包括风险识别、风险分析、风险应对三个步骤。

（1）风险识别

根据可能对项目或项目计划执行造成不利影响的潜在问题、危害、威胁识别出项目的风险，在项目风险识别过程中可参考使用《项目问题风险识别检查表》对风险进行分类。

（2）风险分析

评价项目每个风险的可能性和影响，并计算风险值，根据风险值划定风险等级。

（3）风险应对

根据风险解决级别，由项目组将风险提交至风险解决方处理，由风险解决方在规定时间内指定解决风险的责任人，并将风险解决责任人记录在项目风险管理工具中。

针对每个已分析风险制定风险应对措施。对于单个风险可能存在多个应对方案时，项目组应选择首选方案，如果项目组对首选方案不能达成一致的，可用决策分析过程来选择。

把风险计划文档化，填写《项目风险信息清单》并纳入项目计划。

三、技术或业务创新点

中银金科数据智能化风控平台是基于中银金融科技有限公司和总行风险管理部数十载信贷风险管理成果积淀，由中银金科研发，在产品构建、数据处理、技术运用方面均为自主创新设计。

（一）产品创新

由"万象"风险360全景视图、"天网"风险图谱多维分析、"洞鉴"风险预警监控平台、"神策"风险决策引擎、"妙算"风险模型工厂及"运筹"机构全面风险管理大盘六大应用产品组成，并通过多年建设积累，形成具有中行特色的企业级风险知识库及风险模型成品库。中银金科数据智能化风控平台并没有改变底层业务逻辑，而是采用4种创新。

1. 引入大数据，获取更多维度的外部数据，如客户经营情况、客户关联关系，从更多层面刻画客户风险视图，打破信息不对称，提升风险定价、违约计量结果。

2. 改变过去以合规、满足监管监察为导向的风险管理模式，强调用金融科技降低风险管理成本、提升用户体验、数据驱动风控能效，引入了一种新时代风险管理思维。

3. 没有改变数据＋规则的处理逻辑，而是弱化了专家经验、突出了机器学习模型的应用，如线性回归、神经网络等，同时增加了规则的后评价及自动迭代更新机制。

4. 利用科技将耗费大量人力的线下风控管理工作线上化、将机械式的重复工作自动化、将固定办公地移动化，降本增效。

（二）、技术创新

1. 数据整合层面

内部整合信贷、会计、资产负债表、审计等系统数据，实现行内数据的全面调用和挖掘，打通内部数据孤岛，外部引入工商、司法、互联网舆情、投融资、宏观等数据信息，实现外部数据汇总，此外，大力提升数据分析、数据清洗、数据挖掘能力，从海量数据中去除无效数据，提高数据质量和价值。

2. 技术架构层面

（1）建立 MPP 分布式架构

统一对公对私信用风险领域数据来源，建立风险数据集市，发挥数据的聚集化优势，构建基础层、指标层、应用层等垂直领域数据分层加工架构，划分实体库、关系库、事件库、环境库、因子库、特征库等业务主体领域。采用读写分离、分布式批处理系统架构，综合运用 MPP 大数据分布式处理技术，提高数据处理及查询效率。

（2）运用知识图谱及图数据技术构建复杂关系网络

采集工商企业、司法诉讼、舆情新闻、投融资、宏观指标等外部信息，与行内客户数据进行融通。完备基础数据，通过诸如股权关系、高管关系、投资关系、交易关系、集团关系，构建企业、个人等实体对象之间的关系网络，并可视化展现关系全景图。采用 NEO4J 图数据库、基于 SPARK 的 GRAPHX 图计算技术，基于客户关系网信息，分析挖掘疑似集团企业、疑似同一企业，实现从"规则匹配"到"现象提示"的提升，对于通过复杂交易、多头信贷形成的潜在风险企业的发现提供有效防控手段。

（3）采用 DUBBO 微服务体系

应用服务层面采用 DUBBO 微服务体系，实现应用服务松耦合、高复用；通过统一的资源调度及服务注册中心，为新增应用服务降低开发成本。

（4）运用机器学习算法识别传导风险

基于逻辑回归、决策树等机器学习算法，构建企业源发风险模型；基于源发风险企业节点与周边企业节点关联关系网络，通过节点权值和边传播权值计算微观网络传播，即黎曼传播算法，识别当一个企业发生风险时，对关联企业发生风险的影响情况，以达到提前预测并防范风险的目的。

（5）引入 OCR 技术识别企业财报

引入基于机器学习的复杂表单解析、多字体中英文识别、识别结果语义分析提取关键信息处理等一系列 OCR 技术，自动识别各类财务报表表单内容，自动录入系统，推动降低一线经办人员工作量。

（6）运用联邦学习技术

运用联邦学习技术解决数据孤岛、数据隐私问题。

（三）服务模式创新

1.产品组合灵活

提供智能风控产品系列一体化服务，也可按应用场景提供单一产品或组合式解决方案服务；既可提供在客户本地实施部署的产品服务，也可提供基于 SaaS 云数据的轻量化互联网服务模式。

2.服务类型多样

可组合提供咨询、实施服务，为金融机构提供智能化风险管控解决及实施方案、产品。

四、应用与成效

（一）推广情况

中银金科数据智能化风控平台投产推广范围遍布中国银行境内 46 个一级机构、海外上线行及部分综合经营公司，当前用户总数突破 5.2 万人，日均访问量 30 万次以上。智能风控平台自投产以来，交易量持续增长，系统一直保持平稳、高效运行，各级机构客户反映良好。

（二）、经济效益及社会效益

1.直接经济效益

提升用户工作质量和效率，成功避免、挽回、化解银行潜在授信损失数十亿元。

（1）强化风险数据核心，全面构建全行风险知识库，引入外部工商、司法、舆情、税务、资本市场等关键数据，实现内外部数据融合，全面强化风控应用数据支撑。客户 360 视图帮助客户经理快速获取客户信息，将客户风险识别时间由 3 小时 / 户，缩短至 20 分钟 / 户。

（2）构建风险知识图谱，基于企业投资、股权、高管等关联关系，实现图谱可视化展现、企业隐性关系洞察、企业关联路径分析等多种场景应用。集团客户识别累计判定成功集团成员客户数 8337 家。集团谱系将集团客户识别范围从 20 万家提升至 5000 万家企业，将行内超 1000 户授信客户纳入集团客户管理，授信余额超 100 亿元，大幅提升统一授信质量。知识图谱自动识别实际控制人和受益所有人，大大提升工作效率，识别时间从 20—30 分钟 / 户缩短至 1 秒 / 户。

（3）实现风险主动预警，建立了涵盖公司、金融机构、个人（含信用卡）等各类型客户、全产品、全流程的监控预警体系，产品运行推广以来，整体主动生成预警信号 3.5 万余条，不良命中率 78.2%。2020 年，我行潜在风险客户较年初累计共调出、压退、下调不良授信合计 1631 亿元。其中，风险缓解调出潜在风险授信 351 亿元、授信压退 513 亿元、风险恶化下调不良767 亿元。

（4）打破传统风控以专家经验为主、强主观性的旧模式，采用决策树、神经网络、聚类、知识图谱等人工智能技术，全面打造了风险模型工厂，构建了模型研发、部署、监控、优化的全生命周期管理闭环，目前共研发落地 28 项核心智能风控模型，覆盖普惠金融、消费金融、对公信贷、信用卡等核心业务领域。资本市场预警提前 3—8 个月预警"爆雷"企业，特别是对永 ＊ 集团、华 ＊ 幸福、泛 ＊ 控股等市场影响较大的企业表现出较好的预警前瞻性，及时处置持仓避免损失。风险传染预警帮助分行压缩授信额度共计 10.23 亿元，另对50 余家企业采取进一步管理措施，实现"早发现、早处置"。

（5）决策引擎高效，对业务策略真正实现"开发配置"和"部署应用"，从应用软件提升为业务生产力工具。当前已完成部署"500+"个决策项目，决策产品涵盖了个贷、中银 E 贷、信用卡等我行主要个人客户信贷产品的联机审批决策和客户层评价、产品层额度的计算，日均联机处理 8 万笔授信决策交易，峰值 35 万笔，单笔交易平均执行时间 102 毫秒，每月实现 1 个亿客户的中银 e 贷预授信计算。

2. 社会影响力及可复制性

（1）风控技术引领

"智能化风险管理领域研究成果"获得国家级学术机构中国金融学会认可，申报的"智能风控课题研究"荣获组长单位，同期参与角逐的有工商银行、交通银行、平安银行、华为技术有限公司等行业龙头，同时被邀请参与"十四五"金融科技发展规划编写，获得中国金融业网络安全和信息化"十四五"发展展望专项研究实践价值突出论文。

（2）输出同业，赋能中小银行

积极响应银保监会"推动大型行向中小银行输出风控工具及技术"的要求，在 9 个月时间内已对外输出 4 个项目订单，包括中国农业发展银行—小微智贷外部数据接入项、中金公司—固收火炬云平台项目、成都农商银行—智能风控平台项目、成都银行—风险数据集市建设项目。

3. 案例推广效益

（1）有利于普惠金融的发展

小微企业是受新冠疫情影响最大的企业群体，中国银行对小微企业进行定向金融支持，开发了基于互联网的普惠线上融资产品。中行知识图谱产品为普惠线上模型提供股权、担保、上下游和交易流水等多种关系挖掘服务，识别隐藏关联风险，构建有价值、有意义的关联风险指标，为业务运行提供风险识别、计量支持。截至 2020 年底，中行新增普惠金融贷款 8.65 万户，新增贷款余额 1987 亿元，有力地支持了小微企业复工复产。

（2）有利于关联方企业风险的提前预测

过去监控预警多依赖专家经验、判定规则等主观因素，且基本是单实体对象，针对关联方，比如集团母公司发生风险影响子公司等传导风险缺少有效管控手段。通过智能风控平台黎曼传导模型及知识图谱关系网络，有效识别关联方潜在风险，提前进行防范，减少损失。

（3）提升穿透式监管能力

在贯彻"Know Your Customer"的以客户为中心的风险管理思路基础上，依据深交所发布的《深圳证券交易所股票上市规则》定义的实际控制人界定及中国人民银行关于加强反洗钱客户身份识别有关工作的 235 号通知，通过知识图谱技术，进一步识别企业客户的最终受益人、实际控制人。层层穿透式的客户风险管理确保了银行对客户充分了解，也能更好地保证客户的资金安全，有助于树立银行负责任的社会形象。

4. 集团外荣誉奖项

表 1　荣誉奖项

获奖时间	奖项名称	授奖部门（单位）
2023 年 2 月	上海金融科技中心建设三周年"技术组"优秀成果	上海金融科技产业联盟
2022 年 8 月	首届"鼎新杯"数字化转型应用案例——行业融合应用三等奖	中国信息通信研究院
2022 年 5 月	2021 中国银行业数字化转型案例——年度数字化风控优秀案例	《中国银行保险报》
2021 年 12 月	2020 年度金融科技发展奖三等奖	人民银行
2021 年 8 月	中国金融业网络安全和信息化"十四五"发展展望专项研究"实践价值突出论文"	中国金融学会金融科技专业委员
2021 年 7 月	2021 年《亚洲银行家》杂志"最佳风险技术实施奖项"	《The Asian Banker》
2020 年 9 月	《银行家》"2020 中国金融创新奖——十佳智能风控创新奖"	《银行家》杂志、中国社科院金融研究所
2018 年	"中银大脑—智能风控"荣获 2018 年人行科技成果奖一等奖	人民银行
2018 年	2018 年银行业信息科技风险管理课题三类成果奖	银保监会

五、未来发展

（一）智能风控行业市场未来发展空间

大数据、人工智能等金融科技技术助力智能风控应用的落地，为行业发展提供技术支持，同时得益于经济、政治环境的支持。智能风控领域目前依然是银行机构的痛点之一，是多家银行科技投入的重点，包括在普惠金融、消费金融、供应链金融以及财富等领域的风控。中国智能风控市场规模有望持续扩容。

（二）科技赋能、创新驱动中行数字化转型

中国银行的业务战略要求科技赋能、创新驱动，全面提高敏捷化、精准化和智能化水平，不断提升客户服务体验和综合竞争力。中国银行的IT战略要求加快数字化转型，坚持集团整体推进企业级架构搭建，对全行业务功能进行抽象，形成众多独立的低耦合微服务。在风险管理领域，大力提升自动化、智能化风控能力，推动风险管理为业务赋能、为基层减负。

智能风控项目实施的目的是利用金融科技赋能风险管理，提升业务流程体验和管理水平，提升风险预警的前瞻性和有效性。中银金科数据智能化风控平台基于机器学习算法、联邦学习、知识图谱、智能搜索、OCR等技术，覆盖业界主流智能风控应用场景，结合中国银行实际金融领域风控的业务积累，通过将场景化应用服务贯穿贷前、贷中、贷后全流程，解决实际业务问题，同时，拥有一套完整的智能风控理论体系、数据整合加工处理流、模型全生命周期建设等方法论支撑，有效提升了中国银行风险领域的业务能力，将风险防控逐步从"人防"转变发展为"智防"。

（三）遵循"十四五"规划，智能风控多场景发展

中银金科数据智能化风控平台遵循《上海国际金融中心建设"十四五"规划》基本原则："坚持以防范化解金融风险为安全底线。更加注重防范化解金融领域重大风险，精准识别、及时发现、有效化解各类风险隐患。加强风险压力测试，全面提升上海国际金融中心风险防范化解能力，牢牢守住不发生区域性系统性金融风险底线。"

紧扣"金融支持实体经济"和"金融产业自身发展"两条主线，持续深耕国家重点领域的金融业务发展，通过提供智能化技术服务，改善传统风控数据基础较弱、风险模型适应性不足、风险管理不良率较高、授信机制效率较低等问题，为全面识别、防范和化解风险提供有力支撑。

1. 公司金融风控

贷前阶段可基于中银金科数据智能化风控平台的集团客户识别、客户财报智能识别、客户财务反欺诈等工具对客户进行信息获取及风险识别；贷中通过客户信用评级模型对客户进行信用风险评估，利用智能尽调报告、缓释品估值等辅助客户统一授信；贷后阶段智能风控提供风险预警信号、贷后检查报告、资金流向监控等功能积极跟踪客户风险情况，使相关人员能及时发现并处置。

2. 消费金融风控

智能风控依托"神策"风险决策引擎等产品功能提供面向全客户群、全线上、全流程自动化的服务。

3. 普惠金融风控

基于内外部数据，提供普惠"360"客群画像，并提供普惠全流程风控策略，包括贷前客群分析、客户初筛、普惠"白名单"；贷中评分模型、利率定价、额度计算、信用评级；贷后监控预警、模型监控等。

4. 科技金融风控

通过各类模型，对科创企业、瞪羚企业做出智能化推荐，主动获客。同时，智能风控以知识产权数据及专利价值评估模型为基础，建立5个维度的企业科研能力评价模型，综合评判企业科研能力、稳定性、技术质量等多维度，把控企业科技发展形态。

5. 县域金融风控

通过"技术＋生态"，解决乡村征信数据难题，与各类平台及涉农企业相关信息平台共享数据，以司法信息、纳税信息、水电信息等以农村资产及涉农主体行为数据等为核心，建立农村信用评价体系。

6. 绿色金融风控

通过绿色企业智能识别、绿色信贷投向认定、环境效益测算、绿色企业贷后自动化检测及报告对绿色企业信贷全流程提供风险识别支撑。

壹账通智能科技

普惠金融人工智能开放创新平台

一、项目背景及目标

（一）项目背景

国务院发布《推进普惠金融发展规划》，强调建设普惠金融目标是全方位为社会各阶层和群体提供有效金融服务；央行依据"十四五"规划印发的《金融科技发展规划（2022—2025 年）》中也指出，"要为人民群众提供更加普惠、绿色、人性化的数字金融服务"。当前我国普惠金融面临三大问题：供给不充分不平衡，老少边穷地区人群和中小微企业金融服务可得性差；弱势群体和企业数据质量良莠不齐，金融机构风控难；普惠金融小额分散，金融机构运营成本高效率低，创新动力不足。

项目通过构建普惠金融人工智能开放创新平台，以普惠金融场景的核心业务难点为驱动，以基础理论和关键技术研究支撑解决方案研发，突破共性关键技术瓶颈，提升核心技术的开放共享和应用成果转化。项目通过提供开放平台门户网站，提升普惠金融行业技术能力与开放水平；打造开放的金融科技 API 平台，帮助金融机构引入创新技术，实现金融智能化转型；同时加快 AI+ 金融产业融合，促进金融领域人工智能技术产业化；通过大量实际业务案例，培养 AI+ 金融领域的高端跨界人才；通过提升我国具有自主知识产权的人工智能科技成果转化效率，加快产业融合创新，实现 AI 技术全面领先，提升国际竞争力。

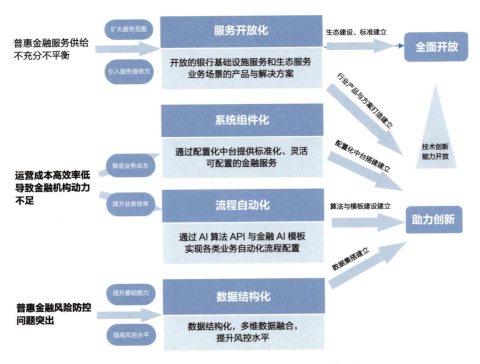

图 1　人工智能平台解决普惠金融难题四条路径

二、项目方案

本项目研发内容主要是通过研究 AI 赋能普惠金融的关键共性技术和核心应用组件，加强普惠金融场景的智能感知和智能认知能力，利用研发的 AI 开放创新平台提升核心技术的开放共享和应用成果转化。

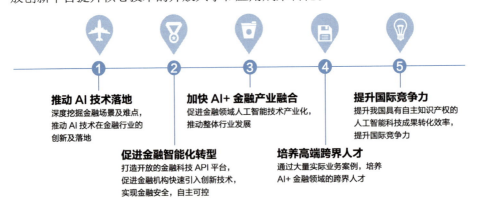

图 2　项目发展规划目标：加速普惠金融产业链的创新与融合发展

（一）业务方案

金融壹账通归属金融科技行业，主要服务对象为金融机构、保险公司、政府部门，已服务国内近 700 家银行，超 100 家保险类机构；以中国香港和新加坡为基地，服务 20 个国家 / 地区的 100 多个客户（包括马来西亚、新加坡、瑞士、泰国、印尼、柬埔寨等），输出中国制造的金融科技解决方案，得到国际客户的广泛认可。平台引入产业合作伙伴超 500 家，其中金融机构 409 家，覆盖国有银行、全国股份制银行、城商行、农商行等全部重点机构类型，科技服务商 103 家，监管机构 6 家。

（二）技术方案

解决的科学问题及相应研究内容和技术路线包括：（1）针对普惠金融 AI 开放创新基础平台建设，研究构建大规模金融场景 AI 基础资源数据库及建立 AI 开放 API、组件、中台、产品和解决方案等技术方法，降低技术应用门槛和成本，加快产品开发创新，促进智能普惠金融生态链形成。（2）针对普惠金融场景大规模语音应用中存在的智能感知实时性与内容理解准确性等问题，重点解决短语音与大规模说话人的声纹识别以及现有技术不支持流式语音实时识别问题。（3）针对普惠金融场景中单源数据特征缺失及多源数据特征融合复杂度高的瓶颈问题，面向多源多模态非结构化金融数据，研发低复杂度的高维聚类与关联分析、分类处理等智能算法，通过提升业务场景中的视觉感知能力，与其他模态数据进行高效智能特征融合，从而提供更准确立体的征信及风控的智能决策策略与判断依据。（4）研究实现融合多源异构大数据，精准识别经济金融实体间关系，构建亿级动态金融知识图谱，并以此为基础实现深度认知智能，提升对金融文本的深层次语义理解能力。

（三）建设与实施

建设普惠金融人工智能开放创新平台，构建底层资源环境，开放金融领域 AI 权威评测，统一普惠金融场景 AI 能力评估标准；开放一批具有自主知识产权的 AI 核心技术和金融场景功能 API 组件库、金融配置化中台、金融场景业务

AI 模板库等；构建完善的开放服务和标准体系，引入科技服务商和金融机构等合作伙伴，打造丰富的面向普惠金融典型应用场景的产品和端到端解决方案；加快平台科技成果转化共建开放创新生态圈，推动普惠金融产业智能化升级。

平台搭建包括：（1）开放创新平台的底层资源环境构建，（2）普惠金融场景功能 API 组件库，（3）金融场景开放层配置化中台建设。在平台突破金融领域特有的共性关键技术上，平台考虑了：（1）面向普惠金融场景的大规模语音实时感知与理解，（2）金融领域特有的感知技术突破——视觉数据感知表示和多模态数据智能融合，（3）金融领域特有的认知技术突破——多源异构知识图谱与关联政策知识体系，（4）金融领域特有的认知技术突破——深度认知研究。

在底层平台构建和关键技术取得突破的基础上，平台聚焦普惠金融典型应用场景，建设端到端解决方案，典型案例包括：（1）智能语音解决方案，（2）中小企业智能融资平台，（3）智能车险解决方案。在具体方案实施中，金融壹账通着力打造的加马平台把平安多年的金融 AI 运营经验，凝聚成为金融行业量身定做的 AI 模板、AI 运营优化方法论和 AI 训练标注服务，打造 AI 底层技术 + 金融场景 AI 运营一体化的平台，真正承诺金融客户 AI 的使用效果，可谓是一项业界领先的创新。

壹账通凭借其技术能力与业务场景服务能力居于为金融客户提供准确、个性化服务的前列。加马平台智慧语音"金融业务 +AI 技术"具备能力优势，不仅可以与金融机构携手开展智能客服运营合作，为客户量身定制智能化产品，还可以通过课程培训加实操指导的方式，对金融机构智能客服运营人员进行 AI 能力培训。

三、项目技术或创新点

（一）项目创新点

在普惠金融人工智能创新实践过程中，壹账通自研打造多模态情绪理解、OCR 识别、文本处理、对话语义理解等四大核心算法引擎，以领先业界的技术水平赋能公司多个业务平台、保证对外业务的质量与效率，同时积极钻研理论与创新，截至 2021 年底，已申请专利 5526 件。围绕算法引擎，壹账通形成一套可持续迭代优化的技术创新回路。接下来分别介绍各引擎关键技术。

多模态情绪理解引擎包含基于图像、语音、对话文本等三类信号的情绪识别系统。其中，微表情技术通过对人面部进行详细的解析和识别，完成对人脸微表情与情绪的判断功能。该系统使用表情识别、面部动作识别、眼动识别和头动识别四个子网络来完成联合学习，对测试样例的情绪识别准确率达95.1%，曾获 OMG 2018 国际微表情识别竞赛双赛道冠军和 EmotioNet 2018 面部动作识别竞赛冠军，相关技术发表于 ACM MM2019。实践中，该系统用于普惠贷款反欺诈和保险代理人面试等场景，相比人工审批方式，有效利息增加 25%。另外，语音情绪识别系统在二分类业务数据上的平均识别准确率达91.2%，用于支持壹账通智能外呼机器人场景，辅助感知客户情绪变化，减少人工投诉。最后，对话文本情绪分类系统实现按双层级细分情绪至一维与二维，引入对立情绪知识，用于支持壹账通智能风控平台，自动检测业务对话文本中蕴含的 16 种细粒度情绪特征，平均分类准确率达 92.5%，获得 SemEval2019 文字对话情绪识别竞赛第一名。

OCR 识别引擎通过分析文档扫描件或照片，得到图中文字信息，可有效降低录入成本。面对金融场景中多样易变的文档类型，该引擎通过多尺度分割网络、字符串序列识别、符号纠错、表格还原等技术，在业务扫描数据中准确率达 98%；在复杂医疗实拍单据中也可达到 92%。该技术获得 CVPR 2020 Workshop DocVQA 竞赛冠军，用于支持壹账通智慧理赔与智慧海关平台。

文本处理引擎包含信息抽取与机器阅读理解两个模块。信息抽取模块用于处理语义表达较为规范的常规抽取问题，包含实体识别、规则引擎、敏感词检测等技术。该模块采用"先分后合"策略训练识别模型，平均 F1 值达 92.5%。该模块用于支持壹账通智能投研平台，替身审核效率高达 150%，降低 60% 人力成本，全年平均处理审单材料 480 万次，曾获 SemEval2020-DeftEval 自由文本信息抽取赛道任务一与任务二的冠军。机器阅读理解模块则用于对话、论坛等口语化灵活表达场合。该模块不仅使用海量自动增强的近义、反义、音近、形近数据训练模型，还采用双注意力机制，分别考虑问题与文本、标题的关联，并使用自研语言模型 SiBERT 为主干。通过以上改进，模型提取的 F1 值为 86.7%，达到业界领先水平，用于支持壹账通智慧政企平台和智慧语音平台。曾获第三届中文机器阅读理解测评第一名，2021 语言与智能技术竞赛阅读理解赛道第一名，并在国际知名会议 LREC 2020、NLPCC 2021 上发表研究成果。

功能示意

中小企业融资平台：应用文本处理等 AI 技术，实现企业精准画像和产品匹配，形成信息准、产品全、安全高、融资快、监管灵的中小企业融资平台，打通中小企业融资"最后一公里"

图 3　应用案例——智慧政企平台

对话语义理解引擎通过结合规则解析、语义相似度、意图分类三个模块的组合处理优势，级联实现对话意图的精准识别。综合三个模块输出结果，基于专家规则和浅层权重网络对候选答案排序。实践中，该引擎在金融对话场景准确率达 95%，领先业界，获 DSTC-7 Sentence Generation 竞赛第一名。该引擎用于支持壹账通智慧语音平台，有效激活近 70% 的存量客户，整体运营成本降低 75%，人均产能提升 5 倍。

(二）项目技术

本平台在技术层面取得重要突破性成果，包括金融领域特有的视频、图片、文本和语音等非结构化数据结构化等智能感知技术，以及金融知识体系建设以及基于该体系的金融数据深度理解等智能认知技术，具体包括。

针对普惠金融在实际应用场景中存在的大规模语音感知实时性与内容理解准确性等问题，研究短语音、大规模说话人库声纹识别技术，提升金融场景身份识别准确性；研究新型端到端注意力机制语音识别技术，解决现有框架不支持流式实时语音识别、无法提供语音边界等问题，优化金融场景实时语音识别体验。

针对普惠金融场景中单源数据特征缺失及多源数据特征融合复杂度高的瓶颈问题，研究手写、文本、金融计算表达式、图像、语音、人脸视频场景等多源多模态非结构化数据形态，增强计算机视觉的感知及识别能力。

研究金融领域知识图谱搭建技术，包括多源异构大数据统一表达技术解决方案、非结构化文本置信度评估、金融决策模型可解释性技术；搭建各类围绕普惠金融主要客户对象经济主体的知识图谱，包括金融常识、经济主体、主体关联等不同主题金融知识图谱。运用大规模知识库、图神经网络、预训练模型、元学习等前沿技术，实现非结构化、结构化金融数据的多维度、深层次感知理解，并提出一套衡量模型金融语言理解能力的通用评价基准，用以推进普惠金融业务的智能化程度。

四、项目运营成效

普惠金融人工智能开放平台初步形成，实现从基础数据资源建设到行业技术产品创新再到应用方案落地的产学研一体化开放生态系统构建。按照中期计划构建视觉、文本、图表、对话、语音理解资源库；开放超过200项普惠金融领域相关 API 及超过 2100 个金融场景 AI 模板。落地广东金融局中小企业融资平台建设项目，串联企业、银行、监管，实现平台产业链多环节落地。此外，依托本平台已构建 1 套面向中小微企业融资场景的端到端解决方案，实现融资规模超百亿；成立中小银行互联网金融联盟，加盟银行超 260 家；平台引入超 300 家合作伙伴；举办 5 场行业竞赛。平台全面开放，落地应用多点开花，推动行业全面发展。

（一）客户规模

金融壹账通作为面向金融机构的商业科技服务提供商，主要服务对象为金融机构、保险公司、政府部门，已服务国内近 700 家银行，超 100 家保险类机构；以中国香港和新加坡为基地，服务 20 个国家／地区的 100 多个客户（包括马来西亚、新加坡、瑞士、泰国、印尼、柬埔寨等），输出中国制造的金融科技解决方案，得到国际客户的认可。平台引入产业合作伙伴超 500 家，其中金融机构 409 家，覆盖国有银行、全国股份制银行、城商行、农商行等全部重点机构类型，科技服务商 103 家，监管机构 6 家。

（二）涉及用户规模

随着全球金融科技市场从疫情中加速恢复，金融壹账通在香港及海外市场捷报频传，数字化政策红利覆盖面越来越广，让更多国家和地区受益。2021 年，平安壹账通银行开业一周年实现了中小企业贷款资产达 10 亿港元，同时成为参与央行"贸金平台"与香港"贸易联动"二期项目的首家虚拟银行，为中小企业提供适时高效的金融方案。

此外，金融壹账通在东南亚地区已成功与 3 大顶级银行、12 大本地银行、2 家全球顶级保险公司达成合作，共同开启数字化之旅。金融壹账通与菲律宾消费信贷公司 SB FINANCE 于 2021 年 5 月宣布签署战略合作协议，为当地用户提供更为便捷的信贷服务和更好的消费体验；2021 年 6 月，斯里兰卡第四大上市商业银行——斯里兰卡国家开发银行（简称"NDB 银行"）宣布，将指定国际企业软件解决方案合作伙伴 AXION SOLUTIONS 为其部署 VKYC 解决方案，并交由金融壹账通负责具体开发，金融壹账通打造的 VKYC 平台有效助力 NDB 银行实现数字化升级；2021 年 11 月，金融壹账通印尼分公司宣布与印尼国信银行达成合作伙伴关系，将通过金融壹账通开发的一整套技术解决方案来实现国信银行服务数字化能力的提升。2022 年 4 月，金融壹账通与巴西科技公司 Pismo 达成战略合作，Pismo 是发展快速的银行软件即服务（SaaS）公司。2022 年 9 月，金融壹账通宣布与巴西科技公司 Pismo 联合开发的一站式、全方位数字银行解决方案平台 OneCosmo 正式推出，并从新加坡出发，在印度尼西亚、泰国、马来西亚及菲律宾举行一系列产品推广活动，邀请近 100 名银行及金融服务界高级管理层参与，率先见证 OneCosmo 的全方位一站式服务。

作为将国内科技成果与经验成功输出海外的全球性金融科技公司，金融壹账通还将继续聚焦海外市场"三大支柱"建设：（1）推动银行 IT 建设，助力客户转型；（2）打造针对中小银行和非银金融机构的平台，提升客户覆盖；（3）推动保险科技业务发展。

（三）技术成效

平台多层次助推金融创新。截至中期，底层算法平台可提供数据处理、AI 感知、AI 认知、智能流程、智慧呈现五大类超 100 项金融 AI 核心算法，提供算法研发、数据监控、质量管理等服务帮助开发者孵化算法；中层十大中台服务已上线，覆盖数据加工、识别感知、认真推理、流程控制、分析呈现功能五大类；顶层已打造中小融解决方案，助力中小企业快速融资。在平台建设过程中，突破了多项金融领域特有的共性关键技术。

1.突破金融领域语音感知与理解技术瓶颈。短语音声纹识别 EER < 6.84%，语音识别 CER < 5.57%，提升普惠金融业务声纹反欺诈与语音客服体验。

2.填补金融领域实觉感知融合技术空缺。攻关行业尚未应用的计算表达式、手写体识别、填补行业技术空白，手写体识别准确率较各类模型提升 10% 以上。

3.构建金融领域高精度知识图谱与关联决策体系，构建实体及关系规模业界领先的金融领域知识图谱，精度较行业平均水平提升 6%。

4.金融领域先进深度认知智能研究，金融文本理解准确率达到 90%，ROUGE-1 > 0.38，极大节省了人工客服的成本。

项目还致力于推动普惠金融领域特有的感知和认知两大核心关键技术的突破，为普惠金融人工智能开放平台提供有力技术支撑。平安在软件基础科技（ABCD）与应用科技（EFGH）取得全球领先地位，覆盖金融行业营销、运营、服务、风控、管理全流程场景，研发到应用获得多个奖项。多层次创新工作获得行业认可，取得显著经济与社会效应。实现多项创新成果，发表多篇高水平论文，获数十项国内外重要奖项和荣誉：包括"吴文俊人工智能科技进步奖""2021 中国数字普惠金融创新成果""国家专利优秀奖""上海市科技进步一等奖"等。

全金融牌照，丰富金融场景

国际领先的科技型个人金融生活服务集团，为 2.18 亿个人客户和 5.98 亿互联网用户提供金融生活产品及服务，覆盖全部金融场景

已构建多元化的金融服务生态圈

 专利 —— 秉持科技赋能金融战略，科技专利年增加 10,029 项，累计 31,412 项，位居国际金融机构前列

 传统金融 —— 个人客户 —— 在售个人金融产品逾万个，服务客户超 2.18 亿。推出"平安 920"金融生活消费节，活动累计成交额 1.38 万亿元，超 2,100 万人次参与。

 传统金融 —— 团体客户 —— 全力支持实体经济发展，企业财产险累计金额 22.22 万亿元，并通过平安银行发放贷款超 1.06 万亿元

 金融科技 —— 个人及商户 —— 通过壹钱包为 3.23 亿个人客户提供金融服务，为 213 万商户提供综合金融解决方案

金融科技 —— 金融机构 —— 通过壹账通建立开放平台，提供全流程全体系商业客户服务。已服务 100% 大型银行、98% 城商行、47% 的寿险公司和 64% 的产险公司

国际领先的科技型个人金融生活服务集团

大医疗健康

金融 + 生态

大金融资产

金融 + 科技

保险　银行　资产管理

金融服务生态圈　医疗健康生态圈　汽车服务生态圈　房产服务生态圈　智慧城市生态圈

图 4　依托平安集团全金融场景、保障平台的落地孵化

（四）经济效益与社会效益

作为金融行业覆盖最广的行业科技合作平台，平台已有 409 家国内金融机构、103 家科技服务商、6 家监管机构入驻。金融壹账通致力于打造金融领域领先的国内外业务生态，已服务国内 100% 大型银行、98% 城商行、47% 的寿险公司和多数险公司，向 20 多个国家 / 地区客户开放金融科技能力，与东南亚 3 大顶级银行、12 大本地银行、2 家全球顶级保险公司达成合作。

此外，还形成了链条完整的金融领域产学研生态合作。与北京大学、中国科学院自动化研究所、华东师范大学围绕普惠金融新一代人工智能开放创新平台项目进行合作。

同时，平台也专注于国际化，与其他国家新一代开放创新平台建立合作。与 OPEN 启智新一代人工智能开源开放创新平台建立合作关系，OPEN 启智新一代人工智能开源开放创新也是科技部开放创新平台之一，未来将与其共同完善开放创新平台的评估办法，一起打造良好的人工智能开源产业创新生态。与中小银行互联网金融（深圳）联盟紧密合作，在银行中进行市场推广宣传，开展智能金融 AI 培训、创新竞赛、高峰论坛、成果推介会等活动。中小银行互联网金融（深圳）联盟现有成员包括超 400 家中小银行、金融科技企业，会员地域覆盖 31 个省市。通过积极举办行业大会等开放活动，与平台线上开放机制双管齐下，促进行业间良好协同，开拓技术循环共享的机制。

作为普惠金融人工智能平台的参与者及领航者，壹账通参与《人工智能金融应用性能测试规范》（ICS 35.240.40）、《远程银行人工智能客服评价指标规范》（T/CBA 220-2021）等行业标准建设，围绕人工智能金融应用性能标准的编制与修订工作，共同进行行业标准建设。将研究对金融领域的视频、图片、文本和语音等非结构化数据进行信息抽取的方法，建立大规模金融场景的模板集市，为金融机构的数字化转型提供坚实基础。进一步将会建设项目结合常识以及金融领域知识，对金融场景的语义进行深度理解，解决复杂意图分解、隐含意图推断、多层推断、合理性判断等复杂的实际问题。项目产生一批高水平学术论文，申请多项专利和软件著作权，开发多个示范性应用，建成大规模知识图谱、大规模金融场景多模态数据集等重要的基础资源。

五、未来发展

本项目通过构建普惠金融人工智能开放创新平台，突破金融场景特有智能感知和认知关键共性技术瓶颈，开放一批具有自主知识产权的 AI 核心技术和金融场景功能 API 组件库；探索面向普惠金融典型场景端到端解决方案，打造应用示范；构建完善的开放服务和标准体系，引入科技服务商和金融机构等合作伙伴，共建开放创新生态圈，推动普惠金融产业智能化升级。

平台将探索构建完善的开放共享合作机制，建设"开放技术 + 开放客户 + 开放资本 + 开放场景"四位一体的开放机制，实现多方共赢。团队将在搭建金融人工智能平台经验的基础之上，进一步深化相关研究领域与应用场景的结合，在传统模式上开放创新，完善自身技术，并努力将研发成果产业化，面向市场应用，搭建出符合市场需求的、具有先进科学技术与管理经验的普惠金融人工智能开放创新平台。

此外，平台将背靠壹账通背景与相关开发经验，筛选标杆研究项目中有潜力市场化的项目或技术深入研发，申请专利。与国际、国内知名高校和科研院所开展深度技术合作、加入行业重要协会、引入产业合作伙伴，产学研一体助力创新发展。为平台运行提供全面先进的配套服务，支持开放创新生态圈的形成。通过完善的开放服务与标准体系，与多家国际、国内政府和大型企业展开合作，提高国际影响力，打造一批创新合作的新亮点，为畅通国内国际双循环提供有力支撑。平台还将孵化技术，建设产品，从已有项目核心技术出发，将技术模块标准化、产品化，形成可规模化的产品和方案。

在自有平台研发基础之上，孵化一批市场化融资运营的人工智能产业应用机构和开放平台，打造人工智能产业创新的集群。平台还将支持针对企业的市场拓展与产业服务，孵化器帮助企业对接产业上下游以及园区内的跨国公司，充分互动人工智能产业链。同时平台争取利用自身资源，为企业提供应用场景，打造普惠金融人工产品科技产品的应用地，并将所孵化的相关产业围绕"人工智能"的科技产品及解决方案在"人工智能平台"上先试先行，"人工智能平台"既是企业产品展示的平台，也成为一个应用场景。

智能金融决策引擎系统

一、背景及目标

近年来，财富管理市场需求旺盛，我国不断攀升的居民家庭财富规模为财富管理的需求扩张奠定了坚实基础。目前中国居民财富总量近 700 万亿元，居全球第二，增速领先美日。美国居民财富总量常年维持第一，2021 年突破 1000 万亿元人民币。中国居民总资产从 2005 年的 77 万亿元快速上升至 2021 年的 687 万亿元，年均复合增速高达 14.7%，增速远超美国的 5.1% 和日本的 0.65%。中国家庭户均资产从 2010 年的 46.2 万元上升至 2020 年的 122.0 万元，年化增速达 10.2%，2021 年预计户均资产可达 134.4 万元。[①] 在居民财富规模快速扩张下，资管机构需要有更专业的知识、提供更精细化的服务，才能帮助居民实现资产升值、提升资产管理规模，此时使用金融科技技术为资管机构进行赋能迫在眉睫。

国内金融科技行业处于发展初级阶段，尚缺乏一套自主可控、符合国内市场现实规律、服务金融机构与投资者的核心引擎系统。财富引擎（北京）科技有限公司（以下简称"财富引擎"）使用联合清华大学全球证券市场研究院、交叉信息核心技术研究院发布的中国资产风险因子体系开发的智能金融决策引擎系统可服务于投研决策、风险管理、财富管理等各类场景，基于长期的发展趋势智能金融决策引擎有着绝佳发展机会，真正解决了传统金融机构缺失核心引擎的难题。

---

① 任泽明团队 & 新湖财富. 中国财富报告 2022［R］

二、技术团队介绍

（一）创始核心团队

1. 财富引擎科技创始人兼 CEO—林常乐

- 中国保险资管资产负债管理专委会学术委员
- 交叉信息核心技术研究院副院长、金融科技与监管科技中心主任
- 清华大学智能金融科技中心兼职教授
- 清华大学全球证券市场研究院金融指数研究部副主任
- 清华大学蚂蚁金服数字金融科技实验室智能投顾项目负责人
- 前美银美林智能投顾 Merrill Edge Guided Investing 投资引擎首席架构师
- 负责美银美林投顾平台 Merrill One 投资引擎升级换代
- 美林财富战略资产配置委员会与动态资产配置委员会核心成员
- INFORMS 智能投顾板块主席
- 普林斯顿大学运筹与金融工程博士
- 师从大规模金融优化领域大师 John Mulvey 教授与量化投资领域教父级教授 Frank Fabozzi
- 配合导师承接大型养老基金与国家主权财富基金投资引擎的构建项目
- 清华大学数学物理基础科学班本科
- "海外高层次人才引进计划"创新长期人才、首届"首都金融科技
- 领军人才"（25 人中最年轻的）、"硬科技创新人才"

2. 首席科学家—徐之恺

- 财富引擎技术首席科学家
- 全球第二大量化对冲基金 AQR Capital Management 董事总经理

领导多因子宏观基金和投资策略的阿尔法生成和组合构建工作，负责全球资产配置研究、组合交易及投资团队管理

包括：

管理 AQR 长期固定收益指数基金及市场宏观信贷基金

负责多因子投资策略、跨资产类别的投资组合建构与优化、LIBOR 转化、

因子择时、风险建模等

- 普林斯顿大学运筹与金融工程博士
- 巴黎综合理工学院 Ecole Polytechnique 量化经济与金融学硕士 / 理科学士

3. 技术合伙人—John Mulvey 教授

- 财富引擎技术合伙人
- 普林斯顿大学运筹与金融工程系教授
- 本德海姆金融中心创始人
- 大规模金融优化世界领先专家
- 金融优化界泰斗与业界实践者
- 普林斯顿家族财富管理委员会联合创始人与特聘专家

John Mulvey 教授曾为一百多个超高净值家族理财办公室提供金融科技解决方案，在金融工程计量领域撰写 5 本学术专著，140 多篇学术文章，拥有运筹（Operations Research）历史引用率前十的文章。

（二）团队成员介绍

表 1　团队成员介绍

序号	姓名	角色	工作年限（年）	类别	学历	国内外大型保险公司资产配置系统经验
1	夏泽宇	首席研究员	10	高级人员	博士	有
2	徐之恺	首席科学家	11	高级人员	博士	有
3	沈　涛	研究组组长	10	高级人员	博士	有
4	张西宁	量化研究员	13	高级人员	博士	有

三、方案描述

（一）业务方案

自成立以来，财富引擎已与多家金融机构合作完成了研究成果转化，其中包括系统项目搭建落地以及研究成果输出。其中，系统搭建项目包括与太平人寿（香港）合作的资产负债管理系统项目、与建设银行合作的投研辅助分析系统项目、与开源证券合作的智能投顾系统项目、与中信建投证券合作的资产分析引擎项目、与建设银行合作的龙财富智能财富管理平台项目、与国信证券合作的科学投顾系统项目、与第一创业证券合作的大类资产配置项目等；研究成果输出包括平安金融管理学院的培训课程、中国农业银行私行的量化投研赋能项目。

其中，建设银行"龙财富"智能财富管理平台，提供智能财富管理系统的解决方案，支持从个性化产品推荐、智能资产配置方案，到目标导向金融规划的全方位财富管理功能。目前平台服务 4000 万用户，支持 8 万投顾展业，平台销售基金金额达到百亿级别。国信证券"科学投顾"系统。平台赋能投顾支持投顾对客户智能分析，对市场深度调研，服务国信证券"2000+"投顾和4000 多客户经理，服务 800 多万用户。

我们开发的智能金融决策引擎系统在财富管理、资产管理领域已经实现创新应用。智能化的投资管理、财富管理需要体系化的技术解决方案，我们提供互相联动的技术产品，各个产品由相应的引擎层核心技术模块驱动，既可全面部署，形成强大的协同效应，又可独立应用，精准赋能单一场景的业务能力。同时开启了多个领域的优化决策工具标准化的扩展，提供了 API 调用方式，极大地方便了相关系统的广泛应用。该系统被广泛嵌入在了多个金融市场分析以及决策优化的系统中，创造了良好的经济效益。该系统取得了 39 个软著知识产权，包括：软著登字第 5270496 号 2020SR0391800、软著登字第 5270507号 2020SR0391811 等。

1. 智能财富管理系统

智能财富管理系统主要应用于 C 端，提供金融诊断、产品推荐、金融规划、资产配置、组合推荐与优化等全方位的功能并持续积累用户数据，可独立应用于财富管理场景。

在以客户为中心的财富管理业务升级的需求下，以及"资管新规"与"投资者适当性管理办法"的新监管形势下，金融机构需要科学化、系统化的财富管理系统。我们利用核心引擎模块提供智能财富管理系统的解决方案，支持从个性化产品推荐、智能资产配置方案，到目标导向金融规划的全方位财富管理功能。

2. 智能投资决策系统

智能投资决策系统主要应用于 B 端，提供金融市场建模、策略优化、专家观点叠加、风险敞口分析、决策归因分析、风险归因分析、决策辅助优化等全流程功能，提供战略资产配置与战术资产配置的智能决策系统，提供股票市场的系统化投资决策系统，可独立应用于投资管理场景。

我们利用核心引擎模块，帮助金融机构完成从金融市场收益风险建模、多重模型择优、模型验证、专家观点叠加管理、投资组合优化、风险因子暴露评估、风险归因、业绩归因、战术优化、再平衡、投资组合监控管理等一系列的投资决策功能。用机器解决科学化投资决策中复杂的分析问题，让投资管理人更好的管理组合。

3. 用户画像分析建模系统

用户画像分析建模系统主要应用于 B 端，提供用户画像标签系统，统计建模与机器学习分析系统，交易行为金工建模系统。深入分析理解客户行为、驱动真正的个性化最优财富管理方案、预测转化率与流失率、运营策略优化模型、合规风险预测监控等。可独立应用于用户画像分析场景。

结合深刻的金融机构业务模式理解，利用核心技术引擎、人工智能分析平台、金融工程建模工具，财富引擎科技提供真正驱动金融机构业务的用户画像分析建模系统。

4. 子系统协同

上述子系统可以全部部署，形成强大的协同效应。智能财富管理系统与智能投资决策系统结合可以科学系统化管理数千上万个投资组合，用户画像分析建模系统与智能投资决策系统结合可以实现真正的个性化定制投资，智能财富管理系统和用户画像分析系统可以系统化管理用户生命周期。三个子系统的结合可以满足智能投研、智能投顾、智能投资、GBI 目标导向型投资等多种业务场景需求。

（二）技术方案

系统采用 Spring Cloud 技术体系，作为平台整体架构的技术选型。通过使用 MSA（微服务）架构方式，基于 Spring Boot 框架进行相关服务设计和实现，利用统一配置中心提供集群服务动静态配置切换，实现负载均衡，服务节点可插拔，应用动态上下线。

在保证系统设计自由度足够高的前提下，微服务的调用通过网关服务进入平台内网服务路由，并按需调用相应的微服务。

为了有效提升性能，系统在整体设计和建设过程中采用多种技术手段，如异步、非阻塞、冗余、拆分、合并压缩等技术使得微服务达到并行处理，设计采用前后端分离部署，通过请求聚合、高效协议（微服务与服务框架之间通过消息或者 RPC 协议进行通讯）等方式实现 IO 线程和业务线程分离。系统建设也将采用消息中间件（东方—Tong Link Q）和分布式缓存提升吞吐量，降低响应时间。从架构层面确保系统高性能。

利用集成发现、预警、提醒的监控平台和可视化的注册中心实现服务治理，采用 Hystrix、Sentinel 等其他关键技术实现服务内降级熔断和多向流量访问的并发控制，同时通过多级缓存查询和应用节点多活分布式的部署方式，实现整体计算服务的高可用和高吞吐。当有节点发生故障时，其他节点都能够自动的接管，不会中断业务的处理。保障硬件、数据库、应用服务器、WEB 服务器等层面的高可用，年可用率可实现 ≥ 99.9%。

在算法层面，为了确保性能，宏观层面对于高频、耗时、耗能的函数调用，我们采用 C++ 高性能编程和 GPU 多进程并行运算，实现函数计算速度的整体优化。微观层面算法核心函数采用基于向量化计算函数设计实现。通过财富引擎内部算法性能测试，整体运行效率有 3—4 倍提升。

本系统已通过中国信通院信创认证，是国内第一套符合信创认证的资产配置系统产品。

管理项目响应文件以独立系统设计开发为原则，系统架构统一灵活、可扩展性强、具备高可用性、高并发处理能力，并兼具可靠性、先进性、安全性、稳定性、快速实施与便捷管理等特点。

对于典型业务场景，通过容器化技术，实现独立部署和独立运行，容器以组件化方式进行编排并提供业务功能，从而确保典型业务架构图，既完整有效、又无功能冗余，而且有利于今后展开系统架构的组件分析和设计。

根据不同的业务模块的功能需要，划分成不同的软件子系统。各个子系统间尽量做到高聚合低耦合，消除重复功能，将子系统的影响限制在子系统的控制范围内，降低子系统接口的复杂性，保证接口传递信息简单且和子系统功能一致，方便测试维护及以后功能的拓展。

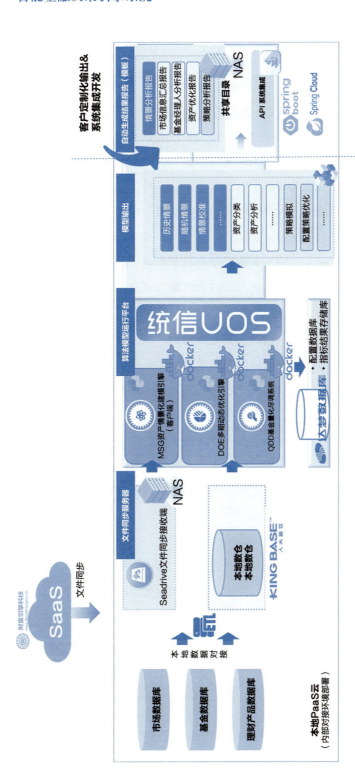

图 1 数据交付和系统集成架构图

（三）建设与实施

1. 系统建设

智能金融决策引擎系统由财富引擎采取自主研发的形式组织项目研发。一方面，调研了相关开放的教学材料中有关智能金融决策的相关文献，了解相关领域的知识基础与主要组成技术。另一方面，调研了相关智能金融决策的输入输出结构，并结合当前的智能金融决策需求，设计了新型智能金融决策的输入输出方式。由专业技术团队搭建了智能金融决策的模块化设计架构，组织专业开发，补充完成了相关校验方法。

市场环境是不断变化的，业务需求也随之变化，建立的新系统面临的一个挑战便是如何应对不断变化的需求。财富引擎从项目方法到设计思想都充分考虑了市场环境下我们必须面对的变化，财富引擎项目过程中很重要的一个方法是采用渐进式的开发过程，这种开发方式使得开发者可以在比较短的周期按优先次序实现部分需求，一方面降低项目风险，降低开发难度，一方面又可以节省资金，使客户能够尽早从项目中获益，充分发挥项目的效益。但这种开发方式在降低编程实现的难度的同时却需要周密规划、设计一个健全良好的应用框架作为保证。宏观设计阶段的重要工作就是从全局考虑，设计能够经受各种不可预期的业务变化的基础结构，保证未来的开发设计工作快速有效实现。在此阶段为减少长期项目的成本，还要制定对整个项目标准、规范和指导。

2. 风险处理预案

（1）数据安全处理

在智能金融决策引擎系统开发的过程中，我们意识到金融产品的核心是要保证数据的安全，首先对数据访问的控制，需设置类似数据库的访问机制，进行授权的用户才可以访问自己的对应的数据；其次对关键数据，如：身份证等敏感信息，金融数据分析平台会进行脱敏，然后才会显示到前端，脱敏规则是可以配置的；最后在数据访问的时候，所有操作都会保留操作日志，确保所有数据访问和操作都是有迹可循的，进一步保证数据的安全。

具体安全保障功能如下。

①防 SQL 注入:

通过正则表达式配置,对 SQL 注入的与语句进行判断,一旦发生,直接返回 403 错误。

②防跨站脚本:

对用户提交内容进行严格检查和校验,对脚本语言关键字、系统命令关键字进行转义处理,对内容中涉及的外链进行合法性检验并进行特换处理,防止 SQL 注入、XSS 注入等。

③会话的拦截:

对任何 URL 访问必须进行严格 access_tooken 判断,支持全局的 session 管理支持,防止未登录用户的恶意访问。

④防 DDOS 攻击:

IAR 可以通过流量分析发现短时间内进行大量访问的 IP,对于存在非法的 IP 就在 IAR 进行拦截配置,确保 DDOS 攻击的请求在 IAR 层面就可以直接打回。

(2)日志服务器

响应公安部、信息产业部和国务院新闻办公室的要求,对网络及服务器设备的日常运行日志进行收集和统一管理工作,防止不法分子入侵某个具体的设备,同时篡改日志记录,从而影响对问题的了解和解决。

(3)入侵检测服务器

购置入侵检测设施,能根据网络内各具体真实 IP 地址的流量情况作出相应响应,特别是流量异常等情况(被防火墙屏蔽的 IP 地址除外)。

(4)数据备份系统

可以将有重要资料的服务器设备数据进行备份处理,在相应服务器设备出现问题时能及时修复保证重要数据的安全。

(5)网页防篡改

采用人工和技术处理相结合的方式,对公司网站的内容进行浏览和检查,防止网页被篡改。

(6)日常管理

①及时更新服务器的防病毒软件病毒库。

②定期对所有服务器进行漏洞扫描、补丁修复。

③对网络中心服务器网段上联交换机开放的软端口进行严格控制。

④实行分级管理体制，落实管理责任。

3. 正确处理安全与发展关系

在软件项目开发和建设的过程中，技术团队本着系统的实际要求，选用合适、成熟的技术，设计和搭建出系统的基础架构并进行性能与质量测试，认真组织对产出物的检查和评审、计划和组织严格的多场景独立测试等，确保技术架构符合性能与质量指标后再进行后续工作。

4. 实施周期

具体项目周期如下：

2019 年 4 月 1 日—2019 年 5 月 1 日，完成项目需求调研与汇总，经过分析形成了系统需求设计。

2019 年 5 月 1 日—2019 年 7 月 31 日，完成项目具体的架构设计，底层模块设计，扩展模块设计等工作，进行具体开发。

2019 年 8 月 1 日—2020 年 2 月 28 日，完成项目开发与校验流程，进行了多个应用场景下的测试，完成项目计划。

四、业务创新

（一）业务核心

智能金融决策引擎系统的核心在于财富引擎财富通过 ESG（经济情景生成器，Economic Scenario Generator）建模，依照中国资产风险因子体系建立，经过 AI 智能技术运算，可针对未来模拟生成上万条可能的运算结果，依照未来欲模拟的投资期限，统计各监控指标得到概率分布的估计值，将预测结果可视化为 1 万种情景的平均值。包括不限于对未来资产收益分布估计、资产收益风险比、资产相关性预估、不同期限利率走势估计。

过去存在的专业的经济情景生成器相关系统，几乎全部都掌握在国际著名企业手中，教学用的相关模块虽然开放但功能则过于简单，无法满足企业的需求。故对于各类专业金融机构而言，亟须一个符合国内市场、自主可控、易扩展且适应性高的经济情景生成引擎。

智能金融决策引擎系统采用模块化设计方式，易扩展且适应性极高。该系统可应用于投研分析与投资决策、金融产品穿透分析、财富管理服务等全领域的金融投研分析。可帮助金融机构完成金融市场收益风险建模、多重模型择优、模型验证、专家观点叠加管理、投资组合优化、风险因子暴露评估、风险归因、业绩归因、战术优化、再平衡、投资组合监控管理等一系列的投资决策。

（二）创新亮点

财富引擎开发的智能金融决策引擎系统创新两点在于"一体系四核心"。

"一体系"指使用了中国资产风险因子体系。中国资产风险因子体系由清华大学中国资产风险因子标准化课题组负责，清华大学全球证券市场研究院主持研究，交叉信息核心技术研究院参与研究，该体系于 2022 年 11 月 22 日联合新华指数（北京）有限公司共同发布。该体系可为资管行业提供投研分析与投资决策依据，协助投资者进行大类资产配置，同时是可作为优秀的投资顾问服务与产品设计的基础工具，服务财富行业。

作为国内唯一一套自主可控的资产因子体系，编制时进行了严谨的调整校验，可适应中国市场的复杂性与特殊性。从第一性原理出发，不生搬硬套西方市场经验；使用敏感性低且更稳健的估测方法穿透资产，结合宏观要素，事先预判敞口及对应的风险。用长期市场数据确认风险因子，能有效解释不同资产之间的联动。是投资研究、投资决策、风险管理、财富管理等业务场景的重要基础设施。

四大核心引擎支持着智能金融决策系统的整体运转，包括：描述市场动态演化的 MSG 金融市场模拟器（Market Scenario Generation），提供优化器与算法库的 DOE 决策优化引擎（Decision Optimization Engine），构建产品画像的 QDD 量化尽调系统（Quantitative Due Diligence），以及对金融市场不同场景参与者建模的 CPM 用户画像建模系统（Client Profile Modeling）。

MSG 金融市场模拟器利用机器学习与大数据技术科学化系统化地处理信息，大规模发掘潜在市场规律，生成实证金融的"灵感"，大幅提升投研分析人脑生成"灵感"，"trade idea"过程的效率。将机器学习发掘的"潜在规律池"

输入金融计量建模系统，进行实证检验与经济学分析，生成可解释高效率的金融模型。

DOE 决策优化引擎决策优化引擎接入金融市场模型的输入，完成最优决策求解、敏感性分析、稳健性测试等功能，系统化输出最优金融决策：资产管理、财富管理、风险管理或是资产负债优化等。框架灵活，适用于几乎所有金融决策的目标与限制条件。性能高超，可以解决大规模多周期的优化问题，同时服务几百万客户生成个性化的最优解。拥有多种先进的抗噪音技术，减少输入的模型参数误差所引起的结果误差。

CPM 用户画像建模系统，主要是三个层次：第一层是用户画像标签系统，从投资管理、运营维护、合规风控等多重维度理解客户；第二层利用无监督学习建立全方位用户分类模型，大数据挖掘投资者行为；第三层通过有监督学习与金融工程建模，对投资者全方位行为归因分析与预测建模。

QDD 量化尽调系统主要是满足金融机构财富管理、资产管理、风险控制的业务升级，尤其是"资管新规"要求下，金融产品去刚兑化、净值化下系统化科学化的管理全部的金融产品的需要。利用大数据技术与金融风险模型，对所有金融产品进行系统化的管理评估、金融风险建模、压力测试、归因与预测等尽调管理。

以上 MSG 金融市场模拟器、DOE 决策优化引擎、QDD 量化尽调系统、CPM 用户画像建模系统关注"是什么""为什么""怎么办"的核心问题，背后依靠中国资产风险因子作为基准，根据不同的业务场景需求，不同的功能设计，通过核心引擎层对应用层、场景层支持并持续赋能相关应用和场景的创新。

五、应用与成效

党的二十大提出"以中国式现代化全面推进中华民族伟大复兴"，建设现代金融体系，是建设中国式现代化的重要组成部分，"深入贯彻以人民为中心的发展思想，共同富裕取得新成效"，高质量的金融服务是助力共同富裕的重要工具。财富引擎采用中国资产风险因子体系，作为监管合规与高质量发展的重要工具；在 2022 年全面落地"资管新规"后，财富引擎提供高质量分析资产收益风险的能力，形成从跨资产类别的宏观投研分析到中观行业以及微观具体标的的联合深度分析。

财富引擎深耕于财富管理和资产管理的科技赋能。应用智能金融决策引擎开发的智能财富管理系统，已与多家券商建立合作，并签下了五大行中 IT 系统最先进的建设银行，之后也将继续在成熟场景进行纵向深入与横向拓展，期望达到掌握财富管理市场 2% 以上的市场份额，达到年收入数十亿的规模。另一方面，我们与行业标杆机构已开展新的场景的挖掘工作，建立一套统一的架构，系统地驱动与管理各个应用场景，在进行头部机构的业务推广后，也将在相同场景下服务中小机构，与牌照合作提供"技术 + 交易"的一站式标准化服务。

除了经济效益之外，财富引擎对内对外输出金融科技知识和人才，推动财富管理市场变革和发展上亦将产生巨大社会效益。

在金融行业层面，财富引擎建立了更适应中国国情的、全流程的、多场景覆盖的整合的智能化解决方案，在提供技术服务的同时切入金融业务，与服务的金融机构共担责任、齐心发展，在无论是企业转型到技术优化，多层次赋能金融行业的发展，辅助甚至引导建设以客户为中心的金融服务体系，也将重塑金融市场格局。

在企业层面，财富引擎的科学投顾平台、四大技术模块、智能投资辅助系统、智能投研平台等，从投资研究、客户画像、风险归因、业绩归因、个性化产品推荐、智能资产配置、战术优化、再平衡、资产负债管理到投资组合监控管理等全方位赋能金融机构，提升金融机构服务的水平，同时有利于金融机构人才的挖掘和培养。

2021 年，财富引擎与国信证券合作，打造 WE 投研平台。通过智能金融决策引擎系统为国信证券打造领先于国内投研水平的市场研究平台，使投资研究工作能够利用先进的金融科技技术，形成具有国内、国际领先水平的投行研究核心力。WE 投研平台通过宏观与金融市场、量化尽调、组合风险优化等专业板块，针对性提高投研人员投资研究能力，加强投资研究专业程度。

2018 年，建行确立了"金融科技、住房租赁、普惠金融"三大发展战略，并推进零售优先战略。"龙财富"定位于向建行全量客户提供财富管理服务，作为零售业务转型的重要工作。财富引擎在龙财富一期为建行提供智能投资策略与风险管理策略，基于其在龙财富一期的优秀表现，财富引擎全面承接了龙财富二期的主要功能模块，包括龙财富的财富体检、目标管理、用户画像、资产配置、龙智选等功能。最终帮助建行龙财富产品获得《亚洲银行家》2020 中国奖项计划"中国最佳智能投顾服务"。根据建设银行公开数据，"龙财富"产品为建设银行带来"4000 万 +"注册用户，"1500 万 +"日活，获取高净值用户"100 万 +"，成交金额"100 亿 +"，仅"财富体检"功能使用用户达到"2000万 +"。从用户角度，基于模型算法生成的千人千面，使为每一位客户都能生成最适合自己的个性化配置方案，每位客户都有自己独有的"理财经理"；同时伴以目标管理功能进行定存，为客户养成良好的投资习惯。银行类 APP 每年上架无数功能模块，许多功能上线后点击率过低则很快放进菜单角落，而"龙财富"产品从 2019 年开发上线至今仍在建设银行 APP 占领最佳展示位，财富引擎开发的相关功能模块也从未从"龙财富"中下架。在 2020 年建设银行"龙财富"获得《亚洲银行家》"中国最佳智能投顾服务"产品。

财富引擎者由中国资产风险因子体系，可带来以下应用价值。

（一）提供投研分析与投资决策：从宏观、中观到微观的科学分析体系

作为中国版的 Aladdin 系统投研分析引擎，可基于资产风险因子体系搭建的随机情景。通过资本市场模拟，不同投资期限将生成不同市场假设结果（预期收益率、波动、相关性），包含市场假设的期限结构。可基于资产的风险因子进行宏观、中观到微观的瀑布式建模，根据各主要因子收益率，支持对资产按照不同分类方式进行分类建模，也支持对随机信用利差、随机信用违约进行模拟。

（二）提供投研分析与投资决策：全流程的投资决策

通过资产风险因子体系，投前进行投研分析，投中进行风险敞口实时计量，投后进行归因分析。

（三）投研分析与投资决策—投后归因分析，金融产品穿透分析

可从宏观到微观对组合或产品进行穿透式综合分析，对金融产品进行尽调与遴选。

（四）服务财富行业：优秀的投资顾问服务与产品设计的基础工具

投资顾问／理财师需要在财富管理的全生命周期中（如获客营销、客户陪伴服务、客户安抚等场景）具备即时解读市场的能力，形成持续稳定高频的市场分析输出，而投资顾问／理财师的相对优势能力并不在此。

中国资产风险因子体系将宏观（利率、通胀等等）、中观（行业）、微观（价值成长等等风格）的风险驱动因素的市场变化与所售产品与组合关联起来，帮助投资顾问／理财师解读市场并进行符合市场及时动态的财务规划（结合客户目标导向的投资）或简易资产配置服务。

除此之外，应用该体系可对客户交易流水进行归因分析，并利用股票交易数据识别客户基金偏好，为客户精准推荐金融产品；设计养老金融产品，结合负债端需求，通过资产与负债端关键风险因子暴露，获取高风险调整后收益，打造长期资产负债均衡且可持续维持收益的养老金融产品。

（五）服务监管与行业

在服务监管层面，可作为评估产品、组合与策略的风险，提供风险适配参考。形成的风格库，对风格飘移进行刻画，提供托管行／证券公司个股风格库的参考。作为收益率分布模拟的风险概率模型基准，为组合模拟监管提供应用。

六、未来发展

目前国内金融科技行业处于发展初级阶段，绝大多数创新主要集中在场景层和应用层，但实际缺乏核心引擎层的技术支持我们的智能金融决策引擎系统，就是金融机构智能化的"核心引擎"与"芯片"，解决智能金融的"是什么"、"为什么"、"怎么办"的核心问题。

从行业现状和发展趋势来看，"为什么"需要智能金融决策引擎系统有以下原因。

（一）宏观层面

随着国内经济的迅速发展，投资者可支配的财富大幅增长，截至 2022 年底国内财富管理市场已达到 700 万亿。同时随着参与者范围的扩大和需求的深入，国内金融市场越发成熟，金融机构提供的金融服务复杂度显著增加。

（二）经济周期层面

经济发展速度趋缓，持续出现"资产荒"现象，资产风险凸显。国家高度重视金融去杠杆，调结构，对资产负债进行优化，重点防控金融风险，对风险管理需求提升。

（三）金融监管层面

2022 年"资管新规"全面落地之后，"刚性兑付 + 资金池"的模式不再符合监管要求和市场发展趋势，净值化、差异化、精细化的特征将更加明显，资管机构需要重新定位谋求差异化发展。机构将投资者根据风险承受能力分级，与产品进行适当性匹配，投资者经过必要承诺和确认后，参与相关投资活动。多项新规的推出，对金融科技在监管层面提出了新的需求和挑战。

（四）行业发展和技术发展层面

银行、券商、保险公司等亟待提升服务质量，提供差异化的金融服务。金融行业的资产数据、客户数据持续积累，需要精细化的管理。人工智能技术、大数据技术、量化投资技术、IT 基础设施的迅速发展都为金融行业的智能化、科技化提供了坚实的基础和发展的可能。

财富引擎自研的智能金融决策引擎系统，沿革世界顶尖核心技术，并进行本土化改造，可结合金融机构具体服务场景进行灵活组合，打通理财端与资产端数据。财富引擎提供互相联动的技术产品，各个产品由相应的引擎层核心技术模块驱动，既可全面部署，形成强大的协同效应，又可独立应用，精准赋能单一场景的业务能力，可以为机构财富增长提供帮助，帮助机构更好地服务客户；同时可以针对性地提高投研人员投资研究能力，加强投资研究专业程度，故智能金融决策引擎系统在未来必将有更好的发展。

上海腾梭科技

全行级智能风控中台解决方案

一、引言

2022 年 1 月，中国人民银行发布《金融科技发展规划（2022—2025 年）》（以下简称"《规划》"），其中提出，从战略、组织、管理、目标、路径以及考评等方面将金融数字化打造成金融机构的"第二发展曲线"。《规划》中明确指出，金融机构应健全安全高效的金融科技创新体系，搭建业务、技术、数据融合联动的一体化运营中台，建立智能化风控机制，全面激活数字化经营新动能。因此，智能风控平台成为金融机构数字化转型中重要的基础设施平台之一。

同时，随着银行在数据建模应用、线上化业务搭建、自动化决策等领域的探索和经验积累，商业银行越来越认识到数据作为生产要素在风险控制领域的重要作用。然而，商业银行在逐步推动智能化风控体系建设中也面临诸多挑战。一是风控数据割裂。智能化风控是以数据为驱动，数据的维度和质量决定了智能风控上限。而当前数据分散、质量低，缺乏有效的风控数据组织体系成为很多金融机构的一大痛点。二是智能风控体系化缺乏。随着智能风控在很多业务场景应用，商业银行构建了越来越多的策略、模型、变量，如何对所有智能风控策略、工具等进行有效统一管理，提高风控应用效率，是商业银行需要面临的新的研究课题。三是运营支撑不足。风险管理是一个持续的过程，即"计划—执行—检查—改进"的闭环流程，而当前很多商业银行只是把智能风控策略和模型当作一次性工具进行上线部署，后续如何监控、检查、优化、改进，缺乏有效的手段以及工具支撑。四是系统平台级能力不足。如今数字化已深入各个行业，多元化渠道下的金融业务开展和产品快速迭代，给商业银行的风控系统带来了新的挑战，快速满足商业银行各业务条线的风险管理需求是下一代风控平台应具备的能力。

腾梭科技是国内领先的数字化风控与安全的服务提供商，致力于利用技术变革和应用创新，打造行业领先的产品、服务、解决方案，帮助金融机构实现数字化、智能化风控，增强风险管控能力，提升风控管理效率，助力金融业务健康发展。腾梭科技深耕商业银行风控领域多年，具有深度的行业理解和实践经验沉淀。在此背景下，腾梭科技提出全行级智能风控中台解决方案——星罗，星罗解决方案是一套集"体系 + 业务 + 技术"的解决方案，其底层是一套基于模块化、服务化、流程化逻辑的智能决策平台，可以协助商业银行打破在单点、零散的业务场景下低效的风控运用和管理，减少重复建设和投入，围绕"风险感知、风险决策、风险监测、风险处置"构建商业银行全行级智能风险管理体系。

二、项目方案

（一）业务方案

腾梭科技星罗智能风控中台解决方案专注于商业银行风险管理数字化转型，为商业银行在信用风险、市场风险、操作风险等领域搭建高效、灵活、全面的风控服务中台，满足银行对前台业务的有效支持以及稳健和合规管理。星罗解决方案共包括五大领域：体系设计、组织规划、场景应用、技术工具、数据治理。

图 1　星罗智能风控中台解决方案框架图

体系设计。围绕数字化风控技术的升级，构建相匹配的制度体系，充分释放技术升级带来的潜能，保障数字化风控技术在银行风险管理领域的有效落地和应用。体系设计涵盖数字化风控运营、风控策略开发与变更、模型生命周期、风险处置等领域。

组织规划。组织架构是数字化风控日常开展的重要保障，涉及运营管理、策略建模、数据分析等多方面，组织规划是为银行数字化风控设计相匹配的组织架构、岗位职责、团队配置等，为银行搭建数字化风控团队提供指导。

场景应用。面向银行具体风控场景，构建闭环的场景应用策略体系，涵盖面向信贷审核、账户管理、商户管理、反欺诈管理、反洗钱管理、市场风险监测等领域。

技术工具。打造面向商业银行风控中台能力建设所需的工具支撑，以模块化、原子化方式实现中台工具的灵活组合和扩展。中台化技术工具包括决策引擎、指标平台、数据平台、外部数据管理平台、模型平台、报表平台、运营平台等。

数据治理。数据作为风控运营、风控分析、策略优化、数据建模等的重要基础，数据获得的便利性、数据质量高低等决定了风控的效率和效果。因此，协助银行构建风控数据治理体系，实现跨部门、跨平台数据的统一管理、分析挖掘、指标开发，从而发挥数据的最大价值。

综上，以"体系设计"构建银行数字化风控的框架和脉络，打通各利益相关方，建立顺畅、丝滑的流程机制；以"组织规划"构建银行数字化风控的人员保障，厘清各利益相关方职责边界，搭建和培育数字化复合人才梯队；以"场景应用"构建需求导向，建立需求响应窗口，制定场景风控应用需求响应和处理流程，指引数字化风控服务业务的方向，通过对银行各类数字化风险决策需求的受理和梳理，构建标准化、模板化的自助式需求处理流程，对非标需求构建非标处理流程，实现资源集约化、高效化；以"技术工具"构建数字化风控的坚实底座，实现全平台化、信息化的支撑，提升风控效率，避免平台的重复建设，实现平台模块间的流程全打通，避免数据割裂、流程断档；以"数据治理"构建银行数字化风控的源头活水，驱动数字化风控整体运行。

（二）技术方案

腾梭科技星罗智能风控中台的技术架构如图2所示，包括业务平台层、风控技术平台层、数据平台层，以及面向风险运营的风控运营平台。

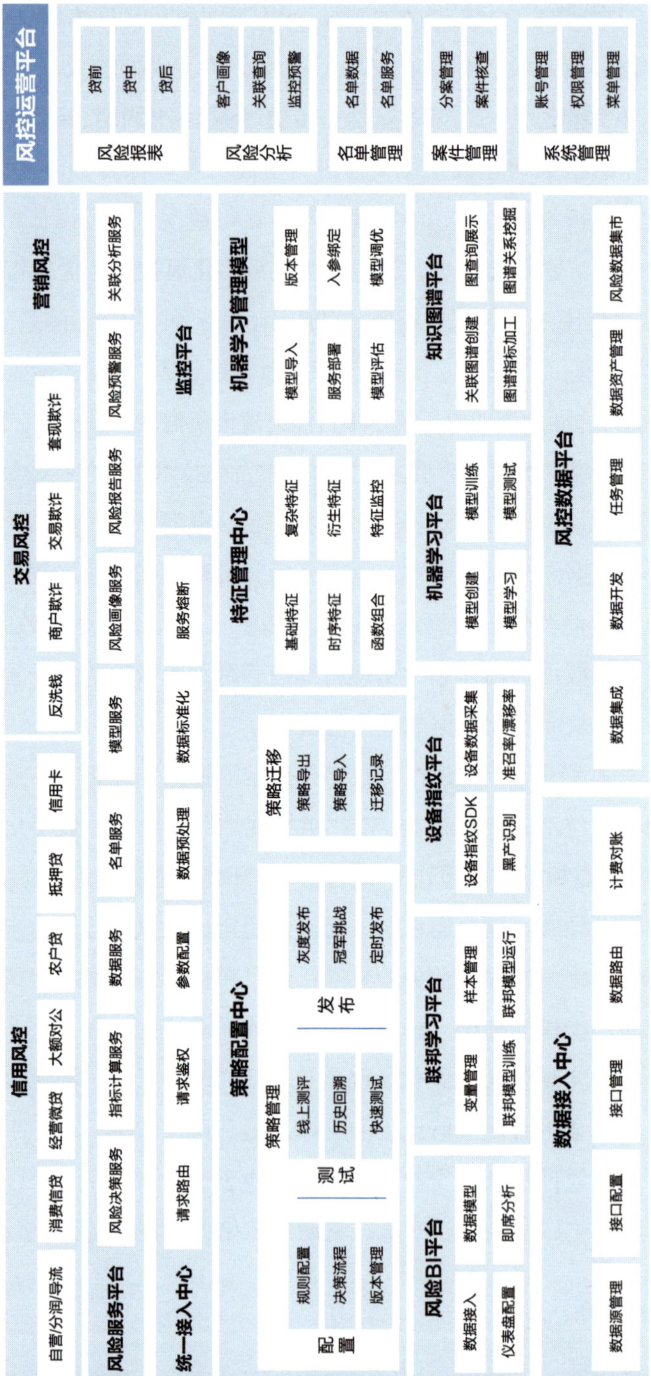

业务平台

风控运营平台
- 风险报表：贷前、贷中、贷后
- 风险分析：客户画像、关联查询、监控预警
- 名单管理：名单数据、名单服务
- 案件管理：分案管理、案件核查
- 系统管理：账号管理、权限管理、菜单管理

信用风控：自营/分润/导流、消费信贷、经营微贷、大额对公、农户贷、抵押贷、信用卡
交易风控：反洗钱、商户欺诈、交易欺诈、套现欺诈
营销风控

风险服务平台：风险决策服务、指标计算服务、数据服务、名单服务、模型服务、风险画像服务、风险预警服务、风险报告服务、关联分析服务

风控技术平台

统一接入中心：请求路由、请求鉴权、参数配置、数据预处理、数据标准化、服务熔断

策略配置中心
- 策略管理：规则配置、决策流程、版本管理
- 测试：线上测评、历史回溯、快速测试
- 发布：灰度发布、冠军挑战、定时发布
- 策略迁移：策略导出、策略导入、迁移记录

特征管理中心：基础特征、时序特征、复杂特征、衍生特征、函数组合、特征监控

联邦学习平台：变量管理、样本管理、联邦模型训练、联邦模型运行

设备指纹平台：设备指纹SDK、设备数据采集、黑产识别、准召率/漏报率

机器学习平台：模型创建、模型训练、机器学习、模型测试

机器学习管理模型：模型导入、版本管理、服务部署、入参绑定、模型评估、模型调优

知识图谱平台：关联图谱创建、图查询展示、图谱指标加工、图谱关系沉淀

监控平台

数据平台

数据接入中心：接口管理、数据路由、接口配置、计费对账

风险BI平台：数据接入、数据模型、数据分析、即席分析、仪表盘配置

风控数据平台：数据集成、数据开发、任务管理、数据资产管理、风险数据集市

数据源管理

图 2　星罗智能风控中台系统架构图

在业务平台层方面，构建了面向业务应用系统的风控服务平台，例如风控决策服务、指标计算服务、名单服务、模型服务、风险画像服务等，业务应用系统可以基于业务使用需求，快速完成风控服务对接和调用，实现敏捷化的风控服务响应。

在风控技术平台层方面，打造了原子化的风控技术工具模块，实现了商业银行按照发展阶段、业务需求灵活拼装的模式，风控技术平台层主要包括策略配置中心、特征管理中心、机器学习管理模型、BI 平台、机器学习平台、知识图谱平台等。

在数据平台层方面，主要是解决风控数据如何快速接入、风控数据如何组织和管理的问题，为此腾梭科技构建了两大数据平台模块：数据接入中心、风控数据平台。前者实现了可视化的数据接入、数据权限分配、数据接口发布、计费对账等管理功能；后者实现了数据资产的元数据管理、数据开发、数据目录生成、数据集市发布等管理功能。

在风控运营平台层方面，基于风控日常运营体系打造了风控报表中心、风控分析中心、名单管理中心以及案件管理中心，满足风控运营闭环管理需求。同时，基于多法人架构体系设计，满足跨机构、跨部门的组织管理，支持风控设计、风控开发、风控测试、风控运营的角色权限设置，满足平台化团队管理。

综上，星罗智能风控中台综合运用智能决策、机器学习、大数据分析等前沿科技，构建了包含反欺诈风险模型、信用风险模型、行为评分模型、收入模型、监控预警模型、贷后模型等风险决策运行体系。星罗智能风控中台打造了包含变量开发管理平台、实时指标计算平台、决策引擎平台、模型运行与管理平台、BI 报表展示平台、外部数据管理平台等模块在内的平台级应用。星罗智能风控中台通过模板化方式管理和承载风控专家经验，并实现在新产品上的快速应用，为银行风控策略和模型人员打造了一站式服务平台。通过数据接入、指标开发、模型部署、策略搭建、在线测试、灰度发布的全流程支持，平台实现了风控决策流程的快速部署和上线。平台基于分布式和微服务架构，实现复杂决策流的毫秒级计算和快速决策，满足业务对客户欺诈风险、信用风险等的实时决策需求。

三、项目创新点

（一）核心自主知识产权

1. 复杂场景决策引擎创新

星罗全行智能风控平台解决方案致力于解决商业银行各类场景风险防控的智能化、数字化升级转型，因此对智能风控平台的核心——决策引擎提出了更高的要求，需要能应对不同风控场景下对决策引擎的功能、效率等方面的不同诉求。

目前，市场上传统规则引擎厂商、开源规则引擎都只是具备面向和解决单一场景风控应用的能力，甚至部分厂商为应对客户不同场景的风控决策需求，开发多个风控决策引擎，不仅导致客户系统重复建设，增加维护成本，也导致客户风控数据隔离，无法打通。同时，数据规模日益增大、业务信息频繁变更以及不完整数据和模糊逻辑的广泛出现，均对传统规则引擎实现模式提出了挑战。

腾梭科技自 2018 年开始研发具备自主知识产权的决策引擎，目前已经打造了具备复杂场景处理能力的创新决策引擎。通过引入随机算法、改进算法适配分布式平台的并行化处理，提升决策引擎模式匹配效率。创新决策引擎有效解决了在商业银行各类复杂业务场景下对规则匹配效率、大规模推理、复杂决策之间的诉求和平衡，使其能有效适应各类场景下应用。通过算法优化和系统架构设计，腾梭科技创新决策引擎在大规模数据和复杂决策规则下的处理速度，相较于传统规则引擎，提升至少 28.19%。

2. 人工智能应用创新

人工智能在商业银行风控领域具有广泛应用场景和应用价值，特别是在信用风险识别、欺诈行为挖掘等领域。但是相较于互联网平台公司，很多商业银行——特别是区域性商业银行在风控建模过程中，通常面临样本不足、样本不均衡、特征稀松等问题。为此，腾梭科技针对具体应用场景，对传统机器学习算法进行改进，以解决商业银行在业务启动初期所面临的建模难题，目前已经积累了超过 10 个应用场景的改进模型算法。以为某区域商业银行在交易反欺诈领域构建的欺诈识别模型为例，由于银行历史样本较少，腾梭科技通过自主研发的基于神经元弹性权重连续学习的全连接网络神经模型完成启动模型搭建，通过将历史记忆作为先验概率，并通过后验概率不断调整神经元权重。经验证，模型上线后 3 个月，基于全连接神经网络模型的用户样本 30 天逾期率较传统评分卡模型下降 14.8%；上线后 6 个月，基于新迭代的全连接神经网络模型在同误报比下，召回率提升 40%。

3. 数据处理技术创新

商业银行越来越希望构建全行级风控中台，形成全行数字化风控管理手段打通和闭环应用。但是，随着所需支持的风控场景越来越多，作为支撑的风控平台也需要接入越来越多不同类型的数据，例如银行内部数据或外部数据、结构化数据或非结构化数据、信贷数据或交易数据等；同时，随着业务敏捷化需求，对风控的敏捷化提出了要求。提高风控对业务需求的响应，其中数据的可获得、可使用、可分析是重要的一环，而商业银行中风控所需数据通常分散在不同的部门和系统中，具有不同的数据所有权，因此大大限制了风控敏捷性。基于此，腾梭科技开发了数据接入中心和风控数据平台两大模块，通过自研数据编织技术，实现对了商业银行多种类型数据的快速对接、数据分发与获取、数据编辑等管理。通过该平台，使得风控团队在数据获取时间方面至少缩短40%。

（二）项目创新模式

中台化的建设，不仅是系统工具的堆砌，更需要有与之配套的机制流程和团队保障。在商业银行智能风控中台建设过程中更是如此，数字化风控给银行带来的技术升级和变革，因此也对商业银行风险管理的理念、机制、流程、职责、技能等提出了新的要求，同样需要调整和升级。

腾梭科技为商业银行提供了一套集"体系 + 业务 + 技术"的解决方案，在帮助商业银行完成技术平台搭建同时，也帮助其搭建支撑平台运营所需的体系架构和业务场景规划。从而帮助商业银行真正将风控中台运行和运营起来，从而避免"系统部署成功，但没用起来"的状况。

四、技术实现特点

（一）平台标准化与灵活性

星罗智能风控中台为实现与业务系统进行快速对接，平台在风险的事前、事中、事后各业务环节定义了标准服务接口，可以由各类业务系统进行快速配置和调用，从而避免对接开发工作。在风控变量、特征、模型策略管理方面，银行可以制定参考场景化的标准模板，然后各部门针对不同产品和场景自行引用，然后按照自身业务需求进行灵活调整。

（二）闭环风控运营理念

星罗智能风控中台综合运用人工智能、机器学习、大数据、自动建模、智能决策等前沿科技，满足行内零售交易反欺诈、申请反欺诈、贷前决策、贷中风险审查、贷后预警等风控决策需求，构建行内零售业务联防联控的信贷风控、反欺诈能力。基于机器学习建模的智能风控中台秉承端到端的风控闭环运营理念，为银行 AI 工程师、风控模型人员打造了一站式的服务平台，提供了从数据接入、数据预处理、模型构建、模型训练、模型评估、模型发布、模型运行、实时决策、风险监控、风险预警、风险处置、迭代优化的全流程支持。能够为银行开展金融业务保驾护航。

（三）多种算法框架集成

星罗智能风控中台支持多种算法框架，内置丰富的算法组件，满足不同种类 AI 应用场景的需求，通过拖拽式任务流设计和自动化建模（AutoML）降低了算法建模的上手难度，平台集成了 TensorFlow、PyTorch、Caffe 等主流框架，组合分布式存储、容器、分布式调度等技术，构建出强大的算法和算力。

（四）良好的用户界面和交互

星罗智能风控中台不仅具备了全局的变量管理、灵活的模型应用，更配备了可视化且智能的操作模式来大幅提升银行风控决策实施效率。例如在数据校验机制上，平台可对各种关键信息及指标、规则、策略的配置结果进行自动一键校验，对发现的风险及错误进行友好提示。再如平台以可视化图形，直观展现策略、组件、规则、特征、变量、字段、模型、函数等之间的相互引用关系，以便银行系统用户在调整相关配置时可识别其影响范围，保障了业务开展的安全稳定。

（五）全方位的监控预警能力

星罗智能风控中台依托完备的风控运营体系和数据结构体系，实现对个人、产品、渠道、营销、风控、外部信息等全方位的监控预警，灵活定义监控指标、阈值以及预警响应流程。从而，可持续驱动业务和风控优化，满足银行业务风控决策的高频迭代需求。

（六）微服务设计

星罗智能风控中台整体上具备高可用、高并发、高性能的系统特点，采用微服务架构设计，通过将功能分解到各个离散的服务中以实现对解决方案的解耦，并提供更加灵活的服务支持。整个风控中台由一系列独立的服务组合而成，每个服务都单独部署并运行在各自的进程中。所有持久层相互隔离，各个服务负责自己的数据库。服务与服务之间只通过接口调用，不存在数据库耦合。引入消息队列组件，整体上采用"同步 + 异步"的方式提高系统的实时性。

星罗智能风控中台可基于访问流量进行动态弹性扩充，实现流量快速分发，灵活支持并发能力伸缩，可支撑银行未来不断扩大的业务规模。

（七）批流一体数据计算能力

星罗智能风控中台为应对多样化数据计算需求，构建了超强的数据计算能力，既能支持对实时数据的计算需求，也能满足离线批式计算需求，可以有效支持数据增量计算、动态时间窗口计算、复杂指标结算，满足在风控智能化决策中对高并发低延时的计算需求。

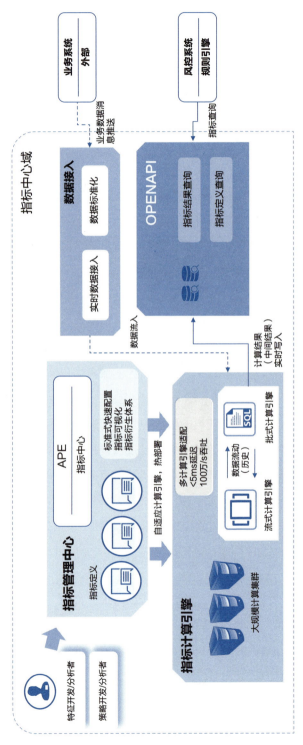

图 3 星罗批流一体数据计算技术架构图

（八）自动化辅助测试

随着商业银行整体业务敏捷能力提升，对风控的敏捷化能力也提出了要求。而对风控策略的测试，是策略上线前必不可少的环节。对风控策略的测试，传统方式需要离线完成测试数据的准备、脚本开发、执行测试、测试结果数据分析等环节，测试的类型也包括单元测试、正确性测试、效果评估测试，传统测试方式需要花费 1 个月甚至更长时间，大大延缓了策略上线的时效性。而星罗智能风控中台，构建了策略试验环境，通过异步数据架构，对历史样本数据、决策指标数据等进行管理，基于界面化方式完成策略测试，自动生成测试报告，同期，将策略测试时间缩短至 1 周。

五、应用与成效

腾梭科技星罗智能风控中台产品已经服务数十家商业银行机构，涵盖国有大行、股份制商业银行、城商行、农信社及农商行。协助商业银行完成风险管理向数字化、智能化的发展转型。同时，依托平台中台化能力支持，结合星罗解决方案在组织、机制方面的设计能力，为商业银行搭建了风险运营的中台化服务能力，保障了商业银行数字化转型过程中对风控管理的敏捷化需求。以某头部农商行为例，银行数字化转型实施过程中，对风控开发、风控上线、风险监控、风险分析、风控运营、风控优化等均提出了敏捷化要求，而腾梭科技星罗智能风控中台产品的部署，有效承接了来做零售、网金、合规等各部门的风控需求，并且极大提升风控策略开发上线效率，通过可视化方式完成风险监控和分析。以某区域城商行为例，依托星罗产品构建银行的大数据智能风控中台，承担了银行 20 余个产品和场景的风险自动化决策，服务于银行普惠金融部、数字银行部、零售银行信贷业务部、交易银行部、公司部、金融市场部等业务部门。对接多个业务系统业务及后台服务系统，负责核查客户基础信息、关联人信息、司法信息、公司信息、信用信息、行为信息、担保信息、交易信息、账户信息、商户信息等风险防控信息。自系统上线以来累计完成 500 余万次信贷审批需求，累计通过审批 300 余万户。智能风控系统审批的业务规模已占全行零售总资产规模的 50% 以上，成为银行零售资产发展的基石，也是完成各类风险防控指标的核心。以某省农村信用联合社为例，该省联社以"搭平台，做服务"的建设思路推动省联社和下辖农商行的数字化转型，依托星罗智能风控中台产品，通过"大后台、双中台、小前台"模式搭建整体数字化风控技术架构，平台自上线以来，已经实现了省联社对全省农信社机构提供实时、集中的一站式智能风险管控服务；并且，通过整合行内和第三方大数据信息，实现了在线贷款产品的贷前准入、反欺诈、评分卡、额度策略、贷中监控和贷后风险预警等功能，在信贷审批中将风险科学量化，保证了授信和用信质量。同时，在本次大数据风控平台技术底座建设的基础上，完成了消费贷、经营贷、农机贷等数款信贷产品的全流程风控策略设计和实施落地工作，实现了省联社面向各类普惠金融对象的线上化、便捷化信贷服务。

六、未来发展

《"十四五"国家信息化规划》中明确坚定数字化转型，建设数字中国，将进一步推动中国数字基建设施完善，这其中涉及在产业链、企业端、小微群体、乡村、个人等多领域的数字化能力提升，这为更多"场景 + 金融"模式提供了数字资料和基础设施，将极大提升商业运转效率和金融服务效率。

而人民银行于 2021 年 12 月 29 日发布了《金融科技发展规划（2022—2025 年）》（以下简称《规划》），此次印发的《规划》可以看作是 2019 年 8 月发布的《金融科技三年发展规划（2019—2021）》的延续和提高，对我国金融行业数字化转型的总体思路、发展目标、重点任务和实施保障进行了明确规定，其中更是明确提出：在小微金融领域，发挥大数据、人工智能等技术的"雷达作用"，捕捉小微企业更深层次融资需求，综合利用企业经营、政务、金融等各类数据全面评估小微企业状况，实现精细化、定制化数字信贷产品设计；运用科技手段动态监测信贷资金流向流量。在农村金融领域，借助移动物联网、卫星遥感、电子围栏等技术，加强种子与农产品生产、加工、运输、交易等全链条数据自动化采集，实现融资需求精准授信。在供应链金融领域，通过"金融科技 + 供应链场景"建立多方互信机制，实现核心企业"主体信用"、交易标的"物的信用"、交易信息"数据信用"一体化协同管理，将供应链金融风险管理模式从授信企业"单点"管理向产业"链条"全风险管理转变。

因此，基于数据驱动的智能风控平台将成为银行实现上述业务场景和规划的重点基础设施之一。腾梭科技将始终以技术变革和应用创新为使命，为金融行业的数字化转型和智能决策打造坚实的基础平台，与金融机构携手打造数字化、智能化的敏捷风控和创新金融产品。

科技·产业·金融

Technology · Industry · Finance

金融科技创新助推乡村振兴

一、背景及目标

随着乡村振兴战略不断推进，农业监管部门对乡村治理的科学化、智慧化的要求不断提升，同时越来越多的金融机构和其他涉农服务主体开始探索服务三农的新产品、新模式，社会百业服务乡村振兴的浪潮正在形成，对高质量三农大数据基座的需求越来越迫切，建设高标准的农村征信体系迫在眉睫。

随着近年来数字乡村、三农信息化工作的不断推进，乡村数字化生态环境和智慧化基础初见雏形，三农大数据积累逐渐充足。但是发展过程中也面临着诸多的问题，严重制约着乡村振兴事业的快速发展。首先是数据权属分散问题严重，数据标准不统一，当前三农大数据散落在各个业务主管部门和不同金融机构中，不同主体数据融合难度大，改造成本高，无法交流共享衍生更多价值；其次是数据覆盖范围狭窄，三农主体金融业务发生率低，有人行征信数据的比例低，常常面临"白户"等问题；再次是数据维度缺失，三农数据常常聚焦于权属信息、金融数据，客户生产经营的数据缺失严重，且已存数据大多维度单一；最后是信用生态缺失，三农主体尤其是农民信用意识差，没有信用管理意识甚至采取恶意手段不当得利，追索机制不成熟，突显农村征信体系不完善、信用价值不显。

建设农村征信体系可以有效地解决前述问题，打通数据壁垒，汇聚共振多方数据，发掘三农大数据的更多潜在价值，培育农村信用生态，净化乡村信用环境，助推政府高效治理和百业服务乡村振兴。

二、方案描述

近年来，随着农村征信体系建设的基础逐渐成熟，各地建设征信体系的探索不断深入，常见的有"政府主导""政府主导 + 专营机构""金融机构自建"等模式，总结上述模式中的经验教训，当前阶段农村征信体系建设面临着标准不统一、重复建设、需求脱节、管理困难等问题。

第一是农村征信体系建设没有统一规划，各地自行其是，甚至县市上下级重复建设，各自筛选的供应商能力参差标准各异，导致征信体系不能有效交流共享，形成一个个数据孤岛；第二是征信体系建设成果和用户需求脱节，征信体系不是原始数据的简单汇总，还需要专业的挖掘加工，根据用户和场景进行数据的筛选、衍生等，发挥大数据的真正价值；第三是管理运营低效，政府行政手段推进动力不足、成本高、效率低，其他主体主导又面临政策和监管缺失、协调困难等难题。

神州信息农村征信体系方案探索出了"政府主导 + 市场调节"的新建设模式，汇集监管、金融机构、社会主体多方力量，建设国家—省—市—县区四级联通的农村征信互联互通体系，以省为单位，向上汇集农业数据至农业农村部，向下对接不同部门，汇总市县数据并进行规划协调和指导；为解决需求脱节的问题，基于丰富的农业和金融业务经验，对农业数据进行数据分析和挖掘建模，精准诊断金融机构、监管部门和其他主体用户特色需求，针对性开发适配的产品体系；引入市场化主体运营机制，加强约束和激励制度的建设，解决运营效率和合法合规的难题。

本方案中各方具体分工：由政府集中推进，制定农村征信体系发展规划，出台配套法律法规，牵头组织农村征信体系建设标准，统筹征信体系平台建设，完善平台信息采集和平台运行的工作机制，并负责对平台各个参与方进行指导和监管；引入金融机构，金融机构作为农村征信领域最活跃的建设方和需求方，通过资金支持和信息采集更新等方式助力征信体系建设，积极参与征信体系平台的建设和运维工作；其他社会主体在项目建设中，提供专业的技术支持和运营支持，解决征信体系建设的效率难题。

农村征信体系还要避免闲置废弃的情况发生，除了针对用户需求开发特色产品和强化运维约束和激励制度外，还需要主动发掘更多应用场景，拓宽服务场景，创新服务形式，让农村征信体系动起来，不断推陈出新、与时俱进。

（一）业务方案

1. 建设农村征信体系标准

基于 GBT 21063—2007《政务资源目录体系》国家体系标准，以及全国信息技术标准化技术委员会《大数据标准化白皮书》，参考农业农村部信息化标准，在继承、对接国家农业农村部和省级有关标准规范基础上，助力客户构建三农主体评级大数据标准规范体系，包括数据标准、技术标准和管理标准、安全标准。从数据、技术、管理和安全领域进行标准化规范，从而满足跨地区、跨部门、跨层级信息共享和业务协同的需要，标准建设包括数据标准、技术标准、安全标准、运维标准四大类标准。

（1）数据标准

为了提高数据库建库质量，使数据加工达到规范标准，从而加强数据交流与共享。为满足各省、地区各部门做到数据上下贯通、逐层钻取，达成统一部署、多端协同，制定统一数据标准是必要前提。对数据的存储、采集、治理、分析及建库制定一致约定，对元数据、数据库建设、数据采集、数据治理、数据分析，通过统一的标准实现对信息资源详细、深入的了解，达到数据的整理、建库、汇编和发布的目的，数据标准具体包括信息资源的格式、质量、处理方法和获取方法等。

（2）技术标准

依据农村征信体系平台整体规划和架构需求，制定技术规范标准，技术规范标准的制定主要从平台建设、数据共享规范两个方面组成，平台通过技术支撑组件为服务应用提供支撑，在组件开发和使用过程中，应确定组件的使用方、角色、职责等，同时为未来的基础组件扩充定义通用的使用流程，充分发挥组件可复用性的优势；数据共享规范是平台进行数据处理和共享输出的标准体系，需要对数据共享进行标准化处理并制定相应的数据共享规范。数据数据共享规范的制定可以保证数据共享的安全及规范，同时还可提高数据价值。

（3）安全标准

大数据服务安全目标是保证大数据系统中数据和系统资产的保密性和完整性，以及大数据平台与应用的数据服务和系统服务的可用性。安全标准规定了基础设施安全规范、应用安全规范、网络安全规范、数据安全规范、统一认证服务规范。

（4）运维标准

运维标准的制定主要参照《数据中心基础设施运行维护标准》（GB/T51314—2018）、《信息技术服务管理　第1部分：规范》（GB/T 24405.1—2009）等国家标准。大数据基座运维标准主要通过运维组织、运维服务内容、运维服务流程、运维技术四个方面建立符合农业农村大数据标准。运维管理标准的建设，可实现运行维护工作的高效率，提高整体的运行维护水平。

2. 建农村征信体系管理平台

建设农村征信体系管理服务支撑平台，主要包含信息采集、数据治理、数据加工和数据管理等功能，其中：

神州信息开发的八爪鱼多源异构数据采集平台，为用户提供离线数据采集、实时数据采集、接口数据采集、空间数据接入、文件数据导入等多种采集能力，根据数据的来源、类型、存储方式等，从不同应用和数据源（如互联网、物联网等）进行离线或实时的数据采集、传输、分发。为了支持多种应用和数据类型，数据接入需要基于规范的传输协议和数据格式，提供丰富的数据接口、读入各种类型的数据。农村征信体系涉及的大部分业务系统数据为结构化数据，部分为非结构化数据、物联网实时数据，针对不同的业务系统现状和数据结构，大数据采集技术需要针对不同情况提供相应的数据采集技术组件，保障多源数据的采集更新。

数据治理平台是集元数据管理、数据处理、数据质量稽核等功能为一体的数据治理平台，数据资源来源多元，数据格式、数据结构、数据类别、数据标识等不一致，因此需要进行加工处理。数据加工处理按照制定的数据标准体系，利用数据清洗组件进行处理，包括数据抽取、数据清洗、数据转换等内容，从数据的全生命周期监控并检查数据质量问题，保障数据治理成效。

汇聚的数据资源，需要经过数据加工处理，经过数据抽取、验证、清洗、集成、聚集、装载，将数据源转化为数据仓库需要的格式。数据加工处理工作由数据中台自动完成，同时由运营人员人为进行监控。数据加工处理流程如图1所示。

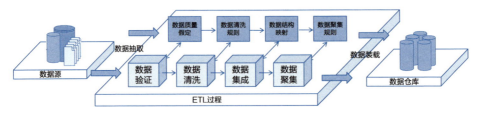

图1　数据加工处理流程

数据管理功能，平台内置功能丰富的人工智能算法组件库，为客户提供便捷的数据分析和建模工具，同时具备专业的 BI 可视化系统，支持柱状图、仪表盘、雷达图、瀑布图、词云、GIS 地图等形式的数据分析展示功能。最终建成数据资源目录，并通过平台实现数据共享交换、数据检索、数据申请、审核、服务监控等功能。

3. 建设农村征信体系数据仓库

农村征信体系主要面向农业、农村、农民三类主体，针对三农主体建设的数据仓库数据类型涵盖了金融行业征信数据、三农基础数据、其他准公共征信数据。

三农金融数据指三农主体在金融机构中办理业务所产生的多种数据，主要有账户数据、交易数据、信贷数据等。金融数据可以反映三农主体的信用历史和部分信用资质，是刻画三农主体金融活动画像的主要依据，金融数据主要存储于各个金融机构，需要由各个金融机构共享和维护。

三农数据包含三农基础数据和农业行业数据，三农基础数据指的是政务相关的宅基地信息、土地确权信息、产权交易数据等，农业行业数据包含农业专业知识库、卫星遥感数据、GIS 数据、农产品市场行情数据、涉农政策和法规数据等，农业数据常存储于不同的监管主体中，需要通过接口对接或采集系统进行数据的汇总。

其他准公共征信数据，即三农主体在各种渠道生产生活过程中产生的各类业务数据和行为数据，包括司法数据、工商登记数据、税务数据、网络多头借贷数据、银联流水数据、腾讯等社交数据。该类数据可通过系统接口进行数据汇总和转发服务。

4. 建设农村征信评估体系

在政府监管、政策合规的前提下，整合农业大数据和多种征信数据，根据应用场景如金融风控、用户分群、产业规划等，衍生更加有针对性的三农信用评估指标体系，指标包括但不限于画像信息、信用评分、预警信息、稳定性指标、经营能力指标等数据，同时衍生数据可以很好地平衡数据价值和数据隐私保护。

三农主体标签体系是建立在数据资源库基础上，对数据库内主体按照量化分析的方法进行统一的评级评价，实现的主要技术手段是机器学习。

在金融方向，采用与客户生产经营相关的基础数据、三方数据、金融数据，结合客户信用历史数据，对客户信用风险进行定量评估，预测客户逾期风险，评价客户信用等级水平，常见评价方法包括专家经验、评分卡、风控建模等，通过机器学习手段挖掘隐含在数据中的规律，更加精确的衡量客户信用水平。常见的机器学习方法包括线性回归、Logistic 回归、朴素贝叶斯、K 近邻算法、神经网络、决策树、随机森林、支持向量机等，以及由此衍生的优化算法。

机器学习的步骤一般包含数据准备、特征工程、模型训练、模型评估、模型优化几个步骤。数据准备阶段需要对业务背景、数据详情、样本情况等进行充分的调研，了解该场景的数据积累，了解能否支持建模，了解模型应用方式，了解好坏样本情况，为建模打造基础；在业务调研的基础上对建模样本和建模数据进行汇集和整理，搭建数据宽表，划分样本集。

特征工程阶段需要对建模数据进行清洗、衍生、筛选等，常用清洗方法有纠正错误、删除重复项、统一规格、修正逻辑、转换构造、数据压缩、补足残缺 / 空值、丢弃数据 / 变量等，数据筛选常见方法有岭回归分析法，主成分回归法和偏最小二乘回归法等，根据 PSI、特征 IV 值、特征可解释性等因素筛选最终入模的特征，数据筛选可以有效减少特征数量、降维，使模型泛化能力更强，减少过拟合，增强对特征和特征值之间的理解；数据清洗结束后进行变量衍生，常见衍生方法有时间滑窗、数据运算等，构建出新特征后，对特征进行合并、分箱等操作，使特征更加符合业务逻辑。

根据建模工作需要，选择模型训练算法，或多个模型对比选取效果最佳的，在模型训练完之后，使用 AUC、Recall、Precison、KS 等模型评估指标来评估模型，根据需要采用前向法或者后向法进行模型优化。

5. 建应用场景

在农业农村场景金融新模式的实践中，农业大数据已广泛应用于农业生产、经营、管理、服务等全产业链，农村征信体系的建设将进一步拓展三农大数据的应用场景，挖掘农业大数据的潜在价值，基于完善的农村征信体系，可在政务服务和金融服务两个方面发挥作用。

在政务服务方面，征信体系平台已与"农业综合执法系统""重大项目招商引资平台""农业'互联网＋监管'信息报送平台""农业品牌目录管理系统"等三农相关系统平台进行打通，实现了数据互传共享，各系统向上进行数据归集，实现数据跨部门跨业务共享，打破数据孤岛，征信体系平台向下提供数据回传和计算服务，为各系统开展业务提供数据便利和监控预警等增值服务，助力农业监管服务迈向数字化智能化。

在金融方向，征信体系平台已与"农业农村金融综合服务平台""两权抵押平台""生物资产抵押管理平台"等平台实现互联互通，相关金融业务平台和金融机构主体既是征信体系受益者也是征信体系建设主要参与方，征信体系平台以三农数据为基础，为金融业务提供营销、风控、客户管理等方面的数据支持，金融机构也在农村征信体系持续建设优化的工作中发挥不可或缺的作用。

（二）技术方案

1. 业务架构

农村征信体系平台建设充分考虑技术的先进性和平台的扩展性，将业务应用纳入考量，推动数据、科技、金融支持三农经济发展。自下而上包括：基础设施层、数据服务层、平台服务层和应用服务层。

总体业务架构如图 2。

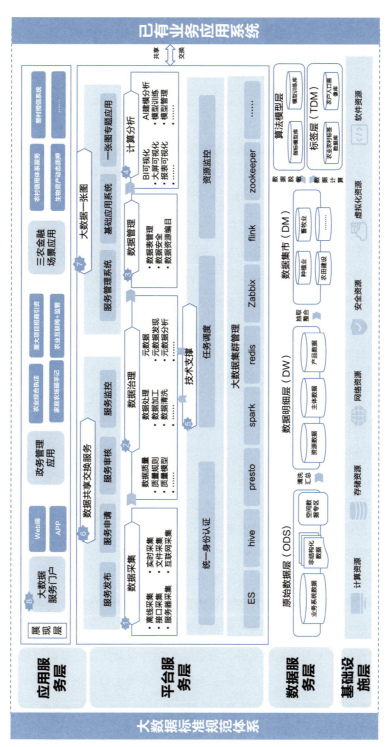

图 2　总体业务架构

（1）基础设施层

基础设施层是整个架构的最底层，提供农村征信体系所需相关硬件资源及其管理，包括计算资源、内存资源、存储资源、网络资源等资源和负载均衡、安全、监控等服务。

（2）数据服务层

数据服务层主要利用基础设施层提供的基础硬件能力，将基础设施层提供的相关硬件资源构建大数据集群，并提供大数据集群相关资源管理及数据存储服务。

（3）平台服务层

平台服务层主要利用数据服务层，提供大数据基座统一的数据服务、并行计算、算法模型、技术支撑等相关能力，是大数据平台的核心。主要包括数据采集、数据治理、数据管理、计算分析、技术支撑、大数据一张图等内容。

（4）应用服务层

应用服务层主要利用数据服务层、平台服务层提供的相关数据服务、并行计算、算法模型及技术支撑能力，构建上层的大数据应用。

2. 技术架构

（1）IAAS 层

基础设施服务（IAAS）优先支持国产化环境，实现对大数据平台基座部署的物理机、存储介质和网络等资源进行统一管理，同时也兼容非国产化环境，打造安全、稳定、可靠的云网信息基础设施环境。操作系统优先支持银河麒麟、中标麒麟，也能兼容非国产化操作系统。

（2）DAAS 层

数据服务（DAAS）贯彻数据即服务的设计理念，在基础设施服务能力之上，为整个大数据基座提供组件管理能力和数据仓库服务能力，为更高层次的数据采集、数据治理、数据管理、数据服务提供支撑。

组件管理包括大数据集群组件、消息队列组件以及数据存储组件等。大数据集群基于 Hive、Spark、Flink 等生态组件，实现大数据的高效运算；消息传输组件使用 Kafka 和 MQ，通过消息的发送和接收来实现程序的异步和解耦，达到实时处理大量数据的需求；数据存储组件支持结构化、半结构化和非结构

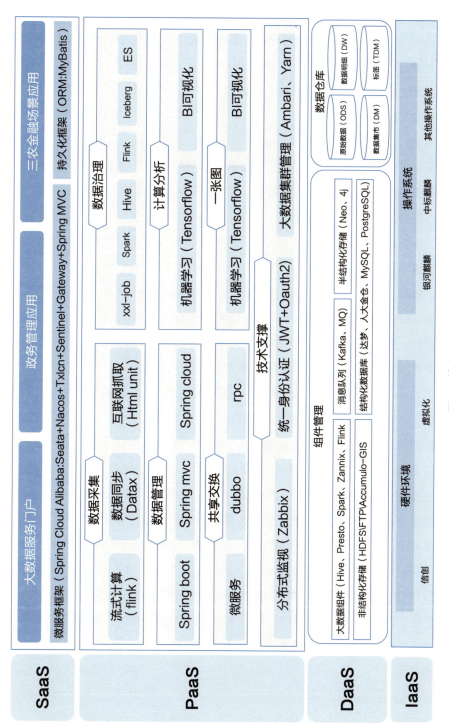

图 3　技术架构

化等存储类型，能够适配达梦、人大金仓、南大通用等国产数据库，同时也能适配 MySQL、Oracle、PostgreSQL 等通用数据库；数据仓库服务用于构建面向分析的集成化数据环境，通过原始数据层、数据明细层、数据集市、数据标签四级数据处理，逐步实现业务数据的结构化、资产化、模型化，为各类分析运算提供数据支撑。

（3）PAAS 层

平台服务（PAAS）通过全面的技术选型集约规划未来农业农村金融大数据服务框架体系，并通过高效的数据采集、科学的治理编排、深度的挖掘应用、沉浸的数据展示和可信的开放共享等手段，实现让数据驱动业务，让业务滋养数据，不断为用户迭代数据价值，为各级农业管理部门精准决策提供强有力的数据支撑。

平台服务的核心能力包括但不限于数据采集、数据治理、数据管理、数据分析、技术支撑、大数据一张图和数据共享交换服务系统。数据采集包括实时采集、离线采集、网络采集等方式，使用 Flink、DataX、Html Unit 等技术支撑采集过程；数据治理采用任务调度 XXL-JOB 组件，统一编排和调度 Spark、Hive、Flink 等脚本任务，达到实时数据和离线数据的有效治理；数据管理使用 Spring MVC，实现常规数据和数仓数据的统一管理，为数据治理提供处理依据；数据分析优先支持 TensorFlow 并可兼容其他深度学习库，集成大量高效可用的算法和构建神经网络的函数，深度挖掘农业农村数据价值；技术支撑利用 Zabbix、OAuth2.0 等技术实现硬件资源监控和统一身份鉴权，同时依赖 Ambari 强大的管理能力，构建大数据集群的可视化监管平台，监控整个生态系统的实时状态和运行过程；大数据一张图基于 Geo Server、Geo Tools 等开源组件，支持海量的矢量、栅格数据发布，并提供空间数据组织、转换、处理与分析能力，并利用 ECharts、DataV、Open Layer 等组件，将各业务场景的分析结果数据直观展示，达到看图明情的效果；数据交换共享依托 dubbo、rpc 技术，根据业务申请需求实现数据有序开放，达到数据开放和应用的目标。

（4）SaaS 层

应用软件服务（SaaS）通常以插件化的方式完成用户现有利旧系统、新建扩建系统及第三方生态系统的联合集成服务，采用"统一 UI 风格、统一设计思想、统一身份鉴权、统一应用切换"的设计思路，依托微服务和云原生架构，使用 Spring Cloud Alibaba 技术体系实现后端服务，使用 Vue、React 等组件实现前端页面展示，应用系统根据业务变化实现前后端的迭代升级和灰度发布。

3. 数据架构

数据架构从左到右设计分为"原始数据层（ODS）、数据明细层（DW）、数据集市层（DM）、标签库（TDM）"四层，具体数据处理流程如下：数据采集模块将原始数据采集到 ODS 层，数据稽核模块负责对 ODS 层的数据做数据质量分析，并由数据处理模块根据数据稽核系统发现的数据问题，以及业务数据需求对原始数据（ODS 层）做清洗、加工并经过中间层（DW 层）的汇总、计算后，形成各个专题库（数据集市 DM）,DM 层数据经过脱敏、加密、变形后，根据数据需求进行数据抽取，形成模型标签库（TDM 层），为数据的挖掘、分析、应用提供基础。总体数据架构如图 4。

（1）原始数据层（ODS）

ODS 层数据全部来自业务数据库，将来自不同数据源的数据（各种操作型数据库、外部数据源等），通过 ETL 过程汇聚整合成数据集合，集合的业务系统数据、非结构化数据、空间数据专区等数据结构与原系统保持一致，各归口涉农业务数据按照独立数据库进行存储。

（2）数据明细层（DW）

对原始数据层的数据进行清洗、加工和整合，形成标准的、规范的、可信的数据明细层，并依据相关维度，做必要的轻度数据汇总，形成数据中间层。基于 DW 层上的基础数据，整合汇总成分析某一个主题域的服务数据，以宽表形式做主要结构，用于提供后续的业务查询、OLAP 分析、数据分发等操作。

（3）数据集市层（DM）

面向政务管理以及三农金融场景应用抽取数据明细层数据构建数据集市。同时数据集市中独立的算法训练数据库，对原始三要素等数据进行脱敏，形成各类业务模型、预测模型、预警模型、数据分析脱敏模型库等。

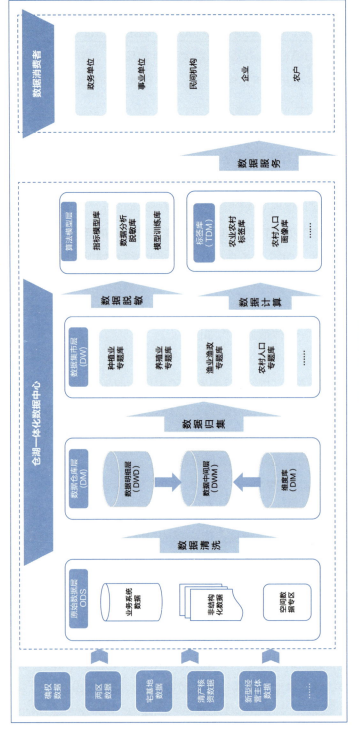

图 4　数据架构

（4）标签库（TDM）

根据算法模型库分析训练后获得的业务模型，对数据集市中的种植、养殖、农村等原始数据进行规则、指标计算，生成相关数据标签、数据画像，为数据的深度分析、挖掘、应用提供基础。

（三）建设与实施

本方案建设实施主要分为系统建设和配套服务两部分，其中系统建设分为项目启动、需求分析、系统设计、系统开发、系统测试、验收投产几个大环节，配套服务是完成征信体系建设配套的数据对接、汇总、治理、衍生和应用等服务，根据不同客户的系统定制需求和数据基础，制订项目实施计划，并根据项目投入人员，分解为项目主要成员个人工作时间表，提供项目各阶段的工作范围、产出物、管理制度规范、实施团队组织结构、双方成员构成以及成员职责等。

成立项目组，以客户和实施方联合组队的方式，确定组织结构，并对项目人员制定完善的考核和风险管理方案，确保项目成员技术达标，流动风险可控。

为保障项目顺利完成，规范项目需求变更的管理与控制，减少需求变更对项目进度和质量的影响，制定完善的项目需求变更制度，规范需求变更分类、需求变更处理方式和需求变更申请流程，经过科学评审确定需求变更方案。

为有效地防范和规避项目实施过程中可能遇到的风险，对系统建设中常见的风险因素进行分析并制定相应的保障措施来规避风险，坚持科学规划、合理组织、高效运转、稳步实施的工程组织方法，消除或转化各种当前难以预测、潜在的风险因素。建立必要的应急机制，对当前未知的可能影响系统建设的各种风险进行处理。

三、技术或业务创新点

创新点1：大数据技术的应用，助力金融机构实现对大数据多元异构的整合，集农业农村数据汇聚、数据存储、数据治理、数据挖掘分析等功能于一体的多源异构数据整合接入工具，采用主流的流批一体的处理框架，具备高效的数据采集能力，通过建设分布式存储、网格存储和云端存储，提供了海量数据存储、高速计算能力，实现海量空间数据秒级渲染显示、即插即用的共享交换架构，数据传输安全、可靠。

创新点 2："3S"遥感技术的应用，遥感技术从高空或外层空间接收来自地球表层各类地物的电磁波，并通过对这些信息进行扫描、摄影、传输和处理，从而对地表各类地物和现象进行远距离测控和识别。遥感技术现已在资源调查、数据库建设与管理、土地利用及其适宜性评价、区域规划、生态规划、作物估产、灾害监测与预报、精确农业等方面得到广泛应用。

创新点 3：物联网技术的应用，帮助农民及时发现、准确定位问题，农业将逐渐地从以人力为中心、依赖孤立机械的生产模式转向以信息和软件为中心的生产模式，大量使用各种自动化、智能化、远程监测、控制的生产设备，从而实现现代农业的规范化管理、精准化种养殖、机械化操作、自动化生产，尤其是在温室、大田种植、畜禽水产养殖、农机物联网方面的应用已比较深入。

创新点 4：人工智能技术的应用，对农业转型发展具有促进作用，促使粗放型农业转向精细型农业。通过农业专家系统指导整个农业生产，将人工智能技术应用于现代农业发展领域，集成应用计算机与网络技术无线通信技术、音视频技术及专家智慧，提取和组织有用信息，实现农业可视化远程诊断、远程预警、远程控制等智能管理，提升管理效率和水平。

四、应用与成效

神州信息农村征信体系建设项目通过与地方涉农政府机构建立合作关系，依托平台搭载的各项功能服务于地方农村金融业务开展，利用数字技术助力地方政府构建农村征信体系，辅助金融机构进行产品创新和量化分析及风控审批。目前已在江苏省、山东省、天津市等地以系统平台的形式落地，并取得了较好的经济效益和社会效益。

（一）解决三农主体融资贵问题

公司承建了江苏省农业农村大数据平台建设项目，实现了省市县区多级数据、系统的有机整合，为金融惠及三农客群提供了有效支撑。在大数据平台的基础上建设了江苏省惠农金融服务平台，整合包含江苏工商银行、江苏邮储银行及全省农商行在内的 55 家银行机构，共计发布农业贷款产品在内的 87 款金融产品，其中产品最低利率为 2.15%，平均利率约在 4% 左右，通过金融产品的公开化良性竞争，极大程度地降低三农群体的融资成本，解决农村金融融资贵的问题，为促活省内金融良性发展、惠农乡村振兴提供保障。

（二）解决三农主体融资难问题

公司承建淄博市农业农村智慧大脑项目，创新应用大数据、人工智能等数字技术，为当地农业农村现代化发展提供关键助力。平台共采集农情调度、产业监测、统防统治、耕地质量等 134 个方面、25 类 103 万条数据入库，有效打通涉农信息孤岛。通过智慧大脑平台对外输出涉农大数据服务，为金融机构提供精准获客和大数据风控支撑，降低金融机构营销获客、风险管理、贷中监控过程中的人员成本和时间成本，提高客户评估的准确性和客观性，降低农贷业务的整体风险，从而推动金融机构投入更多资源到三农领域。平台上线 6 个月，累计吸引 5 家金融机构上架了十几款涉农产品，有效解决了三农主体融资难的问题。

五、未来发展

过去几年神州信息在农村信用体系建设项目上取得了一定进展并获得较好成效，但总体上讲，仍然存在很大提升空间，为了更好缓解农村信息不对称的问题，提升农村金融服务水平，优化农村信用环境，最终实现让普惠金融惠及更多人群，不断改善农村金融生态环境，项目未来发展计划有如下四个方向。

（一）在合规前提下，助力客户加强数据资源归集整合

当前阶段信息主体采集范围和信用信息指标项有限。目前主要针对农户、新型农业经营主体、村集体经济组织等开展信息采集，指标数量难以满足农村数字征信体系建设多元化应用场景的需求。

后续将在政府指引、政策合规前提下，助力客户不断推进数据归集、融合

共享和创新应用。与政府、金融机构等伙伴协作，共同构建统一、规范、互通、共享的数字征信资源体系，加强对分散在各行业、各领域、各部门之间数据资源的归集整合，打通信息传递渠道，实现数据跨区域、跨领域共享，建立健全可持续的信息归集共享和应用机制，深度挖掘土地承包使用权、乡风文明评级、家庭借贷情况等农村特色数据信息，丰富农村数据维度，逐步实现涉农信息主体全覆盖、信用信息全覆盖，夯实农村数字征信体系建设基础，提供征信产品和技术服务，满足多元化需求。

（二）深入挖掘农村应用需求

目前对涉农信用数据的加工分析不够深入全面，信用评价模式较为单一。对需求的挖掘主要集中在信贷领域，对其他领域需要采集的信息、构建的信用评价模型、开发的产品未进行充分挖掘。

1. 提供多元化征信服务

积极探索开发通用型的征信产品或服务，精准挖掘长尾客户，提升征信助力提升农村金融服务水平的同时探索研发针对性产品。我国幅员辽阔，地域广袤，各地情况千差万别，遵循因地制宜的原则，要根据当地的民风民俗，结合当地的互联互通条件、特色产业等研发多元化信用产品，不断满足客户个性化融资需求。

2. 拓宽非金融领域应用需求

持续挖掘对信用信息服务的需求，不断发掘农村征信在政府数字化转型、农业农村科学治理、乡村发展学术研究、优化农业社会化服务效率、创新农产品供应链体系等方面的应用，拓宽农村征信在非金融领域的应用渠道，更好地服务乡村振兴事业。

（三）丰富产品类型

当前受涉农信用数据维度较低、评价体系较为单一等因素的影响，征信产品研发和推广力度有待加强，主要以信用报告和信用评价等级结果为主，征信增值产品、衍生产品较少，难以全方面展示涉农信息主体信用状况和信用风险。

后续将以金融机构业务创新、三农金融需求为导向，在合规前提下继续提升对归集数据的加工、整理和分析水平，充分运用大数据、人工智能、联邦学习、安全计算等先进技术，围绕获客筛选、融资需求匹配、贷前审查等信贷全生命周期以及奖补政策落地增效等建立科学、先进、数字化的信用评价模型，提供信用评分、信用评价、信用报告、反欺诈、贷后预警等征信产品，提升数字化风控能力，降低金融机构授信成本。根据各金融机构风险偏好及核心数据需求的不同，提供定制化的数字建模和征信产品。不断创新农村专属金融产品，引导金融机构针对种植、养殖、加工等不同群体需求特点设计个性化的信贷产品，避免产品同质化，提升信贷产品适配度。

（四）加强数据安全管理

数据安全是数据要素市场发展的重要保障。数字原生时代的数据安全，突破了传统信息安全领域对数据的破坏、篡改、越权使用等行为进行防范的需求，更重要的是在确保上述目标前提下，实现数据的有序流动、合规使用、安全融合，最大化地从数据中获取洞见、为更多人提供数据价值。只有用法律和数据安全技术给数据安全加上"紧箍咒"，数据才能在安全流动中实现利益最大化。按照《中华人民共和国个人信息保护法》《征信业管理条例》《征信业务管理办法》等法律法规要求，制定数据库建设标准和管理制度，对数据处理各环节进行规范，明确建设、运维和使用等参与各方的职责和权限。创新数字科技监管方法，确保业务合规和信息安全，采用多方安全计算、联邦学习等技术保护数据安全，实现"数据不动算法动""数据可用不可见"，建立健全数据质量管理长效机制，严格落实数据质量管理及安全责任，保障信息主体合法权益。

从数据安全技术层面讲，神州信息经过多年积累已沉淀出覆盖数据全生命周期的数据安全与隐私管理的整体解决方案和六种数据安全管理实践的推进方法，企业可根据自身数字化水平和 IT 建设的水平，来灵活选用、组合数据安全管理的实战方法。

简单汇信息科技

数字供应链金融打造产业链共赢生态圈

一、引言

2017 年 10 月国务院办公厅发布的《关于积极推进供应链金融创新与应用的指导意见》，2018 年商务部、工信部等 8 部委出台的《关于开展供应链创新与应用试点的通知》，均明确提出推动供应链核心企业与商业银行、相关企业等开展合作，创新供应链金融服务模式。

在产业链生态的中小微企业受到抵押品不足和信息不对称的影响，普遍存在融资成本居高不下，甚至获取贷款困难的问题。同时，在中小企业资产中占据相当比重的应收账款、存货等大量运营资产被长期闲置，难以转换为流动资金，实现对企业经营的快速支持。

产业痛点主要体现在两个方面，一方面是企业本身，除了头部供应商之外，大部分供应商特别是离核心企业远的供应商综合资质普遍不高，应对市场波动的风险能力不足，另一方面是数据本身，和贸易背景相关的资料如贸易合同、发票等的验证过程相当麻烦，银行需投入大量人力走访企业，风控成本极高，阻碍银行普惠推广，这也是中小企业融资难、融资慢、融资贵的原因。

为降低产业生态圈内合作企业资金成本，优化生态圈融资环境，构建合作共赢、互利互惠的伙伴关系，2015 年 6 月，简单汇供应链金融服务平台——"简单汇"上线，并于同期在全国开出第一张电子应收账款确权凭证"金单"，精准满足小微供应商的融资需求，渗透性解决实体"毛细血管供血不足"的问题。

得益于国家政策的指引，以及省、市各级政府部门的开明指导和大力支持，简单汇凭借实体产业打磨出的经验，迄今已成为全国领先的供应链金融科技专业服务机构。服务领域涵盖电子制造、化工、LED、电力电气等多个实体行业，服务核心客户包括央／国企、大型民企、上市公司等，以"金融＋科技＋产业"的组合路线，走出魅力独具的专业服务之路，以金融科技赋能，解决企业融资难、融资贵的痛点，为企业提供一体化的供应链金融综合解决方案。

二、项目方案

（一）业务方案

简单汇作为国内领先的供应链金融专业服务平台，打造了多条技能产品线，以帮助实体产业搭建信息互通互联、信用共建共享的良性供应链金融生态，以金融活水引流促进普惠中小微，实现多方共赢，目前简单汇平台主要用户为以下三类。

1. 各行业核心企业

通过部署供应链金融服务系统，核心企业可以免费搭建自身的供应链金融平台，整合供应链资源，降低生态圈成本，增强合作伙伴粘性，与此同时还可以利用闲置资金获得可观收益。

2. 1—N 级供应商

平台依托核心企业信用和供应链数据，以"金单"（核心企业应付账款电子凭证）、供应链票据、微贷等为抓手，为供应链上的中小微企业提供方便快捷、成本较低的应收账款融资服务，由此还可衍生出信用融资、信用评级等各类型相关服务。

3. 持牌金融机构

银行、保理公司等金融机构可以依托平台批量获客，降低对接中小微企业融资的难度和成本，提升资金收益率，同时满足其发展普惠金融业务的要求。

（二）主要产品

1. 金单／跨境金单

金单／跨境金单是公司首创的应收账款债权电子凭证，于 2015 年获得国家网信办备案，目前已接入 10 余家全国性商业银行、政策性银行系统，与近 400 家分子银行及金融机构合作，助力中小微企业从金融机构获得融资超 1300 亿元。

2. 供应链票据

供应链票据是中国人民银行主管的票据交易所推出的创新票据支付工具。2020 年 4 月，简单汇作为首批接入上海票交所的三家科技平台之一，落地了全国首笔供应链票据。自接入上海票交所以来，截至 2022 年 10 月，我司累计签发供应链票据 183 亿元，贴现 167 亿元，合计交易规模 387 亿元，位列市场第一。

3. 微贷

为满足中小微企业依靠自身的经营和贸易往来进行融资，简单汇开发了基于客户数据分析，精准画像的微贷产品，通过超 3500 个数据维度建立量化风控模型，让经营正常、周转良好的企业获得更多的融资主动权。目前已经累计为近千户中小微企业提供超 20 亿元的融资。

简单汇成立已有 5 周年，从早期仅服务于集团的供应链金融，到目前集团外业务已远超集团内业务。简单汇的供应链金融服务以"简单温、专业高效"为宗旨，连接了各大银行、票交所、大型央国企民企及其上下游等小微企业，在这 5 年的发展过程中，不断通过业务、产品和科技创新，帮助中小企业获取普惠金融服务，如创造性地推出电子债权凭证产品"金单"，开出全国第一笔供应链票据等。简单汇来自实业，服务于实业，通过长期的深入实体企业挖掘供应链痛点，提供真正高效、便捷的供应链金融服务，和实体企业共同成长。

三、项目创新点

（一）科技能力持续更新迭代

简单汇是首批加入"监管沙盒"的试点企业，也是首批加入广东省中小融平台的企业，连续荣获 2018、2019 年度欧洲金融陶朱奖，2020 中物联区块链分会最佳创新奖，全国高新企业，广州种子独角兽，广州高科技高成长 20

强，2021 信用创新案例等多项奖项。从供应链场景入手，以金融科技赋能，为产业链属企业提供全线上一体化的供应链金融综合解决方案。

简单汇拥有 33 项软件著作权，2 项已获授权的专利，并获得超 40 个来自国内外行业奖项。在大数据、区块链、机器学习、企业信用识别等领域具有较强的技术优势，致力以科技赋能金融的发展，近三年在技术研发年投入占比超过 20%，目前与超过 10 家全国性政策性及商业性银行进行系统直联，全国合作的金融机构近 400 家。简单汇持续进行科技技术更新迭代，为客户提供更优质的服务体验。

（二）科技创新及应用

简单汇运用大数据、人工智能、生物识别、发票采集与查验、OCR 等技术，搭建六层风险体系：主体认证、贸易背景、协议签约、授信额度、资金清算。数据存储上应用区块链技术，层层把控风险，做到防范欺诈风险、信用风险、资金风险，为产业链属企业提供全线上一体化的供应链金融综合解决方案。

在主体认证上应用人脸识别，直接连通公安系统进行比对，通过联网核查、打款验证、工商对接完成主体认证，确保参与主体的真实合规性。

在贸易背景层，通过 ORC 技术，自动识别关键信息，对合同关键字进行核实，提高整体核实效率。通过大数据连通税务局，进行线上发票数据验证，确保发票的真实性，保证基于真实的贸易背景进行审批。

在协议签约层，使用电子签约技术全线上操作，遵循《电子签名法》，告别"萝卜章"的风险，确保签约主体的真实性和合规性，也避免后续可能发生的法律风险。

在授信额度层，通过量化风控模型，把控授信额度上限，对整体授信进行全面防控。

在资金清算层，简单汇平台原则为不碰资金，只发送指令给资金方和融资方进行清分，保证整体业务资金的安全性。

数据存储上应用区块链技术，打破信任的壁垒，打造信任链共赢链，防范数据篡改风险，保障各环节信息的安全。

（三）人工智能的应用与创新

当前人工智能技术已在简单汇广泛使用，应用场景覆盖智能填单、交易验真、交易查重等场景。

在客户端，人工智能主要体现在信息的智能填报。传统金融交易系统，用户注册、交易往往需要填写大量信息。简单汇通过与合规备案的征信机构进行数据合作，在经过客户授权后实现企业信息自动检索和回填。同时部分交易信息支持客户拍照上传，系统通过 OCR 自动提取，极大提升客户填报效率。

在运营审核方面，简单汇利用机器学习模型 +OCR 技术对贸易背景影像文件中的盖章进行图像识别和验真，防止通过 PS 等手段伪造盖章。同时结合 NLP 技术对比贸易背景文件与交易申请填报的信息是否一致。

（四）区块链的应用与创新

简单汇是国内首批采用区块链底层架构的供应链金融平台，核心企业在核验通过的贸易背景基础上签发数字债权电子凭证，数字凭证的签发、流转以及对应的贸易背景信息加密后写入区块链，利用区块链去中心化、防篡改、安全可靠的特性增强数据传输的真实可信。2019 年，简单汇金单区块链获国家网信办备案，同年获评中物联"区块链十佳应用企业"，综合研发能力达到 CMMI3 认证。通过国家信息安全等级保护三级认证，启用阿里云服务器存储服务，数据异地灾备。

区块链技术在供应链金融的深度应用。简单汇平台的区块链项目选择适合金融业务场景的联盟链，技术底层选择了 Hyperledger Fabric，在此基础上进行自研，核心企业、金融机构、监管机构以及简单汇形成一个联盟组织，共同维护区块链账本，未来将加入各行业协会，司法机构等可信主体，每个核心主体都独立部署区块链节点并自己保管秘钥，各节点间背书验证通过后上链，所有节点上的数据都是相同的副本，不同主体间的数据通过加密方式隔离。

（五）产品创新

1. 积极推动供应链票据 + 担保的业务落地

2021 年 9 月，芜湖市中集瑞江有限公司在我司开出 100 万元供应链票据，由芜湖市中集瑞江有限公司进行承兑，为其链属的小微企业提供资金支持。为实现金融链与产业链有有机协同，助力安徽省汽车产业的高质量发展，芜湖市民强担保公司担保，在不占用核心企业额度下，徽商银行提供 2.88% 优惠贴现资金。下一步，我司将积极联动国内担保公司、金融机构为中小微企业提供供应链票据融资服务。

2. 推动"绿色供应链票据"业务落地

简单汇秉持"持续发展，绿色高效"的理念，于 2021 年 11 月 11 日落地"绿色碳链通"业务。这是在人行惠州中支的指导下，惠州市金融工作局支持下，积极探索创新绿色金融模式，助力上下游中小微企业健康发展，以供应链票据为载体，广州碳排放权交易评级报告为依据，串联核心企业和供应商，协调 TCL 财务公司为资金提供方，设立差异化优惠利率定价，在支持节能减排方面表现出色的供应商提供优惠融资利率，带动核心企业和供应链上企业协同减碳。

3. 供应链票据结算新模式——下游经销商业务

深圳前海启航国际供应链管理有限公司因业务条线众多，下游客户账期长短不一，财务部门无智能平台进行统一管理，人力沟通成本较高，且容易出现偏差。2022 年 4 月底，深圳前海公司通过简单汇平台接收首笔下游客户开具 230 万元供应链票据，成功切换结算模式，由先行垫款转变为接收供应链票据，有效加强了企业对下游应收账款的管理，提前锁定了回款，规范下游客户应收账款管理，让整个产业链条资金管理更便捷。

4. 票据秒贴——价格优、资金秒到账

简单汇通过与合作银行的系统直连，为平台上的持票人提供银票秒贴、供票快贴等全线上化融资服务。首笔业务于 2022 年 5 月 24 日落地，目前签约超 60 户，共 35 笔，总金额 3000 万元，平均每笔 93 万元，平均放款时间 10 分钟。

四、技术实现特点

（一）技术内容

1. 基础功能

平台基础功能包括核心企业及其成员企业的开单、加保和对账结算功能，

1—N 级供应商的注册认证、转单、融单等功能。

2. 增值服务

增值服务包括对不同资质供应商的应收质押开单、授信开单功能，对持牌金融机构开放出资功能，对核心企业开放现金折扣动态管理功能，为企业提供中登网批量查询与登记的功能。

3. 延伸体系

当平台发展到较大规模时，将搭建大数据服务体系，为平台中小企业用户塑造商业信用，为企业投融资和政府相关决策提供有力帮助。

（二）技术安全及风险防控

1. 平台原则

简单汇平台原则是不碰资金，仅与第三方持牌金融机构合作，仅提供科技运营服务，通过平台传递指令，不碰资金。可通过实体账户清分体系，提供手工划扣或自动清分，给客户更灵活的选择。

2. 六层信用风险体系

▌科技全景图

图 1　六层信用风险体系全景图

简单汇平台通过生物识别解决身份认证、OCR+NLP 解决证件发票合同审核、IoT+ 大数据解决数据风控、区块链解决数据存证，规避欺诈风险、信用风险、资金风险、篡改风险。

3. 风险防控措施

简单汇为供应链金融科技公司，主要产品分为强信用、强数据两大类，全面覆盖产业链上下游，提供公有云、SaaS 模式和私有化部署等灵活机动模式，全场景切入加速供应链资金流转效率，提升产业链价值。

简单汇通过了等保三级认证，是国内非银金融机构最高的安全保护等级，获得了隐私管理体系认证证书（ISO27701）、信息安全管理体系（ISO27001）、质量管理体系认证证书（ISO9001）、满足国内国际双重信息安全标准。在安全保护方面，主要分为以下几个方面：

在网络安全方面，我们有企业版的防火墙、态势感知、DDoS 等，保障网络不被黑客攻击，应用上采用 HTTPS 协议，确认数据安全可靠的传输；

在主机安全上，除了常规的漏洞扫描和补更新，保障主机不被入侵，所有主机操作都需要经过堡垒机，同时有操作审计日志，防止操作风险，满足金融监管要求；

在应用安全方面，我们请专业的机构进行渗透测试（合作机构：绿盟），可以保障应用规避目前各种攻击。

在数据层面，我们有数据加密、脱敏显示、异地灾备等措施，保障数据不被泄露，不会丢失，不可篡改。

在与第三方对接通讯方面，我们采取的是专线 + 加密机 +IP"白名单"+HTTPS 多层安全保障方式，实现与第三方数据通讯的安全可靠。

4. 信用风险体系运行成效

在六层信用风险体系的风险把控和区块链的应用上，风险违约率为"零"，为平台中小企业用户塑造商业信用，为企业投融资和政府相关决策提供有力帮助。

（三）技术特点

简单汇采用先进成熟的 SpringCloud 微服务 + 微前端架构，并搭建了完善的服务治理能力（服务注册、服务路由、配置中心、链路追踪、日志、监控、慢 SQL 分析），构建了完善的 DevOps 平台，整个 IT 研发规范、高效、高质。

系统以 DDD 领域模型为中心进行驱动开发，实现了系统代码的低耦合、高内聚。通过领域模型，隐藏不必要的细节，有效降低了复杂的业务之间千丝万缕的耦合关系，降低了应用系统的复杂度，实现业务的快速迭代开发。

为了应对多样化的企业客户需求，我们构建了 SaaS 定制化能力，可以做到界面、流程和产品定制。

简单汇作为国内领先的供应链金融科技服务平台，将大数据、云计算、区块链、人工智能等新兴技术应用到供应链金融领域，探索新的服务体系、产品模式及资源配置机制，创新价值主要可以归纳为以下五点。

借助金融科技为实体产业链构建一个可靠的信用基础。以供应链中核心企业主体信用为锚点，以企业真实交易形成的债权债务关系为链接，建立了一套统一、标准的法律文本和业务制度体系，在核心企业与供应商、供应商与供应商以及企业与金融机构之间构建了一个规范、可靠的信用基础。

借助金融科技解决了供应链金融生态中信息不对称难题。通过对企业内部采购、财务、仓储及外部工商、税务、法院等信息的整合和分析，多方校验供应链关系及交易真实性，将主体信用及交易信用信息高效地传递给金融机构，并将金融要素信息及时地反馈给供应链中的企业，有效地破除了核心企业与供应商、供应商与金融机构之间的信息不对称。

借助金融科技提供要素流转轨迹，帮助金融精确灌溉实体。应收账款电子债权凭证、供应链票据等产品和技术创新，能够准确地为金融机构展示供应链中的要素流转轨迹，使得金融服务能够有效地触达供应链末端，金融资源也能够精确地投放到中小企业。

借助金融科技有效显示企业实际需求，提高资源配置效率。无论是应收账款电子债权凭证，还是供应链票据，都支持企业便捷地按照实际需求进行支付和融资，不但能够帮助企业降低实际的财务成本，更重要的是减少了整个供应链生态中的金融资源浪费，提高了总体的资源配置效率。

借助金融科技降低了金融服务成本，惠及供应链中小企业。从贷前审查，到贷中业务办理，再到贷后管理，整个供应链金融服务通过供应链金融科技平台搭建的各类业务系统全线上、智能化完成，不但提升了企业的用户体验，更重要的是极大地降低了金融机构的服务成本，为其开辟了小微金融、普惠金融的有效途径。

五、项目运营情况及项目过程管理

简单汇为供应链金融科技公司，主要产品分为强信用、强数据两大类，全面覆盖产业链上下游，提供公有云、SaaS 模式和私有化部署等灵活机动模式，全场景切入加速供应链资金流转效率，提升产业链价值。

（一）平台三类功能和服务

1. 基础功能

平台基础功能包括核心企业及其成员企业的开单、加保和对账结算功能，1—N 级供应商的注册认证、转单、融单等功能。

2. 增值服务

增值服务包括对不同资质供应商的应收质押开单、授信开单功能，对持牌金融机构开放出资功能，对核心企业开放现金折扣动态管理功能。为企业提供中登网批量查询与登记的功能。

3. 延伸体系

当平台发展到较大规模时，将搭建大数据服务体系，为平台中小企业用户塑造商业信用，为企业投融资和政府相关决策提供有力帮助。

（二）业务辐射范围

简单汇成立的初心是"以融促产、以融促销"，帮助解决 TCL 产业链上下游企业融资难和融资贵问题，2015 年落地首笔"金单"（应收账款电子债权凭证），并于当年获得国信办区块链备案，2017 年，我们把服务 TCL 集团产业链企业的成功经验复制并应用于外部市场，以服务实体企业的供应链上下游为使命，帮助他们降本增效。

简单汇业务是全国展业，总部设立于广州，在广东、江苏、山东等 20 个省市设立分部，客户涵盖电子制造、化工、基建、制药、汽车、农业等多个行业。目前，TCL 集团体系外客户融资占比 70%，从根本上解决各链属企业融资难、融资贵的问题。

（三）科学管理机制

简单汇为自建平台，底层采用微服务架构。综合运用互联网、云计算、大数据和 OCR 技术等科技手段，提高平台的安全和效率。包括服务器异地储备，CFCA 电子签章、数据证书、时间戳等的使用，与工商系统自动校验，人脸识别等技术，实现企业实名认证。通过与税务自动校验等技术对贸易背景进行核验。

1. 主营业务流程的规范程度

简单汇作为国内领先的供应链金融科技公司，我们一直通过科技手段赋能供应链金融，通过无纸化、线上化、自动化、智能化，不断优化供应链金融产品。目前，围绕着供应链金融服务，我们已经推出了覆盖应付、应收、电子债权凭证、供应链票据、保理、跨境电子债权凭证、微贷、ABS 等业务或场景的线上软件系统。支持标准化和可配置定制化的作业流程，在登录、资产转让、合同签署、凭证签发签收、票据签发签收、审核复核等环节，通过短信验证、人脸识别、电子签章、UKey、发票验真、敏感数据加密等技术手段，规范操作，有效防范操作风险。除了信息系统的建设，内部还建立了相应的规章制度和管理办法，还获得了国际国内的标准组织证书，如信息系统安全等级保护三级、CMMI3 证书、信息安全管理体系认证证书（ISO27001）、质量管理体系认证证书（ISO9001）、管理体系认证证书（ISO27701），2 项已授权专利及 33 项软著。

2. 数字化人才管理体系建立

简单汇注重数字化人才的引进，校园招聘定向招募 985/211/"双一流"院校的信息化背景人才，并纳入"雏鹰体系"定向培养，该类人才引入比例不低于产研总人数的10%。

简单汇拥有数字化人才专业晋升的体系，公司每年开展产品任职资格、研发任职资格答辩及评审，为优秀人才的晋升提供畅通渠道，保障内部人才梯队的养成。

简单汇近 300 人的团队中，研发人员占比 28%，注重研发的投入，保证系统的稳定与持续迭代更新。

简单汇为数字化人才提供专业的培训体系，每年公司将进行"项目管理""数字化运营"等的定向专项课程培训，稳步提升人员素质能力。

3. 完善的制度体系

简单汇平台制度完善，按照法律法规、平台产品、平台服务等，建立全面的相关管理办法。

在公司内部建立了敏捷型信息系统研发管理流程，通过持续迭代持续交付，实现产品快速上线。在过程中，建立了开发自测、单元测试、冒烟测试、功能测试、回归测试、自动化测试、压力测试、生产验证等环节，确保系统上线质量。

针对平台各业务产品，建立有《简单汇金单业务管理办法》《简单汇供应链票据业务管理办法》《简单汇平台贸易背景资料审核管理办法》等管理办法，在职责分工、平台用户注册认证、贸易背景审核、业务开展、异常管理等方面规范平台各产品业务开展。

针对平台各项综合服务，建立有《简单汇风险类模型管理办法》《简单汇面签管理办法》《简单汇平台限制性措施操作管理办法》等管理办法，在管理机制、操作规程、特殊情况处理、归档指引等引入标准化平台服务，管控操作风险。

六、项目成效

简单汇秉承普惠金融的初心，已在广东、江苏、山东等 20 个省市设立分部，截至 2022 年 10 月底，已有 664 家核心企业入驻，平台注册客户 33443 家，企业注册方面，中小微企业占比超过 90%。助力中小微企业获得融资 1526 亿元，平均融资利率 4.68%。以"金融+科技+产业"的组合方式，创新供应链业务模式，进而改变中小企业融资模式。通过专注解决中小企业融资过程中的困难，持续提供优质、高效的融资服务，降低中小企业融资成本。为推动资金提供方由"看企业"变为"看业务"，平台将无固定形式的应收账款标准化，形成线上标准凭证"金单"，盘活企业应收账款资源，有效解决了中小企业在传统信贷业务中，由于自身资信无法获得融资的问题。获得了 2020—2021 中国供应链金融领域优秀案例奖、2021 数字普惠金融创新示范案例及 2022 年度"科创中国"中国数字普惠金融创新成果奖等奖项，受到了行业内的高度认可。简单汇服务涵盖电子制造、化工、基建、制药、汽车、农业等多个行业，综合成本平均年化约 4.68%。根据中国社会平均融资成本 7.6% 作为参照标准，截至 2022 年 10 月底，平台累计为中小微企业节省融资成本近 7 亿元，在破题小微企业融资难、稳固凝聚产业链、在经济下行压力下促进实体抱团取暖方面发挥了独到的优势和作用。

（一）项目经济效益：企业减负成效显著

简单汇创新通过供应链业务模式，改变了中小企业融资模式通过供应链金融方式，推动资金提供方由"看企业"变为"看业务"，将无固定形式的应收账款标准化，形成线上标准凭证——"金单"，盘活了企业应收账款资源，有效解决了中小企业在传统信贷业务中，由于自身资信无法获得融资的问题。

专注解决中小企业融资过程中的困难，"简单汇"通过"金单""供应链票据"的方式，实现企业根据实际需求拆分任意次数、任意金额进行融资，满足中小企业"小、频、急"的个性化资金需求，形成对现有信贷产品的良好补充。目前，平台历史平均单笔融资金额为 69 万元，最小额度仅为 100 元。这些小额、低息、便捷的金融服务，是以往这些中小微企业供应商在银行等传统金融机构中所难以享受的。

持续提供优质、高效融资服务，降低中小企业融资成本。"简单汇"平台服务还具有高效、高质的特点：从在线发起融资申请到机构放款平均时长 3—4 分钟，最短可以做到秒级放款；平均融资成本低于 5%，较社会平均融资成本低近 3 个百分点。同时，平台开放合作机构，已与进出口银行、工商银行、农业银行、光大银行等 10 余家实现系统直连对接。

（二）项目社会效益

简单汇的供应链金融服务理念与国家在扶持中小微企业，解决融资难等一系列政策不谋而合，多次主动向政府部门进行工作汇报，收获了一致好评。简单汇作为首批加入广东省"监管沙盒"试点企业，在《2021年惠州政府工作报告》《惠州市推进粤港澳大湾区建设2022年主要工作安排》《惠州市人民政府关于印发惠州市贯彻落实扎实稳住经济的一揽子政策措施实施方案的通知》中均提及推动简单汇平台供应链金融服务，提升解决链条企业融资规模，助力解决中小微企业融资难题。央视《焦点访谈》也对简单汇以供应链金融推动普惠中小微企业给出肯定。

在政府相关产融结合政策指引下，简单汇正在将品牌和模式持续向外进行宣传，越来越多的核心企业加入普惠小微、产业链增值的队伍中，对国内供应链金融探索和创新带来了十分积极的社会影响。

（三）行业贡献

一是构建立体式供应链金融服务网。产品涵盖金单/跨境金单、供应链票据、微贷、汇能云等，全场景切入加速供应链资金流转效率，提升供应链价值。

二是规范致远赋能行业。积极为监管（政府）部门提供支持，包括配合中互金基础平台建设，票交所创新试点，广东省中小融平台的运营，成为行业建标、区块链供应链金融应用建标的核心参与者。

七、项目总结

简单汇是首批加入"监管沙盒"的试点企业，从供应链场景入手，以金融科技赋能，运用大数据、人工智能、生物识别、发票采集与查验、区块链、OCR等技术，为产业链属企业提供全线上一体化的供应链金融综合解决方案。

简单汇平台具有良好的经济效益、社会效益，极具推广价值。简单汇成立于2017年，主要从事供应链金融科技业务。我们成立的初心是"以融促产、以融促销"，帮助解决TCL产业链上下游企业融资难和融资贵问题，2018年，我们的业务发展到外部市场，以服务实体企业的供应链上下游为使命，帮助上下游企业降本增效。

简单汇已成功将相关业务模式实现了复制、定制和落地，业务范围覆盖华南、华东、西北等全国20个省市，目前外部企业融资占比超70%，有效帮助核心企业进一步拓宽了资金来源渠道，极大地提升对供应链的管理效能和业务运营效率，取得了很好的社会示范效应。

八、项目展望

（一）区块链技术研发应用

一是建立区块链行业组织、制定区块链行业标准。

二是完善自身产品体系和业务流程，将供应链金融产品向应收、应付两端延伸，更好地提升平台风控水平以及客户体验。

三是基于供应链企业间长期合作衍生的大数据，运用平台先进的数据挖掘工具开展分析，打造风险可控的数据产品，为供应链上下游链条企业提供创新、高效的融资服务，不断完善产品影响力和覆盖范围，完善客户模型分析和评价体系建设，更多地获得平台用户的好评和传播。

四是参与相关行业标准的制定，包括监管统一平台的建设，以及加入官方背景的公信力平台进行信息交互。

五是将工业 4.0、商业 4.0、农业 4.0 有机结合起来，实现产业之间的跨界与融合，以搭建跨条线、跨部门、跨区域的，与政府、企业、行业协会等广结联盟、物联网和互联网相融合的金融生态平台。

（二）供应链金融创新推广

一是推动辖区支柱产业与重要领域的供应链金融创新，充分发挥供应链金融创新服务实体、普惠小微，促进产业协同健康发展，打造供应链金融示范样本，支持地方经济高质量发展和产业转型升级。

二是通过形式多样的供应链金融产品，为供应链中小微企业提供可持续、低成本的供应链金融服务。

三是携手银行、券商等金融机构，构建资金渠道来源丰富的供应链金融生态，依托供应链金融 ABS、以供应链票据为基础资产的标准化票据发行，为实体产业注入丰富、优惠的公开市场资金。

苏州新建元和融科技

供应链信用金融服务平台

一、背景及目标

2021年12月29日，国务院办公厅发布了《关于印发加强信用信息共享应用促进中小微企业融资实施方案的通知》（国办发〔2021〕52号文），进一步拓宽了可共享信用信息的范围覆盖，为促进中小微企业融资、解决信息不对称难题发力。

2022年3月29日，中共中央办公厅、国务院办公厅印发了《关于推进社会信用体系建设高质量发展促进形成新发展格局的意见》，要求扎实推进信用理念、信用制度、信用手段与国民经济体系各方面各环节深度融合，并提出了具体工作部署。

2022年7月16日，江苏省政府办公厅发布了《关于印发江苏省加强信用信息共享应用　促进中小微企业融资若干措施的通知》（苏政办发〔2022〕59号文），明确提出要有效破解银企信息不对称，提升金融机构、地方金融组织服务中小微企业融资效率。

从国家、江苏省政策层面均明确提出要求加强信用信息共享机制，打破银企信息不对称，提升以信用信息为基础的信用贷款比重。

供应链信用金融服务平台的推出，主要为实现以下目标。

一是为中小微企业提供多渠道多层次金融服务。平台基于信用信息和共享机制，为小微企业和个体工商户建立企业—平台—金融机构的资金合作，有效拓宽中小微企业和个体工商户融资渠道。

二是信用穿透助力供应链上下游企业融资授信。以供应链核心企业为基础，实现供应链上下游企业信用穿透，管理上下游中小微企业资金流、物流和信息流，将单个企业不可控风险转变为供应链企业整体可控风险，降低企业金融风险。

三是解决银企信息不对称问题。一方面在线上及时发布完整的资金供需信息，另一方面在线下对中小微企业做尽职调查及信用评估，依托供应链提供信用担保等风险保障措施，提高信贷撮合成功率。

四是推动中小微企业信用体系建设。依托政府信用信息数据共享、金融机构征信信息及企业自主上报信息，完善中小微企业信用模型，为企业提供更为精准的用户画像，提高企业供应链授信水平。

二、方案描述

（一）业务方案

供应链信用金融服务平台主要依托核心企业的商业信用和供应链管理两个抓手，对供应链核心企业及其上下游链属企业提供金融服务。主要是融资、支付、增信、现金管理和理财。

供应链信用金融服务平台主要依托以下"四要素"：商流（市场）、物流（市场）、资金流（金融机构）、信息流（政府）。

供应链信用金融服务平台主要服务对象包括3种。

1. 具有对行业规划、产业引导、业务管理等需求的政府部门

包括：工业和信息化局（生物医药产业、智能制造、电子信息产业、工业互联网等）、发展和改革委（高新技术、"双碳"经济、服务业等）、商务局（电子商务、预付费监管等）、文化和旅游局（文化产业、旅游产业等）、体育局（体育产业、体育彩票等）、民政局（养老产业、殡葬产业、福利彩票等）、住建局（房地产业）。

2. 掌控资金来源、信贷模式及贷款利率的各类金融机构

包括：各地金融管理局、国有五大行及其各地分支机构、股份制银行及其分支机构、区域性银行及其分支机构、地方性银行、城商行、农商行、保险机

构、保理机构等。

3. 对资金有迫切需要的实体企业及其上下游产业链企业

包括：国央企及其下属子公司、地方国企企业及其下属子公司、大中型民营企业及其下属子公司、大中型外资企业及其下属子公司，依附于上述企业供应链上下游相关的中小微企业、个体工商户等。

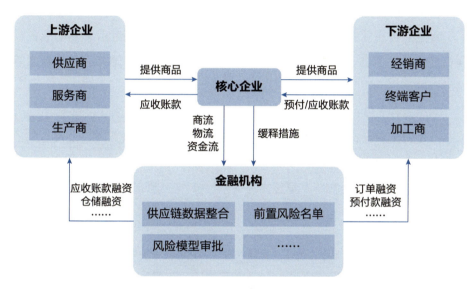

图 1　供应链信用金融服务平台业务流程图

（二）技术方案

1. 技术架构简介

基于 B/S 体系结构的应用软件系统正广泛地在世界各地应用，已经成为当前和未来一段时期内企业信息系统开发的潮流。供应链信用金融服务平台完全支持 B/S 体系结构，B/S 体系结构为构造企业信息化平台系统提供了可靠的技术和方法。

供应链信用金融服务平台的实现采用的是纯 B/S 技术架构，基于 J2EE 技术体系研发，是一套基于 web、可分布式的应用平台，主要特点有：

一是采用组件化设计思想，各模块组件可独立运行，按需分布部署，提高整体灵活性。

二是信息安全层面，系统采用了RBAC权限控制模型，加入独立权限审计模块，记录所有系统操作，按需调用。

三是集成成熟的开源产品，降低开发成本，提高系统可用性。

四是平台由多个模组构成。

五是存储引擎：负责结构化数据（业务数据、报表等）和非结构化数据（合同、材料、图片等）的存储、检索及备份。

六是业务引擎：负责提供具体、专项的业务功能，通过引擎驱动业务流程，完成相关事务、单据、信息流转，同时提供相关信息通知、文档检索等辅助功能。

七是业务支撑：按照既定业务流程逻辑，为最终用户提供各项业务功能。

八是安全审计：对用户权限、访问等进行管理、记录及跟踪，发现、防范恶意信息数据获取行为。

九是系统界面：为用户、第三方提供系统操作、访问界面及接口。

2. 核心技术一览

表1　供应链信用金融服务平台核心技术一览表

一级分类	二级分类	名称	开发语言	语言版本	框架
Web H5	Javascript	VUE			
	CSS	Element ui			
	Html	VUE			
后台服务	应用	微服务框架	java	1.8	Spring Cloud
		微服务			Spring Boot
		服务熔断			hystrix
	应用网关		java	1.8	Spring Cloud Gateway
	注册中心	nacos			
	负载均衡	nginx			
消息队列	接入端	RabbitMq			
	服务端	RabbitMq			

一级分类	二级分类	名称	开发语言	语言版本	框架
日志服务	采集器 Agent	actuator			spring-boot-starter-actuator
	存储	logback			logback
	检索				
关系型数据存储	数据库	Mysql			
	数据库连接框架	druid			druid-spring-boot-starter
	数据库 ORM 框架	JPA+Mybatis			spring-boot-starter-data-jpa mybatis-spring-boot-starter
缓存	接入端	Redis			
	服务端	Redis			
非结构化存储	对象存储				
	文件存储	独立文件服务应用	java	1.8	Spring Boot
人工智能	文字识别 OCR	常见 OCR 组件均支持			
	自然语言 NLP				
	知识图谱				
区块链	基础设施	Hyperledger Fabric			
	智能合约	Golang			
	用户身份管理	Fabric CA			
系统测试	单元测试	junit			
	集成测试	postman			
	安全测试				

续表

一级分类	二级分类	名称	开发语言	语言版本	框架
应用性能管理 APM	应用链路监测	nacos			
	数据库调用监测	druid			druid-spring-boot-starter
持续集成/持续部署	组件仓库	Nexus			
	代码仓库	SVN			VisualSVN Server Manager
	持续集成	Jenkins、Maven			
	持续部署				

（三）建设与实施

供应链信用金融服务平台采用"N+N+N"模式，平台拥有多家核心企业、多家资金方、多家供应商的一个综合性信用金融管理与服务平台。平台从授信角度引入增信机构，平台角色有：核心企业、资金方、供应商以及增信机构。

1.业务流程

目前，在供应链信用金融服务平台上可开展的交易主要包括：核心企业信用开立、信用转让、信用融资、信用到期管理、资金清算等业务，具体交易流程如下：

（1）元信开立

在供应链信用金融服务平台中核心企业具有开立元信的功能，额度限定在由供应链信用金融服务平台为其核定的元信额度。平台核心企业可向其上游产业链企业开具元信。平台核心企业开具的元信须基于真实的贸易背景。

（2）元信转让

持有供应链信用金融服务平台元信的主体可基于真实的交易关系向平台内其他注册企业转让元信。元信的转让支持多级流转和拆分流转。元信的转让以站内信的方式通知付款人，站内信发出即视为送达。

（3）元信融资

当持有元信的主体出现资金需求，可在平台中将其持有的元信向平台金融机构提出融资需求。发出融资需求时，融资主体须一并提交签订的交易合同及发票等资料，待金融机构进行业务的初审、复核、签约、放款制单等环节后向融资主体发放融资款。

（4）元信到期管理

元信到期后，供应链信用金融服务平台将于元信到期前分三次（7日、3日、当日）以站内信及向注册操作人员发送手机短信的方式向付款人提示付款。

（5）资金清算

供应链信用金融服务平台资金的清算可通过在相关银行开立的账户体系进行，正在试点采用数字人民币钱包体系进行。元信平台的清分指令将资金清算至供应链信用金融服务平台元信的最终持有人，完成整个供应链信用金融服务平台元信的交易，形成闭环。

平台业务的合理性和可行性从法律关系方面体现在：第一，元信对应的债权债务关系受我国法律的认可及保护；第二，元信对应的债权具有可转让性；第三，元信转让实质上是债权债务的相互抵消；第四，元信融资是合法的保理业务。

核心企业在入驻平台后，通过使用元信，为企业带来很大的价值提升：通过核心企业的信用传递惠及供应链，降低核心企业供应链整体融资成本；降低核心企业的票据开立成本；延伸产业价值，构建了核心企业专属的产业生态。同时，地方政府给予了平台企业很大的政策支持。所以目前平台的核心企业对于使用元信具备很高的积极性和配合意愿。

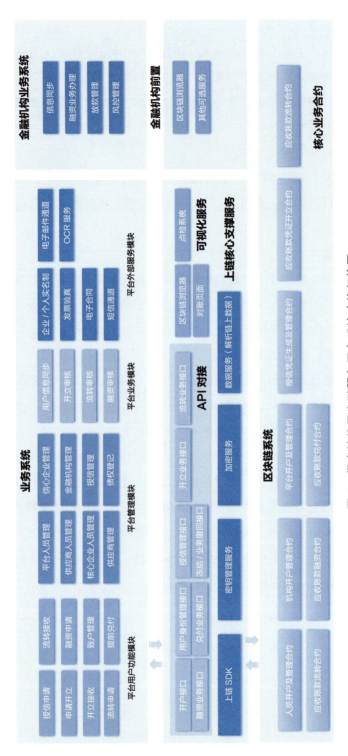

图 2　供应链信用金融服务平台系统功能架构图

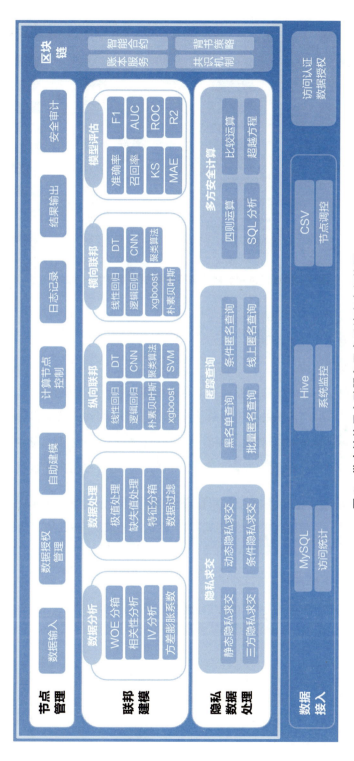

图 3　供应链信用金融服务平台系统安全架构图

图4 供应链信用金融服务平台数据模型构成（部分）

2. 业务应用与管理系统

（1）平台用户功能模块

第一，授信申请。

涉及角色：供应链核心企业、上下游中小微企业、金融机构。

功能描述：供应链核心企业及其上下游生态企业在线完成实名注册和认证后，可在线申请融资信贷额度，额度由金融机构根据企业工商、信用等情况进行核算，同步将授信额度、贷款利率呈现在前端，可被授信企业查看。

图5 授信申请功能示意图

第二，申请开立。

涉及角色：供应链核心企业、上下游中小微企业。

功能描述：供应链上下游中小微企业向核心企业申请开立授信流转凭证（一般由下游企业向上游企业申请），核心企业收到申请，确认凭证接收方基本信息、承诺付款日期、金额、开立申请审批单、发票等信息后，向上下游中小微企业开立凭证。

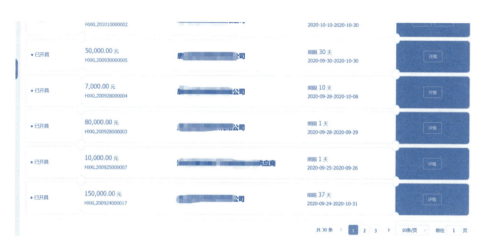

图 6　元信申请开立示意图（1）

图 7　元信申请开立示意图（2）

第三，开立接收。

涉及角色：供应链核心企业、上下游中小微企业。

功能描述：供应链核心企业完成授信凭证开立和下发动作后，在上下游中小微企业授信管理凭据接收页面将显示该条信息，中小微企业选择签收该项凭据，完成开立接收工作，授信金额纳入中小微企业授信资源池管理。

图 8　元信开立接收示意图（1）

图 9　元信开立接收示意图（2）

第四，流转申请。

涉及角色：供应链上游企业、供应链下游企业。

功能描述：供应链上游企业向供应链下游企业申请通过授信凭证（一般由供应链核心企业开立）通过转让的方式支付其应付款项，该操作涉及对授信凭证按实际支付金额进行拆分，供应链下游企业同意该方式后，进入授信凭证拆分和转让流程。

图 10　元信流转申请示意图

第五，流转接收。

涉及角色：供应链上游企业、供应链下游企业。

功能描述：供应链上游企业确认应付账款发票信息，并完成授信凭证拆分和转让动作后，在供应链下游企业授信管理凭据接收页面将显示该条信息，下游企业选择签收该项凭据，完成流转接收工作，授信金额纳入下游企业授信资源池管理。

图 11　元信流转接收示意图

第六，融资申请。

涉及角色：供应链上下游企业、金融机构。

功能描述：供应链上游企业根据自身融资需求，更新企业生产经营相关数据并上传社保缴纳证明、财务审计报告等佐证材料，明确预期融资金额和资金用途等信息，发布企业融资申请，银行等金融机构在融资需求查询页面可查看企业融资申请，可选择受理或忽略。

第七，账户管理。

涉及角色：供应链上下游企业。

功能描述：供应链上下游企业对其自身对公账户进行创建和管理，同时可以同步其上游供应商和下游采购商的对公账户信息，用于支付结算。

第八，提前兑付。

涉及角色：供应链上下游企业、金融机构。

功能描述：供应链上下游企业在持有的授信凭证到期支付日前，向该授信凭证的开据银行等金融机构申请提前兑付融资金额，经金融机构审核通过后，放款至指定账户。

图 12　账户管理示意图（1）

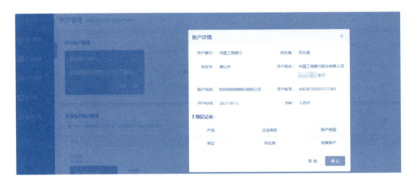

图 13　账户管理示意图（2）

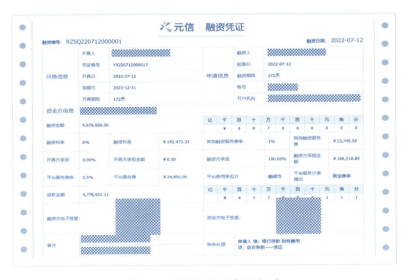

图 14　提前兑付示意图（1）

图 15 提前兑付示意图（2）

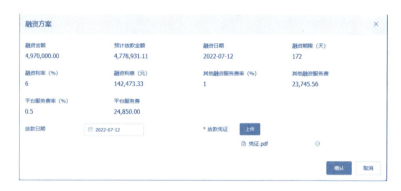

图 16 提前兑付示意图（3）

（2）平台管理模块

第一，平台人员管理。

涉及角色：平台管理人员。

主要功能：创建平台运营工作人员账号并根据人员职能分工分配角色以获得平台相应功能操作权限，同时支持平台管理人员对运营工作人员账号启用 / 停用、角色权限修改和再分配等的功能。

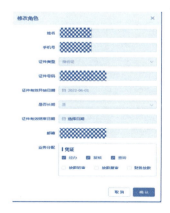

图 17 平台人员管理功能示意图

第二，供应商人员管理。

涉及角色：入驻供应商企业管理人员。

主要功能：创建供应商企业工作人员账号并根据人员职能分工分配角色以获得平台相应功能操作权限，同时支持供应商企业管理人员对工作人员账号启用／停用、角色权限修改和再分配等的功能。

图18　供应商人员管理功能示意图

第三，核心企业人员管理。

涉及角色：入驻核心企业管理人员。

主要功能：创建核心企业工作人员账号并根据人员职能分工分配角色以获得平台相应功能操作权限，同时支持核心企业管理人员对工作人员账号启用／停用、角色权限修改和再分配等的功能。

图19　核心企业人员管理功能示意图

第四，供应商管理。

涉及角色：入驻供应商企业管理人员。

主要功能：完善供应商企业工商登记信息、人员参保信息、税务缴纳信息、知识产权信息、招投标信息、水电气缴费信息、增值税发票信息、合作银行信息等。

图 20　供应商管理功能示意图

第五，核心企业管理。

涉及角色：入驻核心企业管理人员。

主要功能：完善核心企业工商登记信息、人员参保信息、税务缴纳信息、知识产权信息、招投标信息、水电气缴费信息、增值税发票信息、合作银行信息等。

图 21　核心企业管理功能示意图

第六，金融机构管理。

涉及角色：入驻金融机构管理人员。

主要功能：完善金融机构基本信息、授信信息等。

图22　金融机构管理功能示意图

第七，授信管理。

涉及角色：供应链核心企业、上下游中小微企业、金融机构。

主要功能：供应链核心企业管理其从银行、保理等金融机构获得的授信项目、授信类型、有效期限、授信额度、授信来源等信息，并支持检索授信项目历史变更记录；上下游中小微企业管理其从供应链核心企业获得的授信项目信息，并支持检索该授信项目历史变更记录；金融机构管理其分配给各家供应链核心企业的授信项目信息，并支持检索该授信项目历史变更记录。

图23　授信管理功能示意图

第八，债权登记。

涉及角色：供应链核心企业。

主要功能：基于甲乙双方真实贸易背景，供应链核心企业登记其应付账款信息，包括交易对手（一般为上下游中小微企业）单位名称、增值税发票信息、交易内容、应付金额、支付方式、承诺支付时间等。

图 24　债权登记功能示意图

（3）平台业务模块

第一，用户信息同步。

涉及角色：平台管理人员、平台运营人员。

主要功能：用于与本平台实现系统对接的其他业务平台的用户信息同步。

第二，开立审核。

涉及角色：平台管理人员、平台运营人员。

主要功能：用于供应链上下游中小微企业向核心企业申请开立授信流转凭证，对上下游中小微企业提供的凭证接收方基本信息、承诺付款日期、金额、开立申请审批单、发票等信息的合规性、完整性等进行初步审核。

第三，流转审核。

涉及角色：平台管理人员、平台运营人员。

主要功能：用于供应链上游企业向供应链下游企业申请通过授信凭证转让的方式支付其应付款项，对授信凭证拆分和转让流程的合规性、完整性等进行初步审核。

第四，融资审核。

涉及角色：平台管理人员、平台运营人员。

主要功能：用于供应链上游企业根据自身融资需求发布企业融资申请，对其提供的企业生产经营相关数据、社保缴纳证明、财务审计报告等佐证材料，以及预期融资金额和资金用途等信息的合规性、完整性等进行初步审核。

（4）平台外部服务模块

第一，企业/个人实名制。

主要功能：企业提供基本信息后，选择平台支持的实名认证方式实现企业实名认证，企业实名认证方式包括企业法人微信扫码认证、企业法人人脸识别认证或者企业对公打款认证等。

图 25　企业实名认证示意图

图 26　个人实名认证示意图

用户提供基本信息后，选择平台支持的实名认证方式完成个人实名认证，个人实名认证方式包括微信实名认证、支付宝实名认证等方式。

第二，发票验真。

涉及角色：供应链核心企业、上下游中小微企业。

主要功能：企业填写发票基本信息及上传电子版发票附件后，通过发票验真功能验证发票的真实性，该功能通过对接国家税务平台接口实现发票真实性在线审核。

图 27　发票验真功能示意图

第三，电子合同。

涉及角色：供应链核心企业、上下游中小微企业。

主要功能：企业填写合同基本信息包括甲方信息、乙方信息、采购内容、交付时间、验收要求、付款节点等；上传电子版合同附件后，实现对合同的电子化管理，支持按照合同名称搜索以及模糊查询。

第四，短信通道。

涉及角色：平台管理人员、平台运营人员、供应链核心企业、上下游中小微企业、金融机构。

主要功能：用于在授信申请、申请开立、开立接收、流转申请、流转接收、融资申请等关键审批环节和审批结果，通过短信的方式，发送给相关企业和机构负责人。

第五，电子邮件通道。

涉及角色：平台管理人员、平台运营人员、供应链核心企业、上下游中小微企业、金融机构。

主要功能：用于在授信申请、申请开立、开立接收、流转申请、流转接收、融资申请等关键审批环节和审批结果，通过电子邮件的方式，发送给相关企业和机构负责人。

第六，OCR 服务。

涉及角色：供应链核心企业、上下游中小微企业。

主要功能：对接第三方 OCR 识别工具，用于对企业提供的相关纸质材料、扫描件和图片、PDF、OFD 文档等进行电子化内容识别、提取和存储。

3. 业务支撑系统

（1）API 对接

第一，开户接口。主要功能：提供开户接口调用服务。

接口地址：http://apis.scmfintech.cn/establish/index
返回格式：json/xml
请求方式：get
请求示例：
http://apis.scmfintech.cn/establish/index?key==KEY& companyname =

请求参数说明

名称	必填	类型	说明
companyname	Y	string	开户企业名称
dtype	Y	string	返回数据格式：json 或 xml，默认 json
key	Y	string	在个人中心->我的数据，接口名称上方查看

返回参数说明

名称	类型	说明
error_code	int	返回码
reason	string	返回说明
Data	-	返回结果集
accountno	string	账户名称
passwordno	String	账户初始密码
accounttype	String	账户类型
validity	string	账户有效期

图 28　开户接口文档（部分）示意图

第二，用户身份管理接口。主要功能：提供用户身份管理接口调用服务（以查询服务为例）。

接口地址：http://apis.scmfintech.cn/usridentity/index
返回格式：json/xml
请求方式：get
请求示例：
http://apis.scmfintech.cn/usridentity/index?key==KEY& usrno =

请求参数说明

名称	必填	类型	说明
usrno	Y	string	用户身份识别码
dtype	Y	string	返回数据格式：json 或 xml，默认 json
key	Y	string	在个人中心->我的数据，接口名称上方查看

返回参数说明

名称	类型	说明
error_code	int	返回码
reason	string	返回说明
Data	-	返回结果集
usrinfo	string	用户基本信息
usrrole	string	用户角色信息
usridentity	string	用户权限信息

图 29　用户身份管理接口文档（部分）示意图

第三，授信管理接口。主要功能：提供授信管理接口调用服务（以查询服务为例）。

接口地址：http://apis.scmfintech.cn/credit/index
返回格式：json/xml
请求方式：get
请求示例：
http://apis.scmfintech.cn/credit/index?key==KEY& usrno =

请求参数说明

名称	必填	类型	说明
usrno	Y	string	用户身份识别码
dtype	Y	string	返回数据格式：json 或 xml，默认 json
key	Y	string	在个人中心-->我的数据,接口名称上方查看

返回参数说明

名称	类型	说明
error_code	int	返回码
reason	string	返回说明
Data	-	返回结果集
usrinfo	string	用户基本信息
creditno	string	用户授信编码
credittype	string	用户授信类型
creditquota	string	用户授信额度
creditvali	string	用户授信有效期
creditsource	string	用户授信来源

图 30　授信管理接口文档（部分）示意图

第四，开立业务接口。主要功能：提供业务开立接口调用服务。

接口地址：http://apis.scmfintech.cn/open/index
返回格式：json/xml
请求方式：get
请求示例：
http://apis.scmfintech.cn/open/index?key==KEY&usrno=USENO&service=SERVICE&objectno=

请求参数说明

名称	必填	类型	说明
usrno	Y	string	用户身份识别码
service	Y	string	开立业务编号
objectno	Y	string	开立业务对象识别码
dtype	Y	string	返回数据格式：json 或 xml，默认 json
key	Y	string	在个人中心-->我的数据,接口名称上方查看

返回参数说明

名称	类型	说明
error_code	int	返回码
reason	string	返回说明
Data	-	返回结果集
result	string	业务办理成功?失败

图 31　开立业务接口文档（部分）示意图

第五，流转业务接口。主要功能：提供业务流转接口调用服务。

接口地址：http://apis.scmfintech.cn/workflow/index
返回格式：json/xml
请求方式：get
请求示例：
http://apis.scmfintech.cn/workflow/index?key==KEY&usrno=USENO&service=S
ERVICE&objectno=

请求参数说明

名称	必填	类型	说明
usrno	Y	string	用户身份识别码
service	Y	string	流转业务编号
objectno	Y	string	业务流转对象识别码
dtype	Y	string	返回数据格式：json 或 xml，默认 json
key	Y	string	在个人中心->我的数据，接口名称上方查看

返回参数说明

名称	类型	说明
error_code	int	返回码
reason	string	返回说明
Data	-	返回结果集
result	string	业务流转成功?失败

图 32　流转业务接口文档（部分）示意图

第六，融资业务接口。主要功能：提供融资业务接口调用服务。

接口地址：http://apis.scmfintech.cn/ finance/index
返回格式：json/xml
请求方式：get
请求示例：
http://apis.scmfintech.cn/finance/index?key==KEY&usrno=USENO&objectno=O
BJECT&amount=AMOUNT&evidence=

请求参数说明

名称	必填	类型	说明
usrno	Y	string	用户身份识别码
objectno	Y	string	融资对象（金融机构）识别码
amount	Y	string	融资金额
evidence	Y	string	融资凭据信息
dtype	Y	string	返回数据格式：json 或 xml，默认 json
key	Y	string	在个人中心->我的数据，接口名称上方查看

返回参数说明

名称	类型	说明
error_code	int	返回码
reason	string	返回说明
Data	-	返回结果集
result	string	融资成功?失败

图 33　融资业务接口文档（部分）示意图

第七，兑付业务接口。主要功能：提供兑付业务接口调用服务。

```
接口地址：http://apis.scmfintech.cn/cash/index
返回格式：json/xml
请求方式：get
请求示例：
http://apis.scmfintech.cn/cash/index?key==KEY&usrno=USENO&objectno=OBJE
CT&amount=AMOUNT
```

请求参数说明

名称	必填	类型	说明
usrno	Y	string	用户身份识别码
objectno	Y	string	兑付对象识别码
amount	Y	string	兑付金额
dtype	Y	string	返回数据格式：json 或 xml,默认 json
key	Y	string	在个人中心->我的数据,接口名称上方查看

返回参数说明

名称	类型	说明
error_code	int	返回码
reason	string	返回说明
Data	-	返回结果集
result	string	兑付成功?失败

图 34　兑付业务接口文档（部分）示意图

第八，业务冻结/撤回接口。主要功能：提供业务冻结/撤回接口调用服务。

```
接口地址：http://apis.scmfintech.cn/recall/index
返回格式：json/xml
请求方式：get
请求示例：
http://apis.scmfintech.cn/recall/index?key==KEY&usrno=USENO&service=
```

请求参数说明

名称	必填	类型	说明
usrno	Y	string	用户身份识别码
service	Y	string	冻结/撤回业务编号
dtype	Y	string	返回数据格式：json 或 xml,默认 json
key	Y	string	在个人中心->我的数据,接口名称上方查看

返回参数说明

名称	类型	说明
error_code	int	返回码
reason	string	返回说明
Data	-	返回结果集
result	string	冻结/撤回成功?失败

图 35　业务冻结/撤回接口文档（部分）示意图

（2）上链核心支撑服务

第一，上链 SDK。

提供上链 SDK，包括上链条软件包、软件框架、硬件平台、操作系统等，建立应用软件时的开发工具的集合。

第二，密钥管理服务。

提供一站式密钥管理和数据加密服务平台，提供简单、可靠、安全、合规的数据加密保护能力。包括：①密钥服务，提供密钥的全托管和保护，支持基于云原生接口的极简数据加密和数字签名。②凭据管家，为凭据提供托管加密、定期轮转、安全分发、中心化管理的能力，降低传统 IT 设施配置静态凭据带来的安全风险。③证书管家，提供高可用、高安全的密钥和证书托管能力，以及签名验签能力。

第三，加密服务。

加密服务帮助用户满足数据安全方面的合规要求，保护业务数据的隐私性要求。借助加密服务，用户能够对密钥进行安全可靠的管理，也能使用多种加密算法对数据进行可靠的加解密运算。加密服务可执行如下密码计算：生成、存储、导入、导出和管理加密密钥，包括对称密钥对和非对称密钥对；使用对称和非对称算法加密和解密数据；使用哈希函数计算消息摘要和基于哈希的消息身份验证代码（HMAC）；对数据进行数字签名和验证签名；生成安全随机数据。

第四，数据服务（解析链上数据）。

区块链数据服务将区块链的链式、非结构化数据通过技术手段进行结构化存储，实时同步到高性能数据仓库中。用户可以通过区块链数据查询工具，实现简单的条件查询和复杂的 SQL 查询。

（3）可视化服务

第一，区块链浏览器。

链上数据可视化的主要窗口。记录和统计不同供应链金融区块链网络的每个区块、每笔交易以及地址等信息。提供链上数据追溯、分析功能，以及区块链基础数据查询、区块链地址标签库、区块链地址画像等功能。

第二，对账页面。

提供自动对账功能，即系统根据用户设置的对账条件进行逐笔检查，对达到对账标准的记录进行勾对，未勾对的即为未达账项。进行自动对账的条件一般包括业务发生的日期、结算式、结算票号、发生金额相同等。其中，发生金额相同是对账的基本条件，对于其他条件，用户可以根据需要自定义选择。

4. 核心业务合约体系

第一，人员开户及管理合约。

以 Solidity 语言编写，这个合约主要实现通过提供人员基本信息实现账号开设和允许授权用户对账户信息进行管理。

第二，机构开户及管理合约。

以 Solidity 语言编写，这个合约主要实现通过提供银行、保理、保险等金融机构基本信息实现机构账号开设和允许授权机构管理用户对机构账户信息进行管理。

第三，平台开户及管理合约。

以 Solidity 语言编写，这个合约主要实现通过提供平台管理人员和运营人员基本信息实现账号开设和允许授权用户对账户信息进行管理。

第四，授信凭证生成及管理合约。

以 Solidity 语言编写，这个合约主要实现通过提供授信接收方、授信额度、授信提供方等信息实现授信凭证开立和允许授权用户对授信凭证进行接收或拒绝等管理工作。

第五，应收账款凭证开立合约。

以 Solidity 语言编写，这个合约主要实现通过提供应收账款凭证接收方、承诺付款日期、金额、开立申请审批单、发票等信息实现授信凭证开立和允许授权用户对应收账款凭证进行接收或拒绝等管理工作。

第六，应收账款流转合约。

以 Solidity 语言编写，这个合约主要实现通过提供应收账款转让方、应收账款接收方、转让金额、转让方式信息实现债权转让和允许授权用户对应收账款流转申请进行接收或拒绝等管理工作。

第七，应收账款融资合约。

以 Solidity 语言编写，这个合约主要实现通过提供应收账款融资方、应收账款凭据、资金提供方、融资金额等信息完成融资。

第八，应收账款兑付合约。

以 Solidity 语言编写，这个合约主要实现通过提供应收账款凭据持有方、应收账款凭据、资金提供方、兑付金额信息完成资金兑付。

5. 金融机构业务管理系统

（1）信息同步

功能描述：用于实现与本平台对接的其他金融机构业务办理系统的信息同步。内容包括核心企业授信信息、授信开立、流转与接收信息、融资申请信息、放贷信息、还款信息、逾期信息等。

（2）融资业务办理

功能描述：金融机构收到供应链中小微企业融资申请后，对融资申请信息进行初审与复审。

图 36　融资业务办理功能示意图（1）

图 37　融资业务办理功能示意图（2）

（3）放款管理

功能描述：对符合融资条件的企业进行在线放款，并将结果信息同步至本平台。

图 38　放款管理功能示意图（1）

图 39　放款管理功能示意图（2）

（4）风控管理

功能描述：金融机构利用本平台数据对企业进行融资风险评估模型构建，对企业贷前、贷中、贷后风险进行预警与结果管理。

6. 金融机构前置功能

（1）区块链浏览器

链上数据可视化的主要窗口。记录和统计不同供应链金融区块链网络的每个区块、每笔交易以及地址等信息。提供链上数据追溯、分析功能，以及区块链基础数据查询、区块链地址标签库、区块链地址画像等功能。

（2）其他可选服务

包括金融产品上架服务，金融科技产品上架服务，金融科技产品定价服务，产品申请、调用统计服务，产品运行情况监测服务等。

三、技术或业务创新点

供应链信用金融服务平台采用以"N+N+N"模式，平台拥有多家核心企业、多家资金方、多家供应商的一个综合性信用金融管理与服务平台。平台从授信角度引入增信机构，平台角色共计有：核心企业、资金方、供应商以及增信机构。

目前，在供应链信用金融服务平台上可开展的交易主要包括：核心企业信用开立、信用转让、信用融资、信用到期管理、资金清算等业务，具体交易流程如前文详述。

四、应用与成效

供应链信用金融服务平台自 2022 年 8 月正式上线运行至今，整体平台运行稳定、业务流程清晰、社会效益明显、经济效益突出，具有非常好的发展前景。具体表现在四个方面。

（一）为中小微企业提供多层级金融信贷服务，有效缓解融资难、融资贵等问题

通过建设统一的融资信用服务平台，为地方金融管理部门、地方信用部门提供一个更为精准、便捷、高效的融资服务平台。以供应链核心企业作为授信主体，通过融资授信转移形式为产业链上下游企业提供低息、无抵押贷款，有效降低中小微企业融资成本，缓解贷款难问题，有效保障了整合产业链上下游企业和核心企业资源，构建良性生态合作伙伴关系，促进产业链发展。

供应链信用金融服务平台自上线以来，累计与 30 家金融服务机构签订合作协议，已上线金融服务机构 15 家，累计接入产业链核心企业 12 家，累计授信总额达 5.5 亿元，为 18 家上下游中小微企业累计提供授信总额 3.8 亿元，完成贷款发放 2.65 亿元，为小微企业发布信用融资需求 2.2 亿元。

（二）构建统一线上线下服务载体，有效打破银企信息不对称、渠道不畅通问题

供应链信用金融服务平台的推出，有效解决了供应链上下游企业尤其是中小微企业找不到利率低、贷款周期长、放款快、无抵押等各项优质要素集聚的信贷产品，也为各大金融机构提供了一个透明、高效、低成本、具有一定公信力的线上线下一体化服务载体，降低银行拓客、背调的门槛和成本，将更多优惠让利于企业，从而进一步降低中小微企业融资信贷利率，促进实体经济发展。

（三）通过信用大数据叠加产业链大数据应用，构建并强化以信用为核心的融资贷款模式

供应链信用金融服务平台整合接入政府信用信息数据、金融机构征信数

据、企业自主上报数据以及市场调研数据等多维度数据，能有效刻画中小微企业、核心企业生产经营状况和还款能力，通过放大政府部门信用数据的优势，变传统抵押贷款模式为信用贷款，进一步降低中小微企业融资门槛，提高融资信贷水平。

（四）探索产业链上下游企业批量授信模式，为产业链经济发展注入强心剂

供应链信用金融服务平台在产业园区、商业综合体等具有集聚性产业的载体，以产业园管理委员会、商业综合体运营管理公司等作为核心，为产业园区内企业、商业综合体内商户批量、集中授信，通过形成合力降低企业授信门槛、降低金融机构获客门槛，提高信贷通过率。

五、未来发展

供应链信用金融服务平台正是在宏观经济增速放缓、流动性趋于短缺、小微企业融资难问题突出这样的大环境下应运而生，通过简化融资贷款流程、提高信贷流转效率、降低金融机构获客门槛、与金融机构共同定制特定的信贷产品等举措，为核心企业和产业链上下游企业提供低利率、免质押、快放款、长周期的融资信贷产品。

供应链信用金融服务平台是一款一站式信贷 SaaS 服务平台，能为金融服务机构、其他城市级信贷平台提供能力输出，提供获客、数据、标准等的一体化解决方案。平台自身也可以与各类金融机构合作，针对特定行业、产业定制差异化信贷产品，为核心企业和产业链上下游企业提供精准匹配，服务实体经济，破除企业融资难、融资贵问题。

下一步，公司将以核心企业和产业链上下游企业为核心产品，在江苏省内乃至全国进行推广，重点聚焦二线及以下城市，与当地区域性银行及其分支机构、地方性银行、城商行、农商行、保险机构、保理机构等开展全面合作，为当地核心企业和产业链上下游企业提供融资信贷服务，为当地金融机构提供线上获客载体，公司赚取营销分佣。

此外，还计划将供应链信用金融服务平台打包成成熟产品对外复制推广，以共同开发、共同运营、批量获客、息差分成等形式开展合作，也可以由当地金融机构或合作伙伴一次性买断，公司收入产品销售及后期技术维护服务费用。

华炫鼎盛

阳光产融平台液化天然气集采场景金融服务

一、背景及目标

（一）项目背景

近十几年，我国天然气进口量不断提升，2015年我国天然气对外依存度开始超过30%，2018年达到42.8%，2019年和2020年分别下降为42.5%和41.8%，但是2021年的对外依存度为44.9%，创历史新高。按进口量计算，我国从2018年起成为世界第一大天然气（NG，Natural Gas）进口国，2021年我国反超日本、跃居世界第一大液化天然气（LNG，Liquefied Natural Gas）进口国。

液化天然气的进口方式主要通过海运，掌控进口气源的"两桶油"对国内购气企业的采购条件较高，因此液化天然气集采商必须通过垫资来购气。由于购气数量大，集采商资质有限，银行往往不愿意提供融资，因此集采商必须接受高额利息向民间借贷市场融资，融资难、融资贵问题，明显阻碍了市场发展。

近年来，在国家鼓励金融支持中小企业的政策助推下，金融机构也有意向对液化天然气产业提供供应链金融服务，但是这个产业的终端买方是中小企业，并非核心企业，导致基于核心企业确权的应收账款融资模式得不到金融机构的认可。供应端虽然是"两桶油"作为最上游的供应商，但"两桶油"并不会为向其购气的采购商担保或是背书。基于这两个原因，供应链金融很难在这个采购场景中落地。

2020年12月22日，为深入推动《"工业互联网＋安全生产"行动计划（2021—2023年）》（以下简称《行动计划》）文件落实，率先开启石化行业试点示范工作，为基于数据增信的天然气场景金融融资奠定基础。"工业互联网＋安全生产"试点任务，重点开展四项工作：一是加强新型基础设施建设，着力夯实工业互联网基础，构建开放、共享、共创的工业互联网生态，提高能源行业智能制造水平。二是加强新型能力建设，着力提升安全生产智能化水平，积极应用面向石油石化领域的新型安全智能传感器、测量仪器及边缘计算设备，持续提升数据采集能力、风险预警能力、大数据分析能力。三是加强试点应用，以典型装置和典型环节为切入点，培育并打造具有国际先进水平的石油石化行业安全生产示范标杆企业，进一步提升企业安全水平。四是加强开放合作，着力打造工业互联网和安全生产协同发展新格局，与学术界、产业界开展更广泛、全方位的合作，推动试点工作顺利实施，形成石油石化行业工业互联网和安全生产协同推进的发展格局。

华炫鼎盛在建设并上线工信部"国家产融合作平台"后，为支持国家能源结构转型调整、加大清洁能源的使用，同时投身工业互联网在金融的应用与落地，与液化天然气的集采商合作，为解决其垫资困境同时破解供应链金融落地的难题，创新地打造了液化天然气集采的场景金融模式，可以在整个产业链上没有金融机构认可的核心企业情况下提供切实可靠的风控手段，最终获得合作银行的放贷支持。本项目已验证可行。

（二）项目目标

由于液化天然气的核心企业是"两桶油"，其扮演供应商的角色，不会为集采商以及终端企业（用气企业）、次终端企业（服务于用气企业的企业）进行确权或担保，因此本项目目的是设计一套严密的场景金融模式，通过工业互联网读取液化天然气运输轨迹数据、读取储气罐液位传感器的液位数据、气表等工业数据，形成液化天气采购、运输、控货、供气企业应收账款等业务闭环的验证，让银行基于企业的真实采购订单，为购气方提供利率较低的贷款，从而解决其垫资的问题，加速国内液化天然气的流通与产业的发展。并以此为试点，探索汇聚各级各类能源数据，以数据要素促进信用贷款支持实体经济的产融合作模式，并以数字技术为驱动力使能源革命与数字革命深度融合，助力"双碳"目标下的可持续发展。最终探索构建系统直连、算法自建、模型优选、智能对接、资金直达的平台生态，推动金融资源精准对接企业融资需求，提高平台服务质效，抢抓能源数智化发展的重大战略机遇。

二、项目方案

（一）业务方案

本项目依托华炫鼎盛于青岛建设并运营的"阳光产融平台"，作为基于工业互联网金融应用的创新服务模式。

1. 阳光产融平台简介

阳光产融平台是支撑青岛全域产融合作的公共服务平台，是将工业互联网产业数据在金融领域可视化应用的一种服务，协助工业互联网产业更好地获得金融的支持。阳光产融平台通过汇集工业互联网各个节点的企业交易、生产、运营大数据，并加以汇整、分析、增值，来描绘企业真实的生产与经营活动，协助金融机构获得这类工业互联网生态的交易证实，让金融机构通过创新型的、无抵押的模式为企业提供融资支持，解决企业融资难、融资慢、融资贵的问题，实现金融服务实体企业的目的。

本项目则是利用上述工业互联网在金融服务上的优势创新开发而来，这种服务模式可在不改变业务流程的情况下，服务于已经加装天然气工业互联网传感设备的用气企业和整个集采链条上的企业。

2. 服务对象

本项目主要服务于液化天然气的集采商以及其下游客户的次终端企业，提供（1）改变融资结构，让原本需要融资的集采商卸下融资压力，改为次终端企业作为融资主体；（2）以工业互联网＋大数据＋受托支付方式，减轻次终端企业作为融资主体的压力，实现资金方位整个采购链条的资金支持。

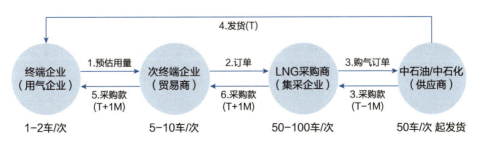

图 1　液化天然气采购交易结构图

国内由于液化天然气的主要供货方是"两桶油"，占有绝对话语权，要求购气方提前全款买气，"两桶油"再按计划供气；供气时还要求每次必须采购50车（注：一车为20吨）以上。因此，用气企业（称为"终端企业"，产融平台主要服务B端用户，用气企业为钢铁厂、玻璃厂、陶瓷厂等）如每次的采购量不到50车，必须通过"次终端企业"来采购；如次终端企一次的采购量也不足上述标准，因此需要通过集采企业来采购。

在这个结构下，因为"两桶油"要求先款后货，集采企业就必须通过垫资来完成采购。当垫资能力达到极限以后，需要向银行融资，银行往往以集采企业是贸易型企业、无法提供担保和抵押为由，拒绝贷款。这就导致了集采企业需要寻求民间借贷或是托盘融资。

本项目的主要服务对象是液化天然气集采商和其下游的次终端企业。

（1）集采商

通过改变融资结构，让次终端企业承担融资角色，解决集采商原来的垫资压力。

（2）次终端企业

打造场景金融，让次终端企业也不需垫资，便能满足其终端企业客户购气的需求。

3. 业务创新设计

本项目最大的创新点是改变了融资主体。从原来的集采企业进行融资改为以其服务的用气服务企业（俗称"次终端企业"），然后对工业互联网将液化天然气采购过程中各种传感器的大数据进行分析，确保银行融资款真正用于指定的液化天然气采购、运输、控货。

此外，本项目通过大数据增信、交易证实以及货押保质等手段，让银行在不需要融资主体提供抵押和担保的情况下，愿意提供纯信用、大额且资金成本低的融资，是工业互联网场景金融领域中的一个有意义的实践。

（二）技术方案

本项目除了原有阳光产融平台的产融服务底座外，建设了三个周边系统，一是对接集采企业的采购数据系统，以便获得真实的采购交易信息；二是对接液化天然气工业互联网设备企业的传感器数据，以便监控整个产业链上的购气、运输、卸气、用气的活动；三是提供银行相关的场景金融门户服务，通过流程化、可视化的业务引导，让不懂天然气技术的银行客户经理和风控人员也能监控整个采购和用气链条，从而快速拓展业务应用地区（不必为银行全国各分支网点进行天然气业务的培训）。

阳光产融平台液化天然气集采场景技术路径：通过在次终端与终端之间应用物联网技术，实时采集出库、运输、入罐、用气等数据进行场景画像，并产生天然气集采场景风险缓释相关报告提供金融机构作为授信及贷后的主要依据。创新技术应用主要体现在：

- 通过物联网设备可以每天检测储气罐的余液状态；
- 通过物联网设备可以检测用气表出现问题并告警；
- 通过物联网实时检测还可以防止运输过程中的不当操作；
- 次终端企业根据物联网的用户实际用气数据，定期向终端用户收款。

为实现上述技术路径，本场景设计技术架构如下。

前端采用网络多节点负载均衡提高吞吐量，后台采用微服务架构，并根据业务拆分多个微服务，分布式事务采用中间件解决事务一致性问题。数据层搭建主从集群，实现读写分离、主从复制，对于写少读多的情况，主库主要负责写数据，从库主要负责读数据。在业务请求高并发时，只在从服务器上执行查询工作，降低主服务器的压力。使用互为备份的两台服务器共同执行同一服务，其中一台主机为工作机，另一台主机为备份主机。当主服务器出现问题时，可迅速切换到从服务器，不会影响线上环境。数据备份工作在从服务器进行，以避免备份期间影响主服务器服务，保障业务的连续性。有独立的图片服务器，将图片与页面进行分离，可以降低提供页面访问请求的服务器系统压力，并且可以保证系统不会因为图片问题而崩溃。

本架构实现技术参数：

- 系统 7×24 小时不间断工作，可用性 $> 99.99\%$；
- 数据库对多表关联的取数统计，数据准确率 $> 99.99\%$；
- API 接口响应时间：$\leqslant 1$ 秒（调用平台内数据）；
- API 接口响应时间：$\leqslant 3$ 秒（调用平台外数据）。

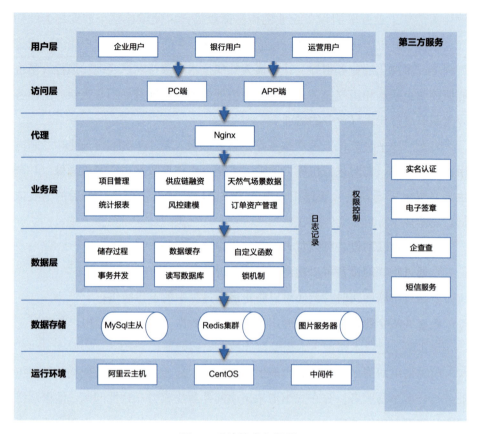

图2　系统技术架构图

（三）建设与实施

本项目为工信部产融合作战略的下沉地方平台——青岛阳光产融平台的几个场景金融模式之一，肩负工信部工业互联网金融创新的使命，因此与银行共同尝试、摸索、探讨的成分更大。

落地过程中选定合作的工业互联网平台，以便提供相关的液化天然气传感器的数据；与相关的集采平台合作，解决其融资的问题，同时通过该平台一次集合多家购气企业（即次终端企业），再通过购气企业获得用气业的授权取得液化天然气传感器的数据。将设计好的方案与银行对接，通过银行的审批后，形成正式的金融产品，由集采平台号召次终端客户通过产融平台进行融资。

本项目是基于阳光产融平台的服务功能，在此基础上增加液化天然气集采的融资场景，因此建设过程很快，企业认证、用户管理、账户管理、清算结算管理以及银行进件通道等都能直接复用。

由于本项目为场景金融，又通过工业互联网大数据形成业务流、信息流、物流、金流的闭环，因此项目落地过程并未出现失误。

项目实施中唯一的风险敞口在液化天然气的价格波动过于剧烈。2021 年以来液化天然气的价格不断攀升，淡季的价格都高于 2020 年旺季的价格；2022 年年初受俄乌战争影响，液化天然气价格波动频繁，导致前期用银行的融资采购的液化天然气在偿还期内可能出现估值不断跳动，很容易触发银行的押品告警。

三、技术或业务创新点

本项目的业务创新设计体现在以下三方面。

（一）业务创新点

1. 融资结构改变

将原本集采商承担的融资角色改换成由次终端企业扮演，这对非国企的集采商很有吸引力。

集采商原本是通过集中大量采购来压低进货成本，赚取当中的差价，以及次终端支付的资金成本。但这样会带给集采商不小的垫资压力，一旦次终端付款不及时（比如有些终端企业该月进行设备检修，没有用气，就不会支付天然气费用），很容易导致资金链断裂。

在本项目新的模式下，融资主体由集采企业改换成次终端企业，条件是让集采企业降低集采价格。次终端企业愿意这样做的理由有二，一是换来更低的采购价格，二是借此获得银行准入，与银行达成合作关系。此外，本项目的模式并不需要次终端真正垫资采购天然气，而是由资金方来支付购气款，还款则由终端企业每月用气的结算款来支付，对次终端来说也无压力。

银行对融资结构的改变也给予了正面的评价，因为作为回款方的终端企业，都是实体经济的制造行业，可通过现场尽调、历史用气数据等了解其每月结算量，这比没有资产的贸易型企业更能获得授信。

2. 大数据增信模式

本项目打造的场景金融，以企业真实交易背景为基础，以商流、物流、资金流和能耗等数据助力企业融资为入口，围绕物流、智能、绿色化发展，通过大数据来进行增信。在大数据增信等新的风险管控理念下，不再以融资主体的资信水平为主要标准，而是基于企业运营数据等多种数据要素支持实体经济企业信用融资。

通过第三方的交易平台取得集采的订单，确保交易的真实性；银行放款采购天然气，跟踪运输车辆确保采购的天然气运到指定的终端企业处；通过储气罐里液位传感器确保业务发展与数据一致；再通过用气表追踪终端企业的用气情况，确保下个月结算时，银行可以收回贷放出去的款项。

3. 风控模式

在传统液化天然气采购融资方面，银行的角色往往是欠缺的，主要原因就是风控无法落实：需要资金的购气方和集采商都是贸易型企业，没有可质押的固定资产；想通过天然气进行货押，又因为物流过程中的货物无法确实监控而无法落地。

本项目在场景金融模式下，将生产型的终端企业作为回款企业，避免银行对贸易型企业无资产的担忧；同时通过前述在采购、运输、使用、回款完整链条的工业互联网数据进行交易鉴真和贷后追踪；再以在途、余液作为货押，形成完整的风控闭环，让银行敢贷、愿意贷且可以放心贷。

（二）技术创新点

本项目的技术创新有两类：一类是在金融领域使用了工业互联网在液化天然气领域的应用技术，该技术由本项目的合作方提供。这些技术包含工业互联网在液化天然气部署的传感器、网络元件、数据传输网络等。5G+工业互联网、大数据和人工智能等新兴技术的发展，实现了多元主体的有效链接，全要素高效率的流通配置、个性化需求的快速满足、多维价值的巨大创造，为金融服务带来了本质的改变，促进金融服务数字化转型全面提速。

另一类是将第一类收集的数据通过分析以及有机的组合，形成银行能理解并且借以进行风险控制的数据转换技术，包含根据储气罐的压力和型号推算出液化天然气的液位、根据物理特性将液位变化转换成用气量、根据用气量推算应收账款金额，以及计算整个业务闭环中作为货押的液化天然气价值。将数字技术作为产融对接桥梁，提升算法应用，促进模型迭代，创新产融对接新场景，通过平台促进金融机构优化审贷方向，提升风控能力，创新产品服务，促进产融互利共赢、健康发展。

四、应用与成效

（一）应用推广情况

本项目在实际落地过程中获得某股份制银行对本项目的融资许可，首批授信额度 3000 万元人民币（可循环），融资利率不高于对应融资期限的 LPR，惠及用气企业、能源公司、石化企业共 29 个站点。

（二）经济效益和社会效益分析

1. 经济效益

首先，本项目让原本无法获得银行融资的集采企业以及次终端企业获得低成本的资金，整个采购产业链的融资成本由原来的年化 10%—12% 降为 5% 不到，使得购气方在当下液化天然气价格居高不下的情况下能省下不少财务成本。

其次，解决了集采企业的垫资问题，也让次终端获得与银行融资合作的机会，对未来次终端拓展业务提供了资金上的帮助；此外，通过工业互联网大数据打造的业务闭环，增强了银行对此项目的风控能力，最终没有一笔逾期发生。

最后，更重要的是，购气方为了获得融资，会主动安装的工业互联网传感器、或将已经安装的传感器按照工业互联网要求将数据提供出来，使得这些传感器不只服务于融资，更有利于安全生产，比如液化天然气储气罐出口都有电子断气阀门，能在天然气泄漏的第一时间进行远程断气，避免天然气爆炸，这是安全生产工作的重要一项，平时购气方不会配备，但现在他们为了获得融资，在银行风控部门的要求下都配备了。因此本项目反而为地区的生产安全提供了一份保障。

2. 提升金融机构获客及数字化服务能力

协助银行加快产业金融产品开发。产业业态复杂且行业差异性大，特别是多节点、长链条的产业链场景金融服务，银行需要行业专家团队，深入理解产业场景，设计有效的产业金融产品及风控模型。通过产品设计，在金融科技的支持下，将联合产业方和银行方，共同设计产业金融产品及风控模型。

提高银行大数据应用和风控能力。产业数据和金融数据存在视角不同，无法直接实现互信、互通，同时，产业数据的真实性问题，也将阻碍银行实现产业数字金融。本项目基于真实的产业数据按照金融机构要求，进行提炼整理，形成嵌入合规风控节点的业务流程，辅助金融机构提高大数据风控能力。

3. 促进工业互联网建设及场景应用

工业互联网是新一代信息通信技术与工业经济深度融合的新型基础设施、应用模式和工业生态，通过对人、机、物、系统等的全面连接，构建起覆盖全产业链、全价值链的全新制造和服务体系，为工业乃至产业数字化、网络化、智能化发展提供了实现途径，是第四次工业革命的重要基石。

工业互联网不是互联网在工业的简单应用，而具有更为丰富的内涵和外延。它以网络为基础、平台为中枢、数据为要素、安全为保障，既是工业数字化、网络化、智能化转型的基础设施，也是互联网、大数据、人工智能与实体经济深度融合的应用模式，同时也是一种新业态、新产业，将重塑企业形态、供应链和产业链。

为实现上述高层赋予工业互联网的目的，本项目将工业互联网与金融服务进行有机结合，充分发挥工业互联网扩展金融服务场景、金融服务反哺工业互联网发展的综效。

首先是协助企业加速信息化转型升级。为了获得银行的融资支持，次终端企业必须在液化天然气设备上加装物连网传感器，或是将已有的传感器通过工业互联网将信息收集并予以汇集。这就达到了工信部以工业互联网平台为基础，对产业的中小企业进行系统性的企业信息化改造的目的。

其次是建立了企业大数据分析的绝佳应用场景：企业发展的阶段都需要资

金的支持，但银行与企业总有着信息不对称的问题。因此凭借工业大数据技术，依托工业互联网，由产融平台搭建相应的数据服务中心，面向接入平台的中小企业，提供生产经营数据的分析、应用和运营服务，在企业授权情况下将这些数据汇集给银行，使得工业互联网大数据得到最好的应用。

最后是协助银行建立了以大数据为核心的风控模式，如通过贸易平台进行融资标的贸易背景的交易证实，确保交易是真实的；通过车联网数据确保银行融资采购的天然气顺利运抵用气方现场；通过温度传感器确保天然气运输途中不会被调换、掺假；凭借储气罐液位传感器确认添加的气量与银行融资采购的气量是一致的；等等。

五、未来发展

本项目仅是工业互联网＋大数据在金融领域应用的一个起点，未来可以在具有相同业务结构的能源领域进行扩展应用，如本项目模式在天然气采购领域应用时，仅需添加一个风控节点，便能适用，也可以在类似的具备三个贸易节点、通过工业互联网进行交易、生产、发货的场景，如新能源车 B 端集采等其他"双碳"产业。

另外，可以通过工业互联网＋金融模式为区域、产业链的企业构建征信体系。过往的第三方征信模式是收集融资企业海量的画像数据，如工商、税务、司法等信息，但这些数据只能进行"企业画像"，这种画像是静态的、更新频率低的、仅具备统计学或分类上的意义。本项目则打造企业的"业务画像"，是种动态的、可以自学习的画像，能描绘企业当前的经营状况（如：当终端企业的用气传感器传回来的数据不变时，代表企业没有用气及其对应可能的业务情况）可以动态、实时地为银行提供风险的告警，让银行提前介入处理，避免最终发生逾期。

总之，根据本项目的经验，通过依托工业互联网大数据的场景金融，可扩展金融机构的获客场景、深化风险管理、更加精准地为产业链上的企业（尤其是中小企业）提供资金方面的支持，通过将物联网、大数据、人工智能等数字化技术与传统能源产业深度融合，合理运用金融科技的手段，有效满足能源产业链客户多样化的金融需求，降低金融服务成本，实现能源体系"产—运—储—销—用—融"全环节的智能灵活调节、供需实时互动。推出更高效的金融产品和金融服务，真正实现金融支持实体经济的目的。

新技术赋能

Fintech Empowerment

华夏银行
龙盈智达

量子计算在银行业务领域的应用研究与实践

一、引言

    2020 年 10 月 16 日，习近平总书记在主持中共中央政治局第 24 次集体学习时指出，"要充分认识推动量子科技发展的重要性和紧迫性，加强量子科技发展战略谋划和系统布局，把握大趋势，下好先手棋"。2022 年 10 月 4 日，诺贝尔物理学奖颁给了量子力学，法国物理学家 Alain Aspect、美国物理学家 John F. Clauser 以及奥地利物理学家 Anton Zeilinger 凭借他们在量子信息科学领域取得的卓越成就获奖，再次引发了全社会对量子科技的高度关注。随着全球范围内对"量子"的高度关注，人们对量子算法的研究也逐渐升温。实际上，算法能够为算力赋予灵魂，并能变废为宝，从沉睡的数据中发掘价值。量子科技作为一项前沿技术，在商业银行应用领域已初步展现出巨大潜力，加快推动量子人工智能算法落地实践在具体金融场景中，具有重要战略意义和现实意义。

    本项目基于量子科技与人工智能新兴技术，从量子计算机、量子算料嵌入、量子 AI 算法理论、量子 AI 建模流程、量子金融科技方法论及模型体系、量子算法模型实证分析等方面深入研究，构建了一系列量子 AI 算法模型。本项目将量子科技理论研究成果向实用化、工程化转化，对数字经济时代全社会广泛应用量子科技起到了重要示范性效用。

    项目面向商业银行智慧运营领域，运用量子聚类算法、量子神经网络算法实现了银行智能机具的决策分析；面向商业银行智能风控领域，针对银行数字化授信及风险管理、产业数字金融智能风控等场景，创新应用量子神经网络、量子 KNN、量子 SVM 等算法，并实现基于量子 QAE 算法的风险价值计量；面向金融市场领域，项目创新将量子 QAE 算法运用在期权定价场景，并实现基于量子 QAOA 算法的我国股票及公募基金市场的组合优化应用。

二、项目方案

（一）量子计算在智慧运营场景的应用

1. 量子聚类算法在银行智慧运营场景中的应用 [1]

本研究针对银行智能柜台设备分布范围广、数量多、所在地区客户和环境情况复杂等难点，为解决智能设备高效运营、精准布放的问题，在量子最近中心算法的基础上构建量子 K-means 算法模型将 744 家支行网点聚为三类，对 88% 的样本而言，量子 K-means 模型和经典 K-means 模型的聚类结果完全一致；同时，对剩余 12% 的聚类不一致样本（91 个）进行了专家经验判断，其中经典 K-means 模型与专家经验有 5/91 的样本保持一致，而量子 K-means 模型与专家经验有 68/91 的样本保持一致，因此以专家经验为参照来看，量子 K-means 模型的准确性更高，展现了量子 K-means 算法模型的有效性，由此实证了量子 K-means 算法在无监督学习方面的优越性。

2. 量子神经网络算法在银行机具智能管理中的应用 [2]

本研究将量子神经网络技术应用于商业银行 ATM 机具管理的智能决策问题，准确地识别了效能较差的 ATM 机具设备。研究选取国内某股份制商业银行 2243 台 ATM 机具作为数据样本，范围覆盖全国 31 个省、自治区、直辖市，型号包括取款机、存取款一体机和循环机。通过数据实验，模型准确率可达 75.57%，达到了预期效果。相关模型对智能机具的资源配置合理性进行了有效的识别，实现了以量子科技为基础的智能化决策支持。

---

① 吴永飞，王涛，王彦博，张立伟，关杏元，项金根，史杰，徐奇，杨璇，高新凯. 量子聚类算法在银行智慧运营场景中的应用 [J]. 银行家，2022（01）：108-110.

② 吴永飞，王彦博，王秋实，施巍. 量子科技在商业银行的应用 [J]. 银行家，2020（12）：87-89.

（二）量子计算在智能风控场景的应用

1. 量子神经网络算法在零售客户风险管理中的应用

本研究选取银行历史数据为样本，在国内外前沿研究成果的基础上，创新提出可在核磁共振量子计算机上运行的量子神经网络算法（QNN）。本研究构建的量子神经网络是一种参数化的量子线路，其训练过程主要是利用量子线路不断预测类别标签并计算损失函数，而后使用梯度下降、反向传播的方法得到最小化损失函数下的最优量子线路参数。该算法在真实的核磁共振量子计算机上运行，模型准确率为 75%，该模型效果良好。

2. 量子神经网络算法在对公客户数字化授信及风险管理中的应用

商业银行是经营风险的机构，风险控制能力是商业银行的核心竞争力。后大数据时代，运用大数据和机器学习唤醒银行沉睡的数据资产、驱动数据资产赋能风控体系已成为业界共识。然而纵观国内各商业银行，虽然有部分机构在面向零售的风控数据建模上进行了有益的探索，但对公风控建模却成为长期困扰各商业银行的难题。本研究使用可在核磁共振量子计算机上运行的量子神经网络算法（QNN），对该商业银行对公贷款客户信息及还款行为进行学习和测试，此算法在真实的核磁量子计算机上运行，得出模型的准确率为 92%，查全率为 63%，查准率为 82%，该模型效果良好。

3. 量子 KNN 算法在产业数字金融智能风控中的应用

本研究针对产业数字金融业务条线，创新采用量子 KNN 算法构建模型。该算法在量子计算机上运行，小样本学习场景得出模型的平均准确率为 90%。利用量子 KNN 算法模型对商业银行产业数字金融某业务场景项目进行逾期预测，逾期样本平均查全率为 80%、平均查准率为 85%，量子 KNN 算法在保证较高查全率和查准率上发挥了重要优势，可大大提高数字化批量审批效率和准确度。

4. 量子 SVM 算法在产业数字金融智能风控中的应用

本研究采用的量子支持向量机（Quantum SVM，QSVM）是监督式量子机器学习模型的代表。研究采用量子 SVM 算法，对该银行产业数字金融某场景项目进行模型构建。该算法在量子计算机上运行，小样本学习场景得出模型的平均准确率为 88.9%、逾期样本平均查全率为 55%、平均查准率为 50%，达到了高于传统网贷大样本量建模的逾期样本识别率效果，形成产业数字金融风控算法突破技术。

5. 量子 QAE 算法在风险价值计量中的应用

本研究聚焦量子 QAE 算法在银行风险价值计量中的应用，选取具有 K 个资产的投资组合的信用风险问题为研究对象，每项资产的违约概率遵循高斯条件独立模型。实验结果显示在可实现量子加速的情况下，基于量子 QAE 算法测算的风险价值 VaR 值与传统经典方法 VaR 值一致，基于量子 QAE 算法测算的条件风险价值 CVaR 值与传统经典算法得到计算值较为一致。在该场景下，量子 QAE 算法能够给出接近于经典计算的结果，满足业务需要，同时在运算效率方面可体现量子优势。

（三）量子计算在金融市场场景应用

1. 量子 QAE 算法在期权定价中的应用 [①]

在量子仿真模拟方面，本研究开展量子幅度估计（QAE）算法在金融衍生品定价中的应用研究。通过构建量子线路并测量，最终得到的欧式看涨期权基于量子 QAE 算法计算的价格为 0.4302。同样参数下使用 B-S-M 模型得到的期权理论价格为 0.4284，使用蒙特卡洛方法得到的价格为 0.4282。2021 年 11 月 8 日当天该期权实际成交价为 0.4310。可以看到，与传统的解析解和蒙特卡洛方法相比，量子 QAE 算法得到的欧式看涨期权价格在 95% 置信水平下的置信区间为 [0.4169，0.4411]，与该期权当日实际价格更为接近。

2. 量子 QAOA 算法在股票市场中的应用 [②]

本研究针对金融市场中存在的大量资产组合配置、投资组合构建等优化问题，借鉴 QAOA 算法解决最大分割问题的思想，采集一段时间内各只股票的日收盘价，根据投资者的风险偏好程度，基于 QAOA 算法生成权益类组合。从

---

① 量子算法在资产管理领域的应用研究课题组 . 量子幅度估计算法在期权定价中的应用实证研究 [J] . 中国金融电脑，2022（4）：4.

② 吴永飞，纪瑞朴，王彦博，等 . 量子近似优化算法在我国股票市场的应用研究 [J] . 银行家，2021（10）：120-122.

组合净值来看，在不同的投资者风险偏好场景下，将量子 QAOA 算法与对照组净值进行对比。结果显示，在投资者风险厌恶（q=0.15）、投资者风险中性（q=0.5）、投资者风险偏好（q=0.85）的环境中，与等权重持有股票的对照组相比，量子 QAOA 算法筛选出的组合长期来看净值表现均优于对照组。且随着投资者风险偏好的上升，量子 QAOA 算法筛选出的组合表现也不断提升。从组合指标来看，在不同的投资者风险偏好场景下，针对收益率（Return，RET）、累计收益（Accumulated Return，ACC）、夏普比率（Sharpe Ratio）和索提诺比率（Sortino Ratio）四个维度，将量子 QAOA 算法与对照组进行对比。结果显示，除风险厌恶环境下量子 QAOA 算法组合的夏普比率略低于对照组外，量子 QAOA 算法所构造的组合在其余各指标表现均优于对照组。

3. 量子 QAOA 算法在公募基金投资中的应用 [①]

本研究结果显示，在投资者风险中性的环境中，与等权重持有基金的对照组相比，量子 QAOA 算法筛选出的组合长期来看净值表现均优于对照组。从组合指标来看，面向收益、风险和风险加权后的收益视角，针对收益率（Return，RET）、累计收益（Accumulated Return，ACC）、波动率（Standard Deviation，STD）、最大回撤（Maximum Drawdown，MDD）、夏普比率（Sharpe Ratio）和索提诺比率（Sortino Ratio）六个维度，将量子 QAOA 算法与对照组进行对比。结果显示，在衡量策略稳定性的波动率与最大回撤这两项指标项上，量子 QAOA 算法策略领先于其他所有组合。

三、技术实现特点

（一）量子算法创新技术实现

1. 量子聚类算法（QK-means）算法

该量子 K-means 算法模型是在量子最近中心算法的基础上构建的，主要是通过将样本特征和聚类中心的特征压缩到两个量子态 $|\Phi>$ 和 $|\psi>$ 中，运

---

① 吴永飞，纪瑞朴，王彦博，等．量子近似优化算法在公募基金投资中的应用实证研究［J］．中国科技投资，2022（29）：120-122.

用 Controlled-SWAP 门和 Hadamard 门将两个量子态的距离转移到第一个控制比特上。

2. 量子神经网络（QNN）算法

该算法构建的量子神经网络是一种参数化的量子线路，其训练过程主要是利用量子线路不断预测类别标签并计算损失函数，而后使用梯度下降、反向传播的方法得到最小化损失函数下的最优量子线路参数。本算法的量子中心线路主要是由 12 个旋转门、3 个受控门和 1 个测量门组成，它可以对变分嵌入的量子态进行计算并输出预测的标签结果，同时基于反向传播算法对量子门的参数进行更新，保证了量子线路能够充分借鉴经典神经网络的思想进行参数优化。

3. 量子 K 最近邻（QKNN）算法

Lloyd 等人于 2013 年提出了量子版本的最近中心算法，可视为经典"欧几里得距离"算法的子过程，主要使用量子态的振幅替代了"欧几里得距离"算法中的样本相似度计算。量子最近中心算法主要是通过将样本特征和类中心特征压缩到两个量子态和中，通过 Controlled-SWAP 门和 Hadamard 门将两个量子态的距离转移到第一个控制比特上。

4. 量子支持向量机（QSVM）算法

量子 SVM 是监督式量子机器学习模型的代表。由于支持向量机模型本身的物理含义较明确，量子算法的加速效果主要体现在寻找支持向量和计算核函数矩阵上。Anguita 等人 2003 年提出使用量子计算的方法来解决 SVM 的训练效率问题；随后，Rebentrost 等人在 2014 年提出量子版的 SVM 算法，其核心思想是利用量子算法解决 SVM 中的内积运算问题。虽然 SVM 只利用了少量的支持向量，但在计算上还是遍历了所有的样本和所有的特征，因此时间复杂度是特征数量 N 以及样本数量 M 的多项式级。

5. 量子幅度估计（QAE）算法

QAE 在 2018 年被指出可以有效代替蒙特卡罗方法，应用于金融分析并实现平方加速。QAE 算法的核心是量子相位估计，不需要破坏目标量子态就能有效获得其相位并计算出目标概率。与经典蒙特卡罗方法相比，量子 QAE 算法理论上可实现二次加速。

6. 量子近似优化（QAOA）算法

QAOA 是一种经典算法和量子算法的融合算法，可用于解决组合优化问题、最大分割问题等难题。该算法 2014 年由 Edward Farhi 等人提出。QAOA 最初主要应用于最大切割问题的求解，已被证明在求解速度方面较现有经典算法具有指数级加速。近年来研究成果表明，QAOA 可以用来求解精确覆盖问题。

（二）量子算法创新技术特点

1. 可行性

本项目将传统的机器学习技术升级为量子机器学习技术，具有较强的可拓展性，未来可以应用于不同实际场景。量子计算具有超强大的计算能力，量子机器学习是量子计算与人工智能研究相交叉形成的一个新领域，其目标主要是设计从数据中学习的量子算法，通过利用量子态的叠加和纠缠等特性，实现对现有机器学习算法的加速。从算法的应用性来看，量子算法不仅可用于本案例的金融行业，也可解决医疗、制造业、零售业、物流行业等行业的分类问题。从算法的适用性来看，该算法不仅可以高效地应用于商业银行经营管理中各种有监督学习智能分类问题，如商业银行运营管理、营销管理、风险管理、欺诈识别等，并且可迁移到其他领域涉及有监督学习智能分类问题的场景中。

2. 完整性

本项目创新提出量子金融科技的方案支持将量子金融科技批量化引入商业银行进行，具备完整的方法论框架。此外，本项目针对商业银行业务实际难题，首先从方法论的根本着手，提出整体解决方案，为商业银行形成可行的实施路径。

3. 可推广性

本项目中算法模型选取的指标为业务上具有代表性的指标，数据采集范围小并且指标符合行业标准，可以在其他商业银行进行开发落地。本项目中的算法已经具备完善的数据安全性设计和数据风险防控措施，数据传输、访问过程、分析、建模、模型结果等流程均已采取严格的标准化、脱敏和内网开发的安全性措施。

四、项目成效

本项目基于量子科技与人工智能新兴技术，从量子计算机、量子算料嵌入、量子 AI 算法理论、量子 AI 建模流程、量子金融科技方法论及模型体系、量子算法模型实证分析等方面深入研究，构建了一系列量子 AI 算法模型。本项目将量子科技理论研究成果向实用化、工程化转化，对数字经济时代全社会广泛应用量子科技起到了重要示范性效用。

项目成果在华夏银行投入应用以来，已在各分支机构应用推广，成效显著，并开始在精准营销、智能风控、智能资管等业务领域推广应用。该项目有效节省了经营决策时间、降低了运营成本，并创造了价值收益、提高了客户服务质量，有效支撑了华夏银行数字化转型、智能化发展的目标，创造了可观的经济效益和社会效益。

项目相关研究成果在人民银行组织的 2020 年度金融科技发展奖（省部级科技奖励）评选中获一等奖。相关技术在 2021 世界人工智能大会上，从 13 个国家 150 多个全球创新项目中脱颖而出，荣获"WAIC2021 全球创新项目路演"全球 TOP20 入围项目，是全球 TOP 20 创新项目中唯一的量子科技项目。此外，相关研究成果已在《银行家》《中国金融电脑》等多个核心期刊发表。

五、未来发展

正如习近平总书记所言："量子科技发展具有重大科学意义和战略价值，是一项对传统技术体系产生冲击、进行重构的重大颠覆性精尖技术创新，将引领新一轮科技革命和产业变革方向。"量子科技作为一项前沿技术，在商业银行应用领域已初步展现出巨大潜力，加快推进量子人工智能算法等诸多方案在具体金融场景中的落地实践，具有重要战略意义和现实意义。当前国内已有商业银行逐步在运营管理、资产管理等多个业务条线探索应用量子计算技术。可以预见，量子科技有望在商业银行的数字化转型发展中扮演更加重要作用，其中量子金融科技的如下发展尤其值得关注。

一是小样本学习技术在商业银行中的深化应用。商业银行在利用量子技术解决小样本学习方面，仍有许多业务场景亟待探索。目前来看，当样本量充足时，存在于数据中的规律更容易被归纳出来，并且在测试数据上可以得到具有更小泛化误差的知识模型。然而与人类智能相比，机器智能仍存在诸多难题。人类可以从极少数的案例中进行学习和总结，快速地建立具有泛化能力的认知体系，即使只有少量数据样本输入，也能较为快速准确地建立认知，并且面对一定的噪声影响，依然不会改变最终的判断和预测结果；而机器在样本量较小时往往难以训练出泛化性很强的模型。小样本学习要实现的目标正是在样本量不充足的苛刻条件下，仍可以训练出具有良好泛化能力的模型。诸如商业银行智能风控等场景，出现样本量极小且"坏"样本量极小的苛刻数据情况时，运用量子算法开展小样本学习的技术创新应用探索，实现更加良好、稳定的智能建模效果，可为解决小样本学习这一世界性难题提供全新思路。

二是量子 NLP 和量子 CV 在商业银行为代表的金融领域的深化应用。量子自然语言处理（QNLP）是量子计算领域一个新兴研究领域，旨在通过利用某些量子现象，如叠加、纠缠、干涉等，设计和实施自然语言处理（Nature Language Processing，NLP）模型，并在量子硬件上执行与语言相关的任务，可应用于商业银行外部的金融新闻情绪识别和内部客户服务评价等具体场景。商业银行的日常经营中存在大量情感分析场景。从银行外部视角来看，各大财经网站、股票论坛中的消息所蕴含的观点及情绪，不仅代表着投资者的偏好和情绪的变化，更对商业银行金融市场业务的决策和交易产生重大影响。从银行内部视角来看，聚集了大量用户的网络社群媒体已经发展成为允许用户创建、发表、交流内容的平台，其中也伴随着大量的对于银行服务和产品有价值的评论信息。此外，银行工单数据也是价值较高的文本数据信息，其中不仅包括具体的问题描述，还包括处理方法、过程、结果以及客户反馈等信息，该类评论信息中往往可以体现出客户的批评、赞扬等多种主观情感。这些主观性的文本每天以指数级的速度增长，仅靠人工进行分析需要消耗大量的人力和时间。采用NLP 技术将客户评论中包含的情感进行量化分析，有利于银行客观评价服务质量并进行后续的改进和提升，对商业银行的运营管理具有重要意义。

中诚信指数
洞见科技

基于隐私计算的债券估值体系建设项目

一、背景及目标

债券估值有其必要性、普惠性，符合国家政策导向。《中共中央国务院关于新时代加快完善社会主义市场经济体制的意见》提出"更好发挥国债收益率曲线定价基准作用，提升金融机构自主定价能力"，中诚信估值能为投资决策提供更为细致的信用服务，弥补现有估值体系在信用领域的空缺，更贴近投资者需求。

本项目紧扣监管对评级、信用改革的要求，有利于营造行业生态，更好与监管政策相结合，推动监管方案的执行。《关于促进债券市场信用评级行业高质量健康发展的通知（征求意见稿）》要求"评级业务与非评级业务之间的隔离"。同时，规定信用评级机构应当构建以违约率为核心的评级质量验证机制，进行评级打散。本项目对投机级债券的估值，需要对低资质债券进行深入研究，以违约率和回收率计算预期信用损失，实现中诚信评级业务与非评级业务的协同，紧扣监管要求。

本项目以隐私计算为核心技术，可以促进技术创新在资管领域的结合落地。随着国家《网络安全法》《数据安全法》和《个人信息保护法》的颁发实施，数据流通与隐私安全得到并重关注，传统的数据流通方式因在存储、交换、应用过程中，数据存在被破坏、更改、泄露的风险，难以满足监管要求。隐私计算凭借"原始数据不出域，数据可用不可见"的特性，能够在技术上有效解决既要数据流通又要隐私安全的矛盾。基于洞见科技独立自研的金融级隐私计算平台，在评级机构、监管机构、指数机构、公开数据源与另类数据服务机构等多方之间构建安全可信的数据协作通道，形成有效隔离防火墙，进而在更充分、更全面的数据能力支持下，开发更精准的债务指数，更好地满足资产管理、信用风险管理的监管要求。

二、方案描述

（一）业务方案

本案例由中诚信国际牵头，与中诚信指数、洞见科技联合建设完成。项目以隐私计算技术赋能资管行业合规应用，促进资本市场数智化转型，主要服务机构客户，银行、保险、基金、信托、证券等类型的金融机构及部分实体企业，同时地方政府为潜在服务对象。该项目成功入选中国证监会首批资本市场"监管沙盒"试点。

中诚信国际信用评级有限责任公司债券估值发布机构、内评牵头机构、提供行业和公司数据。在运维过程中负责持续更新信用研究方法和数据，系统硬件架构（服务器以及附属设备）的实施部署工，Windows、Linux服务器系统的日常运维工作，数据库日常运维，以及备份系统的日常维护。

中诚信指数服务（北京）有限公司提供估值方法和流程、指数编制服务、内评协作。在运维过程中负责估值方法和估值逻辑的持续更新以及每日估值的产出。

深圳市洞见智慧科技有限公司提供隐私计算技术，为债券估值体系中的多个参与方提供安全可信的合作模式和"可用不可见"的数据协作机制，为项目的合规可信和数据安全提供技术保障。

债券估值是对债券价格的发现过程，是通过债券的预期现金流，用合适的折现率折现得到债券现值的过程。项目主要产出是收益率曲线和债券估值，二者是债券市场的基础工具，服务于各大金融机构和实体企业进行一级市场发行定价、捕捉二级市场投资机会、管理资产负债水平、考核投资绩效、做净值管理等。在风险管理方面，成熟的债券估值可以异常交易、利差水平、发行人特征、信用等级等方面的监管对债项或发行人的风险进行提前预警，并结合风险模型对组合风险进行评估与管理。同时，基于估值的指数编制服务可用于被动型指数基金的业绩基准和 ETF 的追踪标的，降低基金费率，提高市场效率。

隐私计算在债券估值体系建设中，创新应用于安全融合企业信用数据、第三方数据、报价数据等，在数据不出域的情况下进行计算，最后输出信用风险预警情况、发债企业违约率、信用溢价等结果，服务债券估值体系。

（二）技术方案

1. 应用隐私计算技术

隐私计算在金融方面的应用之前主要集中在个人信息的合规安全使用上（如反欺诈场景）。本项目通过隐私计算的方式，首次实现了评级业务数据和非评级业务数据的安全融合与使用，更好地满足监管要求，并创造了隐私计算新的应用场景。

2. 应用机器学习技术

传统的估值技术中，对企业基本面信息的评判，一般以打分卡与分析师经验相结合的方式，对个券估值判定主要以人工判定为主。同时，对于估值的衍生指标如流动性，一般采用线性加权的方式。中诚信估值合理将机器学习应用于估值模型中，实现算法层面的关键技术创新，应用的机器学习模型有 Xgboost、逐步回归等。

3. 应用大数据技术

舆情信息是企业信用评判的另一关键因素，传统做法是分析师手动给舆情信息打标签。项目将建立以 BERT 等技术手段构建的发债企业词向量库，并以此为基础，采用文本相似度计算、命名实体识别、语意情感分析等自然语言处理技术，分析债市舆情等非结构化数据，同时结合 LSTM（RNN 变体）等技术手段，融合发债企业基础信息，对历史风险事件进行深度学习，挖掘风险特征，智能识别兑付压力、诉讼纠纷、违约失信、拖欠工资、产品问题、经营问题、业务变化等企业风险。

为保证模型的可靠性，一方面，中诚信持续提高数据维度的丰富性，即包含公开的财务、舆情等数据，也包括中诚信特有的评级底稿数据，合作的工商、司法、交易、政务等多元第三方数据，保证输入数据多元化；另一方面，采用了多种机器学习模型，能够做到多模型的协同运用，交叉印证，从而保证了方法及结果的可靠性。

4. 估值模型综述

本项目估值框架主要分为三部分：原始数据准备、估值基础工作以及曲线、债项估值。数据准备阶段，本项目对债券基础数据、市场交易数据、中诚信内部数据以及其他第三方数据进行接入并汇总；在估值基础工作阶段，本项目将前一步汇总的数据根据债券种类、条款等特征对债券数据进行清洗，具体工作包括根据债券特征对样本空间进行分类、提取含有特殊条款的债券更新利差矩阵、筛选可信成交报价进入估值系统等，在此基础上使用债券计算器对含权债、永续债等特殊债券的价格指标进行反算，以统一不同价格源价格量纲并生成中间表；对于信用债、利率债分别拟合收益率曲线并使用内部点差模型对个券价格进行估计，使用利差矩阵等工具对特殊债券进行估值，并根据产品需求产出隐含评级、信用利差等对应数据产品。

（1）流动性评价模型

在债券估值工作中，价格数据是最重要的外部信息来源之一，由于相较于股票市场，中国债券市场的流动性处于较低水平，因此，判断主体以及债券未来成交报价的活跃程度是估值工作的重要步骤。

流动性是资产能够以合理价格进行变现的能力，常用于衡量债券流动性的指标有买卖价差、换手率等。中诚信指数从中国债券市场的实际情况出发，对市场上常用的流动性指标进行评估，最终以成交量，成交天数以及换手率三个指标进行合成建模，以预测债券在未来一个月的流动性水平。本模型采用债券担保情况、历史成交水平、相对存续期等指标，进行极值处理、标准化等转换，并使用 Xgboost 方法对未来流动性进行预测。

从债券市场现状看，绝大部分债券流动性较弱，换手率、成交量、成交天数均处于较低水平，因此我们将流动性分为前窄后宽的七个区间，以保证每个区间的债券数量相对均衡，表1展示了流动性的分类标准以及对应的流动性指标水平。

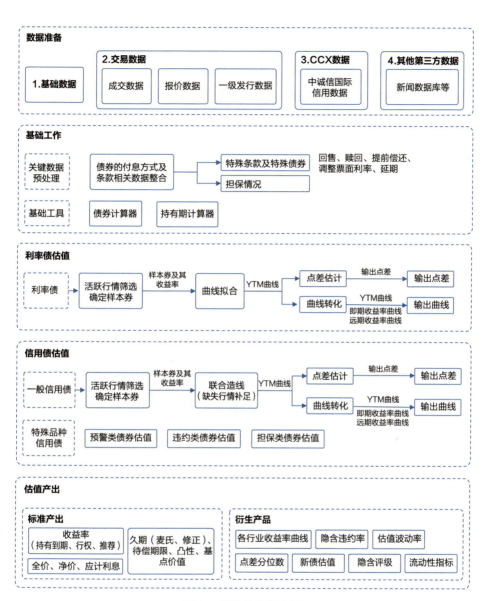

图 1　债券估值框架图

表 1　流动性指标——得分映射表

流动性得分区间	换手率（%）	成交量（亿元）	成交天数（天）
0-0.05	0.1331	0.01	0.15
0.05-0.1	0.4639	0.04	0.99
0.1-0.2	0.6567	0.09	1.90

续表

流动性得分区间	换手率（%）	成交量（亿元）	成交天数（天）
0.2–0.3	0.9194	0.30	3.66
0.3–0.4	1.0495	0.63	6.04
0.4–0.6	1.0230	1.26	9.92
0.6–1	1.1182	3.24	14.10

本模型采取 Spearman 秩相关系数作为评价标准。Spearman 秩相关系数是衡量两个变量顺序相关程度的分析指标，用来度量两个连续型变量之间单调关系强弱的相关系数，取值范围是 [-1, 1]，该值越大证明模型预测值与实际值正相关性越好。以短融为例，本模型采用 Lasso 作为参考基准，并提供了历史数据外推的原始水平对流动性预测进行参考，模型结果如表 2 所示。

表 2　流动性模型评价表

方法名称	Spearman 秩相关系数（标准差）
历史数据外推	0.2882（0.00444）
Lasso	0.4161（0.0417）
Xgboost	0.4509（0.052）

从表 2 结果可以看出，采用模型预测会显著优于历史数据的简单外推，同时 Xgboost 在模型验证阶段表现显著优于参考标准 Lasso 模型。流动性模型对于未来流动性有较好的预测能力，本流动性指标可以作为额外信息纳入中诚信收益率曲线样本主体的筛选步骤，使未来一个月更大概率获取到更多可信的成交报价数据。

（2）隐含评级模型

隐含评级是基于债券市场有效价格信息、发行人主体信用资质与市场舆情等相关信息编制的短期信用风险评价指标。相较于外部的债券、主体信用评级，隐含评级有更高的调整频率，可以即时地反映市场对于主体与债券信用等级的观点。在本项目中，隐含评级模型以更客观且高频的方式反映了信用债的信用水平，作为估值曲线的重要参数进入估值系统。

　　本模型从可信市场价格出发，根据市场价格范围将不同信用水平的主体划分为不同组别。以城投为例，我们预设市场的信用分为六个等级（与收益率曲线分层持平），对每一主体信用利差建模，解出每一等级的最优边界，根据边界确认每一主体信用利差所在等级，作为主体隐含评级。对于每一发债主体，若其信用利差落在了其所在等级的利差边界以外，则计算其与利差边界的距离，并通过权重调整每一等级债券数量对于等级边界的影响，令样本空间内加权利差距离最小求解，结果即为当日隐含评级边界。本文采用中诚信指数内评对债券初始等级进行映射，使用市场交易数据对最新隐含评级边界进行求解，在进行平滑后结果如图2所示。

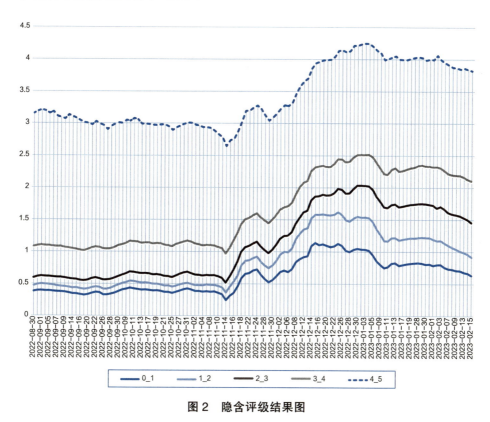

图2　隐含评级结果图

　　以2022年后半年的隐含评级模型结果为例，在11月以后，所有隐含评级边界均有明显的上行趋势，符合2022年市场整体利差的变化趋势。由此可以看出，隐含评级对市场债券的信用等级划分较为明显，同时隐含评级的边界可以即时地反映市场相同信用水平信用利差的变化。

（3）收益率曲线模型

收益率曲线衡量了金融资产的收益率与到期时间的关系，直观地体现了收益率的期限结构。中诚信根据不同的债券类别以及信用水平对债券样本空间进行了划分，将相似债券划为一组，拟合收益率曲线表征该分组的利率期限结构，同时将其作为点差模型的输入参数之一进入下一步估值。

以城投债收益率曲线为例，本项目根据城投债隐含评级将城投样本空间分为了六个等级，在每个等级内，结合分析师意见以及成交活跃度、流动性估计、主体所在区域等特征在每一等级选取信用稳定以及成交报价相对活跃的主体作为代表该等级价格水平的样本主体。对于不同债券种类，根据其期限特征选取关键期限点，结合样本主体使用贝叶斯平滑样条方法对收益率曲线进行拟合，得到对应曲线在关键期限点上的收益率水平，使用 Hermite 插值构建完整的收益率曲线。

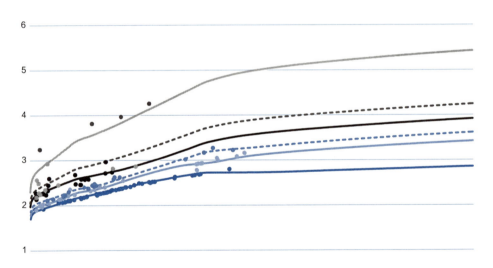

图 3　收益率曲线结果图

对于不同债券种类，不同信用水平的债券，可以通过对条件矩阵的设定，满足曲线簇之间不交叉、不倒挂、形态合理等约束条件。以城投债为例，经过迭代以后可以得出形态合理的收益率曲线。

（4）点差模型

在构建了可靠的收益率曲线以后，需要使用点差对期限结构进行调整将利率期限结构推广至债券等级的估值。由于债券市场普遍流动性较低，如何使用市场上有限的价格信息估计出非活跃债券的价格是点差模型的关键目标。

中诚信指数假设在某一等级下的每一只债券价格变动受到相同发行人其他债券价格变动、同一等级下不同发行人债券价格变动、该债券历史交易价格变动以及其他债券特征性指标的影响。以城投债为例，本项目将城投债分为了六个信用等级，假设每个等级的曲线反映了该等级债券的期限结构，使用区域经济等数据构建债券风险模型衡量债券价格的相关关系并作为参数输入点差模型，对于债券特征性指标则作为调整项输入模型，综合估计出债券价格变动，计算当日价格水平。

由于私募、永续等条款会对债券价格产生影响，中诚信指数将含有这些条款的债券排除出利差模型系统，额外根据信用等级，条款情况等特征构建利差矩阵，使用利差矩阵在普通公募券的基础上对债券收益率进行调整，得到对应特殊条款债券的债券估值。

（三）建设与实施

本项目用于隐私计算的主要数据为中诚信国际行业信用评价数据以及多元第三方数据，信用评级数据属于中诚信国际基于公开市场信息长期积累的数据，集合部分分析师观点。如中诚信独特的行业分类、行业底稿、访谈数据、打分卡模型、内部评价数据、企业特有财务数据等，目前正在以隐私计算为核心技术支撑，对这部分数据进行数字化转型。多元第三方数据包括工商、司法、交易、政务等数据。

同时，项目将采购外部数据服务商提供的公开数据，如万得、聚源数据的债券板块和企业财务板块，第三方金融数据库如财汇数据作为债券估值计算的基本输入。数据量上，估值经常使用中国债券基本资料表共81862条/13个字段，中国债券回售条款执行说明表共 7000 条 /14 字段，中国债券行情—净价表共 50611726 条 /11 个字段，中国债券现金流表共 781854 条 /11 个字段，用于流动性研究的报价数据库共 5796371 条数据等。

项目采用隐私计算的方式应用上述数据。一方面，根据监管对评级业务和非评级业务的业务防火墙要求，中诚信采用基于隐私计算技术的解决方案，安全将中诚信内部的评级底稿等信息融合进债券估值计算中，保证在原始数据不出域的情况下进行全局计算；另一方面，仅利用公开数据的估值有局限性，利用多元第三方数据的估值就成为必要的市场需求。在与运营商数据、支付数据、政务数据等提供方或政府机关的实际沟通中，对方希望中诚信能够在数据不出其系统的情况下实现模型建立与调用，因此应用隐私计算技术来实现上述需求。

三、技术或业务创新点

（一）隐私计算应用场景创新

根据监管对评级业务和非评级业务的隔离要求，中诚信采用隐私计算的手段安全融合企业信用数据、第三方数据、报价数据等，在数据不出域的情况下进行计算，最后输出信用风险预警情况、发债企业违约率、信用溢价等数据，服务估值体系。

（二）估值方法创新

本项目在收益率曲线方面，创新性采用基于 Hermite 插值的非参数优化模型，对低评级高收益企业债券结合中诚信内部的信用分析体系进行估值，对私募、担保等特殊债券由条款利差矩阵进行区分，并实现区域 / 行业联动（点差联动模型），实现估值方法的创新。

（三）产品服务创新

首先，设立了新指标。利用机器学习 + 大数据方法，量化评价债券流动性、信用风险和发行人财务质量、舆情等各方面情况，为用户提供更丰富的分析指标。其次，开发了新产品。提供可定制的自动化信用分析报告，定期自动更新，减少监管和投研分析人员的重复劳动。最后基于外部市场信息和内部特色数据产品，提供集成的债券投资组合管理平台。

四、应用与成效

本项目在应用过程中充分保障了整体的系统安全与数据安全，使应用更加安全、可控、有效。

有效保障了系统安全。系统保障与应急机制包括数据、计算、系统三个层面。数据层面，采用多数据互为备份，并进行融合、校验，应对数据源意外故障；计算层面，估值计算做好各类数据状态以及基础缺省值的规定，保障各种状态下正确产出；系统层面，数据及系统运行纳入监控体系，建立系统快速重启、回滚、数据恢复机制，保障系统按时按质产出。

有效保障了数据安全。项目涉及的大部分数据均为市场上公开第三方数据。与发行主体有关的隐私数据，技术层面，项目采用洞见科技的多方安全计算的方式，保障数据在安全环境中完成计算而无须暴露；制度层面，建立了以数据分级管理制度为基础的数据安全防护和数据安全使用规范，保障客户数据安全。

在业务风险控制方面，中诚信采用实时监督、统一排查、设定举报机制，定期出具质量检验报告，及时识别业务风险。同时建立风控文化、完善治理架构、建立完善的估值流程，实现风险控制，用以防范项目有可能面临的合规风险、利益冲突风险、舆情风险。

项目制定了《非评级业务利益冲突管理规则》，遵循《信用评级业管理暂行办法》等相关监管要求，同时满足《非评级业务利益冲突管理规则》《利益冲突与回避管理制度》等公司制度要求，并通过隐私计算的手段，实现数据隔离和安全保护，防范利益冲突。项目建立了系统保障与应急机制，机制包括数据、计算、系统三个层面，已充分做好相应风险防范，不存在发生系统性风险的隐患。

项目的主要产出成效是收益率曲线和个券估值，二者是债券市场的基础工具。宏观层面来看，收益率曲线是金融系统运行的基础性工具，央行根据国债收益率曲线判断宏观经济走势、制定货币政策、观测货币政策实施效果。微观层面来看，金融机构根据债券估值及其衍生指标，进行一级市场发行定价、二级市场投资机会发现、资产负债管理、组合业绩归因和考核等。因此估值涉及的机构较广，基本覆盖了所有的金融机构和大部分实体企业。

在债券估值及收益率曲线方面，预期服务对象为主要金融机构，同时为投资者提供决策参考。债券估值和曲线将广泛应用于风险管理、限额管理、各大机构资产计量、会计师事务所审计标准、净值计算、参考定价等各个方面，涵盖客户包含公募基金、银行、保险、证券公司、资产管理公司及其他企业。中诚信估值着重为投资者提供信用方面的决策参考。在低资质债券和担保债估值方法上实现创新，并实现了相同行业产业债、同区域城投债的点差联动，增加了信用债估值的颗粒度。

在数编制服务方面，目前已挂钩或即将挂钩产品规模 100 亿元，未来致力于成为中国资管行业认可的研究驱动的指数服务商，服务万亿资管规模。

五、未来发展

本项目未来能够有效助力指数服务业务和债市指数化投资。被动化债券投资具有管理费低、交易成本低、收益相对稳定的特点。在规模效应下，被动型指数基金能够大幅降低债市投资者的参与成本，提高市场效率。同时，在开放式债券指数基金和 ETF 方面，中国相对美国市场规模和结构，仍有较大空间。中诚信致力成为研究驱动的指数服务商，能够为债券指数化投资和大类资产配置需求提供系统化的服务。

恩核信息技术

数据治理与数据资产一体化平台运营管理实践

一、背景及目标

随着大数据、人工智能、云计算等新信息技术在金融领域的深度融合应用，监管报送要求逐步提升、数字化转型持续推动，快速提高全行级数据标准化程度和数据质量业已成为当前最为紧迫的任务。金融业务向自动化、智慧化、数字化不断转型升级，加速推进全行级数据资产管理的实施落地，符合央行数据建设能力规划和银保监会数据治理指引要求，建设数据资产管理平台，是金融与科技深度融合的成果。

应用数据资产管理平台，加大对数据字典的管控力度，实现源系统数据字典及大数据平台数据字典透明化管控。设计数据标准新增变更流程，制定技术标准，实现智能对标、自动落标。实现监管数据事前及事后管控，提供灵活自定义规则功能，完善数据质量问题分发及问题解决跟踪流程及机制，实现针对数据质量问题发现与解决的目标。实现元数据全面采集、准确解析、全局展示的目标；实现指标的血缘溯源；发挥数据地图的定位性、实时性、准确性、导航性等功效，为数据资产的整体布局提供有力支撑。实现全文检索、数据资产可视化展示。

通过数据资产管理平台项目的建设，实现了"五化"目标，分别是数据字典管控流程化、数据标准实施自动化、数据质量管理可量化、元数据管理平台化、数据资产可视化。

二、方案描述

（一）数据治理业务方案

数据治理项目的业务流程主要包含以下六部分。

一是数据字典梳理纳管，收集该行存量系统与年内新建系统的数据字典，根据统一模板进行补充检查，形成完整的数据字典知识库；通过制定规范的流程进行数据字典的管控，达到落标的准确、版本的一致；通过数据字典事前申报、审核，开展数据标准对标，实现元数据的动态纳管，通过生产环境数据字典与申报版本的差异比对分析，构建元数据差异抹平机制。

二是数据标准实施，利用数据资产管理平台的智能对标功能，实现系统数据字典的对标，管理数据字典和数据标准的映射关系。实现核心业务系统一级数据标准 90% 以上的对标率。制定企业级技术标准，管控业务系统、数仓、大数据平台新增变更的元数据并进行数据标准的事前落标，包括字段英文名称、中文名称、类型、长度、精度等技术属性。

三是统一指标管理，打通指标管理平台，统一管理目前千余个指标的基本信息、统计信息、口径信息和管理信息。通过指标的对标，管理指标对应的元数据信息，实现指标的自动溯源。

四是元数据血缘管理，采集和解析源系统、大数据平台、数仓、报表工具的元数据和血缘关系，构建动态数据地图，展示表级、字段级血缘关系。

五是数据资产管理，对平台纳管的数据字典、数据标准、指标标准等进行集中管理和科学分类，实现数据资产的盘点，形成数据地图，丰富查询条件，提供业务人员、技术人员、分析人员数据快速查询定位。

六是数据质量管理，梳理 EAST、客户信息等千余条质量检核规则，实现检核规则在关系型数据库、大数据平台的自动调度，并实现数据资产管理平台线上分发、流转、回退等管理闭环。

（二）数据治理技术方案

1. 基础技术

第一，系统基于 B/S 架构，支持 Firefox、Chrome、IE11+、Safari 等主流的浏览器。

第二，系统采用面向服务的 SOA 架构，通过分层实现数据、业务组件、交易的有效分离，实现业务数据和业务逻辑的分离，系统模块间松耦合，功能分布合理，以适应 IT 系统、服务、产品、流程的变化；提供 Soap 或 REST API 或 webservice 接口，便于其他系统集成。

第三，系统支持本地化部署，支持 Windows Server 2008 及以上版本、Linux 等主流操作系统。

第四，系统基于主流技术栈开发，系统采用的第三方组件，符合开源且可商用协议的条件。

第五，本地化部署系统支持数据库集群，支持分库分表。

第六，本地化部署系统支持在 Tomcat 应用服务器上完成部署。

第七，系统具备集群部署，支持多活特性，支持应用系统级和数据库级自动负载均衡、高可靠性集群技术方案。

第八，基于可视化集成开发工具实现开发、调试流程的标准化，对开发人员透明，保持开发模式的统一。

第九，根据改行配置管理的要求，提供自动化部署的适配改造。按照该行运维监控的要求，提供对应的适配和改造。

第十，移动应用支持 Android 5.0 及以上版本、IOS 8.0 及以上版本，能够兼容所有主流移动终端。

第十一，移动应用支持 VPN 集成，能够与行里现有的 VPN 集成。

2. 总体技术架构

平台总体技术架构具备较高扩展性、灵活性、先进性，具体体现如下：

第一，恩核数据管控平台中采用了面向服务的 SOA 架构，通过分层实现数据、业务组件、功能的有效分离，通过业务功能模块化的方式实现了各个模块间的松耦合，能够灵活地应对业务和技术需求的变化。其中，系统中包含的功能模块如系统总体架构图（图1）所示，可以划分为数据标准管理、数据模型管理、数据字典管理、元数据管理、流程管理、数据质量管理、系统管理和元数据采集模块等部分。

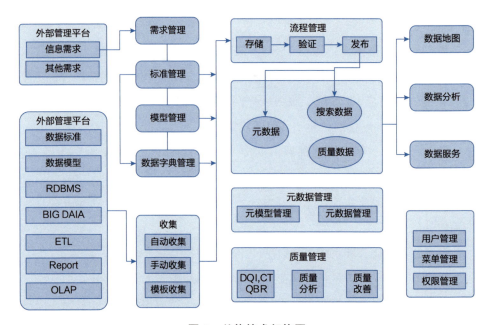

图1 总体技术架构图

第二，恩核数据管控平台支持与外部科技管理系统、统一门户平台和流程管理平台等的交互与集成，根据银行内部数据管控体系的需求，将管理组织架构、管理流程和管理工具贯穿，构建完整的闭环式数据管控体系。

第三，恩核数据管控平台支持通过自动、手动、模板和解析等方式采集银行中各种类型的数据资产，通过元数据采集模块可以实现对数据标准、数据模型、关系型数据库、大数据平台及相关组件、数据迁移工具和报表工具等数据资产的采集和管理。

第四，恩核数据管控平台内部将各个模块的功能在技术上解耦、在业务上相互贯穿，将数据标准、数据模型、数据字典和数据质量模块的业务功能结合，通过全局化的角度为用户提供跨模块的多维度统计结果展示，方便用户更加清晰地理解企业内的数据资产，推进数据管控工作高效进行。

第五，系统管理部分提供了系统参数的可配置化管理功能，便于系统的维护、新功能模块的开发和部署。

第六，恩核数据管控平台为用户提供便利的全文检索功能，且将查询结果的详情信息通过列表、图形化等多种方式展示，方便用户一目了然地厘清数据资产之间的关联关系，直观且准确地把握变更带来的影响。

第七，为适应银行业务发展速度的加快、数据管控范围的扩大、数据管控力度的强化，系统良好的可扩展性和底层设计的健壮性能够支持后续功能模块的快速扩展和叠加。

3. 逻辑架构

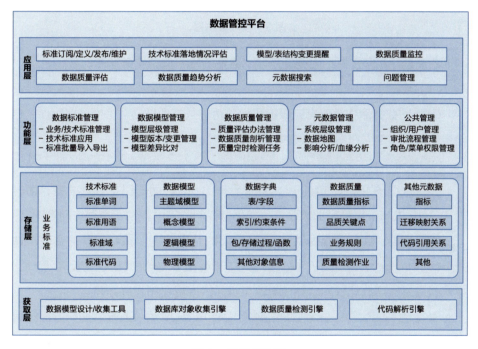

图 2　逻辑架构图

数据管理平台是以集中化管理的方式，从统一的企业级角度，对企业级元数据做整合管理的应用平台。同时，还将作为企业级元数据的统一发布和管理的渠道，对元数据进行全生命周期的管理和维护。在数据管控平台当中广泛地管理了各种类型的元数据，其中包括数据标准、数据模型、数据质量、数据血脉关系、数据字典等。

4. 技术架构

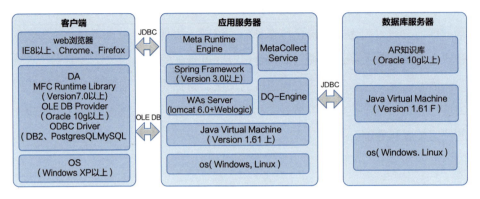

图3　技术架构图

系统设计和开发时，主要使用如下成熟的技术框架和数据库产品。

（1）数据库

Oracle 数据库作为所有元数据和相关功能数据的核心数据库管理软件，存储层的知识库建立在 Oracle 数据库中。

（2）Spring

作为系统的 IoC Container，负责管理 Bean 之间的引用依赖关系，同时利用 AOP 机制，提供企业级服务，如事务控制、安全控制、数据访问等。

核心容器：核心容器提供 Spring 框架的基本功能。核心容器的主要组件是 BeanFactory，它是工厂模式的实现。BeanFactory 使用控制反转（IOC）模式将应用程序的配置和依赖性规范与实际的应用程序代码分开。

Spring AOP：通过配置管理特性，Spring AOP 模块直接将面向方面的编程功能集成到了 Spring 框架中。

Spring ORM，Spring 框架兼容若干个 ORM 框架，从而提供 ORM 的对象关系工具，其中包括 JDO、Hibernate 和 iBatis SQL Map。这些都遵从 Spring 的通用事务和 DAO 异常。

Spring Web 模块，Web 上下文模块建立在应用程序上下文模块之上，基于 Web 的应用程序提供上下文。Spring 框架支持与 Jakarta Struts 的集成。Web 模块会简化处理多部分请求以及将请求参数绑定到域对象。

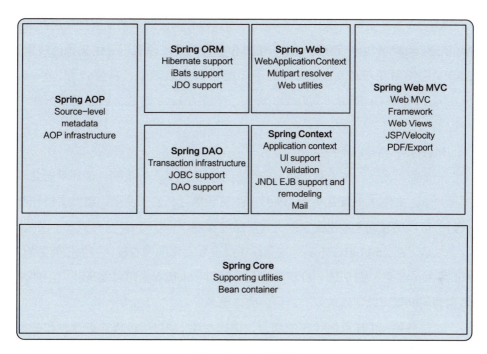

图 4　Spring 组件图

　　Spring MVC 框架，MVC 框架是一个全功能的构建 Web 应用程序的 MVC 实现。通过策略接口，MVC 框架变成为高度可配置的，MVC 容纳了大量视图技术，其中包括 JSP、Velocity、Tiles、iText 和 POI。

　　Spring 框架的功能可以用在任何 J2EE 服务器中，大多数功能也适用于不受管理的环境，Spring 的核心要点是：支持不绑定到特定 J2EE 服务的可重用业务和数据访问对象，可以在不同 J2EE 环境（Web 或 EJB）、独立应用程序、测试环境之间重用。

　　（3）MyBatis

　　MyBatis 作为对象 / 关系映射（O/R Mapping）的框架，负责处理对象模型与关系数据库的交互。MyBatis 是一款优秀的持久层框架，它支持定制化 SQL、存储过程以及高级映射。MyBatis 避免了几乎所有的 JDBC 代码和手动设置参数以及获取结果集。MyBatis 可以使用简单的 XML 或注解来配置和映射原生信息，将接口和 Java 的 POJOs（Plain Old Java Objects，普通的 Java 对象）映射成数据库中的记录。

MyBatis 是支持普通 SQL 查询，存储过程和高级映射的优秀持久层框架。MyBatis 消除了几乎所有的 JDBC 代码和参数的手工设置以及结果集的检索。MyBatis 使用简单的 XML 或注解用于配置和原始映射，将接口和 Java 的 POJOs（Plain Ordinary Java Objects，普通的 Java 对象）映射成数据库中的记录。

MyBatis 具有以下特点：

一是简单易学，本身就很小且简单，没有任何第三方依赖，最简单安装只要两个 jar 文件 + 配置几个 sql 映射文件易于学习，易于使用，通过文档和源代码，可以比较完全地掌握它的设计思路和实现。

二是灵活，mybatis 不会对应用程序或者数据库的现有设计强加任何影响。sql 写在 xml 里，便于统一管理和优化。通过 sql 基本上可以实现我们不使用数据访问框架可以实现的所有功能，或许更多。

三是解除 sql 与程序代码的耦合，通过提供 DAL 层，将业务逻辑和数据访问逻辑分离，使系统的设计更清晰，更易维护，更易单元测试。sql 和代码的分离，提高了可维护性。

四是提供映射标签，支持对象与数据库的 orm 字段关系映射。

五是提供对象关系映射标签，支持对象关系组件维护。

六是提供 xml 标签，支持编写动态 sql。

Mybatis 的功能架构分为三层：

一是 API 接口层，提供给外部使用的接口 API，开发人员通过这些本地 API 来操纵数据库。接口层一接收到调用请求就会调用数据处理层来完成具体的数据处理。

二是数据处理层，负责具体的 SQL 查找、SQL 解析、SQL 执行和执行结果映射处理等。它主要的目的是根据调用的请求完成一次数据库操作。

三是基础支撑层，负责最基础的功能支撑，包括连接管理、事务管理、配置加载和缓存处理，这些都是共用的东西，将它们抽取出来作为最基础的组件。为上层的数据处理层提供最基础的支撑。

MyBatis 框架架构如下：

一是加载配置，配置来源于两个地方，一是配置文件，一是 Java 代码的注解，将 SQL 的配置信息加载成为一个个 MappedStatement 对象（包括了传入参数映射配置、执行的 SQL 语句、结果映射配置），存储在内存中。

二是 SQL 解析，当 API 接口层接收到调用请求时，会接收到传入 SQL 的 ID 和传入对象（可以是 Map、JavaBean 或者基本数据类型），Mybatis 会根据 SQL 的 ID 找到对应的 MappedStatement，然后根据传入参数对象对 MappedStatement 进行解析，解析后可以得到最终要执行的 SQL 语句和参数。

三是 SQL 执行，将最终得到的 SQL 和参数拿到数据库进行执行，得到操作数据库的结果。

四是结果映射，将操作数据库的结果按照映射的配置进行转换，可以转换成 HashMap、JavaBean 或者基本数据类型，并将最终结果返回。

（4）AngularJS

AngularJS 作为页面展示与交互的主要技术手段，应用 AngularJS 中提供的众多页面组件构建界面。有完备的文档与社区技术支持。

AngularJS 是一个 JavaScript 框架，它可通过〈script〉标签添加到 HTML 页面，通过指令扩展了 HTML，且通过表达式绑定数据到 HTML。AngularJS 主要用于创建前端用户界面，是一个与后台技术无关的前端 ajax 框架。AngularJS 是一个为动态 WEB 应用设计的结构框架，创新点在于，利用数据绑定和依赖注入，使你不用再写大量的代码。AngularJS 主要有以下特性：

一是双向数据绑定，实现了把 model 和 view 完全绑定在一起，model 变化，view 也变化，反之亦然。

二是模板，在 angularjs 中，模板相当于 html 文件被浏览器解析到 DOM 中，angularjs 遍历这些 DOM，也就是说把模板当作 DOM 来操作，去生成一些指令来完成对 view 的数据绑定。

三是 MVVM，吸收了传统的 MVC 设计模式但又不是传统意义上的 MVC，更接近于 MVVM（Moodel-View-ViewModel）。

四是依赖注入，AngularJS 拥有内建的依赖注入子系统，可以帮助开发人员更容易地开发，理解和测试应用。

五是指令，可以用来创建自定义的标签，也可以用来装饰元素或者操作 DOM 属性。

（5）GoJS

GoJS 是一个功能丰富的 JS 库，在 Web 浏览器和平台上可实现自定义交互图和复杂的可视化效果，它用自定义模板和布局组件简化了节点、链接和分组等复杂的 JS 图表，给用户交互提供了许多先进的功能，如拖拽、复制、粘贴、文本编辑、工具提示、上下文菜单、自动布局、模板、数据绑定和模型、事务状态和撤销管理、调色板、概述、事件处理程序、命令和自定义操作的扩展工具系统。无需切换服务器和插件，GoJS 就能实现用户互动并在浏览器中完全运行，呈现 HTML5 Canvas 元素或 SVG，也不用服务器端请求。GoJS 不依赖于任何 JS 库或框架（例如 bootstrap、jquery 等），可与任何 HTML 或 JS 框架配合工作，甚至可以不用框架。

5. 物理架构

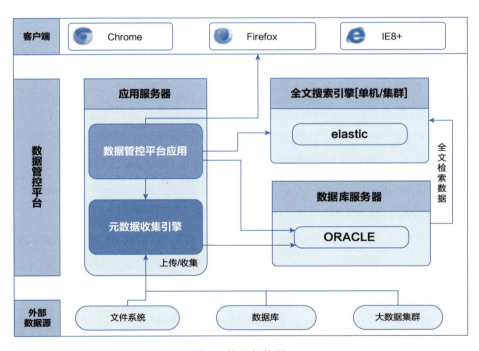

图 5　物理架构图

物理架构体现了平台的兼容性，具体原因如下：

一是系统整体基于 B/S 架构，客户端支持主流浏览器，IE8 以上，Chrome、Fire fox 等。

二是服务器端开发语言为 Java，可以运行于任意主流操作系统。

三是数据管控平台由平台应用服务器、全文检索引擎服务器、知识库数据库服务器组成。

四是系统支持各类外部数据源，包括主流文件系统、数据库和大数据集群。

6. 网络架构

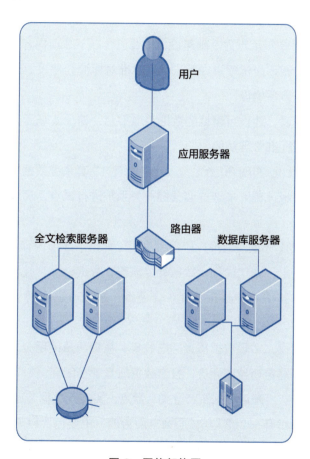

图 6   网络架构图

平台部署架构包括数据库服务器、全文检索引擎服务器、应用服务器与访问客户端四个部分。访问客户端是行内客户内网访问，需要用户名密码方可登录，分权限登录；应用服务器是放置在行内应用服务区，此区域安全程度相对较高，应用服务器区有防火墙、负载等设备存在，保证其安全性；全文检索引擎服务器处于最内层，为应用服务器的全文检索请求提供检索服务；数据库服务器处于最内层，是安全的级别最高的区域，一般情况下只能机房堡垒机登录，不可远程登录。

（三）数据治理建设与实施

数据治理是一项长期的工作，制定长期的规划尤为重要。我们制定了该行三年数据治理规划：

第一年：2020 年重点为基础建设，主要包含以下 3 项内容：

一是建章立制，岗位职责完善、数据标准对标流程建设、元数据纳管体系建设、数据质量体系建设。

二是平台建设，建设可落地的数据治理平台，初步实现元数据纳管，建设数据质量和数据标准管理功能。

三是试点运行，实现 50 套系统及当年新建 12 套系统数据字典纳管，规范数据字典变更申报流程并挑选 5 套关键业务系统进行试点，通过平台支持元数据纳管全流程。

第二年：2021 年重点为推广应用，主要包含以下 3 项内容：

一是深化应用，迭代优化元数据管控流程、数据标准管控流程、数据标准智能对标流程，扩大推进数据治理工作范围，超 100 套主要业务系统全部纳入数据治理范围。

二是看板建设，实现数据质量问题收集、数据质量问题分发、进度跟踪展示、数据质量问题定期监测评价，打造数据质量管控闭环。

三是数据资产，开启数据资产分类、盘点，实现元数据管理、展示、查询。

第三年：2022 年—2023 年核心为全面治理，主要包含以下 3 项内容：

一是生命周期管理，实现数据管理全面融入开发、业务管理流程，实现全数据全生命周期管控。

二是资产服务深化，拓展资产服务内容，构建数据全景视图，使数据使用人员对数据资产情况一目了然，挖掘资产价值，开展资产运营。

三是量化管理考核，开展数据标准实施效果的监测、元数据管理准确度的分析和数据质量看板的进度监测等，实现数据治理工作成果可视化，对数据治理机构和人员进行评估、考核和排名。

结合三年的长期规划，规划了如下实施路径：

第一阶段：

一是采集纳管系统元数据，梳理数据字典，实现线上化流程化管控数据字典变更。

二是修订覆盖业务系统、数仓、大数据平台的数据标准（包含业务标准及技术标准），并完成全量对标。

三是打通行内指标管理平台，统一管理全行指标。

四是以 EAST 监管报送为试点，完善数据治理检核规则，并线上化调度运行。

第二阶段：

一是推广数据字典、标准实施、数据质量流程应用，优化业务流程，迭代数据标准版本。

二是制定 SQL 脚本统一规范，解析系统、数仓、大数据平台内外血缘关系。

三是通过血缘关系实现指标溯源，完善血缘及影响分析。

第三阶段：

一是持续开展数据资产集中管理和科学分类，使平台接入的数据资产编目清晰、随时可查，拓展数据资产服务场景。

二是结合数据质量管理办法自动生成数据质量报告，并在质量看板系统中展示，实现各类数据质量日常监测。

三是数据全生命周期管理，打通平台与现有开发工具，使元数据管控全面融入开发、业务管理流程。

三、数据资产管理平台的创新与优势

数据资产管理平台以独特的创新技术成为银行数据治理的重要工具。

（一）全面覆盖技术标准

第一，综合考虑实施难度和成本，采取"存量对标、增量落标"的策略。一方面，存量系统清单式管理，根据对标结果在变更时实施强制落标。通过平台的智能对标功能智能实现存量系统字段全面对标，将数据标准与数据字典中的数据项建立映射关系。结合数据字典变更申报流程，在有新的表、字段增加或者修改时，要求存量系统中的新增字段落标；另一方面，新建系统要求全面落标。对新建系统从数据字典设计阶段即要求在平台进行申报、审核、对标，并出具数据标准实施意见，要求应落标字段全面落标。通过存量、新增系统差异化的数据标准实施策略，一是避免了存量字段过多、涉及系统范围过大，强制落标可能造成的风险；二是达到了业务字段全贯标的要求，并且能促进全行级数据标准的迭代修订，使数据标准更契合业务实际。

第二，在制定数据标准的过程中，秉承"权威主导、多方支持、用户参与"的原则，吸纳权威标准、制度文件、各类监管要求中的标准信息项，组织使用标准的部门共同参与梳理实施，制定切实可用的企业级数据标准。以大数据平台的标准层、模型层为切入点，逐渐将落标范围覆盖至数仓、业务系统及大数据平台。同时，通过与存量重点业务系统的对标，紧密结合业务实际，吸纳"事实标准"，实现业务反哺标准。

第三，在修订业务标准时，细化颗粒度至单词（Morpheme）、数据元（domain）级别。通过由单词构成标准的方式进一步规范标准中文名称的一致性，通过中文语义的词根和类型、长度进一步规范标准的技术属性。

（二）元数据全流程管控

嵌入行内 IT 综合管理平台，管控项目全生命周期的各重要阶段。

第一，需求阶段：规范业务人员提出的数据项，并对其进行标准化。

第二，设计阶段：提供标准引用及智能对标服务，确保高贯标率。在智能对标服务中，采用人工智能算法，基于自然语言分析技术和历史贯标结果的自主学习，为用户提供自动对标、精确推荐、模糊推荐等便捷的映射方法，极大提高人工贯标的效率。另外，针对变更的表、字段，实时查询血缘及影响分析，支持数据管控前移。

第三，测试投产阶段严控贯标后的执行情况。投产 DDL 脚本使用资产管理平台生成的脚本，并将生成的脚本直接发至可执行目录下，避免手动编写脚本，降低人为原因导致的投产风险。

第四，投产完成后，再次采集生产环境元数据进行差异比对，事后监测是否按照落标要求投产，若有差异则通过邮件、短信、OA 系统推送等多渠道发送预警信息。

第五，在全流程管控体系中，涉及了各类业务系统以及大数据平台。对 DB2、oracle、mysql、pg 等关系型数据库，cdh 中的 impala、hive、hbase、hdfs 等大数据组件，均进行完全适配。

（三）基础数据、指标双溯源

制定企业级的 SQL 编写规范，有效解决不同系统、不同厂商、不同环境间 SQL 脚本风格、写法不一致的问题。资产管理平台通过对统一规范的 SQL 进行自动解析，从而获得各系统、环境之间及内部的血缘关系。血缘关系的时效性为 T+1，准确性达到 95% 以上。主要价值如下：

第一，提供更宏观、直观的数据地图展示，实时掌握各系统、环境间的数据流向，为架构设计、数据分析应用、供数取数服务夯实基础。

第二，在各类需求导致的数据库结构变更流程中，在设计阶段提前分析表结构变更可能带来的影响和风险，真正做到事前管控。并在变更完成后通知到被影响的系统，要求排查及验证。

第三，打通报表平台，对全行指标的来源、计算口径做统一流程管理，并将报表的取数依据与血缘关系相结合，对报表数据的异常情况，能够迅速定位数据的来源，高效解决报表问题。

（四）数据质量线上化闭环管理

第一，针对不同的数据质量检核场景，检核规则在关系型数据库与大数据平台双落地。质量规则检核模块支持对接关系性数据库和大数据平台 impala，实现数据质量问题明细获取、问题数据总量统计监测等多类应用场景。目前已部署质量规则 1800 余条，应用场景涵盖 EAST、客户信息质量、数据标准一致性等。

第二，通过数据资产管理平台，将数据质量管理流程化、可视化。支持数据质量问题按责任部门或责任机构自动分发至对应责任人、责任角色，通过

"流转""回退""分发""解决"等操作，实现对问题数据处理环节的准确记录和跟踪监测。

第三，数据资产管理平台通过统一调度，自动比对两次质量规则检核的结果差异，实时更新问题数据状态，汇总解决情况。根据质量检核管理办法，自动计算解决率、解决时效、问题占比等信息，自动生成数据质量报告并在看板系统展示，为后续质量问题量化考核、评估提供支撑。

第四，为了推动各业务条线和分支机构积极配合解决问题数据，将数据质量的整改率、完成率等指标作为考核指标，与其绩效考核挂钩，大幅调动了各个业务条线及分支机构的积极性，问题数据的整改数量和效率得到了显著提升。

四、数据资产管理平台的应用与成效

（一）数据治理工作成果

数据资产管理平台是以集中化管理的方式，从统一的企业级角度，对企业级元数据做整合管理的应用平台，并将平台作为企业级元数据的统一发布和管理的渠道，对元数据进行全生命周期的管理和维护。在数据资产管理平台当中广泛地管理了各种类型的元数据，其中包括数据标准、数据质量、数据字典等。基于企业中管理的各种元数据，结合符合银行实际业务和管理场景的数据治理组织架构和管理流程，在数据资产管理平台中，建立良性的数据资产管理体系，提升全行数据管控水平和能力，集合元数据管理、数据质量管理、数据标准管理、数据字典管理和数据资产管理等功能，以达到建立数据治理领域的综合性、统一性的企业级平台的目标。基于数据管控政策及制度，通过数据资产管理平台将元数据、数据质量和数据标准等五大模块有机整合，形成完整的闭环式数据治理生态。实现数据管控覆盖全局化、数据资产采集、解析、展示、应用自动化、数据管控流程化的总体目标。

数据资产管理平台项目将管理流程与实施服务相结合，以数据资产平台为介质，主要实现以下五项治理目标。

1. 实现全行级元数据管理

实时监控元数据变化，构建动态数据地图，构建全行级信息系统元数据管理知识库。

一是定时采集、解析元数据，包括关系型数据库、数据仓库、大数据平台和报表平台以及 ETL 迁移、存储过程日志 SQL 解析等，展示表级、字段级元数据的血缘分析和影响分析。

二是对现有的信息系统进行调研，分析各系统元数据内容，建立全行级信息系统元数据知识库，实现元数据全面采集、准确解析、全局展示的目标，将数据资产管理平台打造成为用户提供数据认知的服务型系统平台。

三是构建动态的数据地图，发挥数据地图的定位性、实时性、准确性、导航性等功效，为掌握数据资产的整体布局、来龙去脉、变化影响等内容提供有力支撑。

图 7　指标溯源血缘展示图

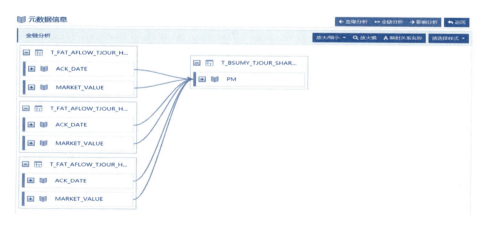

图 8　表级字段级血缘展示图

2. 实现数据标准智能管理

实现数据标准的线上化、流程化管理，提供数据标准的落标和智能对标。

一是搭建数据资产管理平台，实现数据标准管理，为用户提供数据标准查询功能，支持数据标准的申请、审核流程。数据标准管理内容包括业务标准、技术标准和指标标准。

二是基于自然语言形成单词库，进行智能对标，自动建立系统数据字典与数据标准的映射关系，多种对标推荐模式（精确推荐、模糊推荐、自定义推荐等）进行数据标准准确推荐，准确率达到 90% 以上。

三是项目建设过程中，为数据仓库、大数据平台提供技术标准，开展数据标准的实施。

3. 实现数据字典流程化管控

梳理业务系统数据字典，进行数据结构变更流程化管控。

一是梳理重点业务系统、数仓仓库、数据集市的数据字典，通过数据字典批量规则检核、人工补录的方式，提升数据字典入库的质量，目前已纳入管控系统超 100 套。

二是平台上线后，对纳入管控的系统进行流程化管理，将数据字典变更流程嵌入开发流程，从需求分析到数据字典变更上线，进行全流程管理，实现入仓源系统数据字典及下游数据字典透明化管控。

三是定时监测生产、测试、开发等环境的数据字典，支持跨环境进行差异比对。

四是提供数据字典版本管理、变更影响度、差异比对和差异 DDL、数据字典变更自动生成 DDL 等，辅助项目经理进行数据字典管理。

五是提供数据字典差异排名、质量校验排名等统计分析可视化报表。

4. 实现数据质量与考核结合

数据质量与数据考核相结合，激励数据质量提升。

一是提供数据质量计划管理、解决方案管理、规则模板管理、规则管理、规则调度和问题分发等功能，保证问题从产生到解决的流程化管控，自动生成数据质量问题情况并在看板系统中展示，以此激励数据质量的提升。

二是实现数据质量全生命周期管控，提供灵活自定义规则功能，完善数据质量问题分发及问题解决跟踪流程及机制，逐步完成总行各部门及分行质量评价机制，实现针对数据质量问题及时发现、及时解决、效果可评价的目标。

三是目前已制定"1000+"数据质量规则，规则主要围绕客户数据、账户数据、业务数据及监管关注重点。

5. 实现与流程管理系统对接

与 IT 综合管理平台、测试管理平台对接，实现数据字典变更和数据标准落地的强管控。

一是与 IT 综合管理平台流程相结合，在需求、开发及测试阶段管理数据字典和标准落标情况，新建系统上线需要在 IT 管理平台进行数据字典流程审批，审批通过后方可进行项目上线。

二是提供数据字典变更的影响分析和数据标准对标的智能推荐，提升数据字典管理的效率及效果。

（二）数据治理各模块成果统计

1. 数据标准

一是形成该行标准库，其中包含基础单词 10228 个，业务标准 1701 个，技术标准 35460 条，指标标准 1966 个，指标维度 97 个。

二是完成 62 套系统的对标工作。

2. 数据字典

一是完成 100 套纳管系统生产环境的元数据采集。其中包含 334 个数据库模式、206580 张表、5157629 个字段、923062 个代码、7155 个索引。

二是形成 900 条数据字典检核规则。

3. 数据质量

一是明细级数据质量检核规则 49 条，汇总级数据质量检核规则 1837 条。

二是数据质量问题数据 483477 条。

4. 数据资产

一是实现数据标准、数据字典、数据质量规则、指标标准等全域元数据的数据资产查询服务。

二是按照行内数据资产分类形成数据地图，提供便捷的数据字典查询服务。

五、数据资产管理平台全行业应用

数据资产管理平台通过使用大数据、人工智能等新技术，搭建数据资产管理与运营体系，在过去建设基础上进行资产范围的扩大，可围绕投行业务、基金代销、基金托管、私人银行、信用卡、借记卡、网上银行、理财产品等业务条线源业务系统、数据中台、报表系统、指标平台、重要的集市、大数据应用服务平台等系统中的高价值数据资产进行全面纳管和运营；升级和优化数据管控平台数据资产模块功能。

一是在数据管控平台数据资产模块推广及运营过程中优化数据资产全生命周期的相关功能，提高自动化、智能化程度。

二是增加管控平台数据资产模块的统计和展示功能，对各个模块项下的数据资产数量、访问情况以及使用情况等进行多维度统计和大屏展示，便于挖掘数据资产深度应用场景，为用户提供高质量、便捷化的数据资产服务。

三是结合自身、业务和科技使用方面的诉求完善数据资产的使用体验、增加数据资产评价、数据资产应用场景等功能，提高数据资产可信度，降低"用数"门槛；将高价值数据资产作为数据资产重要内容增加到数据资产管理等模块中，在未来的数据治理工作中，为全行数据使用人员提供一站式数据资产运营服务。

北京江融信科技

基于交易账户的新一代信用卡核心系统解决方案

一、背景及目标

信用卡核心系统作为银行最重要的系统之一，在银行的整个业务运营中的位置举足轻重，犹如银行的"信用卡心脏"，为数千万持卡客户提供"永不停歇"的服务。"存量时代"下，信用卡业务的增长逻辑正在发生转变。如何从"以产品为中心"升级为"以客户为中心"，如何从数字化、数据化升级至智能化等，是银行信用卡业务从存量中寻找增量的必经之路，而这条转变升级之路的背后，离不开底层系统的强有力支撑，也面临了诸多挑战：①客户诉求对产品和服务能力的挑战，客户诉求个性化、随时随地化、服务差异化等特征越来越明显；②业务诉求对运营能力的挑战，产品创新速度要求提高，风控、定价的精细化要求更高；③技术诉求对科技能力的挑战，敏捷响应、开放可控等要求突出。

未来，如何在数字化时代实现信用卡市场的进一步深耕突破将是银行面临的重要挑战。作为背后支撑系统的建设者，更加需要深入业务一线，持续对现有核心进行模块化迭代、功能敏捷性重构、引入 AI 和数据能力优化业务流程，真正实现以客户为中心的业务体系建设。

新一代信用卡核心系统目标在于通过数字化转型打造银行信用卡中心面向未来的新型金融服务能力，集平台金融、开放金融、智慧金融、普惠金融、敏捷金融于一体。平台金融指通过构建以平台为中心的业务体系，重塑银行的业务和服务模式，为客户带来新的价值。开放金融指围绕用户的生活和工作，在生态场景中提供全方位、融入式的金融服务。智慧金融指以科技赋能高效服务，以数据驱动智慧银行。敏捷金融指快速适应市场变化，敏捷响应客户需求。智慧金融指服务实体经济，丰富个人和小微企业金融产品，实现社会价值最大化。

二、方案描述

（一）业务方案

银行零售业务发展趋势对信用卡核心系统的要求呈现出产品多元化、利率市场化、管理精细化的特点，要求信用卡核心系统具备快速的产品创新能力、多维度全要素的定价能力、灵活全面的风险管控能力、精细化的资金管理能力。

江融信自主研发的新一代信用卡核心系统 AnyTXN 基于微服务化的基本思想，建立彼此独立又互相协作五大体系：账户体系、产品体系、定价体系、交易体系和额度体系，并以此为依托进行产品创新和业务的集中运营，从多层面有效支撑银行信用卡业务的飞速发展。

1. 账户体系：以客户为中心，以交易为基础的业务闭环

新一代信用卡核心系统 AnyTXN 采用交易级账户体系。"交易账户"是江融信对银行个人业务充分解耦后提出的银行核心系统设计理念，属全球首创。传统银行个人业务的处理都是"以产品为中心"，账户的设立、交易的核算、定价都是围绕产品展开。一个客户在同一家银行办理不同的业务或购买不同的产品时，接受着不同部门的服务，每增加一个新的业务产品就需要新增一套业务系统或定制一套专属的账户体系和账务规则。从运营角度来看，这种管理模式存在职能冗余和效率低下等问题。假设有这样一种结构，交易类型能够通过前端自由配置和路由，账户能够按照基于交易的业务类型或者场景自由开立，定价模式可以按照规则或者大数据决策自由配置设定，这样的按需、动态、实时账户处理方案就能够从最底层解决不同业务之间的交易和账户体系无法共享的问题。如果要实现账户类型动态升级的目标，那么需要改变传统的"开户"模式，将有限固化的账户类型改造成按需生成，按规则汇总记账的动态管理模式，定价策略根据预置的规则模型实时计算。银行的运营模式就变成了：以用户为中心，以交易为管理单位，以统一数据为决策基础，按需建立账户的运营

管理模式，我们称之为"交易即账户"。这就是"交易账户"理念的设计初衷。

"交易账户"通过全量业务要素的记录，成为新一代核心系统精细化核算的基础，也是更多产品创新的基础。

2. 产品体系：业务要素参数化，业务参数组件化，以组件构建业务产品

新一代核心系统 AnyTXN 采用业务要素参数化的模式，支持将不同业务要素抽取为产品参数，同时在借鉴产品工厂理念的基础上，创新性地将静态参数和动态功能处理相结合，形成 BETA 运转机制，可灵活定义参数的实例化维度，极大提升了系统对参数变化的扩展能力，能更快地支持业务创新。支持信用卡、分期、信贷等多种业务产品。

3. 定价体系：规则引擎驱动的差异化定价框架

定价体系中以数据驱动业务决策，辅以灵活强大的参数体系，多维度区别设定利率及各种费用。

差异化定价，实现千人千面的场景化、个性化定价能力，高效支持信用卡各类业务形态。完善涵盖贷前、贷中及贷后业务的风险一体化机制。

4. 交易体系：授权引擎化，交易管控差异化

交易体系最基础的两个特征：面向交易计息和实时交易入账。

面向交易计息：由于信用卡业务自身的特殊性，利息处理尤为复杂和关键，牵涉到信用卡交易的各个环节，包括借记交易、贷记交易，全额还款等，但传统信用卡系统基于余额的计息机制下，余额与交易之间缺乏关联，整个利息的处理只反映结果无法反映过程，给对客服务带来很大的挑战，同时基于余额的计息机制在计息处理精准度不足，也制约了银行的精细化核算。基于以上种种余额计息机制的痛点，江融信在同行业首家创新性地对计息机制进行了变革，采用交易单元的计息机制：每笔交易都会形成对应的交易单元，交易单元内独立计息，不同交易单元间的关系共同形成最终的计息结果。交易单元机制将计息的处理由传统的余额层面细化到交易层面，可以实现对每笔交易计息过程的准确反映，同时提供动态计息的能力，可以基于客户的交易行为确定最后的计息结果，为将来复杂多变的市场竞争提供强有力的支撑。

实时交易入账：传统信用卡双信息处理模式，即持卡人一笔交易在系统后台处理过程中由授权交易与入账交易共同完成，授权交易与入账交易之间天然

存在时间差，这种时间差以天为单位计算。伴随着信用卡业务的发展，附着在入账交易的衍生物也越来越多，包括额度种类的增加，权益的增多等，持卡人对入账交易的实时性也提出更高的要求。由于信用卡业务入账处理的复杂性，要在授权交易的同时完整实现入账的处理过程，对系统的响应时间、处理性能都提出了巨大的挑战，江融信同行首创地采用实时余额机制真正实现信用卡单信息交易的实时入账。通过实时余额作为桥梁链接授权过程和入账过程，在授权交易的同时完成对实时余额的更新以及对额度进行精准恢复，后续复杂的账务处理则基于实时余额的入账结果再异步处理，这样可以在尽可能保证授权交易时效性及性能的前提下实现实时入账。

5. 额度体系：额度类型按需扩展，额度架构按需配置

额度体系以用户为核心业务主体，在客户层进行统一授信，建立额度树具备多维度自定义的立体化额度管控体系。在额度网体系的应用上，不仅解除了额度与账户之间的依赖关系，形成额度与账户之间相对的独立解耦体系，还打破了原有额度树状结构中额度节点之间的从属关系，运用基于卡产品的交易场景特征、风险偏好自由定义额度节点的额度网体系，不再限制额度之间的连接层级和数量，通过抽象拓展额度节点之间的关联关系，既实现了不同业务含义额度之间的处理，又实现不同业务含义额度之间的共享、占用、检查和汇总，使其在信用卡场景的拓展、搭建及营销领域的竞争中取得先机。

整体账户余额结构的变革，从粗放型的单层级单维度结构，演变为多层级多维度的结构，各层级账务处理职责清晰，为精细化运营提供强有力的支撑。在计息处理上采用交易单元的计息机制，余额与计息处理解耦，将计息处理由传统的余额层面细化到交易层面，可以实现对每笔交易计息过程的准确反映。

（二）技术方案

江融信自主研发的新一代信用卡核心系统 AnyTXN，在技术层面基于自研的单元化分布式技术架构，以微服务化为应用设计标准，采用开放平台技术，有效支撑信用卡业务的场景开放与业务融合。

图 1　新一代信用卡核心系统 AnyTXN 技术方案

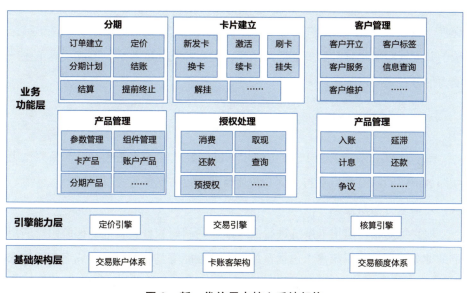

图 2　新一代信用卡核心系统架构

在基础架构层面，以云计算平台建设为核心，提供完整的基础设施服务供给及管理能力，引入云计算技术实现与云基础设施的集成，运用容器技术，实现与监控运维系统、应用集成平台以及数据复制组件的集成，实现与云计算基础设施的集成，拓展和优化数据库能力，形成银行自主可控的云计算解决方案，具备银行关键信息核心部件的替代能力，支撑应用系统迁移。

在平台层方面，以云原生技术驱动分布式平台能力建设，实现多技术栈软硬件兼容性适配，为应用屏蔽基础设施的复杂性和差异性。建设应用路由、配置中心、数据访问代理等八大核心组件，支持应用分布式改造迁移。推进开源软件定制化研发与统一治理，提升治理效率。丰富完善联机交易开发框架、准实时开发框架以及批处理开发框架，沉淀可复用技术功能组件、集成适配可视化研发流程并实现开发辅助功能，构建支撑满足信息技术应用创新和应用自主可控要求的分布式平台，打造体系化应用研发套件及系统支撑工具，保障系统研发推广所需的工具、系统、平台技术和能力的供给。目前，分布式平台的可用率已达 99.99%，承载了全部分布式核心系统业务。

在业务功能方面，对业务应用进行微服务化改造，支持按产品单元部署，通过服务集成代理框架，处理跨主机业务处理单元与分布式业务处理单元的交易及服务编排；采用事中、事后两阶段模式保障跨技术栈、跨数据库的分布式交易一致性；基于热点账户交易特性分析，采用"散模"处理机制，将单笔记录的并发读写瓶颈分散到多笔记录读写，提高并发处理效率，形成了具备生产能力的分布式应用版本。

（三）建设及实施

新一代核心系统 AnyTXN 上线后，已经经过了 4 次迭代。以产品原型上线即 AnyTXN1.0 面世项目为例介绍项目的建设和实施管理过程。

1. 需求分析阶段

项目组对银行信用卡系统进行深入细致的调研和分析，准确理解银行信用卡的业务流程，将系统需求包括系统功能、性能等具体要求转化成完整的需求定义，确定系统的基本目标和逻辑模型，从而确定"系统必须做什么"的过程。

2. 软件设计阶段

根据需求分析的结果，对整个信用卡核心系统进行设计，如系统框架设计、数据库设计等。软件编码阶段：将软件设计的结果转换成计算机可运行的程序代码。在程序编码中必须要制定统一，符合标准的编写规范。以保证程序的可读性、易维护性，提高程序的运行效率。

- 2015 年 4 月原型开发
  - 江融信新一代信用卡核心系统产品研发正式启动
  - 致力于研发第一代基于互联网云架构的分布式信用可核心系统
  - 应用架构和技术架构全面升级
- 2016 年 11 月 V1.0
  - AnyTXN V1.0 信用卡核心系统横空出世
  - 交易账户体系正式推出
  - 开放式卡核心概念得到验证
  - 核心系统首次引入第略引擎
- 2018 年 10 月 V2.0
  - AnyTXN V2.0 信用卡核心系统强势升级
  - 交易账户体系全面升级
  - 为兼容传统信用卡和新架构进行适应性改造
  - 产品非功能技术体系全面构建
- 2020 年 6 月 V3.0
  - AyTXN V3.0 信用卡核心系统正式发布
  - 支括综合零售的交易额度体系全面构建
  - 交易账户体系增长，卡账客架构升级
  - 账户级处理及 7 x 24 小时实时账务处理
- 2021 年 12 月 V4.0
  - 公司卡模块
  - 多机构支持
  - 数据服务体系
  - 周户体特优化
  - 信用卡账户下的借贷余额分离
  - 统一客户服务体系
  - 信用卡与零售零售版本整合
  - 技术机制优化

图　新一代信用卡核心系统 AnyTXN 建设与实施过程

其中，项目组完成了一系列完整的数据比对、仿真测试。系统实行"线上 + 线下"双指令体系，双边确认，确保指令的执行或决策过程准确无误，有效化解"三新叠加"风险：新技术、新运维模式、新数据库。

3. 系统测试阶段

项目组采用"业务专家、项目团队"双线并行的办法，开展大规模业务测试，累计完成了接近 50 万个测试案例，把极端情况下的容器云、数据库、授权系统、网络等各种故障情况都包括在内，最终模拟了接近 600 个异常场景，保证即使出现异常情况时，系统仍能平稳运行，保障业务的连续性。

在投入过程中，项目组采用了新的策略：大规模应用开源技术并深度定制，同时采用了不同的科技资源分配比例投入方式。传统的银行核心系统是把 80% 的资源投入到硬件设备上，例如大数据存储这类昂贵设备。但项目组的逻辑是结合当下软件定义的概念通过软件来解决问题，而不是把压力放到设备上，从应用层面实现自有知识产权升级。

最终，项目组完成新一代信用卡核心系统的全新重构，新一代系统模块覆盖授权、额度、发卡、账务、清算、会计总账、商务卡、资产管理等全信用卡核心领域。

产品上线后，在将产品与客户的实际交付过程中，江融信结合组织和敏捷交付转型的实践方法，从项目管理与治理体系、端到端交付模式、基础管理工具支撑平台三个维度，打造与打磨适合客户需求与能力成熟度的大型项目管理机制。尤其是系统测试阶段，得益于之前多轮的演练和精细化的管理，数据迁移有条不紊地执行，平台和应用稳定运行，交易内测也顺利进行，第二批投产顺利完成。第三批上线投产的数据量是第二批次的 30 倍、第一批次的 9000 倍，从数据迁移和应用性来看，指数级剧增的数据量将会带来最大的一次考验，但在前两轮的基础上，第三批次投产比传统的开业时间提前 2 小时完成，这在业界是极为罕见的。

三、创新点

（一）业务创新

1. "积木式"组合构建业务产品的能力

AnyTXN 提供高度参数化、组件化的产品管理体系，通过组件的拼插组合，快速构建新的业务产品；支持信用卡、分期、消费金融等多种业务形态下的产品配置。在能力沉淀的基础上，从基础交易上剥离综合交易，形成核心处理标准接口，便于权益、积分等渠道业务安全稳定接入，提升配置化能力，支持版本冻结窗口期间业务需求快速迭代，支持生息业务快速突破。

2. 多方位、精细化账务管理能力

AnyTXN 体系根据业务需要，创建不同颗粒度的交易级账户，可单笔创建、按日汇总创建、按周期汇总创建和全汇总创建，为银行精细化的账务管理奠定坚实基础。

3. 面向交易的计息机制

AnyTXN 由传统的余额层面细化到交易层面，可以实现对每笔交易计息过程的准确反映，同时支持动态计息的能力，可以基于客户的交易行为确定最后的计息结果，为将来复杂多变的市场竞争提供强有力的支撑。

4. 实时交易入账的能力

AnyTXN 通过实时余额作为桥梁链接授权过程和入账过程，在授权交易的同时完成对实时余额的更新以及对额度进行精准恢复，后续复杂的账务处理则基于实时余额的入账结果再异步处理，这样可以在尽可能保证授权交易时效性及性能的前提下实现实时入账置。

5. 场景化额度网构建能力

AnyTXN 的交易额度体系，是基于按需授信、场景化用信的设计理念全新构建的，支持按客户需要进行客户授信，支持场景化用信，支持无限维度的差异化。通过将金融服务与客户生活中各类场景紧密融合，可为用户提供无缝金融服务，便捷好用的金融产品紧紧贴合客户需求，能够产生不可替代的用户粘性。

6. 全参数的标签化、差异化定价能力

AnyTXN 提供丰富的定价参数，结合规则引擎实现按客群、客户管理，满足定价的多层级应用及差异化的定价需求。

7. 以用户为中心的功能架构

AnyTXN 建立了全开放式灵活可配置的卡账客架构。精细化账户颗粒度、灵活的核心规则、低沟通成本、业务需求周期缩短等崭新能力，助推了核心系统创新连接。

（二）技术创新

技术创新主要体现在：单元化部署能力、分布式架构转型、敏捷迭代、弹性扩缩容、高可用能力、真正的数据一致性。

四、应用与成效

新一代核心系统 AnyTXN 上线后，已经经过了 4 次迭代。目前已经在平安银行、中信银行顺利上线落地。中国银行、广发银行正在积极部署中。

从多家银行信用卡核心系统上线后展现的成绩来看，基于交集账户的新一代信用卡核心系统在客户服务和转化率、应对市场需求、创新效率上都实现了几何级的跃升，可为银行业务创造出更多价值。

（一）银行业务创新层面

1. 业务产品创新与快速迭代能力

迭代速率从月级缩短为周级，可支持 10 亿级发卡量，支持亿级账户处理量，支持亿级日活客户量，且支持扩展。"新额度体系、新产品体系、交易及定价、多账户体系与余额细分、'双转单'记账等功能，为用户带来了全新的金融服务体验。在此基础上，围绕客户旅程全程引入新兴技术手段和方案，如远程视频核身、大数据用户画像、E 秒发卡等，重塑客户体验的同时提升了作业的效率。"

2. 互联网级金融服务能力

全实时高效服务，提升运营服务的业务处理效率，大幅提升客户体验，同时通过实时数据决策和主动交易预警，有效防范来自各开放场景的潜在交易欺诈与风险，使金融服务达到互联网级水平。如某股份银行新核心系统自 2020 年 10 月投产以来，整个系统的可靠性更是从传统的"4 个 9"时代迈入"5 个 9"时代。此外，新核心系统的交易峰值高达 4500 笔 / 秒，平均交易响应时长进入了 40 毫秒以内，有效满足"双十一"购物节、会员日、抢购抢兑、营销活动等高频交易应用场景的需要。

在性能上，新核心系统生产环境轻松通过了 4500TPS 的压测值，是"双十一"峰值的 3 倍。线性扩展能力方面，在测试环境 20 台 x86 服务器上部署应用，也通过了 20000TPS 的压测值，是同业"双十一"峰值的 2 倍。

3. 丰富的交易元素与定价策略

通过数据驱动交易链条上的各个环节、细化管理精度、提升管理时效，为经营管理提供智能决策。服务从卡产品级细化到场景级，灵活管控、差异化定价，细化服务与风险管控能力，并基于数据进行业务策略的迭代演进，使业务更加敏捷化。

（二）经济效益层面

江融信新一代信用卡核心系统 AnyTXN 全面助力信用卡突破原系统的限制，发挥出综合经济效益。新一代信用卡核心系统采用客户分片架构，保障了系统灵活扩展、快速迭代的能力；全面开发运维自动化，极大解放了生产力，并可保障系统安全，实现故障自动隔离，轻松实现秒级扩容。以支持 2 亿卡量计算，相较传统的主机系统方案，运营成本降低 75%，单卡成本可降低 70% 以上，还将软硬件成本降为原来的近 1/3，预计投入使用 5 年间可节省成本超过 10 亿元，为通过金融科技和数字化转型助力零售业务发展提供了典型示范。

（三）社会效益层面

江融信新一代信用卡核心系统拥有 100% 知识产权，自主可控，为行业积累金融核心系统信创实践经验。同时率先进行信创升级，在关键业务系统实现信创服务器和信创操作系统的实际应用部署，也可作为"金融科技"战略重要产品输出，为银行和金融企业赋能。同时，通过技术团队的建设，可提升自主技术掌控能力，培养和储备核心技术人才，实现持续人才输出。

五、未来发展

目前信用卡业务已从规模增长逐步转向结构调整的阶段，未来消费金融竞争是场景之争、生态之争。信用卡是否能担当未来消费金融市场的主角，关键在于银行能否抓住数字化转型的契机，将自身各业务条线整合完善，在打造开放生态圈的同时做好精细化运营。客户获取、客群经营和风险控制将是金融机构建立竞争力的关键所在，信用卡业务也将从现阶段的跑马圈地进一步转变为精细化经营，金融科技在拓展获客渠道、大数据风控及资产质量监测等方面的重要性也将更为突出。针对信用卡业务的发展趋势，未来，江融信信用卡核心系统 AnyTXN 将呈现如下迭代趋势：

第一，更加体现以用户为中心，依托数字化经营平台和能力，深度洞察用户需求，切实围绕需求开展经营和服务，积极创新产品和业务模式，推进信用卡业务规范、健康及高质量发展。

第二，更加体现场景实现额度场景化，AnyTXN 通过对多种贷方余额独立定义，在交易账户层面将客户的多种不同类别资金进行细分，额度定向授信定向使用，实现独立定价、独立核算、独立使用，从架构上提升核心系统对业务的支撑能力，帮助银行在安全、合规的基础上，助力银行信用卡信贷产品实现灵活创新、灵活迭代。

第三，顺应"无卡化"趋势，进一步升级为用户提供极致的发卡交付体验。AnyTXN 将支持用户根据需求选择卡片交付介质：可选择实体卡或电子卡。电子卡无实体介质，可立即开卡绑定使用，不仅用户体验更加便捷顺畅，还通过生物识别、动态 CVV2 安全码等技术进一步保障用户的用卡安全。后续若有实体卡需求，亦可随时申领，无须重新绑卡。

澳门云市集数字化科技

数字经济时代基于区块链技术的云市集生态网络

一、背景及目标

（一）项目背景

近年来，受海内外疫情的影响，跨境电商业务蓬勃发展。越来越多的商家通过在亚马逊、速卖通和 eBay 等知名跨境电商平台开店，快速获取客源，将商品通过第三方跨境物流交付给消费者。但随着跨境电商平台的卖家数量激增，竞争业态越发激烈，跨境电商平台也开始向商家施加运营压力。诸多商家在度过了跨境电商平台的扶持期后，平台开始逐步的提高商家的销售成本、营销成本、并加大对店铺数据的获取程度。与此同时，跨境电商所遇到的"黑天鹅"事件也在不断发生，如在 2021 年跨境电商领域最具影响力、影响范围最广的事件为亚马逊封杀中国店铺。从 2021 年 5 月起，亚马逊以"不当使用评论""虚假评论"等为由封杀中国店铺。在亚马逊平台被封店的中国卖家已经超过 5 万，这其中既包括"有棵树"等头部跨境电商品牌，也包括无数中小卖家。受此事件波及，大量中国商家开始对独立站模式进行探索并转型，力求摆脱跨境平台的束缚。

在此背景下，独立站模式开始成为大量跨境商家转型升级的方向。和跨境电商平台不同，独立站模式有助于商家塑造企业品牌，实现数据安全和增值，避免平台规则制约，同时也能够降低交易成本。《前瞻经济学人》2020 年的调查资料显示，25% 的企业已经开设独立站，另有 25% 的企业表示正在筹划建立独立站。通过独立站模式，商家能够更好地建立起自身的品牌形象，将公域流量转换为私域流量，从而更好地实现商业闭环。因此，在未来，独立站模式将会成为跨境电商中重要的经营形式之一。

（二）项目目标

云市集项目的目标是通过金融科技的手段，完成商品数字化的数据应用、建模和应用。通过自主开创"串货不串客"（拓展业务的同时，从程序设计和服务流程上，保护商户自身的客户资源不流失）及"碎片化营销"（整合营销资源，提供多元销售和拓展模式，提升创业者营销能力，降低创业成本）的创新商业模式，帮助商户独立经营自己的客户群体；为企业量身设计适合其业务特性的数字化发展模式，增加网络销售渠道和多元拓展推广模式，从而扩大客源以增加营销收益。同时，云市集项目致力于打造澳门特色的数字化价值储存基地，让更多高附加值的产品能够通过数字化的形式留存在澳门。

二、云市集方案描述

针对中小微企业在独立站运营的新需求，云市集充分运用"互联网+"、数字经济、区块链等新型技术为支撑，为中小微企业打造一站式的独立站建设与运营解决方案。通过云市集的独立站解决方案，可为客户提供订单管理、商品管理、营销管理、店铺设置、销售渠道管理、数据分析和客户管理等服务。同时，面对细分客群的个性化需求，云市集也推出了专业、快捷、省心的系列服务，例如开设澳门有限公司、代办澳门银行账户等，有效降低客户的准入门槛，让更多的商户能够以较低的成本开设独立站。云市集主要从物流、资金流和信息流三个层面，协助商户完成独立站的转型。

（一）物流

在云市集独立站模式中，提供三种商品交付的模式：

1. 到店自取模式：消费者在商家的独立站（基于云市集建立）上购买商品后，会接收到经云市集校验的取货二维码，消费者凭借着取货二维码前往商家进行核验，当商家核验成功后，即可将商品交付给消费者。如消费者在收到商品后，对商品的质量、真实性等问题存疑，可直接通过云市集的售后反馈渠道将情况反馈至平台处理，云市集会在 24 小时内安排专员进行跟进处理。如云市集发现消费者反馈的问题属实，则按照云市集制定的商家管理条例，视情节轻重对商家进行相应的惩罚，包括但不限于罚款、扣除保证金、降低商家独立站曝光、取消商家售卖资质等。如云市集发现消费者反馈的问题失真，则会驳回消费者的诉求。若消费者有新的情况需要说明，则可以再次通过云市集售后反馈渠道进行反馈。

2. 物流派送模式：当消费者在商家的独立站上选择物流派送模式购买商品后，商家在云端核验消费者的取货二维码，当核实无误后，会将商品发出。如消费者的收货地址为澳门本地，则商家会使用澳门本地的 3PL，将商品送至消费者手中。如消费者的收货地址为跨境地址，则需要消费者先行进行报税，或委托 ETC&CC（顺丰、EMS、全朋友）进行报税、三单对碰等程序，完成最后的物流送达服务。

3. 他人代取：当消费者在商家的独立站上购买商品后，可选择让他人代为领取。代取信息需要消费者上传至云市集，并在云市集中最终确认。当代取人到达商家店铺提货时，商家需要核验提货人的身份，辨别其身份是否与在云市集上预留的信息一致，如一致，则核验代取人的收货二维码，当商家核验代取人收货二维码信息成功后，即可将商品交付给代取人。如不一致，则拒绝代取人提货。同时，云市集为保护消费者的合法权益，当代取人身份不一致时，会暂时将此订单锁定，并将订单信息及时同步给消费者，待消费者进行相关的核验后，便会恢复订单。

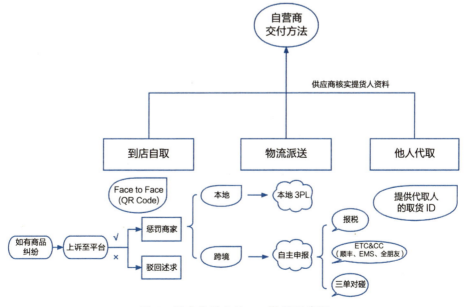

图 1　云市集独立站——物流示意图

（二）资金流

云市集追求互联网的"高效率"理念，在资金流转过程中，云市集致力于推动内部效率的革新，以此来缩短商家的账款周期，提升商家的资金运作效率。

具体流程：当消费者通过支付平台（VISA，master，Wechat pay，Alipay……）付款后，资金先流转至支付公司处，随后根据不同支付平台的给付规则，云市集会在 T+1 日（T 为支付公司资金到云市集时间）收到由支付公司转入的消费者付款金额。当商家完成取货二维码的核验后，云市集则会将账款支付到商家的中国银行澳门账户中。

图 2   云市集独立站——资金流示意图

（三）信息流

云市集积极探索数字化在独立站模式中的应用，实现各个交易环节的信息都能以数字化的形式呈现，从而确保整个交易的真实、透明、可靠。

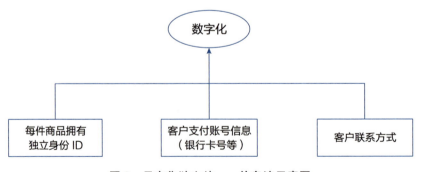

图 3   云市集独立站——信息流示意图

商家通过云市集建立独立站后，随后上架的所有商品均会拥有由云市集独立认证的身份 ID，保证商品在流通的各个环节均可以查询流向及真伪，并且通过身份 ID 系统，能够整合云市集模式下所有自营商的商品资源信息。通过

AI、云计算、大数据等技术的赋能，借助云市集内商品的资源信息，自营商能够快速将消费者的购买需求与商品进行匹配，让消费者体验到从购买意愿的产生到下单完成的无缝衔接与绝佳的购物体验。同时，消费者在完成商品交易后，云市集会将商品的身份 ID 与消费者支付的账号信息、消费者的联系方式进行数字化记录。

三、云市集技术及运营模式创新点

（一）创新交互模式，底层技术支持

经国家版权局考证、中国版权保护中心审核，澳门云市集数字化科技有限公司研发的澳门场景落地的科技网络系统"澳门云市集数字化交互商城管理系统"，符合《计算机软件保护条例》和《计算机软件著作权登记办法》的规定，成功获批国家版权局颁发的《计算机软件著作权登记证书》。

图 4　澳门云市集数字化交互商城管理系统

"澳门云市集数字化交互商城管理系统"于新冠疫情的第二年诞生，致力

推动数字化底层逻辑模式为中小微企转型赋能，运用 SaaS 软件应用中订阅模式为服务市场推出两种模式，分别是"自营商""拓展商"。云市集还具有三大优势："数字化商店""串货不串客""碎片化营销"。云市集依靠数字化底层逻辑开发出一套 ERP 系统实现上述两种模式和三大优势，让有货源的澳门中小企业和有客源的拓展商进行资源互补，以最低成本拓宽销路及经营自身的客户群体。该项目已经在澳门落地并上线，为澳门中小企业解决了因受疫情冲击导致的产品销路的问题，也为澳门娱乐业与服务业提供了再就业的机会。

（二）创新商户运营模式，引领商户数字化转型

云市集依托数字化交互商城管理系统为商户提供两种商业运营模式，分别为"自营商"与"拓展商"模式。商户可根据自身的经营优势和特点来选择最适宜的运营模式。

1."自营商"模式

在"自营商"模式中，商户通过云市集的"数字化商品身份 ID 系统"将商品信息进行数字化，采用数字化的方式将商品的身份信息、销售信息和库存信息等上传至云市集商户平台，完成实体商品到数字商品的全方位转型，便于后续商品的管理和运营。完成商品的数字化后，商户即可将商品通过数字化的方式上架商铺。随后再进行商品串货的设定，确保客源不流失，之后便可开始商品的销售。在销售的过程中，商户的商品数据通过云市集的数字化 ERP 系统同步至云市集商户平台中，保障商品数据的真实、可靠。

内地及澳门的消费者可在自营商户的数字化店铺中选购心仪的商品。当消费者确定购买时，可通过多种在线支付方式付款，包括但不限于 VISA、master、Wechat pay、Alipay 等。如果消费者选择到店自取模式，则消费者付款后会接收到经云市集校验的取货二维码，消费者可凭取货二维码至线下商户进行提货；如果消费者选择物流派送模式，即可通过第三方物流将商品送达消费者送中（需核验取货二维码）。

当消费者的取货二维码核验成功，且消费者对交易无异议，云市集商户平台会在 T+0 或 T+1 日（根据消费者支付渠道的不同，回款时间有些许差异）将货款与自营商户结清。至此，自营商户的整个商品交易流程均已完成。

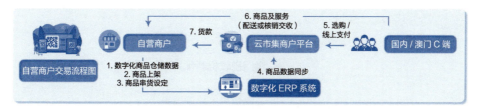

图 5　自营商户的商品交易流程

2. "拓展商户"模式

在"拓展商户"模式中,拓展商户在自身无货源的情况下,可通过自营商户供货的模式来促成商品交易的达成。具体流程如下:拓展商户先进行商品串货的选择及设定,随后通过云市集数字化 ERP 系统将销售商品的信息同步至云市集商户平台中。内地及澳门的消费者即可在拓展商户的店铺中挑选商品。在完成商品选购后,可通过多种支付渠道进行支付,包括但不限于 UnionPay、VISA、master、Wechat pay、Alipay 等。当消费者完成支付后,自营商户会把从拓展商户渠道销售的商品及服务交付给拓展商户,随后获得由云市集平台支付的串货货款。此时,拓展商户通过自营商户的供货已经获得消费者购买的商品。消费者可通过自取或物流配送的模式在拓展商户处凭借取货二维码取到购买的商品。当消费者对交易无异议后,云市集会在 T+0 或 T+1 日(根据消费者支付渠道的不同,回款时间有些许差异)与拓展商户结算货款(余款 = 商品售价 − 串货值)。至此,拓展商户的整个商品交易流程均已完成。

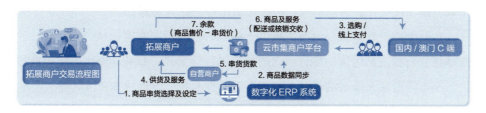

图 6　拓展商户的商品交易流程

四、云市集方案可行性分析

接下来将通过 SWOT 对云市集项目进行可行性的分析。

（一）优势（Strengths）

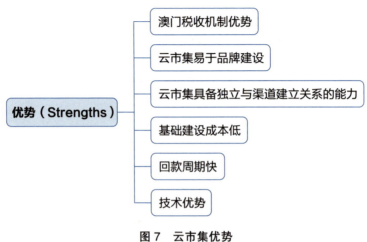

图 7　云市集优势

1. 澳门税收机制环境优势。借助澳门的简易税收机制，企业的经营成本相对较低，利于企业在跨境领域的健康经营与发展。

2. 云市集易于品牌建设。相比于平台电商模式，云市集的独立站模式更有利于商户建立自身的品牌形象。当品牌建立后，产品能够拥有更高的品牌附加值，进而提升企业的利润。同时，独立站模式有利于品牌的私域流量的培养和增长，让品牌通过私域流量的加持，更好地打造商业闭环。

3. 云市集具备独立与渠道建立关系的能力。云市集采用供应链金融的方式，与渠道接驳商合作，有效解决了跨境资金流转与结算问题。

4. 基础建设成本低。云市集提供一站式的入驻解决方案，从企业创建、独立站建立到独立站运营，均有独立的团队进行管家式的服务。相比传统电商平台，云市集前期无须缴纳高昂入驻费、店铺押金等，可低成本开设店铺。

5. 回款周期快。云市集的高效运作模式，让商户在交易成功的 T+0 或 T+1 日内（根据支付渠道差异，到账时间有些许差别）即可收到款项，帮助企业快速回笼资金，提高商业经营效率。同时，云市集也会对优质商户不定期地推出普惠型金融服务，为商户在资金运作上提供强有力的保障。

6. 技术优势。云市集是一家重视研发投入和开发的科技化企业。近年来，云市集不断优化数字化 ERP 系统、云市集商户平台的使用体验，力争引领数字化独立站行业的发展。同时，云市集重视企业知识产权，在诸多的核心技术上申请了多项著作权及专利，如在 2022 年 2 月 28 日云市集开发的澳门云市集数字化交互商城管理系统于 2022 年 7 月 27 日获批国家版权局颁发的《计算机软件著作权登记证书》。

（二）劣势（Weaknesses）

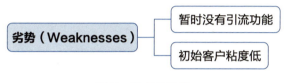

图 8　云市集劣势

1. 暂时没有引流功能。因为云市集属于 SaaS 服务商，商铺的流量将主要来源于商铺的线下流量以及商户自主进行的广告推广。云市集平台暂无提供外部流量扶持的服务，但未来会根据业务发展的情况，拓展新媒体等推广渠道，为云市集商户提供优质且稳定的外部流量扶持。

2. 初始客户粘度低。前期云市集对客户的粘度不高，主要由于云市集商户需要持续发展使用云市集所提供的 SaaS 工具以此来将商品销售、售后服务等核心运营工作，进而稳步提升客户的购买体验。到了云市集店铺建设到了中后期，客户的粘度和复购率可通过积累的私域流量增加而获得显著的提升。

（三）机会（Opportunities）

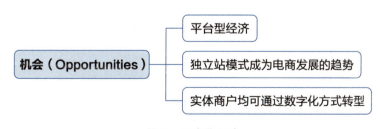

图 9　云市集机会

1. 平台型经济。2019 年 2 月 18 日，中共中央、国务院印发《粤港澳大湾区发展规划纲要》（以下简称《纲要》）。《纲要》指出，要依托前海深港现代服务业合作区、横琴粤澳深度合作区等重大合作平台，促进粤港澳三地在协同创新、产业协作、高水平人才高地建设等领域不断取得新突破，推动粤港澳大湾区加速步入融合发展新阶段。在国家政策支持下，云市集能够发挥平台型经济的优势，在横琴粤澳深度合作区的平台上，将澳门的特色元素和商业特点融入其中，为粤港澳大湾区的融合发展贡献出独特的价值。

2.独立站模式成为电商发展的趋势。自2021年亚马逊封杀中国店铺事件发生后，诸多跨境电商企业意识到建立独立站的必要性，于是纷纷开设品牌独立站，帮助品牌摆脱大平台的束缚和局限。在此背景下，云市集采用的独立站模式走在了行业的前列，为众多想要进行独立站转型的商户提供一站式的解决方案。

3.实体商户均可通过数字化方式转型。2020年5月13日，国家发展改革委官网发布"数字化转型伙伴行动"倡议。倡议提出，政府和社会各界联合起来，共同构建"政府引导—平台赋能—龙头引领—机构支撑—多元服务"的联合推进机制，以带动中小微企业数字化转型为重点，在更大范围、更深程度推行普惠性"上云用数赋智"服务，提升转型服务供给能力，加快打造数字化企业，构建数字化产业链，培育数字化生态，形成"数字引领、抗击疫情、携手创新、普惠共赢"的数字化生态共同体，支撑经济高质量发展。国家发展改革委的倡议表明了国家对企业数字化转型极其重视，看好企业数字化未来的发展。在澳门，受各方面因素约束，有部分的商户还停留在传统的零售模式之中。云市集提供的数字化转型方案能够帮助这些商户进行全方位的数字化转型，协助商户从传统零售转向新零售，充分发挥创新科技的优势，以此来帮助澳门商户克服疫情期间的销售低迷。

（四）威胁（Threats）

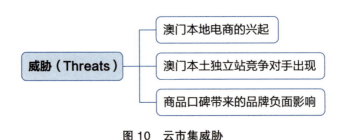

图 10　云市集威胁

1. 澳门本地电商的兴起。澳门的电商渗透率没有内地高，因此短期之内没有澳门本土的电商巨头产生。但倘若未来澳门本土电商持续发展，可能会对云市集的独立站业务带来一定的影响。

2. 澳门本土独立站竞争对手出现。云市集现为在澳门地区最早从事独立站业务的科技企业，并在部分商品品类已有显著的成绩。但随着云市集逐步验证独立站模式在澳门的可行性，可能会引来同行的效仿和抄袭。因此，当有较多澳门本土独立站竞争对手时，可能会对云市集的业务产生影响。

3. 商品口碑带来的品牌负面影响。云市集的独立站模式将商品的上架销售及售后的权限都交于商户。在给予商户管理自由度的同时，也可能由于商户经营不善、商品品质欠佳，导致商品口碑极度恶化，进而影响到云市集的声誉。

五、云市集应用与成效

（一）云市集项目解决了后疫情时代澳门中小微企业数字化转型问题

近 10 年澳门地区生产总值与自由行旅客量息息相关。2020 年澳门受新冠疫情的冲击，出入境旅客量锐减导致澳门企业商品销量锐减，企业发展严重受阻，大部分中小企业入不敷出，更有部分企业因承担不了员工薪酬、铺面费用等运营成本面临倒闭。云市集项目通过帮助澳门本地商户进行数字化转型，通过电子商务增加网络销售渠道和多元拓展推广模式，从而扩大本地商户的客源以增加其经营收益。

（二）云市集项目解决了疫情下旅游服务业人员的转型需要

澳门是全球驰名的娱乐城，有"东方拉斯维加斯"之称，旅游业和周边服务业，直接提供了近 5.6 万人的就业岗位，推动澳门经济高速发展。2020 年疫情冲击，澳门旅游服务业面临停业整顿，相关从业者薪资锐减，部分人员面临解雇风险。澳门地少人多，人口密集。旅游服务业从业者拥有优质高端的客户群体，他们作为拓展商户加入澳门云市集项目，可利用其优质的人脉关系进行低成本的创业，以此快速完成职业转型，保就业保民生，从而推动澳门经济多元化和可持续发展。

六、未来发展

云市集项目未来将聚焦在数字化商店的体验提升、营销模式的创新和数字化价值储存基地的建设中。云市集将通过金融科技的手段，持续优化商品数字化数据应用、建模和应用的流程，致力于成为澳门 SaaS 服务优质提供商。

在数字价值储存领域，现阶段云市集已在澳门多个行业中率先开展数字化转型，覆盖多个细分领域。云市集已积累多家采用云市集数字化转型方案的知名深度合作企业成功案例。

包括藏表家（澳门钟表行业数字化转型升级代表）、帝银（澳门贵金属行业数字化转型升级代表）、坚毅行（港澳地区最大 3C 供应商代表）、华联茶叶（澳门茶叶行业龙头企业代表）、龙昌行（澳门参茸海味行业龙头企业代表）等。未来，云市集将把以上企业作为优秀数字化转型案例，持续孵化出澳门其他产业的数字化价值储存龙头，为全球华人华侨提供价值储存的场景和基地，让数字化赋能澳门每个产业，助力澳门产业多元化发展。